법언어학 입문: 사법 제도의 언어

법언어학 입문:
사법 제도의 언어

John Gibbons

서경숙 옮김

집문당

법언어학 입문: 사법 제도의 언어

2020년 4월 30일 1판 1쇄

저자 | John Gibbons
역자 | 서경숙
발행인 | 임동규
발행처 | **(주)집문당**
등록 | 1971. 3. 23. 제2012-000069호
주소 | 03134 서울시 종로구 돈화문로 82, 5층
전화 | +82-1811-7567
이메일 | sale@jipmoon.com
홈페이지 | www.jipmoon.com

ISBN 978-89-303-1871-6 93700

가격 25,000원

이 도서의 국립중앙도서관 출판시도서목록(CIP)은 e-CIP홈페이지(http://www.nl.go.kr/ecip)와 국가자료공동목록시스템(http://www.nl.go.kr/kolisnet)에서 이용하실 수 있습니다.
(CIP제어번호: CIP2020018074)

편집자 서문

'응용 언어학(applied linguistics)'이라는 용어는 단순히 외국어 교수·학습에 언어학적 연구 성과를 응용하는 것을 뜻하기도 한다. 하지만 분명한 것은 언어학자들의 연구 성과는 단순히 언어학 이상의 현실 세계의 수많은 문제들에 대한 해결 방안을 찾는 데에 이용될 수 있다. 예를 들어, Blackwell의 학술지인 『국제 응용언어학(International Journal of Applied Linguistics)』은 외국어와 제2 언어 교수·학습은 물론 다른 많은 분야에서 이루어지고 있는 방대한 범위의 응용 언어학에 대한 논문을 통해 이러한 사실을 보여 주고 있다. 최근 수년 동안 응용 언어학 분야의 주된 현상을 좀 더 정확하면서도 일반적인 방식으로 말한다면 법언어학(forensic linguistics)의 성장이라 할 수 있다. 이는 법과 연계되어 있는 다른 사회적 문제에 대한 사회언어학 분야인 담화 분석, 방언학, 언어적 변이, 문체론, 음성학, 통사론, 기타 핵심 언어학 분야에 대한 언어학 연구의 적용을 포함한다. John Gibbons가 언급하였듯이, 법은 언어와 매우 밀접한 제도이다. 이 책의 저자는 언어학자이자 사회언어학자이며 실제로 법언어학 분야에 상당한 실무 경험이 있고 언어학 및 일반적인 언어 관련 지식을 법과 관련된 사회 문제에 개인적으로 그리고 기술적으로 적용해 온 경험이 풍부하다. 이 책은 언어와 사회에 관한 책이라 할 수 있다. John Gibbon의 전문 지식은 폭넓고 포괄적이며 모든 페이지에 적절하게 나타나 있다.

Peter Trudgill
스위스 프리부르(Fribourg)에서

예시와 규약

예시는 되도록 정확한 법률 용어와 대화를 사용하려 하였다. 구어(spoken language)의 경우 특별히 표시되어 있는 경우를 제외하고는 경찰 예시는 뉴 사우스 웨일스주 경찰 조사 기록이며 법원 예시는 뉴 사우스 웨일스 법원의 기록이다. 이 기록의 대부분은 필자가 감정 증인(전문가 증인)으로 참여했던 사건 기록이며 이 사건들은 이미 종결된 사건들이다. 이외의 일부 법원 자료를 볼 수 있도록 편의를 제공해 준 Sandra Hale과 기타 경찰 기록을 제공해 준 Philip Hall에게 감사의 말을 전한다.

이 책에서 사용한 대화는 일관성을 유지하기 위해 원본 기록을 수정하였고 다음의 용어들을 사용하였다. 대화 참여자들이 사용한 단어는 수정하지 않았다.

J	판사 또는 치안판사
C	변호인
DC	피고측 변호인
PC	검찰
W	증인
P	경찰
G	교도관
I	통역인

( )	부가적 요소 또는 번역
x^y	x가 y에 선행한다.
x˙y	x가 y에 선행하거나 x가 y에 후행할 수도 있다. (...은 ...에 대해 순서가 정해지지 않았다.)
x/y	x 또는 y
$\rightarrow\left[\begin{matrix}a\\b\end{matrix}\right.$	a 혹은 b를 선택한다.
$\rightarrow\left\{\begin{matrix}a\\b\end{matrix}\right.$	a와 b를 선택한다.

목차

제2장 정확성의 추구 · 47

제3장 상호 작용과 파워 · 99

제5장 사법 제도의 커뮤니케이션 문제 · 199

제6장 언어로 인해 법적으로 불리한 입장 · 235

제7장 격차 메우기 · 265

제8장 언어에 관한 법 · 303

제9장 언어 증거 · 331

서장: 법과 언어

법만큼이나 언어와 관계가 깊은 전문 분야도 드물다.
- Tiesma(1993)

법은 가정생활, 주거, 교통, 학습이나 노동 등 우리들이 일상생활을 살아가는 틀을 규정한다. 배우자나 자녀들과의 관계도 법률로 정해져 있다. 주택 구입이나 임대도 법적으로 구속력을 발휘하는 계약을 통해 이루어진다. 오늘날 실제로 주택 구입이나 임대는 법적 서류에 서명을 해야 정식으로 효력이 성립하기 때문에 법적 절차를 밟아야만 비로소 주택을 구입하거나 임대한 것이 된다. 마찬가지로, 교통수단을 이용할 때에도 우리들은 운송 서비스를 제공하는 측과 계약 관계를 맺는다. 학습과 노동도 마찬가지로 방대한 법률 체계에 의해 규제되고 있다. 이렇듯 법이 현대 생활의 많은 영역에 영향력을 행사하며 생활의 많은 부분을 규정하고 있기 때문에 우리들에게 법이 중요한 존재인 것이다.

법은 사회의 가치 체계를 대표하는 것이며 우리들에게 권리와 의무를 부과하여 사회 규범에 반하는 행동을 하는 것을 금지하고, 그에 반하는 행동을 할 때에는 처벌한다. 그러나 이러한 가치가 세계 공통인 것은 아니다. 예를 들어, 영아 살인은 대부분의 국가에서 금지되어 있지만 일부 문화에서 극단적인 식량 부족 상황에서는 영아 살인이 묵인되기도 한다.

법은 절대적으로 언어에 의해 성립되는 제도 체계이다. 법률은 언어로 규정되는데 법률을 기초하는 데에 사용되는 개념은 언어를 통해서만 접근이 가능한 것이다. 그리고 법정에서의 재판, 경찰의 취조나 수감자의 관리 등의 법적 절차는 무엇보다 우선적으로 언어를 통해서 이루어진다. 특히 동업자, 고용주나 서비스를 제공하는 측과의 관계를 규정하는 계약은 거의 언어로 작성된 문서이다. Tiersma(1999:1-2)는 주차권이나 지하철 승차권에는 계약 내용이 뒷면에 작은 글씨로 인쇄되어 계약으로부터 가장 큰 영향을 받는 사람에게는 이해가 되지 않는 경우가 대부분이라고 지적하였다. Davis(2004)도 유사한 예를 들고 있는데, 이삿짐센터 직원이 서명해 달라고 요청하는 계약서 역시 법률가 이외는 그 내용이 이해되지 않는다고 언급하였다. 이렇듯이 법만 우리의 일상생활에 침투해 있는 것이 아니라, 법의 언어도 침투해 있는데 그 침투 방식은 때때로 문제가 전혀 없다고 말하기는 어려운 상황이다.

이 장에서는 세계 여러 나라에서 볼 수 있는 주요한 법체계인 전통법, 시리아법, 로마법 등과 보통법(Common Law)의 개관을 통해서 이 책 전체의 틀을 설정할 것이다. 또한 공통적으로 존재하지 않아 생소할 수 있는 법정 변호사나 치안 판사 등 보통법(Common Law)의 용어를 이 책에서 쓸 수밖에 없으므로 보통법(Common Law) 제도의 절차와 관련된 주요 인물들에 대해서도 설명할 것이다. 그리고 이후 대부분의 장에서 논의의 기반이 되는 커뮤니케이션 모델을 제시하고 마지막으로 이 책의 구성을 간략히 설명할 것이다. 앞으로 사용하는 약어나 범례는 vi-vii쪽에 기술되어 있다.

1. 사법 제도(Legal System)

현대 국가의 사법 제도는 일반적으로 주요한 네 가지 요소인 법률 체계, 재판 제도, 치안 서비스(police service), 교도소로 구성된다. 여기에 법률사무소(law firms)나 보호 관찰 제도(probationary service)와 같은 부수적인 요소가 추가되기도 한다. 현대 사법 제도에서는 우선 무엇보다도 형법(criminal law)과 민법(civil law)을 구별할 필요성이 있다. 형법은 'criminal'이라는 용어가 함의하듯이 횡령, 강도, 강간, 살인 등의 범죄에 관한 법률이다. 통상적으로 형법을 통해 정부의 대리인인 검찰이 피고 혹은 피고의 대리인인 변호인과 법정에서 다투게 된다. 지금까지 법과 언어(language and the law)라는 연구 분야는 형법, 특히 공판(court proceedings)에 집중되어 있다.

민법은 통상적으로는 범죄 자체에 관한 것이 아니라, 사법(私法)에 관한 것이다. 시민이 개인 또는 법인으로 거래를 할 때에 따라야 하는 규칙을 체계화한 계약법이나 과실, 명예훼손죄와 같은 불법행위 등과 관련된 것으로, 때로는 분쟁을 조정해 주는 장치를 제공하기도 한다. 민법을 통해 소송을 제기하는 원고인 개인 혹은 회사가 피고 혹은 피고의 변호인과 법정에서 다투게 된다.

또 현대 국가에서 개인이나 법인에 대해 지역 차원 및 국가 차원의 정부 규제가 상당히 심한 편인데, 그러한 규제는 법적인 방식으로 이루어진다. 일상생활의 중요한 예를 들면 식품 및 식품의 조리에 관한 규제가 있다. 국가 수준의 규제는 특정 문제에 대해서 심판하는 법원(tribunal)을 통해서 행사되는 경우가 많다. 예를 들어 호주의 난민 심사 법원(Refugee Review Tribunal)이 있는데, 난민으로서 자격을 얻고 싶은 사람을 심사하는 곳이다. 이러한 규제는 모두 특정 국가의 사법 제도 안에서 작동하는 것인데 이제부터 간단하게 살펴볼 것들은 이러한 사법 제도에 관한 것이다.

1) 전통법(Traditional Law)

대부분의 사회에서 법은 규제 장치의 일부분으로서 문자로 기록되기 훨씬 이전부터 입말로 발달해 왔다. 이러한 구두(oral) 사법 제도는 모두 현대 사법 제도보다 훨씬 앞선 것으로 구술 문화권(orate culture)에서 지속되어 왔으며, 일부 문어 문화권에서도 보조적으로 존재하였다. 통상적으로 '전통법'이라는 범주는 문화 인류학에서 다루어지고 있다.

전 세계에서 정식으로 사용되는 사법 제도가 몇 가지 있는데, 자세한 논의는 David & Brierly(1985)의 연구를 참조하기 바란다. 각각의 제도에 속하는 인구로 보았을 때 가장 중요한 것은 시리아법, 로마법 및 보통법 제도이다. 이들은 전통적인 법의 형식, 또는 분쟁을 조정하는 지역 특유의 제도와 공존하는 경우가 많으며, 이들이 융합되어 지역 특유의 제도를 형성하거나 병립적인 형태로 공존하고 있다.

2) 시리아법(Shari'ah)

시리아법은 이슬람의 제도로, 코란이 도덕적 지침일 뿐만 아니라, 사회 운영에 필요한 기본적인 지침을 제공한다는 관념에서 발전하였다. 이 제도는 모하메드 시대 이후부터 수많은 이슬람 학자들의 연구에 의해 보완되어 왔다. 그렇다고 대다수의 이슬람 사회에서 이것이 유일한 법 제도인 것은 아니다. 변형된 로마법 또는 보통법이 가족법, 간통죄 등의 도덕적 문제를 다루는 이슬람식 재판에서 시리아법에 상응하여 적용되기도 한다. 그 외의 이슬람 국가에서는 형법은 시리아법의 형태를 채택한 반면, 민법인 계약법은 로마법을 채택하기도 하였다. 가장 전형적인 이슬람 사회라고 할 수 있는 사우디아라비아에서조차 이슬람법에 기초하지 않은 도로교통법(traffic cord)도 존재한다. 필자는 아랍어 지식이 없어 시리아법을 깊이 이해하는 것이 불가능하므로 이 책에서는 시리아법에 대한 심도 있는 논의는 피하도록 하겠다. 상세한 것은 Coulson(1971), Schacht(1982), De Seife(1994)를 참조하기 바란다.

3) 로마법(Roman Law)

이미 명칭이 함의하듯이, 이 사법 제도는 고대 로마에서 발전한 제도이다. 이 제도는 규문주의적 제도인 대륙법(Continental Law), 혹은 (오해의 요소가 있으나) 시민법(Civil Law)으로 알려져 있다. 로마법은 동유럽을 포함한 유럽 대륙에서 대부분의 사법 제도의 기본을 이루고 있다. 유럽의 식민지 정복의 영향으로 로마법은 남미, 아프리카, 동아시아, 동남아시아의 대부분 그리고 중동의 일부 및 스코틀랜드를 포함한 세계의 여러 지역으로 퍼져 나갔다. 일본과 중국에서는 보다 전통적인 사회 관리 방법(예를 들면 논쟁이나 타협 또는 공공장소에서의 사죄를 통한 분쟁 해결)이 로마법의 일종으로서 공존하고 있다. 일본은 독일의 제도를 거의 그대로 채택하였다(현재 일본의 사법 제도에는 프랑스법이나 영미법 요소도 들어가 있다). 중국은 형법에서는 로마법을 채택하고 있으나, 민법인 계약법(contract law)에서는 최근 들어 보통법을 채택해 오고 있다.

로마법은 무죄추정이 아니라는 점에서는 대부분의 영어권 화자에게 익숙한 보통법과 개념적으로 차이를 보인다. 검찰과 변호사(defence)가 사건의 다른 경위를 입증하려고 하는 것이 아니라, 심리는 규문주의적이며 사건의 진실을 찾아내어 판결에 이르게 하기 위해서 한 명 또는 복수의 판사가 증인을 심문하며 증거를 검토한다. 형사 사건에서는 경찰이 용의자를 재판에 데려오면 판사가 판결을 내리는 것과 심문을 담당하는 것 두 가지 역할을 맡기 때문에 판사의 역할은 검찰에 보다 가까워져 보통법 제도에서보다 로마법 제도에서 변호하는 쪽의 입지가 약화된다. 증거의 대부분은 서면화되어 있는 것이 많으며 증인 심문 또는 판사 간의 논의 등 구두로 일어나는 것은 기록되지 않을 가능성도 있다. 법정 의사록(courtroom proceedings)은 보통법과는 다르다. 실제로 증언의 대부분은 법원 직원이 증인을 인터뷰한 후 받아 내며 증언 내용은 문서로 작성하여 제출한다. 담당 변호인은 법원 직원에게 질의서를 제출하는 것도 가능하지만 그것을 채택할지 말지는 직원의 재량에 달려 있다. 그리고 통상적으로 판사는 주로 문서화된 증거 또는 법원 직원이 정리한 요약 문서에 기초해 판단한다. 또한 일부 로마법에 기초한 나라들 사이에서는 그 전부가 온전히 기록된 구두 의사록(oral proceedings)을 채택하거나 검찰을 도입하여 판사의 역할을 온전히 판결을 내리는 것으로만 제한하려는 움직임도 있다. 이러한 움직임은 사법 제도에서 보다 열린 신뢰성을 확보하려는 이유에서 시작되었다고 생각된다. 필자가 알기로는 이탈리아, 아르헨티나, 칠레, 독일에서 이러한 움직임이 있었다.

역사적으로는 고대 로마의 사법 제도는 구두로 이루어졌다. 그러다가 로마 제국 말기에 황제인 유스티니아누스는 유스티니아누스 법전을 마련하여 법령을 정비하였다. 이 문서화된 형태의 법전은 후에 특히 라틴어가 유럽에서 교육 수준이 높은 사람들의 사실상의 공통어로서 천 년간 지속되면서 유럽 대륙에 계승되게 된다. 그리고 프랑스에서는 나폴레옹 시대에 나폴레옹 법전이라는 형태로 개정판이 나와서 로마법 발전에 크나큰 진전을 가져오게 되었다. 로마법은 많은 국가에서 사용되고 있으나, 각각 나라마다 독자적인 발전의 경로를 밟아 오게 되었다.

로마법 제도는 보통법 제도와 '법의 언어'에서 공통적인 특징을 많이 찾을 수 있다. 이와 관련된 자세한 내용은 Watson(1991)을 참조하기 바란다. 영어권의 사법 제도에서는 특정한 경우 규문주의적인 접근법(inquisitorial approach)이 적용되는데, 주로 왕립(및 그 외의) 위원회나 홍콩 독립 공직자 부정방지 위원회, 소액 법원 등의 법정에서도 이러한 접근법을 취하고 있다. 호주 등에서는 연방 수준에서 상원 심문 위원회가 있으며 미국에서는 대배심이 있다.

4) 보통법

이 제도는 당사자 대항주의(adversarial system)라고도 하며 (오해를 불러일으킬 수 있으나) 영미법으로서도 알려져 있다. 보통법에 사용된 언어가 영어이기 때문에 이 책의 초점이 되는데 타 언어나 사법 제도와의 비교를 통해 영미 중심으로 치우치지 않도록 주의하였다. 또한 필자의 언어 능력이 로망스 계열의 언어에 치우쳐 있어서 이 책에서 주로 로망스 계열의 언어를 예로 들어 인용하는 것에 대해서 미리 독자의 양해를 구한다. 보통법은 영어가 법률 언어로서 사용되고 있는 미국, 캐나다, (스코틀랜드를 제외한) 영국, 호주와 뉴질랜드, 여기에 추가적으로 영국, 호주, 미국 및 뉴질랜드의 식민지 정책이나 그 영향을 받은 여타 많은 국가에서 가장 많이 쓰이고 있는 체계이다.

또한 중요한 것은 보통법은 인도나 여타 남아시아 지역, 영어권 아프리카, 중동 일부 및 파푸아뉴기니, 싱가포르, 말레이시아, 사모아 등 태평양을 둘러싼 많은 국가에서 쓰이고 있다. 여기서는 극히 복잡한 보통법에 대해서 가장 간단히 소개 정도밖에 할 수 없지만 알기 쉬운 개관은 Robinson(1994)에서 볼 수 있으며 더 상세한 정보는 P. Harris(1984), Derham 외(1991)를 참조하기 바란다.

보통법에서 형법의 명확한 특징은 유죄가 증명될 때까지 무죄추정으로, 검찰에게 합리적인 의심을 넘어서서 유죄를 증명할 부담을 지우고 있다. 죄를 짓지 않은 사람을 처벌해야 하는 위험 부담을 지기보다는 죄를 지은 사람을 벌하지 않는 위험 부담을 지는 쪽이 낫다는 견해에 서 있는 것이다. 그러나 민사에서는 증거의 우월(preponderance of evidence)이라고 불리는 가능성의 비교 위량(the balance of the probalbilities)에 기초하여 결정한다. 또 다른 결정적 특징은 법정에서의 대항주의의 절차(adversarial proceedings)로서 예의화된 논쟁의 형태를 취하여 검찰과 변호인 측이 대립하는 주장을 각각 입증하려고 하는 것이다. 세 번째로 중요한 특징은 상급 법원에서 배심의 이용이다. 배심이란 형사 사건에서 고발된 인물이 합리적인 의심을 넘어서서 범죄를 저질렀는가 아닌가를 결정하는 권한이 주어진 일반 시민의 기관으로, 민사 사건의 경우에는 피고인에게 책임을 묻는 것이 가능한지 아닌지를 증거의 우월(preponderance of evidence)로 판단한다. 미국에서 특정한 경우에는 배심원 재판이 헌법상의 권리로 규정되어 있다. 위에 언급한 특징 세 가지는 법정에서 권력 남용을 막고 국민을 동등한 입장에 두려는 취지이다.

보통법의 네 번째 결정적인 특징은 법률상의 쟁점에 대한 해석과 적용에 관한 판사의 판단, 그리고 그러한 판단이 결정적으로 작용하는 이유가 기록된다는 점이다. 이로 인해서 다른 판사가 같은 법률상의 논점에 대해서 판단을 내릴 때에도 이전의 판단(판례)을 참고하는 것이 가능하다. 이것은 때로는 판례법이라고도 불린다. 로마법 제도에도 판례는 일정 역할을 하고 있는데 보통법 제도에 비해 그 역할이 꽤 작은 편이다.

미국과 호주에서는 주(州)의 사법 제도와 국가의 사법 제도가 모두 존재하며 가장 중요한 형법은 주 관할로 되어 있다. 잉글랜드와 웨일스에서는 하나의 사법 제도만 존재한다. 일반적으로 상급 법원이 하급 법원으로부터 상고를 접수한다.

법원의 서열에 관해서는 대부분의 영어권에서의 최고 법원 또는 고등법원이 최종 단계의 상고 법원으로서 기능하고 있다. 그리고 중간적인 항소 법원이 있어서 그 아래에는 배심 재판이 이루어지는 중요한 형사 사건과 민사 사건을 다루는 법원이 조직되어 있다. 또 그 아래에는 지방 또는 치안 판사 법원과 같이 배심을 쓰지 않는 비교적 경미한 사건을 다루는 법원이 존재한다. 그리고 호주에서의 소비자 배상 청구 법원과 같이 특정 문제를 다루는 법원(tribunal)도 있지만, 그 다수는 법률보다는 규칙에 관련된 것이다. 상급 형사 법원에서는 배심이 유·무죄를 결정하지만, 피고인이 유죄로 기소되었을 경우 판사가 형량을 정한다. 아마도 법정 드라마의 영향이겠지만, 보통법 제도에서는 배심원 재판이 보통이라고 여겨지는 듯하다. 현실에서는 대부분의 재판은 보다 가벼운 죄를 다루는 하급 법원에서 이루어진다. 형사 사건을 다루는 지방 법원이나 치안 법원에서는 판사 또는 치안 판사가 유죄, 무죄를 판단하여 형량도 결정한다. 가벼운 형사 사건에서는 경찰의 주장이 거의 큰 반대 의견 없이 받아들여져, 판사의 주요 역할은 판결을 내리는 것으로 한정된다. 민사 심리를 진행하는 소액 법원도 치안 법원과 마찬가지로, 판사가 혼자 담당한다.

보통법에 기초한 국가들의 법률은 우선 입법 기관에 의해서 만들어진다. (입법 기관이라는 말에는 의회가 법률을 입안하는 역할이 드러나 있다.) 그러나 앞서 지적하였듯이, 보통법 고유의 특징이란 판사의 법률 해석이 기록되어 미래에 다른 판사가 판결을 내릴 때 기반이 된다는 점이다.

보통법 제도의 기원은 로마가 붕괴된 후 게르만 민족이 영국을 침략하였을 때 도입한 구두 사법 제도(oral legal system)에 있다. 보통법 제도에서 쓰이는 언어의 대부분은 게르만어에 뿌리를 둔 고대 영어에 기반을 두고 있다. 초기에 보통법에 영향을 미친 또 하나의 요소는 유럽 공통 문어인 중세 라틴어가 사용되는 종교 법원(ecclesiatical court)으로, 보통법에서 사용되는 대다수의 어휘가 라틴어에서 차용되었다. 또한 영국은 1066년에 프랑스어의 변종인 노르만어를 구사하는 노르만인의 침입을 받았다. 노르만 프랑스어는 일상어로 얼마간 사용되다가 사라졌지만 사법 제도의 언어로서는 오랜 기간 사용되면서 법의 언어의 어휘에 많은 궤적을 남겼다. 미국에 식민지가 만들어진 이후, 보통법이 신대륙(아메리카)에 정착하게 되었다. 그러나 미국의 독립으로 미국 사회는 물론, 언어 및 사법 제도가 독립 이후 영국과는 별개로 발전하게 되었다. 그 결과 두 종류의 법률 영어가 생겨나게 되었다. 예를 들어, 케냐, 캐나다, 말레이시아, 인도 등에서 문화의 차이로 인한 변형이 발생한다. 보통법의 지배 하의 법정 절차는 증인이 법원에서 구두 심문에 의지하는데 재판이 주로 기록된 증거가 아닌 구두 증거에 의존하고 있어 아직까지 구두 사법 제도의 전통을 반영하고 있다. 예를 들면 배심원에게 설시하는 등 다른 보통법의 절차도 통상적으로는 구어로 이루어진다. 한편 로마법의 체계에서는 기록된 증거에 훨씬 더 의존한다는 점에서 문어의 전통이 반영되어 있다.

2. 보통법의 법정 관계자

1) 판사(judges)

통상적인 배심원 재판에서는 판사는 법률에 관해서는 배심원에게 판단에 필요한 조언을 할 수 있지만 유죄 혹은 책임을 묻는 결정을 하는 것은 배심원이다. 판사는 사건 개요에 대해 설명하고 배심원의 결정에 영향을 미칠 수도 있다.(단, 미국에서는 이러한 일이 일어나는 빈도가 낮다.) 그 후에 판사는 형량 또는 손해 배상을 결정한다. 대부분의 민사 재판, 비교적 가벼운 형사 사건, 모든 상소심 및 모든 최고 법원에서의 심리에는 배심원을 동반하지 않기 때문에 판사는 사실 인정과 형량 혹은 손해 배상을 결정한다.

2) 치안 판사(Magistrates)

치안 판사는 보다 가벼운 형사 사건과 민사 사건을 배심원 없이 판단한다. 일부 사법 관할구에서는 치안 판사가 아닌 '판사'(judge)라고 부르기도 하며, 단독이 아닌 합의체로서 기능하고 있다.

3) 사무 변호사(Solicitors)

사무 변호사란 상급 법원에서 변호를 제외한 대부분의 법률적인 사무를 맡아보는 일반적인 법률 전문직을 가리킨다. 보통법의 관할구 전부에서 사무 변호사가 존재하는 것은 아니다.

4) 법정 변호사(Barristers)

법정 변호사란 법정에서 변론을 하는 변호사를 말한다. 법정 변호사는 특별한 훈련을 받고 경력이 충족되면 변호사로 허가받는다. 때로는 '대리인'(Counsel)이라고도 불린다. 영국의 잉글랜드 및 웨일스, 호주의 뉴 사우스 웨일스주와 퀸즈랜드주에서는 사무 변호사와 법정 변호사를 구별한다. 그러나 다른 사법 관할구에서는 사무 변호사와 법정 변호사를 구별하지 않으며 변호사가 두 가지 역할을 담당할 수 있다.

5) 기타 법정 직원들

안내원, 속기사, 서기관으로서 근무하는 직원들이 있다.

6) 용어의 구분

증언은 배심원 재판에서는 판사와 배심원 모두에게 이루어지지만, 하급 법원에서는 판사 또는 치안 판사에 대해서만 이루어진다. 상급 법원에서의 증언은 판사 또는 치안 판사에 대해서만 이루어진다. 상급 법원에서의 증언은 복수의 판사로 구성된 합의체에 대해서 이루어진다. 이런 경우 전부를 망라하기 위해서 필자는 판사(또한 배심원)를 약식 용어로써 사용할 것이다. 또 '판사'라는 용어는 판사 및 치안 판사 쌍방을 아우르는 용어로 사용하는 경우도 많다는 점을 밝혀 놓는다.

3. 커뮤니케이션

법의 커뮤니케이션에는 비언어적 기호 체계인 몸짓, 도해 등과 언어적 체계가 포함된다. 이들 비언어적 체계 및 언어적 체계는 의미 교섭을 하기 위해 쓰이는데 이 의미에는 개념적 의미, 사회적·대인적 의미 및 발화 행위를 포함한 기능적 의미가 포함된다. 이러한 의미 교섭에는 참여자가 사회적 세계, 물리적 세계를 어떻게 파악하고 구축하고 있는가 하는 것이 필연적으로 영향을 미치게 되는데, 법적인 세계의 견해라는 것은 독특한 것이기 마련이다. 이러한 세계 구축은 사회 문화적 맥락이나 물리적 맥락에서 언어 행위를 할 때에 영향력을 가지게 된다. 구축이라는 개념이 암시하듯이, 커뮤니케이션의 세 번째 측면이란 사회 문화적 스키마 및 물리적 세계의 스키마를 포함한 커뮤니케이션에서의 참여자의 세계관 및 지식이다. 바꿔 말하자면, 특히 커뮤니케이션의 내용에 관련된 사회 및 물리적인 세계의 이해인데, 이것은 커뮤니케이션이 일어나기 전부터 참여자가 각각 가지고 있는 기존의 이해로, 공통되는 경우도 있는가 하면 참여자 간 스키마가 차이가 나는 경우도 있다. 이러한 지식들은 중요한 부분으로, 커뮤니케이션의 과정에 포함되는 요소를 운용하는 능력이 커뮤니케이션 능력인 것이다.

우선 이 책에서는 언어 측면에서 언어학의 전문성이 과하지 않도록 주의하였다. 언어학의 전문 용어를 사용할 때에는 설명을 덧붙일 것이다. 또한 언어학의 배경지식이 제한된 독자도 해설의 이론적 틀을 알기 쉽도록 특정 이론에 지나치게 의존하지 않도록 노력하였으나, 시드니 대학 전 동료인 Michael Halliday의 이론에 의존하고 있다는 것을 부인할 수는 없다. 언어학적 기술은 일반적으로 다음의 네 개의 주요한 층위에서 이루어지고 있다. (1) 발음 혹은 문자(철자-음성 층위), (2) 단어(어휘 층위), (3) 문법(절과 문장 층위), (4) 담화(문장 이상의 층위)이다. 이 책의 언어학적 기술은 크게 말해서 이 언어 모델에 따른 것이다. 사회 언어학적인 설명 및 레지스터(언어 사용역)에 관한 기술에서는 사회적 요소와 기능이 이들 네 개의 층위에서 언어 사용에 어떻게 영향을 미치는가를 명확히 드러낸다. 법의 언어는 이들 네 개의 층위 모두에서 언어 자원의 운용에서 그 특징이 나타나며 독특한 패턴을 가지고 있기 때문에 자주 레지스터의 일종으로서 설명되고 있다(Kurzon 1997).

언어 층위의 특성에 대해서는 이 책에서 앞으로 명확하게 설명해 나갈 것이지만, 이 시점에서 약간의 설명을 해 두는 것이 유익할 것이다. 이 장을 언어 예시로서 든다면 담화 층위로 구성되어 있다. 이 장은 제목과 단락으로 구성되어 있고 이 장에서 생각은 일관성을 가지고 발전되어 간다 ('Ideas develop through the chapter in a way that I trust is coherent'). 문법 층위에서 보면 방금 언급한 문장인 'Ideas develop through the chapter in a way that I trust is coherent'는 비교적 복잡한 구조로 되어 있는데 주절은 Ideas develop through the chapter in a way '이 장을 통해서 생각을 발전시켜나갈 방법은'으로, 관계절 'that I trust is coherent' '일관성 있는 것이라 여겨진다'가 이 'way'를 수식하고 있다. 이것이 문법적 구조 내지는 통사 층위와 관련된 것이다. 그리고 여기에서는 생각(Ideas)에는 복수형을 나타내는 s가 붙어 있는 것에 주의할 필요가 있다. 이것은 형태 변화(굴절)라는 어형 변화 현상으로, 통상적으로는 문법 체계의 일부로서 취급된다. 이탈리아어나 스와힐리어와 같은 언어는 형태론적인 어형 변화가 풍부한 언어이다.

문장은 몇 개의 단어로 구성되어 있으며 단어에는 각각의 고유의 의미나 구성 패턴을 지니고 있다. 이에 대해서 일반적으로 쓰이는 언어학 용어는 '어휘'(lexis)로 이 용어의 형용사형은 '어휘적'(lexical)이다. 다음 장부터 보게 될, 어휘와 문법은 어느 정도로 상호 관련이 있으며, 일부 언어학자는 이 두 가지를 융합하여 어휘 문법이라고 부른다. 다음으로 종이에 쓰여 있는 표시가 나타내는 문자-음성 층위이다. 이것은 문자, 단어 사이의 공백, 구두점, 문두의 대문자, 또는 독자가 단락, 제목을 구별할 수 있도록 하기 위한 페이지상의 특징적인 레이아웃 등을 가리킨다. 이러한 문어상의 관례는 텍스트의 의미를 전달하는 보조적 역할을 하고 있어서 이 중 어느 것이라도 삭제되면 이해가 어려워진다. 시각 장애가 있는 사람의 경우에는 종이에 있는 점자를 만져서 이해하거나 이 책의 내용을 음성 낭독으로 듣고 이해할 것이다. 음성 언어와 문자 언어는 근본적으로 거의 같은 언어가 다른 형태로 표면화된 것으로, 각각은 특정 커뮤니케이션 수단으로서의 가능성과 문제점을 모두 가지고 있다.

언어 사용역 층위에서 이 책은 명확하게 학술적인 텍스트로서, 어린 아이의 언어나 일상 대화에서 흔하게 사용하지 않는 '현상'이라는 단어나 '구성의 패턴'이라는 표현을 사용하고 있다. '어휘-문법'이나 '형태론(적)'이라는 용어의 사용에서 볼 수 있는 것처럼, 이러한 용어가 사용되는 분야는 주로 언어학 분야이며, 아울러 여기에 법률적인 표현도 사용되고 있다. 따라서 언어 사용역은 언어학의 영역이라는 학술적 분야이다.

레지스터(사용역)는 우리가 언어를 어느 정도까지 격식적으로 사용하는가 하는 것이다. 언어의 정중함이나 참여자의 사회적 관계를 나타내는 전문 용어는 테너(tenor, 역할 관계)나 레지스터는 맥락과 관련되어 있으며, 언어가 어느 정도 격식적이어야 하는지를 판단할 때에 부분적으로 이야기를 하고 있는 상대, 또는 상황에 의존하고 있다. 이들은 직접적 맥락의 영역에 들어간다. 그리고 폭넓은 맥락도 물리적이든 문화적이든 커뮤니케이션에서는 똑같이 중요하다. 이것은 커뮤니케이션이 이에 뿌리를 두고 있는 문화를 반영하여 재생산하고 창조하는 것을 생각해 보면 당연한 것이다.

모든 독자에게 익숙한 것은 아니지만 법의 언어를 이해하기 위해서 중요하다고 여겨지는 언어를 파악하는 방식이 바로 장르라고 하는 연구자도 있다. Martin(1992)는 장르를 '단계적인 목적 지향의 사회적 과정'이라고 정의하고 있다. 장르란 담화의 전체적 구조에 따른 분류이며, 사람들이 특정 사회적 활동에 관계되었을 때에 취하는 순서에 따른 절차나 단계로부터 성립된다. Swales(1990:1장-4장)에서는 장르를 명확하게 논의하고 있으며, 그 개념과 관련된 많은 문제 및 쟁점을 논의하고 있다. 장르의 개념이 낯선 독자들은 Swales의 연구를 참조할 것을 강력하게 추천한다. 이 책의 장르 개념은 Swales(1990:58)의 장르 개념과 유사하다. Bhatia(1993)은 법적 장르를 포함한 폭넓은 전문직의 장르 사용에 대해서 설명하고 있다. 또한 심리학적인 이론에서는 장르에 '스키마' 또는 '스크립트'라는 용어를 사용하기도 한다. 이 책에서는 장르의 개념에 대해서 4장에서 폭넓게 예를 들어 다룰 것이다.

Hasan(Halliday & Hasan 1985:52-65)은 어떠한 특정 텍스트 내지는 사회적 활동도 담화의 일종 혹은 장르의 예로 간주하고 있다. 그리고 Hasan은 '잠재적 구조'라고 하는 중요한 개념에 대해서도 설명하고 있다. 본질적으로 이것이 의미하는 것은 장르 요소의 일부는 의무적이며 일부는 선택적이고 일부는 반복적이라는 것이다. 특정 텍스트는 장르의 타입의 구체적인 현상 또는 구현화이며, 그 장르의 잠재적인 구조의 일부(통상적으로는 전부가 아닌) 측면을 명확하게 한다. 이 주제도 4장에서 구체적으로 언급할 것이다.

이러한 언어 요소는 커뮤니케이션의 보다 폭넓은 과정에서 언어적인 부분을 구성하고 있다. 커뮤니케이션 자체에 공헌하는 요소는 아래와 같은 세 개의 범주로 분류된다. (1) 언어적 및 비언어적 커뮤니케이션 체계, (2) 물리적 세계와 사회 문화적인 세계의 이해(혹은 스키마), 또 이것들이 참여자들 사이에서 공유되고 있는 정도, (3) 참여자를 포함하는 문맥이다. 이들 요소는 모두 참여자들 사이에서의 의미를 공유하는 데에 공헌한다.

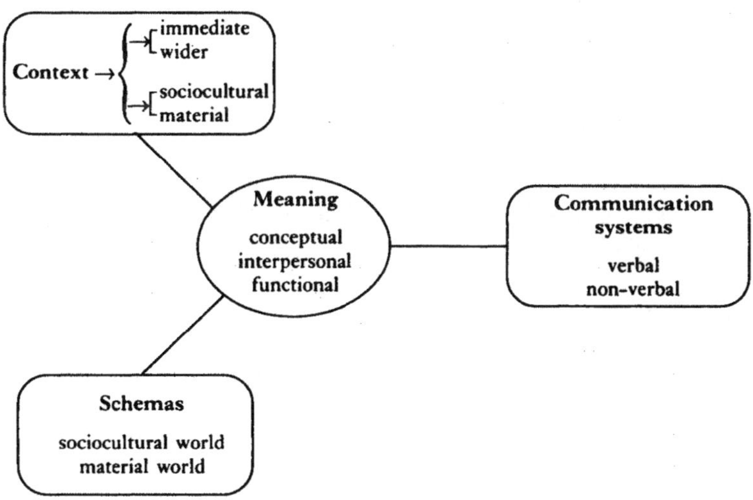

[그림 1] 단순화된 커뮤니케이션 모델

의미는 개념적(생각에 관한 것), 대인적(참여자 사이의 사회적 관계의 지속적인 교섭) 또는 기능적(어떤 것을 이룸)인 것일 수 있다. 대부분의 문장이나 텍스트는 이들 세 종류의 의미를 전달한다. 이 단순화된 커뮤니케이션 모델은 [그림 1]에 나타나 있다.(여기에서 사용하는 기호는 vi-vii쪽에 정리되어 있다.) 이 모델은 이 책의 기반이 되는 것이며 이 책에서 여러 장에 걸쳐서 이 모델에 대해 예를 들면서 자세히 설명해 나갈 것이다.

4. 책의 구성

'법언어학'이라는 용어는 좁은 의미로, 언어 증거에 관해서만 사용되는 경우도 있다. 그러나 언어와 법의 문제를 다루는 포괄적인 용어로서도 점점 수용되어 가는 분위기이다. 국제 응용 언어학회(AILA: Association International de Linguistic Appliquée)의 법언어학 학술 위원회는 이 분야를 아래와 같이 정의하고 있다.

> AILA의 법언어학 학술위원회의 주요 목적은 다양한 종류의 언어와 법의 연결 고리에 대한 연구를 지원하는 것이다. 이 기본 방침의 일환으로써 위원회는 다음을 지원하도록 노력하고 있다.
>
> (1) 법률 문서의 언어, 법정이나 경찰, 교도소의 언어를 포함한 법과 언어의 연구
> (2) 전문직으로서의 사법 통역, 사업 번역 업무의 개선에 대한 연구와 지원
> (3) 사법 절차 중 언어로 인해 발생할 수 있는 불이익을 줄이는 방안 연구
> (4) 사용 가능한 범위 내에서 양질의 언어학적 전문 지식에 근거한 법언어학적 증거 제공

(5) 법률 문서 기술(평이한 언어에 의한 기술 포함)과 해석의 문제에서의 언어학 전문 지식 제공

이 분야의 주요 학술지인 '법언어학'(Forensic Linguistics)*은 위의 내용을 대부분 포함하는 폭넓은 범위에 걸친 언어와 법의 문제에 관한 논문을 수록하고 있다. 따라서 이 학술지는 넓은 의미로 법언어학에 관한 문헌이라 할 수 있다.

'사법 제도에서의 언어'라는 이 책의 부제는 이 책에서 다루고 있는 법률이나 법정에 관한 사항뿐만이 아니라, 경찰이나 교도소에 관한 사항도 포함되어 있음을 강조하고 있다. 법률이나 규제, 법정의 언어는 경찰이나 교도소에서 사용되는 언어보다 훨씬 더 문서화되어 기술되어 있으나 이 책에서는 가능한 한 사법 제도의 주요한 구성 요소 전부에 관한 언어에 대해서 언급하고 있다.

이 책은 언어와 법의 폭넓은 문제에 관한 입문서이다. 이 책은 개별 주제와 관련된 개론서 한 권과 동등한 가치의 내용을 포괄하는 것으로, 실제로는 그러한 서적이 출판되어 있는 경우도 있다. 따라서 이 책에서 다루는 범위는 전문 독자의 요구에 맞춘 것도 아니며 다루는 내용을 모두 상세하게 설명한 것도 아니며 그렇다고 많은 연구에서 언급된 개론적인 것도 아니다. 이 책의 목적은 큰 축척 지도를 명확하게 나타내는 것으로, 한 단계 위의 문헌을 섭렵하거나 관련 연구의 개념적 틀을 형성하도록 돕고자 하는 목적이 있다. 언어와 법의 흥미로운 관계에 대해서 다양한 측면에서 문을 열려는 시도임과 동시에 독자가 특히 흥미를 가지는 요소에 대해서는 독자 자신이 추구하는 바에 맡기고자 한다.

이 책에서는 전반적으로 단순히 기술하는 것이 아닌, 언어와 법의 관계가 때로는 왜곡되는 이유 - '무엇'뿐만 아니라 '왜'를 설명하는 것에 주의

---

* 번역자 주: 2004년에 The International Journal of Speech, Language and the Law에서 명칭을 변경하였다.

를 기울였다. 그리고 이러한 설명은 언어학적인 것뿐만 아니라, 응용 언어학적인 것이다. 왜냐하면 언어와 법의 상호 작용에서부터 발생하는(사회 정의 문제도 포함) 각종 문제에 대해 생각하고 또 생각한 후에 가능한 해결 수단에 대해서 상세하게 논의하고 있기 때문이다. 이 책에서 다루는 주제의 대부분은 범죄나 형벌의 본질을 생각해 보면 마냥 유쾌한 것만은 아니라고 할 수 있다. 어떤 부분에서는 적나라한 소재를 다루는데 이 부분에 대해서는 독자의 관용을 바란다.

법의 언어의 문제는 복잡한 형태로 상호 작용을 하는 것으로, 어떻게 장을 나누더라도 어느 정도는 자의적일 수밖에 없다. 1장부터 4장까지는 기술적이다. 1장은 사법 제도는 본래 음성 언어에 의한 것이었지만, 문자 언어가 도입됨으로써 법의 언어에 변화가 생겼다는 인식 아래 법의 음성 언어와 문자 언어의 관계에 대해서 기술한다. 2장은 법률 조문이나 법적 문서에서 사용되는 언어에 관해 의미를 면밀하게 표현하려는 시도가 어떻게 전문가용 법률 용어를 만들기에 이르렀는지를 검토한다. 3장은 법적 장면에서의 상호 작용(대화)에 대해서 논의하는데, 사회에서 법의 역할을 생각하면 필연적으로 얼마나 파워(권세)가 법의 언어에 나타나는가도 언급하게 된다. 4장은 (범죄 등의) 사법 조사 대상인 사건이 사법 맥락 안에서 언어를 매개체로 재구축되는 방법에 대해 다룬다.

이 책의 후반부에는 보다 사회적인 측면을 다룬다. 5장은 법의 언어를 이해하는 어려움과 이 문제를 어떻게 대처할지에 대해 논의한다. 6장은 특히 소수 민족, 아이들, 학대를 겪은 여성 등 법적으로 불리한 위치에 있는 사람들의 언어 문제에 대해 검토한다. 7장은 통역사나 번역가의 도움 등 법적으로 불리한 입장에 대응하기 위한 주요 방법에 대해서 논의한다. 8장은 언어로 인한 범죄 - 명예훼손이나 사기, 협박과 같은 불법 언어 행위-를 포함한 언어에 관한 법률에 대해서 논의한다. 9장은 법적 맥락에서의 언어 증거를 다룬다. 각 장의 기초가 되는 것은 언어와 커뮤니케이션 모델로 이미 이 장에서 설명하였다.

제1장 문식성과 법

법의 인지 구조는 의식의 기록된(문서화된) 형태를 반영해 왔다.
- Jackson(1994)

1.1. 도입

법의 언어는 크게 두 가지 유형으로 나눌 수 있다. 하나는 법률이나 그 외 계약 등의 법적 문서에 나타나는 기호로 기록된 문어, 그리고 나머지 하나는 특히 법정, 경찰 취조, 교도소, 법률가 사이 또는 변호인과 의뢰인 간에 사용되는 말로 된 구어이다. 우선 기호화된 언어에 대해 다루려 한다.

Tiersma(1999:139-41)은 문서화된 법의 언어를 크게 세 가지 유형으로 구분하여, 유용한 분류를 제공하고 있다. 첫 번째는 '법적 관계를 맺거나 변경하는' 것으로(Tiersma 1999:139), 즉 법의 틀 자체를 제정하는 것으로 '효력 있는 문서'라고 지칭하고 있다. 이 부류에는 법률(조례, 명령이나 성문법), 탄원서나 청원서, 판결문, 그리고 계약서나 유언장 등 개인적 문서 등도 포함된다. 두 번째 부류는 해설 문서로, 대부분은 객관적이면서도 정확하게 법을 설명한 것이다. 이것은 의뢰인에게 보내는 편지나 회사의 내부 문서, 그리고 법률과 관련된 문서나 법률 교재 등이 포함된다고 할 수 있다. 세 번째 부류는 설득을 목적으로 하는 문서로, 특히 법정에서 설득하기 위해 작성된 제출물 등이 여기에 해당한다. Tiersma(1999:141)은 후자의 두 가지 분류에 속하는 문서는 '비교적 형식적인 표준 영어를 사용하고는 있으나 특별히 전형적이거나 엄밀하거나 하는 법적인 경향은 그다지 보이지 않는다'고 지적하고 있다. 주목하고 싶은 점은 법의 언어의 무엇이 특수한가 하는 것으로, 여기에서는 주로 '효력 있는 문서'에 집중하여 논의한다.

이 장에서는 모든 사법 제도의 시작으로 볼 수 있는 구두로 된 사법 제도로부터 설명을 시작하고자 한다. 이어서 문식성 체제(리터러시 시스템)로 이행하는 과정에서 법의 언어에 일어난 변화를 살펴볼 것인데, 이러한 변화에는 특히 언어의 계획성, 탈문맥화, 그리고 문서의 표준화가 진행된 결과로 보고 설명해 나갈 것이다. 그리고 이 변화 과정을 현대에서의 유언장과 음성 언어에서 문서로 변환되는 과정에서 앵글로・색슨 영어(5세기 중반~12세기)에 쓰인 유언장 등을 비교함으로써 구체적으로 설명할 것이다. 다음으로, 증거 또는 법정 기록으로서의 재판의 기록(전사)*이라는 현대의 사법 제도에서의 음성 언어에서 문자 언어(문서)로의 변환에서 나타날 수 있는 문제점에 대해서 개괄적으로 설명할 것이다. 마지막으로, 앞으로 음성 언어인 대화가 음성과 영상으로 기록됨으로써 법적 절차가 다시 한 바퀴 돌아서 원래와 같이 음성 언어를 중시하게 되었다는 생각을 가지고 이 장을 마무리 짓을 것이다.

1.2. 음성 언어에 의한 사법 제도

현재의 사법 제도의 모델이 된 것은 문식성(리터러시)이 발달하기 이전 사회에서 시작되었다. 현존하는 거의 대부분의 구승 사회(리터러시가 전통적 문화의 일부를 이루지 않는 사회)에서는 커뮤니티의 규칙에 따르지 않는 분쟁이나 행위에 대응하기 위한 비교적 발전한 제도가 존재하는 듯하다. 이러한 음성 언어로 된 사법 제도는 때때로 '관습법'이라고도 불리는데, 관습법과 보통법의 공존에 대한 문헌은 다양하게 나와 있다.

대부분의 구승 문화에서는 관습법을 시행하기 위한 장이나 의식이 있

* 번역자 주: 음성 언어를 문자 언어로 기록한 것.

다. 대부분 그에 관계되는 사람들은 소송 당사자, 조정자, 어떤 견해를 펼치는 변호사, 그리고 때로는 판사(혹은 부심)에 거의 상응하는 역할이 정해진다. 또 정해진 단계에 따라 관습법의 소송 절차가 이루어지는 것은 흔한 일이다(이것을 법정 장르라 한다). 사건의 논의에 사용하기 위해서 암기하거나 인용하는 것과 같은 일련의 영장이나 원칙이 존재하는 것도 흔한 일이다. 이러한 논의에서 판례가 이용되는 것도 흔히 있는 일이다. 이들은 전부 문명사회에서 볼 수 있는 제도화된 사법 절차의 전례라고 말할 수 있다.

법 인류학자는 관습법(때로는 '사회적 통제'라는 용어가 사용되기도 한다.)과 제도화된 법은 다른 점이 있다고 전통적으로 논의해 왔다. 그들을 그 특징으로서 특히 절대적 책임, 주술, 주술에 대한 종교적 믿음(악마 신앙 magico-religious beliefs), 비고의성(accident)을 들고 있다. 절대적 책임이라는 것은 사람들은 모두 함께 있던 타인에 대해서도 모든 책임을 진다는 의미이다. 예를 들면, 만약 어떤 사냥꾼이 사냥을 하다가 죽었을 경우에 함께 있던 다른 사냥꾼들 모두가 그 죽음에 대해서 책임을 져야 한다는 것이다. 이것은 비고의성(accident)과도 관련된다. 관습법에서는 사람의 의도와는 관계가 없기 때문에 만약 누군가가 사람을 사고로 죽였을 경우, 이것은 살의(殺意)가 있는 살인과 동등하게 취급된다는 것이다(보통법에서는 의도가 없이 살인한 고살(故殺)과 의도를 가지고 살인한 모살(謀殺)이 구별되는데, 즉 비고의성(accident)이라는 개념이 법적으로 구별되며 언어적으로 기호화되어 있다.) 그 외에 주장되고 있는 관습법과 보통법의 차이는 주술과 악마 신앙의 범위에서이다. 사람이나 그 소유물에 저주를 거는 주술은 관습법이 있는 사회에서는 흔한 범죄이다. 이것은 금기(터부)를 예로 하는 다양한 악마 신앙과 관련되며 종종 처벌되기도 한다. 그러나 Goldman(1993, 1994)은 보통법과의 차이를 부정하는 신뢰성이 높은 증거를 언어학적 분석을 통해 보여 주고 있다. 그는 훌리족(Huli)*의 전통적인 재판을 예로 기록하였는데, 여기에서는 비고

홀리족의 비고의성 개념의 증거는 Wanili와 Ogoli의 재판에서 처음 나타난다. (Goldman 1986a:D.2). 이 논쟁은 Wanili의 십대 아들인 Baro가 그의 친구와 함께 있다가 물에 빠져 죽은 사건과 관련되는데 Wanili는 다음 말에서 그의 반응에 대해 묘사한다.

[D.2. lines 140, 203]
Ibu **tiga tiga** ***iba piyagoni lalu piru***
he straight straight (redup) water go-3ps-PST say-SUB2 go-lsg-PST
I said 'He (Baro) straight drowned' and I went off

lya ilame iya kirali honowinidago **mememe** ***iba piyadago***
we **both + ERG we two people gave birth-RP accidentally water go-3ps-PST**
We bore him together and he accidentally drowned

주목할 것은 tiga tiga(즉시)와 mememe(뜻하지 않게)의 부사어이다.

[그림 1-1] 비고의성 부사가 나타난 훌리족의 전통 재판(Goldman 1994:78)

의성과 법적 책임의 부재를 중심으로 하여 다양한 논의가 있다. 고의는 양태(modality)에 의해 기호화되어 있으며 죄의 경감과 연결되는 요소로서 비고의성을 언어적으로 드러낼 수 있다. Goldman(1994:78)은 우발성(비고의성)을 나타내는 부사를 예로 들고 있으며([그림 1-1] 참조), 고의를 나타내는 경우는 능격이 쓰이고 있음을 논의하고 있다([그림 1-2] 참조).

Goldman(1993)은 법적 맥락에서 담화 분석을 바탕으로 언어학에 기초한 설명을 함으로써, 훌리족의 관습법 제도에서 비고의성(accident)의 개념이 쓰이고 있음을 증명하였다. 이러한 예를 통해서 서양의 인류학자들이 자국 문화 중심의 사고방식을 가지고 있는 탓에 명확하게 기호화되어 있지 않은 것을 아예 개념이 존재하지 않는다고 생각하는 것을 반성해야 한다. Goldman은 주술이 보통법의 정신적 고통을 고의로 부여하는

* 번역자 주: 파푸아뉴기니의 산간 부족으로 호전적 기질을 가지고 있으며 전투할 때 화려한 분장과 의상을 입는 것으로 알려져 있다.

[16] NP(A) NP(O)
ERG ABS
Kenobi one biagome *inaga ainya*
Kenobi wife that + ERG I + GEN mother + ABS
V(tr)
delara
burn + CAUS-3ps-PRES

이 예에서 능격이 사용된 NP는 동일한 동작에 대해서 계획된 일을 한, 의도가 있는 행위주를 강조하는 데에 기여한다. 보고된 사건의 사동 차원에서 Gagai의 죽음이 누군가의 탓이라는 것을 함의하는 것에 초점이 맞추어진다.

[그림 1-2] 의도격으로의 능격의 사용(Goldman 1994:78)

죄와 닮았다는 점, 그리고 악마 신앙이 음성 언어와 문자 언어 모두에서 찾을 수 있다는 점을 주장하였다. 그 예로서 유럽이나 시리아(이슬람)의 사법 제도에서의 모독죄를 들 수 있다.

구승 사회에는 법적 레지스터가 부재하다. 법적인 논쟁은 일상적인 언어로 처리되어 왔다. 반면 문자의 발전은 사법 제도가 성문화하는 데에 기여하게 된다.

1.3. 문식성(literacy)으로의 이행

문식성(리터러시)의 발달은 사법에 미친 영향 중 하나로 법을 표준화하는 것이 가능해졌다는 것을 들 수 있다. 우선 소송이 문서화되어 그 자료를 검토하여 조사하거나 필요한 부분을 복사할 수 있게 되었다. 이것은 시간이 지남에 따라 유언장 작성과 같이 법적인 기능을 하는 표준적인 방법이 되어 간다. 이러한 문서화는 법적 기능이 성립되기 위해 통과해야 하는 과정을 표준화하는 것과도 연결되는 경우가 있다. 즉 이것은 4장에서 논의하게 될 표준적인 법률 장르(Maley 1994)로 발전이 가능해진 것이다. 문식성(리터러시)은 전문적인 법률 용어의 발달, 기록, 항구적 사용과 표준화 등으로 법률의 언어 사용역이 성립되는 데에 한몫을 하고 있다.

성문화 과정(codification)에서 법의 언어는 일상어로 된 음성 언어로 이루어지는 분쟁의 해결에서 다양한 문체적 특징을 이용하여 전문적인 언어 스타일로 이행해 갔다. 여기에서 이 논의에서 조금 벗어나 문서 형식의 발달이 언어에 얼마나 큰 영향을 미쳤는가를 생각해 볼 필요가 있다. 문자 언어는 그 작성 과정과 항구성의 경향 측면에서 보면 구두 언어보다 더 계획적이고, 사용되는 장면에 좌우되는 경향이 적다고 할 수 있다(Chafe 1985, Chafe & Tannen 1987을 참조). 단, 이러한 구두 언어와 문자 언어의 차이, 즉 사용 장면과의 관계성과 계획성의 차이는 절대적이라고는 할 수 없다. 예를 들면, 자신을 위해서 작성한 메모는 문체이지만, 그 자리에서 아무 생각 없이 작성한 것일지도 모르고, 또 그 자리의 상황에 좌우되는 부분이 아주 크기 때문에 메모를 할 때의 상황을 나중에 기억할 수 있을 것이라고 생각하고 메모를 작성한 경우에는 그 해석이 상당히 불명확한 것일 수도 있다. 한편, 어떤 상황으로부터 의미를 추출할 필요 없이, 그것만으로 의미가 명확하게 파악 가능한 신중한 계획하에 만들어진 구승 문학도 있다. 언어학자인 Haliday(1985)는 전혀 계획성이 없이 고도로 장면에 의존하는 것에서부터 매우 계획성이 높은, 장면 의존도가 현저히 낮은 것까지의 연속체라고 지적하였다. Haliday는 이것을 '모드의 연속체'(mode contitnuum)라 부른다.

1.3.1. 계획성의 결과

Haliday(1985)는 길고 연속된 문장을 작성할 때에 생기는 중요한 언어 현상이 있다고 지적하였다. 이것은 문장을 통해서 이해나 논점이 점점 커짐에 따라 쌓여 가는 정보가 그 후에 계속 이어서 발전해 나가는 생각의 출발점으로서 명사구로 정리되는 경우가 있다고 하였다. 이렇게 많은 개념이 명사구에 집약되는 현상은 문체의 중요한 일면이다. Haliday는 개념이 처음 도입될 때에 일반적으로 단순하며 '적절한' 형태로 -예를 들면 사물은 명사이며 과정은 동사, 성질은 형용사로, 논리적인 연결고리는 '그럼에도'와 같은 접속사로서- 나타난다고 보았다. 품사는 '무표의' 의미 기능을 가진다고 말할 수 있다. 그러나 형태와 의미 사이의 이러한 무표의 관계는 개념이 축적됨에 따라 하나하나 담화를 연결하고 구성해 나가야 하므로 무표성은 부분적으로 손실되는 경우도 있다. 이러한 비틀어진 관계를 Haliday는 '문법적 비유'라 부르고 있다.

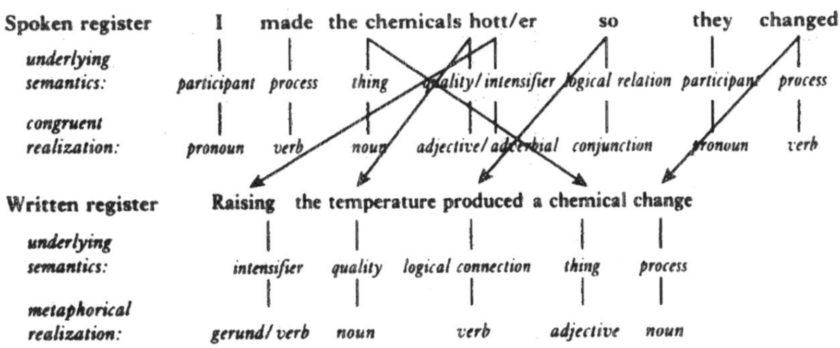

[그림 1-3] 영어의 문법적 비유의 예

[그림 1-3]은 Gibbons(1999)에서 발췌한 것이다. 영어에서는 문서 레지스터로의 변환으로 인해 잠재된 의미 개념 간의 비틀어진 관계가 발생하는 과정을 명사화를 넘어선 영역까지 넓혀서 나타내고 있다. 이 그림에는 거의 같은 의미의 두 문장이 제시되어 있는데, 첫 번째 문장은 단순한 대화체이고, 두 번째 문장은 전문적인 문어체이다. 따라서 처음 대화체 문장에서는 사물인 chemicals(화학물질)은 사물이나 물질을 나타내는 품사인 명사로써 표현되어 있는데, 문어체에서는 형용사로 되어 있어, 비유로서 나타나 있다.

최초의 문장에서 논리적 관계도 적합한 접속사 so로서 나타나 있는데, 두 번째 문장에서는 비유적으로 동사 produced로서 그리고 과정의 change는 첫 번째 문장에서는 동사로서, 그러나 두 번째 문장에서는 명사로써 비유적으로 나타나 있다. 이러한 문법적 비유라는 개념은 명사화를 포함하지만 그 이상으로 큰 영향력을 가지는 것으로, 이 책에서는 반복적으로 사용되고 있다.

영어에서는 문법적 비유가 특히 명사구에서 정보를 높은 밀도로 정리하는 것을 가능케 한다. 또한 구문을 단순하게 만드는 경우도 있다. [그림 1-3]의 예에서 종속절을 포함한 단문으로 변화한다. 이는 문장에서 어휘 밀도가 높아진 것이다. 즉, 내용어가 늘어 조립의 역할을 하는 어휘가 줄어든 것이다. 그 외에도 계획성의 영향으로 명확성이 높아지고 수동태의 사용이 증가하고 문장의 길이도 길어지게 된다.

① 논리적 구성과 명확성

법의 언어가 계획성을 가지게 되면, 언어가 사용되는 그 장면이나 상황이 아니라 문장 내의 다른 부분의 언어와의 연결성이 생기기 때문에 논리적인 조립이나 주장은 보다 명확하게 드러나게 되어 '그리고'가 적어지는 한편 '그럼에도'가 많아지고 '다음으로'가 적어지는 반면, '첫 번째로, 두 번째로, 세 번째로'가 많아진다(Biber 1988 참조).

② 수동태 사용의 증가

수동태는 문장 내의 정보의 흐름을 정리하고 드물게 문법적 비유와도 관련하여 일어나기도 한다. 수동태의 역할 중 한 가지는 이미 텍스트 내에 나타나 있는 전출 정보가 예를 들면, 동사가 나타내는 동작의 필연적 수동이라고 하여도, 그 전출 정보를 문장의 처음에 두는 것이 가능하게 된다. 예를 들면, 'When the prisoner arrived at Court, he was jeered by a hostile crowd'(피고가 법정에 도착하였을 때, 그는 반감을 가진 군중에게 야유를 받았다.)라는 문장에서는 후반부에서 '피고'는 전출 정보가 되기 때문에 수동태에 의해서 문장의 처음에 위치시키는 것이 가능해져, 이 절의 나머지 부분에서는 그 피고인에 관한 정보를 추가하게 된다. 이 문장을 능동태로 하였을 경우, 'When the prisoner arrived at Court, a hostile crowd jeered him'(피고가 법정에 도착하였을 때, 반감을 가진 군중이 그에게 야유를 보냈다.)가 되어, 부자연스럽다. 법의 언어에서의 수동태 구문의 사용 빈도가 극히 높은 것은 1억 어절의 브리티쉬 내셔널 코퍼스(The British National Corpus)를 조사해 보면 알 수 있다. 코퍼스에서 법률 장르의 비율은 극히 작은데, '로버트슨 최고 법원장에 의해서 말해진 시점에서'와 같이 저빈도의 '~에 의해 말해지다/말해졌다/말해진 시점에서'와 같은 수동태 구문은 전체 코퍼스에서 17회밖에 출현하지 않았지만 그중 7회(41.2%)가 법률 장르에서 출현하였다.

③ 장문화

다음 장에서 언급되겠지만, 계획성의 영향으로 '효력 있는 문서'에 나타나는 문장은 상당히 길다. 실제로 '효력을 지닌 문서'를 읽을 경우, 만약 그 문서가 실제 발화되었을 때 청자에게 확실히 이해되고 전달되기는 힘들다고 말할 수 있다. 글에서 앞에 나온 문장으로 돌아가 다시 읽는 것이 가능하지만, 대화에서는 앞에서 들은 부분으로 돌아가는 것이 불가능하다. 그렇기 때문에 이러한 문어가 구두로 전달되는 경우에는 문장의 길이가 너무 길며, 지나치게 복잡하기 때문에 제대로 이해할 수 없게 된다.

1.3.2. 탈문맥화의 결과

대화와 문서의 큰 차이는 대화에서는 화자가 공유하고 있는 주변 맥락에 접근할 수 있는 한편, 문서에서는 문장 자체 안에 있는 내용만으로 해석해 나가게 된다. 여기에서 문제가 되는 것은 언급된 맥락과 말하기, 읽기, 쓰기가 쓰이고 있는 상황 맥락과의(공간, 시간 그리고 추상 개념에서의) 거리, 화자/필자, 청자/독자의 거리이다. 이는 가장 추상적이며, 맥락에 의존하지 않은 언어를 양단으로 한 연속체이다.

기록하게 되면 맥락로부터의 이탈이 일어나게 되는데 이것은 법률 문서가 지니는 고도의 자율성과 관련된다. 이것은 특히 법률 초안을 쓰거나 법률을 해석하는 경우에 중요해진다. 법률을 기초(基礎)하는 사람들의 최우선 목적은 입법 기관이나 법률 작성에 관련하여 일어난 논의, 그 외의 판단의 근거가 되는 것을 언급하지 않아도 조문 자체의 문언만을 읽는다면 법정이 각각의 법률을 정확하게 해석할 수 있게 하는 것이다. 그러기 위해서는 법률에 쓰이는 문언이 확실하고 유일한 의미를 가져야 하고 그 의미가 법률 해석이나 행사의 기반이 되어야 한다. 법률가 사이에서는 이것은 '명백한 의미의 원칙(plain meaning rule)'으로 알려져 있고 이 개념은 법률가 사이에서 존재하는 '원전주의(textualism)'라고 알려져 있다. 언어학자의 관점에서는 일반적으로 언어는 단순하며 명확한 커뮤니케이션 도구임이 고려되고 있지 않기 때문에 이러한 생각에는 의문의 여지가 존재한다. 이 점에 대해서는 다음 장에서도 다시 언급할 것이다.

문맥 의존도가 낮은 또 하나의 이유는 구어체와 문어체가 제공하는 자원이 다르다는 것과 관련된다. 대면하여 이루어지는 대화에서 명제는 화자 자신의 발화 태도, 억양, 목소리의 질, 몸짓이나 손짓, 얼굴 표정 등에 의해서도 전달된다. 강조나 정보의 흐름은 상당히 큰 비율로 액센트나 쉼(휴지, pause), 그리고 속도에 의해서 전달된다. 맥락에 의존하고 있지 않는 문어체에서는 이러한 반어적, 비언어적 특성에 나타나 있는 자원이 거의 없기 때문에 문어체에서는 문법이나 어휘의 선택이('대면' 형식이 아니기 때문에) 대부분 사적인 것도, 감정적인 것도 드러나지 않는 경향이 있다. 예를 들면 [표 1-1]은 특히 추상적인 문장에서 '굉장히'가 빠져 있으며, 감정 면에서 중립적이며 사적이지 않은 표현들이 사용되고 있다는 것에 주목해야 한다.

[표 1-1] 문맥화의 언어적 영향

문맥화	사용된 언어	언어 요소
즉각적/문맥 의존적 법정에서 변호인에게 판사가, 이의를 제기할 때	'sustained'	비명시적인 것: 누가, 무엇이 인정되는가, 문맥(시간, 장소), 일어난 것('이의 신청이 인정되다'를 간략하게 노트한 것)
공유된 지식/ 지식 의존적 변호사 사무실에서, 다른 변호사에게	'Judge May sustained my objection to a really coercive question today, thank heavens'	시제는 시간상 거리의 결과로 과거형으로 바뀌었다. 어떤 요소는 삽입되었고 그러나 나머지는 지식에 따라 달라진다. 비명시적인 것: 'my'에서 나는 누구인지, 문맥(장소)와 '오늘(today)'은 언제인지
공유된 지식이 없음/ 문맥 독립적 보고서	*31 October 2000* *Local Court number 4* Counsel Hu's objection to a coercive question from Counsel Lipovsky during cross-examination was sustained	아주 명시적임 수동태와 과거 시제로 기록된다.
일반화되고 추상화된 법률 교과서	Coercive questioning during cross-examination may be subject to successful challenge	문법적 비유, 특히 'questioning', 'successful', 'challenge'에서(위의 예와 비교하면) 시제는 '불변의 현재시제'로 기록된다.

1.3.3. 표준화의 영향

구어체는 기억에 의존하지만, 기억은 실제 사용된 언어가 아닌 의미를 기초로 하여 보존된다. 구어체는 대부분 의식적인 상황에서만 변화하지 않고 유지된다.(예를 들면 산스크리트어가 존속하고 있듯이 종교적 의식은 예전의 언어 형식을 유지하고 있다.) 문서는 사용된 문장이 그 형태와 문언을 보존해 놓는 것이 가능하기 때문에 구어체와는 반대의 효력을 가진다. 단, 이후에 의미 해석에서 의문의 대상이 되기도 한다. 무엇인가가 문체로서 기록되면 그 표면적인 형식은 후에 찾아보는 것이 가능해진다. 이것은 어떠한 언어 사용이 필요해졌을 때 정확하게 다시 그것을 사용하는 것이 가능하다는 것을 의미하는데, 특히 문체에 의해서 효력적인 언어 사용의 존속이 촉진된 것이라 할 수 있다.

법에서는 문식성의 발전이 언어의 표준화에 미치는 영향은 막대한 것이다. 어느 특정 법적 목적이 어느 언어의 형태로 충분히 채워진 것이 인정되면(예를 들어 어느 완곡한 표현이 법정에서는 하나의 구속력이 있는 약속을 성립시킨다고 인정되는 경우) 이것은 그 완곡한 표현을 그 후 약속이 이루어질 때에 다시 이용할 적절한 이유가 된다. 이것은 실제로는 판례라는 형태로 기능하게 된다. 법적 행위가 한 번 문서화되면 이를 조사하거나 필요한 부분을 재이용하는 것이 가능해진다. 법의 세계에서는 이것이 발전하여 시행된 문례가 기재되어 있는 '문례집'이 되었다. 이 문례를 조합하는 것을 통해서 법률가는 '효력 있는 문서'를 구성하는 것이 가능해졌다. 새로운 완곡법을 사용하는 것은 이의를 제기할 수 있는 상황에 스스로를 몰아넣는 것과 같은 것이 되기 때문에 법률가들에게는 이익이 되지 않는다. Mellinkoff(1963:295)는 다음과 같이 대변하고 있다. '이 공포가 법률가들과 그 언어를 화석화시키는 것이다. 이미 엄밀하게 존재하고 있다. 지금 이것으로 충분하다. 그렇기 때문에 그대로 내버려 두었으면 한다. 바꾸지 않길 바란다. 죽을 때까지 또는 자격을 박탈당할 때까지, 이대로 가는 것이다.' 이러한 배경이 유언장과 같은 법적 효력이 있는 문서 작성에서의 표준적인 방법으로 직결되는 것이기도 하다. 그리고 법적 기능이 제대로 작동하기 위해서 통과해야만 하는 법적 단계 자체의 표준화 -즉 일반적인 법적 장르(Maley 1994 및 이 책 4장 참조)의 발달-와도 직결될 수 있다. 따라서 일관성과 보수주의는 문서화된 법의 언어의 특징을 나타내고 있으며, 지금까지 살펴봤듯이 그것에는 타당한 이유가 있다. 그 결과로써 그다지 내키지는 않은 점은 고전적인 언어 사용인데, 이것은 과거의 사법 제도에서 사용되던 언어(대부분의 유럽 사법 제도에서의 라틴어, 보통법 제도에서의 노르만 프랑스어)를 사용하고 있는 경우와 현재 사용되고 있는 언어에서의 고어적 요소(예는 다음 장 참조)가 남아 있는 경우 두 가지가 있다.

1.3.4. 예시

여기에서는 문식성으로의 이행이 가져오는 결과에 대해서 두 장의 유언장을 통해 구체적으로 설명할 것이다. 첫 번째는 Wulfsige(1022-43)의 것으로 앵글로 · 색슨 영어가 사용되던 영국에서 문식성으로의 이행이 일어난 시기, 즉 유언이 구두로 서술된 것이 아니라 처음으로 문서로써 작성된 시기의 것이다([그림 1-4]). 여기에서의 분석은 Danet and Bogoch (1994)에 기초한 것이다. 두 번째 유언장은 필자 자신의 것으로(한 군데 수정한 곳과 몇 사람의 이름은 생략되어 있으나) 문식성으로 이행한 후 장기간에 걸친 변화를 예시하기 위하여 현대의 비교 대상 문서로써 (1990년대 작성) 제시하였다([그림 1-5]). 이들 두 개의 문서를 통해 법률 영어가 과거 1000년간 어떻게 발전해 왔는가를 살펴볼 수 있다. Wulfsige의 유언장에 쓰인 언어는 아름답지만 간략하며 직접적이면서도 명확하지는 않다. 이후에 이러한 유언장의 문체는 고어투로 쓰인 복잡하고 길며 극단적으로 명확한 언어로 바뀌어 간다.

두 번째 유언장을 자세히 보면 Wulfsige의 유언장과의 차이를 알 수 있다. Wulfsige의 유언장에서 인칭의 사용이 제각각이다. 첫 단락에서 Wulfsige는 삼인칭으로 '그의 소유물', '그의 영혼', 동일하게 그의 아내 Wulfwyn에 대해서도 '그녀의 인생', '그녀의 죽음'이라고 삼인칭으로 언급하고 있다. 그러나 그 같은 단락의 끝에는 이것이 '우리 두 사람'으로

[H]er switelep on pise write wam Wlsi an his aihte. þat is erst fr his soule þat ond at Wiken into seynt Eadmundes biri þa tweye deles 7 Alfric Biscop þe þridde del. buten ane gride and.XII. swine mesten þat schal habben Wlwine hire day, and after hire day into seynt Eadmundes biri 7 alle þo men fre for vunker bother soule. And ic an mine kynelouerd .II. hors. and Helm and brinie. 7 an Swerd and a goidwrecken spere. and ic an mine lauedy haif marc goldes. an mine Nifte ann ore wichte goldes. And habbe Stanhand alle þinge þe ic him bicueden habbe. and mine brother bern here owen lond. 7.II. hors mid sadelgarun. and .I. brinie and on hakele. And se þe mine cuide awende god aimithin awende his asyne from him on domesday buten he it her þe rathere bete.

Here is this document it is made known to whom Wulfsige grants his possessions. First, for his soul, two-thirds of the estate at *Wick* to Bury St Edmunds and the third part to Bishop Ælfic, except one yardland and mast for twelve swine which Wulfwyn shall have for life, and after her death [it shall go] to Bury St Edmunds; and all the men are to be free for the sake of the souls of us both.

And I grant to my royal lord two horses and a helmet and a coat of mail, and a sword and a spear inlaid with gold. And I grant to my lady half a mark of gold, and to my niece an ore's weight in gold. And Stanhand is to have everything which I have bequeathed to him, and my brother's children their own land, and two horses with harness, and one coat of mail and one cloak.

And he who alters my will, may Almighty God turn away his face from him on the Day of Judgment unless in this life he will quickly make amends for it.

[그림 1-4] 앵글로 · 색슨 시대의 유언장

일인칭으로 되어 있어 그 후부터 Wilfsige는 쭉 자신을 일인칭인 'I', 'my'를 사용하여 지칭하고 있다. 이에 비해 현대의 유언장은 일관성이 있으며 일인칭만이 사용되고 있다. Wulfsige의 유언장에서 삼인칭이 사용된 것은 구두로 서술된 유언은 진짜 유언이며 이 문서는 구두에 의한 유증이라는 행위의 단순한 보고라는 개념에 가깝다. Danet & Bogoch(1994)는 이외에도 예를 들고 있는데 Wulfsige의 유언장은 '이 문서에서'로 시작한다. 즉, '적는다'는 행위 자체를 언급하고 있다. 이 '적는다'는 행위 자체에 관한 인식에 대해서 문서 내에서 언급하는 현상은 꽤 오래 전에 사

THIS IS THE LAST WILL AND TESTAMENT of me JOHN PETER GIBBONS of ____________ in the State of New South Wales, Lecturer.

1. I HEREBY REVOKE all former Wills and Testimentary Dispositions heretofore made by me AND DECLARE this to be my last Will and Testament.

2. I GIVE DEVISE AND BEQUEATH the whole of my property of whatsoever nature and wheresoever situate and over which I have any power of appointment and not otherwise disposed of in the due administration of my estate to my dear wife ____________ for her sole use and benefit absolutely AND I APPOINT her Executrix and Trustee of this my Will.

3. IN THE EVENT that my said wife predeceases me or dies within one (1) month of my death then I DECLARE that the following provisions shall take effect:

. . .

4. I DECLARE that if any of my beneficiaries shall die leaving a child or children him her or them surviving then such child or children shall upon attaining the age of twenty-one (21) years take the share his her or their parent would have taken had such parent survived me and if more than one of such children in equal shares.

IN WITNESS WHEREOF I have hereunto set my hand to this my Will this fifth day of July One thousand nine hundred and ninety four.

SIGNED by the Testator as and
for his last Will and Testament
in the presence of us both
present at the same time and
we at his request in his
presence and in the presence of
each other have hereunto
subscribed our names as witnesses:

[그림 1-5] 현대의 유언장(요약)

라진 것이다. 또한 구두에 의한 유언의 잔존 형식으로서 또 하나는 Wulfsige의 유언장이 저주로 끝나고 있다는 점이다. 이것은 문어의 안정성과는 대조적으로, 구어에 의한 유언이 잘못 전달되어질 가능성이 높기 때문이다.

유언의 행위 자체는 'Wulfsige는 그의 소유물을 부여한다'고 표준화되고 정형화된 표현을 사용하지 않고 일상 언어가 사용되고 있다. 반면, 현대의 유언장에서는 유증 행위는 'the last will and testament'(유언장), 'wills and testamentary dispositions'(유언장), 'give, devise and bequeath'(유증하다)라고 언급하고 있다. 이들 표현은 대부분의 영어 화자에게는 유언장의 표준적이고 전형적인 표현일 것이다. 이들은 현대의 법언어의 표준화의 명확한 예로 들 수 있는 것들이다. Tiersma(1999)가 말하고 있듯이 문서화된 유언 모두가 최후의 유언(last will)이며, 'testament'나 'give devise and bequeath'(수여하여 유증하고 유언으로 남긴다)의 두 동사는 불필요하다(다음 장 참조).

문맥화에 대해서는 Wulfsige의 유언장은 쓰여진 문맥에 관하여 독자가 상당한 지식이 있다는 전제에 의존하고 있다. 독자는 Wulfwyn이 누구인지 모르며 그녀가 이 문서의 후반에 나오는 '나의 아내'인지 아닌지도 불명확하다. 현대 유언장에서는 이 점들이 보다 명확하다. '나의 조카'나 '나의 형/동생의 자식들'에 대해서도 같은 전제하에 이루어지고 있다. 또한 Wulfsige의 '국왕 각하'에게 남긴 많은 것들은 실제로는 불특정인 검이나 금이 새겨진 창이 아니라 특정 물건들이었을 가능성이 높다. 아마도 공유된 지식에 의존도가 가장 높은 것은 'Stanhand는 내가 그에게 남긴다고 한 모든 것을 받을 것이다'라는 부분일 것이다. 현대의 유언장에는 명확하게 일자가 표기되는 반면, Wulfsige의 유언장이나 그 외 앵글로 · 색슨 영어가 사용된 시대의 많은 유언장에는 날짜가 없다. Wulfsige의 유언장에는 문법적 비유가 거의 없으며 그것이 나타나더라도 앵글로 · 색슨 명사인 ainte(소유물), write(서류), cuiDe(진술 또는 유언)은 모두가 그 어원인 동사 own(소유하다), write(적다), say(quoth 말하다)와 각각 정확히 관련되어 있다. 현대 유언장은 그에 비해서 문법적 비유가 풍부하게 사용되었다. 예를 들면 wills(유언장), testamentary(유증), dispositions(양도), testament(유언장), property(재산), appointment(지명), due(기일의), administration(관리), use(사용), benefit(이익), executrix(유언 집행관), trustee(수탁자), beneficiary(수령인) 등이 있다. 이것이야말로 내용어의 거의 대부분이 문법적 비유이다.

계획성이라는 측면에서는 Wulfsige의 유언장은 앵글로 · 색슨 시대의 것치고는 비교적 형식을 갖추고 있다. 처음 부분은 유언의 '주요' 부분을 포함하고 있는 것에 비해서 두 번째 부분에는 비교적 중요하지 않은 유산이 포함되어 있다. 그러나 그것이 명시되어 있지는 않으며 유언장의 처음 부분을 읽은 단계에서는 문서의 구성을 파악하기 어렵다. 대조적으로 현대의 유언장은 계획성이 명확하게 표기되어 있다. 우선 단락에는 숫자가 붙어 있다. 이것은 현대의 법률 문서의 대부분에서 공통적으로 볼 수 있는 방법이다. 가장 흥미로운 점은 유언장의 각 절에서 수행되고 있는 발화행위(다음 장 참조)에는 밑줄이 그어져 있고, 대문자가 사용되어서 문서의 각 부분이 어떤 역할을 하고 있는지가 온전히 명확하게 표기되어 있다.

1.4. 경찰, 법정의 기록 - 문어와 구어의 상호 작용

문어로의 이행은 법 세계에서는 단순한 역사적 현상은 아니다. 보통법의 제도하에서는 소송 절차가 대부분 구두로 이루어지고 있으며, 이탈리아, 아르헨티나, 칠레, 독일을 포함한 로마법 국가들에서도 구두로 인한 소송 절차가 늘어나는 추세이지만 한편으로는 법적 문맥에서의 기록 관리의 대부분이 문서 형태로 이루어지고 있다. 경찰에서도 법정에서도 구어가 기록되어 결과적으로 문서 형태로 변환되는 일은 흔히 일어나고 있다.

경찰, 법정의 공판 기록이나 재판 기록을 작성할 때는 구어와 문어의 격차의 문제가 상당히 중요하다. 이것은 주로 유형별로 분류된 경찰의 취조 기록이나 공판 기록과 관계가 있다. 기록을 하기 위해서는 구어를 문어로 변환해야 한다. 근본적인 문제는 구어와 문어는 다른 매체이며 다른 특성을 가지고 있다는 점이다. 앞서 언급한 대로 일반적으로 문어는 종래 구어가 가지는 대부분의 특징을 가지지 않으며 편집 작업을 통해 최종적으로 구어와는 다르게 나타나기 때문에(이 점에 대해서는 Haliday 1985를 참조) 구어를 정확하게 기록한 것은 아니다. 또한 높낮이, 억양, 숨소리, 목소리의 특징, 사투리, 휴지(pause), 속도 등을 포함하는 발화의 상세함을 정확하게 눈에 보이는 하나의 형태로 나타내는 것은 사실상 불가능한 일이다. 그것이 가능하다 할지라도 기록한 것을 실제로 읽는 것은 불가능할 것이다. 그 대신 구어에서 필요한 부분을 선택적으로 기록하는 것이 중요하다. 실제 발화에 가깝도록 기록된 법정이나 경찰의 전형적인 기록은 대부분이 그 정도로도 충분한 경우도 있지만 때로는 기록되지 않고 손실된 정보가 더 중요한 경우도 있다.

정보를 빠짐없이 기록하는 하나의 방법은 발화된 음성을 파장으로 나타내는 스펙트로그램(성문 표기)을 사용하는 것이다. 이것은 화자의 식별에는 유용하지만 전문가 이외에는 누구도 읽을 수 없으며 음향음성학 전문가조차도 스펙트로그램을 기초로 무엇이 이야기되었는지 판별하는 것이 어렵기 때문에 증언 내용의 기록으로서는 전혀 도움이 되지 않는다. 다른 방법으로는 음성 기호를 사용해 기록하는 것인데 이것은 속도나 높낮이의 움직임, 강세 등의 보다 정밀한 정보를 표시할 수는 없지만 발음에 관해서는 상당히 상세한 정보를 파악하는 것이 가능하다. [그림 1-6]은 성인이 된 후에 레바논에서 호주로 이민 온 사람을 취조한 일부를 기록한 것이다. 이 전사 기록은 최대한 정밀하게 작성한 것은 아니지만, 언어학자로서 보자면 발화에 나타나는 어구만이 아니라 화자의 사투리나 그 밖의 특징을 파악할 수 있다. 또 휴지(pause)도 대략 초 단위로 표기되어 있다.

ɔjʌs(1.5)ɷ(.3)dəmaˀn(.3) wɔsdiswɔsdis(.5)hisɛd(.2)dʌənwaridʌ ənwaridʌənwari(.5)jənʌaə(.2)ɔisɛi(.2)kitstəumʌtʃʌpsɛt

[그림 1-6] 버전1: 음성학 기호를 이용한 기록

이러한 기록 방법은 언어학 전문가가 아닌 사람들에게는 생소한 기호를 사용하고 있다는 것이 문제가 된다. 그렇기 때문에 옥스포드 영어 사전에 있는 형식을 따와서 사용하였다고는 하지만 법률가나 일반인에게는 도움이 되지 않는다. 필자는 법정에서 증거의 일부로서 발음의 특징에 대해서 정밀함이 필요할 때마다 용어 해설을 정성스럽게 추가하여 이 기호를 한 개나 두 개 정도 쓴 적이 있다. 그러나 이 방법이 취조 내용의 전체를 기록하는 방법으로서는 반드시 유효한 수단이라 할 수는 없다. 이러한 형식의 기록은 발음 자체에 대해서 상세하게 알아야 할 필요가 있는 경우에 한해서 이루어진다.

또 하나의 수단으로서 몇 개의 사전에서 사용되고 있는 음소 기호표([그림 1-7] 참조)를 사용할 수도 있다. 이 방법은 영어의 대부분이 충분히 표기되지 않아서 종래의 알파벳으로는 손실되고 마는 발화자의 발음 특징을 어느 정도 파악할 수 있게 한다(예를 들면 실제로 사용되는 모음의 수는 영어 알파벳으로 모음을 나타내는 데 사용되는 문자 수의 2배 이상이다). [그림 1-7]의 예에서는 2개의 마침표(..)를 사용하여 짧은 휴지(休止)를 나타내고 3개의 마침표(...)를 사용하여 긴 휴지를 나타내고 있다. 또한 말과 말 사이에 실제 발화에는 없으나(다만 발화를 보다 정밀하게 조사하면 휴지가 존재하는 경우가 많다) 간격을 삽입하였다. 이러한 방법을 통해서 전문가가 아닌 일반 독자들도 어느 정도의 정확함을 가지고 이 문장의 발음을 재현할 수 있다.

oi ära ... ûr ,, də man .. wos dis wos dis wos dis .. hi sed .. dōn wuri dōn wuri dōn wuri .. yə nō .. oi sā kits tōō much upset

[그림 1-7] 버전2: 첸버스 영어 사전의 음소 기호를 사용한 기록

이러한 표기에서는 사투리의 정밀한 상세함이 손실되어 버리지만 어느 발화의 음성이 다른 것으로 대체되었다는 것을 표기할 수 있기 때문에 발언을 불명확하게 하고 있는 발음이 있는 경우에 이를 표시하기 위해 사용할 수 있다. 음성 기호를 이용한 표기보다도 언어학을 전공하지 않은 사람에게도 효과적으로 이해되지만 정밀함이 부족하다. 만일 문제가 되는 것이 발음이 아니라 표현법이라면 일반적인 철자(알파벳)로 표기한 쪽이 알기 쉬울 것이다. 음성 기호 표기는 발음의 대략적인 표기가 필요한 경우에 사용할 수 있다.

다른 표기법에서는 일반적으로 사용되는 알파벳이나 마침표를 사용하지만, 말 막힘 현상이나 표현의 반복을 나타낼 수 있다.

I ask, er, the man, what's this, what's this, what's this. He said, don't worry, don't worry, don't worry, you know. I say kids too much upset.

[그림 1-8] 버전3: 정확한 문언, 일반적인 알파벳을 사용한 기록

이러한 표기에는 반복하여 듣는 것이 가능한 어떠한 음성 기록을 필요로 하며 이렇게 기록하는 것은 생각보다 어렵다. 그렇기 때문에 보통은 발화의 세세한 부분은 대부분 무의식적으로 '삭제'되고 만다. 발화에 나와 있는 발음이 아닌 말의 상세함은 상당히 정확한 기록이 필요할 때 이러한 종류의 표기로 목적을 달성할 수 있을 것이다. 법정에서의 대화나 경찰 취조 기록에서는 이러한 정밀함은 거의 요구되지 않으며 속기사가 실제로 커뮤니케이션이 이루어지고 있는 동안에 속기록을 작성하고 있는 경우에는 특히 숙련된 속기사가 아니라면 무의식적으로 편집하여 이러한 상세함을 거의 삭제해 버리기 쉽다. 많은 경찰 취조 기록은 취조 중에 대부분 또는 전혀 속기의 훈련을 받지 않은 경찰관에 의해서 작성된다. 필자의 경험으로는 문자대로 두 손가락으로 천천히 경찰관이 타이핑하고 있던 것을 본 적이 있다.

그 외에 적용되는 종류의 기록에서는 망설임이나 반복 등이 삭제되어

(문어에 가깝게 하기 위해서) 보다 읽기 쉬운 버전이 된 것이다([그림 1-9]). 그리고 마지막으로 어법에 맞게 조정한 문어로 표기된 버전을 작성하는 것도 가능하다([그림 1-10]).

> **I ask the man, "What's this." He said "Don't worry." I say "Kids too much upset."**

[그림 1-9] 버전4: 문어에 보다 근접한 기록

> **I asked the man "What's this?" He said "Don't worry." I said "The kids will be very upset."**

[그림 1-10] 버전5: 표준적인 문어를 사용한 기록

여기에서는 기록에 사용할 수 있는 표기 방법의 종류에 대해 몇 가지만 검토하였다. 또 하나의 지극히 유용한 것으로는 대화 분석에 사용되는 표기법(Gardner 1994; Hutchby and Wooffitt; Jefferson 1984)이 있으며 구어의 의미 있는 요소를 표기할 수 있는 알기 쉬운 기호를 제공하고 있다.

이러한 다양한 종류의 기록을 통해서 두 개의 모순되면서도 경합하는 표기의 기준 사이에는 포괄적 관계가 있다는 것을 알 수 있다. 첫 번째는 '훌륭한' 문장의 전달 능력이라는 기준으로, 한마디로 말하자면 '읽기 쉬움'이 결정적인 요소인 것이다. 만일 어떤 기록이 쉽게 이해될 수 없다면 본래 그 목표를 달성하지 못하였다고 할 수 있다. 또한 기록이 읽기 어려워지면 독자에게 큰 부담을 주며 많은 법률가들은 이를 자신의 시간이나 노력의 낭비이며 괜한 부담이라 간주해 버린다.

이와 경합하는 두 번째 기준은 기록이 '말 그대로'라고 말할 수 있어야 하며, 즉 이것은 사용된 언어에 대한 정확하고 상세한 기록으로서 존재해야 한다는 것이다. 한마디로 말하자면 '정확함'이 결정적 요소인 것이다. 1~5까지([그림 1-6]~[그림 1-10])에서는 정확성부터 읽기 쉬움으로의 이행이 보인다. 동시에 이들 기준을 하나의 버전에서 만족시키는 것이 불가능하다는 것도 알게 된다. 언어학자가 하듯이 구어를 상세하면서도 정확한 기록으로 제시하고 그 아래에 문어로 보다 더 접근하기 쉽고 보다 더 읽기 쉬운 주석을 제시하는 방법을 이용하는 것도 생각해 볼 수 있다. 즉, 구어는 두 가지 기준을 만족시키기 위하여 두 가지 형식으로 제시되는 것이다. 이것은 법적 기록에서는 보통 이루어지지 않는다.

실제로는 법정에서 작성되거나 경찰에 의해 작성된 기록의 대부분이 '말 그대로'라고 하지마는 읽기 쉬운 쪽으로 더 기울어져 있는 것이 현실이다. 구어를 읽기 쉬운 문서 형식으로 변환하는 과정은 근본적인 변형을 동반하는 경우도 있다. Walker(1990:204)가 서술하였듯이, '재판의 문서 기록은 실제로 일어난 일보다도 많아지거나 적어진다.'는 것이다. 경찰의 취조는 길지만 그 취조를 기록한 내용은 취조에 소비된 시간보다도 훨씬 적은 분량이 되는 것이 보통이다. 예를 들어 필자가 관련된 사건 중에서는 취조 기록이 30분 동안의 취조를 기록한 것이라고는 하지만 실제로는 기록된 것은 5분이면 천천히 음독하는 것이 가능하였다. 또 다른 사건에서는 두 시간의 취조를 20분 이하로 천천히 음독하는 것이 가능하였다(이 사실이 법정에서 언급되었을 때 기록의 충실함에 대한 신용은 떨어지게 된다). 많은 사건에서 적어도 취조의 70% 이상이 손실되어 버린다.

취조 내용이나 진술 내용이 기록을 하는 과정에서 변형되게 되는데 이러한 변형의 문제는 앞에서 언급한 표준화, 탈맥락화, 계획성/편집 등의 요소로 설명할 수 있다. 우선 편집부터 살펴보면 전국 속기사 협회(National shorthand Reporters Association:NSRA 1983:26)는 명확하게 '편집하느냐 마느냐는 중요한 문제가 아니다, 속기자는 누구든 많건 적건 편집하는 법이다.'라고 서술하고 있다. 구어는 전형적인 문어에서는 보이지 않는 발화 시작 지점에서의 말실수, 말 막힘, 휴지에 관한 현상

(umm.., er, 또는 you know와 같은 표현을 사용함), 반복, 그리고 화자 두 사람에 의한 발화의 겹침이나 동시 발화 등과 같은 일련의 특징적 요소를 가지고 있다([그림 1-8]의 버전3은 이러한 특징을 몇 가지 보여 준다). 발화를 시작할 때의 말실수는 구어에서도 흔히 보이는데 일반적으로 문어에서는 삭제된다. 망설임 현상은 말하는 과정에서도 쓰는 과정에서도 일어나지만 문어를 통한 커뮤니케이션은 보통 실시간으로 일어나지 않기 때문에 일반적으로 문서에서는 기록되지 않는다. Gibbons(1995)는 경찰 취조 기록과 같은 증인을 인터뷰해서 얻은 취조와 같은 내용이기는 하나 정밀하게 작성된 기록과 비교한 예를 제시하고 있는데 정밀하게 작성된 기록에 나와 있는 극히 빈번한 망설임 현상은 경찰의 기록에서는 거의 손실되어 있었다. 반복은 일반적으로 문어에서는 존재하지 않는 것으로 간주되는데 구어의 중요한 특징일 수 있다. Gibbons(1995)에서는 반복은 정교하게 작성된 기록에서는 볼 수 있지만, 경찰의 취조 기록에서는 볼 수 없다. 문어에서는 정리된 내용을 주고받기 때문에 구어에서 볼 수 있는 겹침은 보통 일어나지 않는다(다만 현대에는 채팅방과 같은 전자 통신이 발달하여 문어도 실시간 커뮤니케이션으로 진화하고 있으므로 이러한 차이가 점차 줄어들고 있다). 법정이나 경찰의 기록에서는 문어를 기초로 한 편집 습관과 읽기 쉬움(가독성)이 전체적으로 우위를 점한다.

Walker(1990:223)은 미국 연방 정부의 속기자를 위한 지침을 다음과 같이 인용하고 있다. '그러나 읽기 쉽도록 하기 위해서 시작할 때의 말실수나 말더듬, um이나 ah와 같은 우물거림, 또는 그 외의 작은 말의 문제는 보통 기록에 포함되지 않는다'(Greenwood 외 1983:143)는 것이다. 이러한 것에서부터 기록되는 언어의 양이 줄어서 휴지(pause)나 그 외 '작은 말의 문제'에 포함되어 있는 정보는 삭제되어 버린다.

표준화의 영역에서는 지역 방언이나 사회 방언의 발음적 특징을 표기하려는 노력은 일반적으로는 거의 이루어지지 않고 있다. Walker(1990:

219)는 ‘사람의 성장 과정을 나타낼 수도 있는 발화의 특징을 기록에 포함시키는 것에 대해 법조계 전체는 저항감을 가지고 있다’고 서술하고 있다. 당연히 이로 인해서 구두로 얻을 수 있는 화자에 대한 정보가 줄어들게 된다. 축약형이나 단축형(Brown 1990)은 일반적으로 완전한 형태로 수정되기 때문에 gonna는 going to, joo는 do you 등으로 바뀌게 된다. 판사나 법률가가 ‘문법적 실수’를 범하였을 경우 기록 담당자는 대부분 이를 수정하지만 증인에 대해서는 정정하지 않을 것이다. 속기자를 위한 연방 정부의 지침서에 따르면 속기사는 판사나 법률가의 발언에 포함된 틀린 문법 표현이나 잘못된 언어 사용은 수정하여 기록해야 하고 무지하거나 문해력이 없는 증인의 증언에 관해서는 한 마디 한 마디 그대로 기록하도록 되어 있다. Walker(1990)는 기록에서 얻을 수 있는 증인의 인상에 영향을 미치며 따라서 항소가 진행될 때 그 결과에도 영향을 미칠 가능성이 있다고 서술하고 있다. 경찰의 기록에서는 법정의 경우와 마찬가지로 경찰관의 말을 기록한 것이 취조를 받는 사람의 말을 기록한 것보다 표준적인 것인 경우가 많다.

이 표준화에는 의도적이지 않은 것도 있다. 특히 모어 화자가 제2 언어 화자의 진술을 기록하는 경우가 그러하다. 예를 들면 Gibbons(1995)에서 제시하였듯이 제2 언어 화자가 과거형 어미(-ed)나 관사(the, a)를 누락했을 때에 모어 화자는 이를 수정하여 기록한다. 그러나 이러한 문법 정정이 보다 광범위하게 일어나거나 의도적인 경우도 있다. Gibbons (1995:176)에서 제2 언어로 영어를 구사하는 증인은 언어 능력의 부족으로 제한된 통사 구조만을 구사하게 되는데 진술 조서 등의 기록에서는 그들의 언어 능력을 뛰어넘는 종속절과 대등절로 구성된 복잡한 구문이 많아지게 된다고 지적하였다. 또한 어느 변호인은 경찰 취조 기록에 대해서 ‘여기서 추정 가능한 것은 우리의 의뢰인이 이 취조에서 구두로 서술한 것이 보기 좋게끔 고급 영어로 기록되어 있다. 이것은 경찰관도 인정하는 바이다.’ 라고 기록하고 있다.

문서로서의 기록이 맥락으로부터 탈피해 있는 것은 비언어로 전달될 수 있는 정보의 표기가 한정되기 때문이다. Walker(1990)의 조사에서는 법정 속기자의 약 90퍼센트는 웃음소리나 울음소리를 기록하지 않는다는 것을 알 수 있다. 이러한 행동을 표기하는 것은 예를 들면 '고개를 젓는다', '배심원 쪽으로 몸을 튼다' 등과 같이 각 괄호로 코멘트를 넣거나 하는 방법이 있는데 이러한 방법을 자주 쓰지는 않는다. 발화된 말을 해석하는 데에 필요한 정보만이 포함된다. 강세나 억양이 전달하는 정보는 거의 포함되지 않는다. 물음표는 일반적으로 문어에서 나타날 것이라 간주되는 경우에만 쓰이며 마지막으로 억양이 상승하는 것을 나타낼 때에는 쓰이지 않는다. 강조는 대문자나 밑줄, 이탤릭체 등 정해진 표기법에 따라 나타나지만 이 또한 드물게 나타난다. 역시 많은 양의 정보가 손실되어 버리게 된다. 강조를 나타내지 않는다는 것은 문어에서도 감정의 힘이 적어진다는 것과도 관련되어 있다. Gibbons(1995:180)에서는 비교대조에 쓰인 기록에서는 변화가 풍부한 논쟁적 표현이 다수 있었지만 경찰의 취조 기록에서는 대부분 그런 표현을 찾아볼 수 없었다.

앞에서 언급한 경합하는 두 가지 기준 중 법정이나 경찰의 기록에서는 읽기 쉬움이 정확함보다도 우위를 점하는 경향이 있다는 것이 명확하다. 지금까지 살펴보았듯이 이것은 당연한 결과라 말할 수 있다. 그러나 상당히 위험하기도 하여 특히 화자의 의도나 구어 형태로 기록되는 내용의 일부, 증인이나 법률가의 기질이나 성격 등이 부정확하게 전달되는 것도 고려해 보아야 한다.

Tiersma(1999:175-9)는 구어를 문어로 기록한다는 것은 맥락과 깊이 관련된 구어를 기록한 문어가 맥락으로부터 독립하여 이해 가능한 문장으로서 간주된다는 것을 언급하고 있다. 법정에서 이것이 의미하는 것은 구어에 적용되는 일반적인 규칙이 무시될 가능성이 있으며, 구어에서는 언뜻 앞뒤가 안 맞는 것 같아도 보통은 언어 외적 의미로서 통하는 것이 전달되지 않는 경우를 말한다. Tiersma는 어느 재판에서 전사 기록이 일반 상식에 의해 보통의 의미로서의 해석이 가능함에도 불구하고 법률 문서에서 쓰이는 해석의 법칙에 기초하여 해석된 예를 들고 있다(다음 장 참조).

또 별개의 문제로 보통법의 법정 절차가 로마법과는 달리, 대부분이 구두로 이루어진다는 점이다. 그러나 문식성이 발달한 이후부터 법정에서 쓰이는 구어는 문어에 가깝게 되어 갔다. 이 점에 대해서 Stygall(1994: 186-8)은 인디애나주 법정에서 배심원에게 구두로 이루어지는 설시가 문어에 가깝다는 것에 주목하였다. Stygall이 관찰한 사건에서는 종래의 관례에 따라서 판사가 배심원에게 최종 설시를 한 번만 읽어 주고 배심원에게는 문서로 된 것을 배포해 주지는 않았다. 그러나 이 설시에는 판결의 근거로 삼은 고려점이 일곱 가지나 들어 있었다. 배심원들이 이를 겨우 한 번 듣는 것만으로 기억할 가능성은 거의 없다. 또한 문법적 비유의 측면에서도 '잃어버린 시간이나 수입의 가치', '부상당한 배우자의 교제, 시간의 이해, 또한 봉사의 적정 가치'라는 복잡한 명사화된 형태로 제시되어 있다(Stygall 1994:187). 이러한 예는 구두를 통해 문어를 전달하는 커뮤니케이션이 정상적으로 이루어지지 않을 위험성이 있다는 것을 정확히 보여 준다.

Philips(1985)는 '판사 가이드(Bench Book)'에서 문어를 보다 이해하기 쉬운 구어로 바꾸기 위해서 판사들이 얼마나 노력하고 있는가에 대해서 상세하게 서술하고 있다. 그들은 다음과 같은 개정을 통해 이 장에서 살펴본 문식성으로의 이행을 역행시키고 있다. 첫 번째로 (1)언어를 원래 맥락으로 돌리는 것이다. 예를 들어 헌법에서 보장되어 있는 권리에 사용되는 표현인 'his right to a jury trial'(그의 배심 재판을 받을 권리)와 같은 3인칭의 언어를 2인칭인 'your right to a jury trial'(당신의 배심 재판을 받을 권리)로 바꾼다든가, 또 보다 대화체에 가까운 형태의 질문을 던짐으로서 의미 확인을 하도록 하고 있다. 두 번째로 (2) 문장을 재구성하는 것이다. 극단적으로 긴 통사적 구성을 짧게 나누어 발화한다. 이 주제에 관해서는 5장에서 더 자세하게 설명할 것이다.

1.5. 앞으로의 전망

종이의 생산과 인쇄 기술의 발달이라는 기술 변화는 문식성의 발달에 지대한 영향을 미쳤다(Ong 1982). 최근 기술 발달로 우리들은 언어를 기록하기 위해서 기술에 그다지 의존하지 않아도 되게 되었다(예를 들면 이 책은 컴퓨터를 사용하여 집필되어 디지털화되어 보존된다). 법의 언어에서 더 중요한 의미를 가지는 것은 발화를 카세트테이프나 비디오로 녹음하거나 디지털화하여 기록하는 것이다. 유언, 증언, 경찰의 심문을 녹음 또는 비디오 녹화하는 경향이 높아지는 추세이다. 이것은 사회 층위에서 말하자면 특히 영화, TV 그리고 그림이나 회화를 이용하여 보다 시각적이고 언어에 의존하지 않는 형태의 커뮤니케이션을 선호하게 되는 경향의 일부분일지도 모른다. 이러한 경향으로 법의 세계에서는 이전의 문어의 지배력이 뒤집혀 전통적인 읽기, 쓰기를 넘어선 커뮤니케이션으로의 움직임이 시작되었다. Danet & Bogoch(1994)는 비디오로 녹화된 유언의 진화에 대해 서술하며 구두인 유언 중에서 문식성의 흔적이 있다고 지적하고 있다. 어떤 예에서는 유언을 남기는 사람은 물건을 가리키며 카메라에 초점을 맞추어 확대하도록 부탁하고 있다. 여기에서 언어를 사용한 묘사는 문맥화된 화상을 통해 기록을 대신할 기술이 다양하게 이용되고 있어서 고도로 맥락에 의존한 언어가 사용되고 있다. Pearson & Berch(1994)는 미국의 사법 제도에서는 문서에 의한 증언이나 출정 대신 비디오로 녹화된 진술 녹취(선서 증언)가 쓰이고 있는 사건이 늘어나고 있다고 서술하고 있다. 그들은 비디오 영상에 의한 증거의 유익성으로 특히 도표나 모형, 또는 의학적인 사건의 경우에는 골격 모형이나 X-선 사진, 의료 기기에 의해 작성된 화상 등의 사용을 언급하고 있다. 얼굴 표정이나 몸짓, 포즈나 억양은 문서에 의한 증언에서는 손실되고 말지만 비디오에 의한 증언에서는 커뮤니케이션에 도움이 되기도 한다. 다만, 이들은 잘못된 해석이나 문화 차이로 인한 오해로 직결되기도 한다. 예를 들어 시선을 맞추지 않으면 서양인은 증인이 거짓말을 하고 있거나 신뢰할 수 없다고 느낄지도 모른다. 그러나 아시아 여러 나라의 문화에서는 어떤 사람과 똑바로 시선을 맞추면 도전적이고 예의에 어긋난다고 간주되기도 한다. Pearson & Berch(1994)는 배심원에게 시각적인 증거가 언어 증거만 있는 경우보다 더 깊은 인상을 남길 수 있다는 것을 보여 주는 연구도 소개하고 있다. 문서 증언에 비해서 불리한 것은 증인의 민족적 배경이나 사회적 배경이 보다 명확해져서 배심원 사이에 민족적 또는 사회적 편견이 유발될 가능성이 있다는 것이다. 전체적으로는 보다 구어적이고 보다 눈에 보이는 의사소통 형태로 바뀌어 가고 있으므로 법적 맥락의 의사소통이 보다 원활하게 되기를 기대하지만 5장에서 기술하듯이 이러한 커뮤니케이션이 문제가 되는 경우도 존재한다.

제2장 정확성의 추구

엄밀함과 정확성을 추구하고자 하면 일상 언어에서 사용되는 어휘도, 문장도 수정되어야 한다.
-Russell(1975)

'법의 언어'는 많은 점에서 일상 언어와는 다르다.
'법의 언어'는 다른 직업에서 사용되는 전문 용어보다도 일상 언어와 훨씬 더 큰 차이를 보인다.
-Tiersma(1999)

2.1. 들어가며

2.1.1. 전문 용어의 사용

다양한 전문 분야에서는 독자적인 언어적 특징이 발생하기 마련이다. 예를 들면 사진가들은 'hypo'나 'single lens reflex'라는 말을 쓴다. 의학, 비즈니스, 교육, 법률 분야에서도 모두 특별한 어휘를 만들어 낼 뿐만이 아니라 세계를 담아 해석하는 특별한 방법이나 그 견해를 표현하기 위해 특별한 언어를 만들어 낸다. 실제로 법률가들이 법률과는 무관한 사람들과 커뮤니케이션할 때 직면하는 많은 난관 중 대부분은 단순히 전문 용어 문제가 아닌, 법 제도가 사회나 자연계를 어떻게 바라보는가를 사람들에게 이해시키는 문제일 것이다. 예를 들어 법 제도에서는 '사법/정의'는 일상 상식적인 개념과 같은 의미가 아니다. 또한 법 제도에는 독특한 일련의 절차나 관행이 있기 때문에 이것들을 말로 나타내려면 전문적인 언어가 필요하다. 만일 전문적인 언어가 존재하지 않는다면, 전문적인 절차나 개념을 언급할 때는 언제나 길고 어색한 설명이 필요하게 될 것이다. 이러한 문제를 피하기 위해서 약어 또는 각각의 단어의 첫 글자를 사용한 두자어(United Nations를 UN이라 쓰는 것과 같은 예)의 형태로 된 단축어가 잘 사용된다. Martin(1990:86)은 과학의 언어에 관해서 말할 때 다음과 같이 언급하고 있다. '과학자는 전문적인 담화 없이는 전혀 연구를 진행하지 못한다. 전문 용어는 간결하고 보다 효과적일 뿐만 아니라 더 중요한 것은 전문 용어는 상식이라는 것에 교체되어야 하는 현실적 사유 방식을 기호화한 것이다. 전문 용어는 세계를 다른 방법으로 구축하는 것이다.' 따라서 개념적인 영역에서는(Haliday의 방식으로는 관념 구성적 기능을 다하기 위하여) 정확하게 하기 위해서 전문 용어가 현실적으로 필요하다. 이 장의 서두에서 언급한 Tiersma(1999:49)의 언급에도 주의를 기울이기를 바란다. 그러나 전문적인 개념을 위한 전문 용어의 사용은 정확성과 늘 동일하다고 볼 수는 없다. Solan(1993b:132)는 '전문적인 어휘가 우리들에게 일정 개념에 집중시키는 한편, 전문적인 단어는 다른 일반 단어도 그러하듯이 이의적인 부분에서 불명료해진다.'라는 중요한 요점을 서술하고 있다.

또한 전문 용어는 의도된 의미에서 다른 사회문화적 역할을 하기도 한다. 전문 용어는 전문가 집단 또는 어떤 집단의 일원임을 나타내는 표식이 될 수 있다. 법률가 집단은 특히 배타적이고 명예로운 집단이다. Tiersma(1999:3)은 '법률가는 이들 언어적 특징을 사용할 때 그들은 교묘하게 자신들이 같은 집단 또는 동업자 간의 일원임을 서로에게 전달한다. 법학과 학생이 자신들을 가르치고 있는 교수나 법률가의 흉내를 내려고 엄청난 노력을 기울이는 것은 전혀 이상한 일이 아니다.'라고 언급하고 있다. 배타적인 소집단의 일원인 것은 전문 용어의 사용에서뿐만 아니라 통용어의 사용에서도 나타나는 것으로 법조계도 역시 예외가 아니다. 그러나 배타적인 소집단의 언어는 유대를 강화하기 위해서 그 일원임을 주장하기 위한 수단으로만 기능하는 것은 아니다. 그것은 집단의 일원이 아닌 사람을 배척하기 위해서도 기능한다. 이것은 동료가 되기 위한 언어임과 동시에 동료로부터 배제하기 위한 언어이기도 한 것이다.

법률가들은 엘리트 집단이기 때문에 법의 언어를 사용하는 것은 자신들의 명성을 공언하는 것과 같은 것이 될 수 있다. Mellinkoff(1963)은 법의 언어는 우선 '존대하다'라고 하고 있다. 만일 전문 분야에서 기능하기 위해 요구되는 언어가 비전문가에게 이해하기 어려운 것이라면 이로 인해서 일반인과 전문 분야를 중개하기 위한 전문가의 업무적 필요성도 발생하게 되는 것이다. 노골적으로 말하면 이것은 법률가를 위해 일과 돈을 만드는 것이다. 이를 필자는 전문어의 대인적 사용이라 부르겠다. 범죄자나 수감자도 자신들의 통용어를 가지고 있다. 그러한 통용어 중 몇 가지는 그들의 활동이나 생활의 특별한 특징은 말로 나타내기 위한 전문용어로서 기능하지만 집단의 일원임을 나타낼 때에 대인적 역할을 하며 범죄 행위에 대해서 대화할 때에는 외부인이 이해하기 어렵게 할 수 있을 것이다. 즉, Haliday가 말하는 '비밀의 언어'인 것이다. 법의 세계에서 일어나는 상호적이며 대인적인 언어 사용에 대해서는 다음 장에서 논의할 것이다.

2.1.2. 입안과 해석

'효력 있는 문서'의 명확한 특징은 이전 장에서 검토한 문어로의 이행과 이 장에서 다룰 문제, 즉 전문 용어의 사용에 관한 법률 문서가 추구하는 언어의 정확성, 이 둘의 산물이다. 1장에서 보았듯이, 쓰인 텍스트의 현저한 특징인 탈문맥화에 의해서 법적인 텍스트는 텍스트 자체로서 명확하고 명시적이어야만 한다는 개념이 발생한다. 법률 문서는 가능한 정밀하고 정확해야 한다는 것이다. 커뮤니케이션이란 언어 생산과 언어 이해를 동반하는 것이다. 구어에서는 특히 참여자가 공통의 이해를 얻기 위해서 대화한다는 상호 작용 프로세스가 있다. '효력 있는 문서'의 작성은 보통 법적인 입안이라고 부른다. 그러한 텍스트를 이해하는 과정은 해석이라 부른다. 우선적으로 법적 추론, 적용, 구축이라는 용어도 그 과정의 국면들을 말로 나타내기 위해 사용되고 있다.

'효력 있는 문서', 특히 법률, 규칙, 계약서는 일상생활에서 대단히 중요하다. 법률은 사회의 신념, 도덕 기준을 성문화한 것으로 사법 제도를 통해 행사된다. 규칙은 레스토랑의 조리실이든 원자력 발전소든 이것이 적용될 때에는 적게나마 정확하고 엄격한 통제와 제제를 가할 수 있게 된다. 계약서는 현대 생활의 다양한 곳에 사용된다. 서장에도 언급하였듯이 일은 계약서에 따라 이루어진다. 교통수단의 경우 전철이나 주차장의 표가 일종의 계약서가 되는 셈이다. 또 신용카드나 은행 계좌도 일종의 계약서로서 서명이 필요하다.

이들 문서는 대단히 영향력이 있기 때문에 언어의 사용 방식이 얼마나 정확한가가 대단히 중요하다. 만일 이들 문서의 언어 사용을 너무나 세밀하게 제한한다면 우리의 생활에 부당하게 불필요한 제한을 부과하게 될지도 모른다. 만일 이들 문서의 언어 사용이 너무나도 모호하다면 바람직하지 못한 행동을 용인하여 좋지 못한 결과로 이어질지도 모른다. Bhatia(1994)에 의하면 정확성은 법률 문서의 독특한 특징을 추진하는 힘이라고 하였다. 정확성이란 반드시 극단적인 명쾌함인 것은 아니다. 또한 이것은 적절한 정도의 모호함과 유연성의 선택을 동반한다. Tiersma(1999:83)은 미국의 많은 주에서 볼 수 있는 신중한 투자가의 법칙을 예로 들고 있다. 이것은 타자를 위한 투자 행위를 담당하는 관재인은 신중한 투자가처럼 행동해야 한다는 것이다. 이것은 고의로 계획된 모호한 기준이다. Crystal and Davy(1969:211)는 마찬가지로 '의미가 약간은 확대 해석되기 위해 문서 일부에 해석의 여지를 남길 필요가 있는 경우가 자주 있는데 그럴 때에는 적절한 또는 상당한 주의, 고의, 범의와 같은 용어가 도움이 될 것이다.'라고 서술하고 있다.

해석에 관해서도 그 원칙의 주요한 목적은 정확하게 이해하는 것이다. 법적 해석의 주요한 문제는 '효력 있는 문서'와 특정 사례 사이에 '적합성'이다. '효력 있는 문서'(특히 법률)는 일어난 일을 분류할 때에 정의를 규정하고자 시도한다. 예를 들면 살인에 관한 법률의 언어 사용을 생각해 보면, 어느 특정 살인이 모살과 고살 중에서 어느 범주에 들어가는지 판단해야 할 필요성이 있다. 그 결정이 문자 그대로 유죄인 당사자에게는 생사에 관한 문제일지도 모르기 때문에 입안에서의 정확성은 틀린 해석의 가능성을 낮추기 위해서도 대단히 중요한 문제이다.

정리하자면 탈문맥화와 의도된 의미를 그 이상도 이하도 아닌 것처럼 전달하려면 법적 텍스트는 그 자체가 온전히 명확하며 모호함이 없어야 한다. 언어학자와 법률가는 이렇게 하는 것이 어려운 일이라는 것을 알고 있지만 '효력 있는 문서'는 결국 이 목적을 추구해야만 한다. 결국 이로 인해 '효력 있는 문서'의 입안과 해석을 위한 일련의 규칙과 관행이 발생하는 것이다. 이 장은 서장에서 제시된 커뮤니케이션 모델을 그 기초 구조로 하고 있다. 처음으로 전문성이 언어로서 나타나 있는 예를 다루면서 법률가, 경찰, 교도소의 전문적 어휘에 대해서 논의할 것이다. 그리고 문법, 발화 행위, 담화로 논의를 확대해 나갈 것이다. 이 장 마지막에는 커뮤니케이션 모델에 얼마나 다양한 요소가 법적 해석의 문제와 관련되어 있는지에 대해서 설명할 것이다.

2.2. 어휘

어휘는 전문성이 강하다는 특징이 있으며 정확성이 특히 요구된다. 보통법 체계에서 단어의 전문적 의미는 오랜 시간에 걸친 해석과 판례에 의해서 고정화되고 명확해진 경우가 많다. 그러나 법적 개념으로의 언급(전술한 '전문적 사용')으로서 보다 정확하며 효율적인 진정한 전문 용어, 바꿔 말하면(법률의 전문 용어 중에서 알려져 있을 법한) '법률가에 의해 사용되는 용어'와 대인적 목적을 위해 이용되는 집단 내의 언어를 구별하는 것이 필요해진다. 법적 전문성은 경찰이나 교도소 직원에게도 침투해 있으며 그들도 그들 나름의 직업적 전문 용어를 만들어 왔다.

대부분의 법적 어휘는 보통법 국가들 사이에서는 공유되고 있지만 각각의 나라들이 각자 발전을 이루었기 때문에(어휘가 한 나라에서 다른 나라로 차용되었다는 것은 인정하지만) 특정 국가에서 보다 많이 사용될 법한 단어가 몇 가지 생겨났다. 이들을 나타내기 위해서 이하의 약어를 사용할 것이다. US(미국), BR(잉글랜드, 웨일스, 북아일랜드), AU(호주), CA(캐나다)이다. 필자는 유감스럽게도 다른 영어권 국가의 법률 용어에 대해서는 정보를 가지고 있지 않다.

2.2.1. 법률가

우선 법률 사전에 실려 있는 다양한 법률 용어를 통해 법률가가 사용하는 전문 용어가 방대한 양이라는 것을 알 수 있다. 그중에는 전문적 개념을 표현하기 위해 존재하는 것이어서 그러한 어휘의 상당 부분이 일상 대화에서는 사용되지 않는 단어나 표현에서 나왔다. Solan(1993b:131-2)는 사기 사건에 나오는 scienter('속이려는 의도')라는 어휘의 의의(sense)에 대해서 설득력 있는 주장을 펴고 있다. 이 단어로 속이려는 의도의 정도가 세밀하게 정의되어 그 수준이 사법 관할구마다 조금씩 다를지도 모른다는 것을 알 수 있다. 따라서 이 용어는 편리하고 이를 intent to deceive(속이려는 의도)라는 표현으로 교체하면 오해를 불러일으키고 이 개념에 이의를 제기할 여지를 제공하게 된다. Solan은 'scienter라는 어휘의 도입이 사기에 관한 법률의 난해함에 관여하고 있는 것은 아니다. 그러기는커녕 이 단어는 사기에 관한 법률의 논의를 좀 더 쉽게 하고 있다.'라고 서술하고 있다. 그러나 그는 '물론 나는 여기에서 전문적인 법률 용어라는 제목 아래에 다양한 바보스러운 법적 표현의 사용에 대해서 변호할 생각은 없다'라고 덧붙이고 있다. 이하는 전문 용어의 예이다.

〈전문 용어〉

용어	의미
clerk of the peace	치안 판사 법원 서기관
committal	배심 심리 부탁 결정
a counsel	변호인 또는 검찰관
deforcement	부동산 불법 점유
deponent(US)	진술인
felon	중범죄인
interrogatory	특별질문
intestate	유언 없이
plaintiff	원고
remand	환송

이들 단어는 법조계 이외에서는 그다지 자주 쓰이지 않지만 일상에 들어온 법률 용어도 많이 있다. 그러나 그 과정에서 엄밀하게 정의된 법적 의미는 희석된다. 예를 들어 homicide(살인)이나 assault(폭행: 법률 언어로서는 신체의 접촉을 동반할 필요는 없다)를 들 수 있다. 또 법적으로는 사용되고 있지만 일반적으로도 널리 알려진 표현도 있다. 예를 들면 a will(유언), eviction(점유 회복), 그리고 to sentence(선고한다)라는 어휘들이다. 법률 문서에서 사용되는 용어에는 고어이기 때문에 의미가 전문적이지 않다고 할지라도 법적 맥락으로 한정되는 것도 있다. 예를 들면 폐정이 requested(요청되다)가 아니라 pryed for(맹원되다)가 되고, 전판결이 consulted(협의되다)가 아닌 hearkened to(경청되다)가 된다. Without let or hindrance(방해나 장애물 없이)에서 let이 '방해/장애'로 해석되는 예도 있다. 법률 전문 용어로 사용되는 문어의 예는 몇 가지가 더 있다. 예를 들면 Duarte I Montserrat and Martinez(1995:117)는 법률 스페인어에서는 일상어에는 없는 devengar나 cuarta trebeliánica, usucapión과 같은 용어가 사용되고 있다고 지적하였다. testament(유언)

과 같이 법적으로는 특정 의미를 가지는 표현도 언급하고 있다. 동일한 예로서, homocido(살인)과 asesinato(모살)이라는 용어 사이에는 법적인 차이가 있다. 아마도 법률 문서의 언어에 나타나는 가장 큰 특징은 고어로 된 지시어(그들이 존재하는 텍스트의 여타 부분, 또는 다른 장소나 시간을 가리키는 고풍적인 단어)의 사용일 것이다. 다음은 고어로 된 지시어의 예이다.

〈고어로 된 지시어〉

용어와 의미
forthwith(즉시)
hereafter(앞으로는), herein(이 안에서), hereof(이것에 대해서), heretofore(지금까지), herewith(이것과 함께)
said(상기 서술한), aforesaid(전술한)
thence(거기서부터), thenceforth(그 이후)
thereabout(그 주변에서), thereafter(그 후는), thereat(그 장소에서), thereby(그것에 의해서), therein(그중에서), thereon(게다가), thereto(거기에), theretofore(그때보다 앞으로), thereupon(그 바로 뒤에), therewith(그와 함께)
whereas(그런데도), whereby(어떤 식으로)

고어로 된 지시어 사용에 대해 법률가들은 고어에 의해서 지시된 내용이 보다 명확하고 모호함이 없다고 생각한다. Mellinfkoff(1963:305-26)은 이러한 고어가 전문성을 높인다는 견해에 강하게 이의를 제기하고 있다. 그는 이러한 용어를 사용하는 것은 대인적 파워, 즉 언어에 가중적인 중요성과 권위를 부여하는 행위(다음 장 참조), 혹은 단순한 보수성을 드러낸다고 보았다. 또 칠레 계약서에서도 el adelante(이 이후), presente (현재), el mismo(마찬가지), correspondiente(전술의) 등과 같이, 법률 스페인어의 경우와 마찬가지로 사용 빈도가 상당히 낮은 지시어를 사용하고 있었다.

보통법의 언어 역사를 거친 결과로써 라틴어(L) 또는 노르만 프랑스어

(F)에서 직접 유래한 전문 용어가 많다. 그 예는 다음과 같다.

〈라틴어〉

용어	의미
decree nisi	판결문
order of mittimus	수감 영장
order of certiorari	이송 영장
affidavit	선언 진술서
ex parte	일방 당사자의
caveat	주의
habeas corpus	인신 보호 영장
mala fide	악의
obiter dicta	방론, 딕텀
bona gestura	선행
in camera	판사실에서, 비공개로
noli prosequi	고소 취하

〈노르만 프랑스어〉

용어	의미
breve	영장
estoppel	금반언
judge	판사
laches	소멸 시효
lien	선취 특권, 물적 담보
quash	파기하다
void	무효한
voir dire	예비 심문

법률 용어에는 라틴어나 프랑스어에서 직접 유래하여 영어에 맞도록 형태가 바뀐 것도 있다. 예를 들면 codicil(L)(유언 보충서)나 petty(F)(경미한)이 그러한 예이다.

말레이시아의 최근 판결 Sukma Darmawan Madja v. Ketua Pengarah Penjara Malaysia [1999] IMLJ 266의 277쪽에 있는 예에서 볼 수 있듯이 때로는 법적인 필요성이 높은 경우에도 프랑스어나 라틴어가 사용되는 경우가 있다. '…established by having recourse to matters de hors the record'(… 기록 외 사항에 의존할 수밖에 없는 것에서부터 증명된다)나 Ex facie, therefore the sessions court did not lack jurisdiction(따라서 표면적으로는 법원은 사법권을 잃지는 않았다.) 등이 있다.

이러한 전문 용어가 법률가에게만 알려진 것인지 아닌지 그 인식의 차이는 제각각이다. estoppel(금반언)*은 이국어이지만 judge(판사)는 일상 영어의 일부가 되었다. judge가 프랑스어 어원을 가지고 있다는 것은 아마 쉽게 인지하지는 못할 것이다. 이러한 라틴어나 프랑스어의 전문 어휘 중에는 외국어의 권위를 유지하고 있는 것도 있으나 한편으로는 이것은 영어권 국가들에서는 교양 있는 일상 영어의 일부가 되어 가고 있다. 예를 들어 alias(별명), de facto(사실상의), bona fides(선의)(이상 L), in lieu of(대신해서), parole(가석방), venue(재판지)(이상 F)가 그렇다.

또 child(아이들, 고대 영어, 이하 OE), infant(영아 F), minor(미성년자 L)와 같은 다른 언어에서 유래하였지만 원래 같은 개념을 가리키고 있던 용어는 각각의 의미 용법을 특수화시킬 수 있었다. 여기에서 예시로 언급한 용어는 다른 법적 목적을 위해 연령대의 폭을 가리킨다고도 할 수 있다. 법적 장르에서 라틴어를 사용하는 것은 영어만이 아니다. 많은 서구 언어권 국가에서도 마찬가지이다. Duarte I Montserrat(1993:49)와 Duarte I Montserrat & Martinez(1995:118)은 카탈루냐어와 스페인어에서도 법적 표현으로 라틴어를 사용하고 있다고 지적하였다. 그 예로써 iuris tantum(법률상의), do ut des(대상의), ratione materiae(사항적으로) 그리고 animus defendendi(방어의 의도로)가 있다. 마찬가지로 이슬

---

* 번역자 주: 금반언의 원칙은 영미법상의 원칙이다. 행위자가 일단 특정한 표시를 한 이상 나중에 그 표시를 부정하는 주장을 해서는 안 된다는 원칙이다.

람법 법정에서는 코란의 아랍어 중 몇 가지가 사용되고 있다. 스페인어는 cláusula(clause 조항)과 같이 부분적으로 수정된 라틴어풍 언어가 사용되기도 한다.

① 이중어와 삼중어

Mellinkoff(1963:121-2)는 법률 용어를 합쳐서 사용하기도 한다고 서술하고 있다. 일상적으로 이중어 또는 삼중어로 사용된다(이중어는 또 '이항식 표현(binominal expressions)', '이항식(binominal)'이라고 알려져 있다). Gustafsson(1984:123)은 '법률 영어에서 이항식이 사용되는 비율은 일반적인 다른 산문 텍스트에 비해 4, 5배 많으며 이것은 법률 문서의 문체적 특징'이라고 하였다. 일상어에서도 이러한 이중어나 삼중어에 의한 법적 정형 표현이 사용되기도 한다. Mellikoff는 이중어와 삼중어의 다수는 고대 영어/게르만어(OE), 라틴어, 그리고 노르만 프랑스어의 기원을 가지는 단어의 조합이라고 지적하고 있다.

〈이중어의 예〉

용어	의미
of sound mind(OE) and memory(L)	정상적인 정신과 기억이 있는(행위 능력이 있는)
give(OE) devise(F) and bequeath(OE)	분배와 유증을 행하다(유증하다)
will(OE) and testament(F/L)	물적 재산의 유언과 인적 재산의 유언(유언장)
goods(OE) and chattels(F)	동상과 인적 재산(모든 동산)
final(F) and conclusive(L)	결국 그리고 확정적인(확정적인)
fit(OE) and proper(F)	적격하면서도 적절한(적합한)
new(OE) and novel	새로우면서 새로운(참신한)
save(F) and except(L)	제외하여 예외로 하는(~을 제하고)
peace(F) and quiet(L)	평화롭고 평온한(평안한)

이러한 표현은 대부분이 몇 세기 전부터 있던 것들로 이 중에서는 다양한 언어적 배경을 가진 사람들에게 쉽게 이해되도록 하기 위해서 여러

기원의 단어를 사용하는 것이 선호되었던 시대에 형성된 것들도 있다. 그러나 초기 영어와 노르만 프랑스어 양쪽에 있던 오래 전부터의 법적 언어 사용이나 법적 문서를 포괄하려는 의도가 작용하였을 가능성이 높다. 흥미롭게도 이 현상은 영어에 한정되는 것은 아니다. Duarte I Montserrat & Martinez(1995:115)는 스페인어의 예를 제시하고 있다.

〈스페인어의 이중어〉

용어	의미
visto y examinado (seen and examined)	보여지고 음미된
segun mi leal saber y entender (According to my faithful knowledge and understanding)	나의 정확한 지식과 세계에 따라서
debo condena y condeno (I must condemn and I condemn)	나는 유죄 판결을 내리지 않으면 안 된다, 그러므로 유죄 판결을 내린다.

Danet(1984)는 히브리어의 법률 용어에서의 이중어 사용에 대해서 논의하고 있는데, 이러한 이중어의 사용은 아마도 법률 문서의 언어를 좀 더 고전적이고 교양 있는 것처럼 하기 위해서일 것이다. 그리고 Danet(1984:114)가 논의하듯이 '사회적 및 자연의 세계에 대한 지배하는 망상을 만들어 내기 위한' 시도로서 법률 문서의 언어를 '시화'한 결과로 발생한 것이라고 서술하고 있다. 언어의 힘과 지배의 문제는 다음 장에서 더 서술할 것이다. 다양한 사람이 글을 쓸 때 어떤 표현이 동의어를 포함하는 경우 길어지는 경향이 있는데 그 때문에 이해하는 것이 더 난해해지게 된다.

② 복잡한 기능 표현

몇 가지 법적 표현은 전형적인 품사 사용을 보다 복잡한 형식(통상적으로는 복잡한 전치사구)으로 변환하고 있는 듯하다.

Swales & Bhatia(1983)은 단순한 형식 쪽이 보다 모호하고 불명확하다는 것과 법적 표현은 정확성을 추구한다는 것을 주장한다. 많은 사례에서 이것은 이의의 여지가 있다. 앞서 언급한 고어의 지시어가 그 예이다.

법률 표현	일상어	법률 표현	일상어
at low speed	slowly	during the time that	during
in pursuance of	under	until such time as	until
subsequent to	after	in order to	to
prior to	before	for the purpose of	for
and additionally or alternatively	and/or	by virtue of	by

③ 단축어

전문가는 효율적인 커뮤니케이션을 달성하기 위한 수단으로 긴 전문 용어나 표현을 줄여 표현하기도 한다. 긴 용어를 줄이는 한 방법은 각각의 단어의 앞머리 글자를 따서 TRO(Temporary Restraining Order)나 UCC (Uniform Commercial Code)와 같이 두자어를 만드는 것이다. 이러한 현상은 학술계에서 널리 쓰이고 있다. 고의적이든 아니든 배타적인 속임수처럼 기능하는 일이 많으나 언어적으로는 효율성이 높다.

짧은 형식은 법률가가 쓰는 일종의 통용어인 경우도 있다. 예를 들어 a writ of fi fa(fieri facias 강제 집행 영장)이 그런 것이다. 영국에서는 누군가를 정신병자라고 분류하기 위한 특별한 표의 사용을 지칭하는 표현인 'having someone scheduled'(누군가를 분류하다)로 지칭하는 경우가 많다. 이에 관련된 현상으로서 단순히 숫자만으로 법령을 나타내는 관례가 있다.

④ 고유 명사

관련된 또 하나의 현상으로서 어떤 사람의 이름을 써서 그 사람과 관계된 특정 법적 개념을 나타내는 것이 있다. 예를 들어 북아일랜드에서 확립되어 있는 배심원이 없는 법정은 Diplock Courts라고 하는데 이것은 남성의 이름에서 유래한 것으로 Diplock의 보고서로 이 법정이 만들어졌기 때문이다. 영국에서는 경찰이 구내에 들어오는 것을 허가하는 Anton Piller령이 있는데 이처럼 고유 명사로 나타나는 법원 명령이나 영장이 있다. 유사한 예가 있는데, 미국에서는 경찰로부터 피의자에게 부여할 수 있는 주의나 경고를 '미란다 원칙(Miranda Warnings)'*이라고 부른다.

⑤ 전문적인 의미로 쓰이는 일반적인 단어

위험한 오해를 불러일으킬 수 있는 가능성이 있는 법률 용어의 한 유형은 일상어로서는 일반적인 의미이나 전문적인 의미를 가지는 용어이다. O'toole(1994)는 법률가와 법률가가 아닌 사람 사이의 갈등이나 오해는 법의 언어 형식이나 권위에 의해서 불러일으켜지는 것은 그다지 많지 않고 오히려 그 전문성과 일상의 단어가 전문적인 의미를 가지는 것으로 인해서 일어난다고 주장한다.

마찬가지로 Duarte i Montserrat(1993:49/50)은 카탈루냐어에 관해서 표준어에서는 하나의 의미를 가지지만 그 의미와 비슷한 경우가 많으나 기능적으로 완전히 다른 또 하나의 의미를 가지는 언어 표현에 대해서 구체적으로 서술하고 있다. 그것은 이 현상이 영어에 국한된 현상이 아님을 시사하고 있다.

또한 새롭게 또는 최근 생겨난 해석을 나타내기 위해서 만들어진 전문용어도 있다. 이들은 법률가의 구어에서는 당연한 것으로 간주되지만 아

---

* 번역자 주: 경찰이 범죄 용의자를 연행할 때 용의자에게 연행 사유, 변호인을 선임할 권리, 진술 거부권 등이 있음을 미리 고지해야 한다는 원칙이다.

직까지는 법적 문서, 특히 법률 문서에서는 사용되지 않을지도 모른다. 미국에 예로 palimony(동거 해소자의 위자료)와 sidebar(사이드바 협의)*가 있다. 그중에는 아직 통용어로서 분류되기까지는 미치지 못한 것들도 있다. 예를 들면 wobbler(법률가의 재량으로 중죄일지라도 경죄가 될 가능성이 있는 사건)이다(Tiersma 1999:137).

일상어	전문적인 의미	일상어	전문적인 의미
action	lawsuit	issue	children
aggravating(US)	makes an offence more serious	mention	a brief hearing preparing for the full hearing
article	part of a document	party	one side in a court case
brief	briefing document	pleading	outline of a case
consideration (particularly 'in consideration of')	recompense or payment	real	material(as in 'real estate')
costs	court costs	service	giving a legal document
diligence	a warrant to produce a witness or evidence	stay	a delay

⑥ 통용어(속어, slang)

법률가는 독특한 통용어를 사용하고 있다. 다음과 같은 예가 있다.

통용어	의미
a contest	피고인이 '무죄'답변을 하는 재판
a silk(BR)	왕이나 여왕의 전속 변호인(take silk=전속 변호인을 맡다)
a verbal(AU)	정직하지 못한 경찰의 성명

* 번역자 주: 배심원이 없는 장소에서의 판사와 검찰관·변호인이 협의하는 것.

⑦ 정의

단어는 정의내림의 과정에서 특정 법률 문서 안에서 특별한 의미를 가지는 경우가 있다. 때로는 정의된 용어는 '대용형'으로서의 역할을 다할지도 모르지만(2.5.2 참조) 통상적으로는 단어의 의미를 확립하는 목적은 논쟁을 피하기 위해서이다. 정의는 법률 문서의 서문에 기재되는 경우도 있지만 법률의 경우에는 특히 가장 마지막 부분인 부록에 기재되는 경우도 있다. 소송에서의 정의가 문제가 되는 일이 지극히 많기 때문에 몇몇의 사법 관할구에서는 판결문의 서문에 그 소송으로 문제가 되고 있는 '단어나 표현'에 관해 설명하는 절이 마련되어 있는 경우가 많다.(후에 이 장에서 다룰 Wong Kon Poh v. New India Assurance Co. Ltd [1970] 2 MLJ [말레이시아 법률 저널] 참조.)

그러나 정의를 한다는 것은 함정이 있기 마련이다. 이것은 Sykt Telokom Malaysia Bhd v. Business Chinese Directory Sdn Bhd [1994] 2 MLJ 소송의 예로 설명이 가능하다. 1977년의 전기 통신 수정법(Telecommunication Amendment Act)에 의해 말레이시아에서는 전화번호부를 제작하는 것이 엄격하게 규제되고 있다. 전기 통신 수정법 제44항에서는 전화번호부를 '전화 가입자의 이름과 주소의 알파벳순 리스트를 기재한 책'이라고 정의하고 있다. 그런데 어느 회사가 전화번호를 포함한 한자로 기재된 '중국어 비즈니스 명부'를 제작하였다. 통상적인 기준으로는 이것은 명백하게 전화번호부였다. 그러나 한자 표기는 알파벳이 아니다. 한자는 표음적 요소가 중요한 것이 아니며 대부분의 경우 한자는 발음이 아니라 개념을 나타낸다. 중국어의 사전이나 일람표는 부수와 획수에 따라서 분류되어 있다. 따라서 이 소송에서는 전술한 정의를 근거로 그 인명부는 알파벳순이 아니기 때문이 인명부가 아니라는 이유로 패소하였다. 이 소송에서 또 하나의 언어 문제는 말레이시아의 고등 법원에서 모든 증거는 국어인 말레이시아어로 된 것이어야만 한다. 중국어 비즈니스 명부의 전부가 말레이시아어로 번역되어 있지 않았던 점에서 그 인명부를 증거로 사용하는 것이 불가능하였기 때문에 이러한 이유에서 패소하였다. 입안과 해석이라는 언어 문제가 상식이나 일반적인 생각과 괴리를 발생시킨 이 소송의 '상상력의 결여'는 법률의 세계에서는 통상적인 일이다. 이것도 법에서의 언어의 중요성과 언어 문제를 나타낸 좋은 예라고 할 수 있다.

⑧ 간주와 법적 허구

'효력 있는 문서'에서는 그 문서의 목적을 위해서 사과인지 배인지를 재정의하는 경우가 자주 있다. 물론 어떠한 통상적인 언어 사용에서도 배라는 단어의 지시 대상이 사과를 포함하는 일은 없다. '이 절의 목적을 위해서 사과가 배라고 간주한다.'와 같이 '간주하다'라는 단어가 자주 사용되기 때문에 이 관행은 때때로 '간주'라고도 불린다.

Tiersma(1999:116-19)는 간주를 선언형의 정의라는 이름으로 논의하면서 아래와 같이 예를 들고 있다.

(1) A person(is) … an individual, partnership, corporation, limited liability company, association, or other group, however organized

(Consumer Legal Remedies Act, California)

(1) 사람이란 …… 조직되어 있는 개인, 공동경영, 법인, 유한 책임 회사, 협회, 그 외의 단체이다.

(소비자 법적 구제법 캘리포니아주)

이러한 법률의 정의와 달리, '사람'의 일상적인 의미는 법인 등을 포함하지 않는다. Tiersma(1999:116)가 덧붙였듯이 묘사라는 관점에서 이것은 난센스이다. 또 다른 제정법에서는 '하루 지난 닭고기'는 다음과 같이 간주된다.

(2) Any poultry of an age of 72 hours or less

(New Zealand Poultry Act, 1968)

(2) 72시간 지난 또는 그 이하의 닭고기 모두

(뉴질랜드 가축법, 1968년)

여기에서 3일 지난 닭고기도 '하루 지난 닭고기'로 간주되는 것이다. 이 현상은 영국법이나 보통법에 국한되는 것은 아니다. Pardo(1993:26)은 로마법의 스페인어에 관해서 이 현상에 대해 서술하고 있다. Pardo에 따르면 아르헨티나의 민법에서 '살아 있는/죽어 있는 사람'의 정의를 다루는 절에서는 74조에 태어나기 전에 죽은 아이는 존재하지 않던 것으로 간주한다.

⑨ 입안과 해석

단어나 문법 구조의 범위를 규정하려고 시도하는 입안과 해석의 원칙은 많이 있으며 이것은 때로 법적인 '구조의 규범'으로 알려져 있기도 하다. 본질적으로는 이것은 모호함을 방지하거나 해결하기 위해서 의도된 것이다. 하나는 동일 의미, 동일 형식의 원칙으로 이로 인해서 단어 또는 표현은 텍스트 전체를 통해서 같은 지시 대상을 가리키는 것으로 이해된다. 그리고 아마도 가장 중요한 것은 동의어는 각각 다른 지시 대상을 가진다고 여겨질 것이다. 따라서 만일 shadow(그림자)와 shade(그늘)가 '효력 있는 문서'에서 사용된다고 한다면 이들은 문체상의 다른 어휘를 사용한 것이 아니라 당연히 다른 현상을 가리키고 있는 것으로 간주된다.

또한 용어가 나열되어, 또는 리스트의 요소로서 사용될 때에는 그 의미는 그 범주의 일부를 형성하는 내용에 한정된다. 또는 거기까지 확장된다는 별개의 원칙도 있다. 예를 들면, 이 원칙에 따르면 '모든 파일, 리포트, 보고서, 편지, 일기, 노트, 각서, 초고, 문서 그리고 서류'라는 인도된 대상물의 리스트에서는 파일이라는 단어는 연마용의 금속 도구*를 가리키고 있지 않기 때문에 이러한 도구가 제출될 필요는 없었다(Simpson 1994: 430). 이 원칙은 ejusden generis(동류해석칙)으로도 알려져 있다.

Solan(1995)가 서술하듯이 리스트의 사용은 문제를 일으킬 가능성이 있다. 왜냐하면 만약 무엇인가가 리스트에 포함되어 있지 않다는 것은 이것이 제외되었다는 것이 된다는 또 하나의 원칙이 있기 때문이다. 이것은 expression unius est exclusio alterius(어느 내용의 명기는 그 외의 것의 배제를 의미한다)라고 알려져 있는 원칙이다. 이 함정에 빠지는 것을 피하기 위하여 Tiersma(1995:85)는 현재는 우선 카테고리를 설정하여 그 후에 'a, b, c, d를 포함하지만 이에 한정되지 않는 다양한 X(X는 일반적인 용어이다)'라는 표준화된 완곡법을 사용하는 경향이 있다고 언급하고 있다.

마지막으로 텍스트의 의미와 개별적인 단어의 의미 간의 상호 작용은 단어는 이것이 사용된 언어학적 및 텍스트상의 맥락에 따라 해석되어야 한다는 noscitur sociis(열거된 것과 동류) 원칙에서 비롯된다.

이들 규범은 어떠한 의미에서도 종결적이고 결정적이라는 이유로 거절되어 왔다(Solan 1993b:37-8). 그러나 권위 있는 원칙이라고 하기보다는 '경험칙'으로서 텍스트에 명백한 의미가 없는 경우에만 사용되는 것으로 현재도 판결이나 판사의 의견에 항상 언급된다. Solan(1993a, 1995: 1075)는 단어의 의미를 해석할 때 판사나 법률가들이 쓰는 주요한 방식은 사전의 사용이라고 한다. 그들은 법률 문제에 관해서의 권위를 주장하고 있기 때문에 단어의 의미 문제에 관해서는 그와 같은 권위를 사전 편집자에게 부여하고 있는 것이다. 이것은 기본적으로 규범적이라는 언어학자의 역할 모델이지만 많은 언어학자는 자신들이 규정하는 사람이기보다도 오히려 기술하는 사람이고 싶어 하기 때문에 이 모델을 거부하고 있다. Washington University Law Quarterly(73, 3) 지상(紙上) 토론

---

* 번역자 주: file에는 쇠를 쓸거나 깎는 데 사용하는 '줄'이라는 뜻도 있다.

에서 언어학자들은 현대 단어의 의미에 관한 코퍼스 기반 연구는 개별 단어의 의미와 용법에 대해서 사전의 공간에서는 다 기술하지 못할 정도로 풍부하고 상세한 정보를 제공해 줄 수 있다고 하였다. 이것은 큰 데이터베이스(예를 들면 브리티쉬 내셔널 코퍼스의 텍스트에서는 1억 어절 이상의 단어가 포함되어 있다.)에서 그 단어가 출현하는 모든 예문을 추적하여 사용되는 맥락을 검토하는 방식으로 이루어진다. 애석하게도 판사나 법률가들은 이러한 연구 기법에 사전과 같은 차원의 권위를 부여하는 것을 내켜하지는 않는 것처럼 느껴진다. 사전 편집자들은 그들 자신이 언어학자이며 특히 코빌드 사전과 같이 코퍼스 기반 사전을 편집하는 사람들은 기본 원리의 초안을 잡는 일을 하는 경우가 많음에도 불구하고 말이다. 단어, 텍스트, 또는 문장 구조의 일상적이지 않는 의미를 검토하는 또 하나의 방법은 설문조사를 하는 것이다. 이것에는 질문표를 사용하는 것도 있을 것이다. 예를 들어 Labov & Harris(1994:284-5)를 참조하기 바란다.

명백하게 단어의 의미는 문법의 의미와도 영향을 주고받기 때문에 후술하게 될 문법에 관한 부분에서 관련 정보를 더 제공할 것이다.

2.2.2. 경찰

사법 절차의 참여자로서 경찰은 법률가가 사용하는 전문적인 법률 용어와 같은 언어를 몇 가지 사용하고 있다. 이에 더해서 경찰 업무의 개념이나 관행을 나타내는 언어도 있다.

① 은어

이것은 경찰의 생활에 대해서 언급하는 수단이기도 하면서 경찰 문화에 속하는 일원임을 나타내는 표식이기도 하다(다음 장 참조). 왜냐하면 대다수가 일상어이며 그 외에도 말하는 방식이 있기 때문이다. 그리고 흥미롭게도 이들 은어의 대다수는 범죄와 관련된 하위문화로서 범죄자들 사이에서도 쓰이고 있다. 은어에는 생명이 짧은 것도 있기 때문에 몇몇 표현은 다소 시대에 뒤떨어진 것일 수 있다.

단어	의미
bag man	범죄 현장에서 증거를 수집하여 봉투에 넣는 경찰관
bang up(UK)	체포하다/투옥하다
lock up(AU)	체포하다/투옥하다
blade(US, CA)	나이프
brassed(AU)	다른 범죄자에게 강탈당하다
dick(US, CA, not UK, AU)	사복 경찰
fence	훔친 물건의 매매를 하는 사람
(fizz) gig(AU)	정보 제공자
heater, piece(US, CA)	권총
plod(BR)	사복 경찰
sniffer(CA)	시너 흡입자

② 단축어(두자어)

때때로 커뮤니케이션을 보다 효율적으로 하기 위해서 많은 단축어가 널리 쓰이고 있다.

단축어	의미
CAD (CA)	Computer Aided Dispatch(컴퓨터 지원 파견)
GBH (BR)	Grievous Bodily Harm(중대한 신체 장애)
GOA	Gone On Arrival(도착 시에 체포자 부재)
MVA	Motor Vehicle Accident(자동차 사고)
SWAT (US, CA)	Special Weapons and Tactics(team)(경찰특수부대)

③ 숫자

TV 범죄 드라마를 보는 사람에게 익숙한 것은 특히 미국과 캐나다에서의 숫자를 사용한 무선 코드인데, 이것은 흥미로운 형태의 전문 용어이다. 여기에는 두 가지 이유가 있다. 하나는 효율적인 커뮤니케이션이라는 기술적인 목적을 위해서이고, 두 번째는 지나가다 무선을 듣고 있는 사람이 경찰의 커뮤니케이션 내용을 알지 못하게 하기 위해서이다. 대부분의 프로 범죄자는 이 코드를 알고 있기 때문에 후자의 목적은 부분적으로밖에 달성되지 못한다. 또한 경찰은 사람이나 범죄의 유형을 나타내기 위해서 법률 조항의 번호를 사용하기도 한다. 다음은 이러한 예들이다.

단어	의미
Code 4 (US)	나는 괜찮다
Code 8 또는 10 (US)	긴급 전화
18-1 (CA)	(정신 건강법에서 언급하는) 정신적으로 불안정한 사람

2.2.3. 교도소

밀폐된 커뮤니티는 그들만의 하위문화와 언어를 만들어 내기도 한다. 그러나 교도소라는 장소는 밀폐된 커뮤니티는 거의 존재하지 않을 것이다. 교도소는 상당히 관료주의적이며 엄격히 규제된 시설로, 이 사실이 교도소의 언어에도 명백하게 나타날 것이라는 것이 예측 가능하다. 교도소에서 자주 언급되는 용어는 섹스, 폭력, 마약 등의 범죄와 관련되며 때로는 불쾌한 언어도 존재한다. 이것이 불편한 독자는 이 부분을 넘겨 읽어 주기 바란다. 여기에서 제공되는 정보의 대부분은 아래의 웹사이트에서 인용해 온 것이다.

http://www.sco.com-aerick/words.htm
http://www.halyon.com/scripts/dante/cgi-pvt/pe/dppɛlossary.html
http://www.hmprisonservice.gov.uk/life/life4.asp

특히 눈에 띄는 것은 수감자 자신, 교도소 교도관, 수감자 한 사람 한 사람의 개인 정보 파일, 교도소 구류 기간, 마약, 독방 출입 등 교도소 생활의 주요 내용을 나타내는 다양한 용어이다. 교도소의 언어에서 특히 두드러지는 것은 독방 감금(중대한, 그리고 지극히 기피되는 형벌 방식)을 언급하는 용어이다. 여기에는 독방 감금 그 자체를 나타내는 용어나 그를 위한 독방이나 방을 나타내는 용어가 포함되어 있다. 다음은 일련의 정식 용어, 경멸적인 교도소 용어, 그리고 그러한 용어의 단축어를 몇 가지 발췌하여 제시하였다.

① 공식적인 전문 용어

교도소는 관료주의적(인간을 서류로써 다루는 정리 선반)이기 때문에 교도소 생활의 다양한 측면에 관한 공식적인 전문 용어가 필요하다. 그러나 이들 중 몇 가지는 필요 이상으로 완곡하게 들리기 때문에 이를 개인 간의 대화에서 사용함으로써 불쾌함을 숨기거나 또는 지위를 높이는 일이 되기도 한다.

단어	의미
Adjustment Center(US)	독방 감금용 방
Segregation Unit	격리방
Administractive or Disciplinary Segregation	독방감금의 상태에 놓이다
Correctiona lofficer(US)	교도소 직원(교도관)
correctional service officer(AU)	교도소 직원(교도관)
warden prison officer(BR)	교도소 직원(교도관)
Facility Licence(BR)	지역사회에서 일하기 위한 일시적 석방
Recess(BR)	화장실, 샤워실에 있는 주거 부분

② 단축어

단축어(특히 두자어)의 사용이 일반적이다. 이들은 주로 공식적인 내용을 나타내기 위해서 쓰이는데 은어인 것도 있다.

단어	의미
AC(US)	Adjustment Center 교정센터
ad seg	Administrative Segregation 독방감금
ARD(BR)	Automatic Release Dafe 자동 석방 월일
chi mo	child molester 아이들을 성적으로 학대하는 사람
con(BR)	convicted prisoner 수인
C&R(BR)	ControI and Restraint 관리와 규제
CUS(US)	Custody Unit Supervisor 유치장 감시자
DCR(BR)	Discretionary ConditionaI Release 재량에 의한 잠정적 석방
D seg	Disciplinary Segregation 징계 격리
ECR(BR)	Emergency ControI Room 긴급 관리실
EPRD(US)	Earliest Possible Release Date 가능한 한 가장 빠른 석방월일
IK	Inmate Kitchen 수용자용 주방
LWOP(US)	Life without possibility of parole 가석방의 가능성이 없는 종신형
seg unit(BR)	Segregation Unit 격리방
SHU(US)	Security Housing Unit ie. Segregation Unit 안전 주거 방 즉, 격리방
UA	Urine Analysis 소변 분석

③ 숫자

숫자도 교도소 언어의 일부를 형성하기도 한다. 이 출처는 형법이나 법률 조항의 하나, 교도소 규칙의 특정 형식, 또는 그중 한 조항이다.

단어	의미
Code 20(Texas)	자위(텍사스 교정국 형법20)
115(California)	규칙 위반 보고(캘리포니아 DC 서식 115)
5150(CaIifornia)	정신적으로 불안정(캘리포니아 복지 및 시설법 1조항 번호)
F1150/F2050(BR)	수감자 파일
F2052SH(BR)	수감자가 자해 행위를 할 위험이 있다는 뜻, 따라서 자살을 시도할 가능성이 있는 수감자가 있음을 보고하는 서식
Type3(BR)	간호사가 있는 24시간 체제 의료 시설

④ 은어

교도소 생활의 현실을 언급하기 위한 일련의 은어가 존재하며 이러한 은어는 전문적으로도 개인 간의 대화에서도 사용된다. 교도소의 엄격한 현실은 이처럼 독특한 어휘를 필요로 한다. 그러나 명백하게도 이러한 유형의 은어를 사용하는 것은 수감자들이 하위문화에 속해 있다는 것을 나타내며 '상습범'인 경우 신참자와 구별하는 기준이 된다. 그렇기 때문에 어느 정도는 '비밀 언어'의 역할을 하는 것이다.

단어	의미
beast(BR); rock spider(AU)	아이를 성적으로 학대하는 사람
bing; the hole	독방 감금
bird(BR)	교도소에서의 시간
block(BR)	독방감금용 방
gate money(US)	석방 시 주어지는 돈
jacket(US)	개인 수감자에 관한 파일, '평판'
mule(US)	교도소에 마약을 몰래 가지고 들어오는 사람
on the leg(US)	교도관에게 아부하다
pad mate(BR)	가석방 위원회
shank; shiv	교도소의 무기, 일반적으로 칼날이 있는 것

교도소의 교도관을 나타내는 경멸적 단어가 지극히 많으며 예를 들면 badge, cop, bull, hack, hog, pig, screw, snout 등으로 많이 있다. 이 중에서 screw가 가장 널리 쓰이고 있는 듯하다.

이 현상은 아마도 모든 교도소의 수감자 사이에서 볼 수 있다. 예를 들면 Gaete 외(1999)는 칠레의 여성 동료 수감자 간에 사용되는 COA라는 언어에 대해서 소개하고 있다. 몇 개의 단어에 나타나는 양상은 영국의 교도소와 범죄에 관련된 어휘와 유사하다.

단어	의미
chaque	마약을 교도소에 반입하다
botón, yuta	경찰관
carambisamba	전과자
collera	폭력적인 총격
fierro	온갖 무기
forever	상습적인 범죄자
porotera	시설에서 어린 시절을 보낸 여성 (식사의 큰 부분을 차지하는 'porotos' 즉 콩에 대한 언급. 'porridge'(BR)과 마찬가지로, 즉 교도소에서의 시간)

2.3. 문법

전문적인 레지스터에서 쓰이는 문법은 언어의 일반적인 문법과 대부분이 크게 다르지 않다. 문법 구조상 몇 가지 사소한 차이는 있지만 전문적인 레지스터가 특이하다는 점으로서 자주 볼 수 있는 것은 문법의 특정 측면이 사용되는 빈도와 그 사용 장면이다. 다음 장에서 논의하는 경찰의 언어 사용에서 보이는 과잉 상세 표현이 문법에서도 부차적 영향을 미치고 있다는 사실을 제외하고 경찰이나 교도소에서의 어법이 일상적인 사용법과 다르다는 증거는 어디에도 없다. 그들 어법이 실제로 통상적인 것과 다르다고 한다면 이것은 법률 언어 일반이 가지는 패턴의 일부일 것이다.

법적 어법의 명확한 특징이 가장 뚜렷하게 보이는 것은 '효력 있는 문서'에서이다. 문법과 어휘에서의 전문화가 미치는 영향은 입안과 해석 양쪽 모두에서 중대하다. Rasmussen(1995:1055)는 '법의 전문화는 불가피한 것이며 이를 위해서 제정법은 법적 이해를 비추어 기초하게 된다. 제정법을 해석할 때에 판사의 역할에 대해서 판사가 널리 이루어지고 있는 이러한 관행을 모르는 척하며 제정법이 일간지에 쓰이는 것과 같은 방법으로 쓰이고 있다는 허구 안에 존재한다는 사고방식은 존재하지 않는다.' 고 말한다. 실제로 여기에서 볼 수 있듯이 법적 레지스터의 문법이 일상적인 언어 규칙과 조금 다른 규칙을 따르는 것처럼 느껴진다는 견해도 간혹 있다.

2.3.1. 입안과 해석

[표 2-1]은 빅토리아주 회사법에서 일부 발췌한 것이다. 법적 언어의 다양한 측면을 예시로 들고 있으며 이를 출발점으로 한다(이것은 필요에 따라 세로란을 좌우로 이동시키면서 위에서 아래로 읽는다). 여기에서 전술한 특징을 주목해 보자면 단어 층위에서는 문어의 영향으로 문법적 비유가 빈번하게 사용되게 된 것을 알 수 있다. Offerer(오퍼 제시자), announcement(발표), expiration(종료), pursuant(따르다)가 그러하다. 전치어구의 예도 있다. Subject to(따라서: under 대신), during the period (기간 중에: when 대신), pursuant to(~에 따라서: after 대신). 이것은 고어 용법에도 존재한다. 맨 마지막에 오는 또 하나의 고어적 용법은 so varied(그렇게 변경되었다)이다.

구나 단어는 길어지는 경향이 있다. 그리고 길어진 부분은 대다수가 주요 구성 요소(다음 예에서 주요 구성 요소는 [ ]로 표기) 앞이 아닌 뒤에 추가되는 추가 요소의 산물이다.

> A [person] associated with the on-market offerer, at the expiration of the he [period] during which the offerers constituted by the announcement remain open.

두 번째 특징은 지극히 긴 전치사구/상황이다. 얼마나 offerer가 후치수식어에 의해서 그 동사인 remain으로부터 떨어져서 의미를 파악하는

[표 2-1] 빅토리아주 회사법(주식 취득에 관한 법률) 제40항(1985)

핵 (Core)	조건 (Conditions)	조건의 조건 (Conditions on conditions)
	subject to sub-section(3) during the period	
		commencing when a take-over announcement is made in relation to shares in a company and ending at the expiration of the period during which the offers constituted by the announcement remain open
the on-market offeror, or a person associated with the on-market offeror, shall not give, offer to give or agree to give to a person		
	whose shares may be acquired pursuant to the take-over announcement,	
or to a person		
	associated with such a person	
any benefit		
	(whether by payment of cash or otherwise) not provided for under the terms of the take-over announcement or,	
		if those terms have been varied under section 17,
	under the terms so varied.	

것을 어렵게 만들어 놓았는지 주목하길 바란다. 게다가 associated가 있는 구와 constituted가 있는 구 양쪽 다 'which(즉 which is associated/constituted)를 사용한 보다 길고 명시적인 형태로부터 뒤의 수식 구조로

바뀌어 버린 문장으로부터 성립하고 있다. 언어학에서는 이것은 whiz deletion 또는 rank shifting(위계 쉬프트)라고 부른다. 이 현상은 법률 문서의 일반적 특징이다(Charrow and Charrow 1979).

문장 구조 층위에서는 정확성을 추구하기 위하여 법적 문서의 입안자들은 수식하고자 하는 요소 옆에 수식어를 두고자 극단적인 주의를 기울이게 되었다. 예를 들면 이로 인해서 자연히 문장 구조가 무너져 부자연스럽고 일상적인 언어와는 다른 문장이 발생하여 앞 단락에서 서술한 예안에 있는 기묘한 또는 미묘하게 비문법적이기까지 한 문장 구조를 발생시키게 된다 할지라도 말이다. 따라서 'commit -(a) if the principal offence is an indictable offence, the indictable offence' [(a) 주요 범죄가 정식 기소 가능한 범죄인 경우 그 정식 기소 가능한 범죄를 일으킨다]라는 문장에서는 commits(일으키다)라는 동사는 그 목적어인 the indictable offence(정식 기소 가능한 범죄)와 떨어져 있으며 그 목적어는 맨 마지막에 놓여 있다. 마찬가지로 [표 2-1]에서는 동사 give는 그 목적어인 any benefit과 멀리 떨어져 있다. Crystal and Davy(1969)는 'We are proposing to effect an assurance with the society' [우리들은 보험을 조합에 대해 발효할 것을 제안한다]라는 완곡법이 아닌 'We are proposing to effect with the society an assurance' [우리들은 조합에 대해 보험을 발효하는 것을 제안한다]라는 완곡법이 쓰이고 있는 예를 들고 있다.* 경찰의 언어에서도 같은 현상이 나타난다. 예를 들면 'I was not aware at that time of the nature of that substance that in now know to be sugar' [나는 그 물질의 성질을, 설탕이라는 것을 지금은 알지만 그때는 몰랐다.]와 같은 것이다. 여기에서 또 'at that time' [그때는]과 'now' [지금은]이라는 요소가 그들을 수식하고 있는 요소와 가까워지도록 하기 위해 기묘한 위치에 놓여 있다.

---

* 번역자 주: 영어에서는 전자와 같이 목적어 assuarance가 동사 effect의 전후에 놓이는 것이 일반적이다.

이에 관계된 문제로 언어적 작용역의 문제가 있다. 예를 들면 not이 사용되고 있을 때 부정되고 있는 것이 무언가를 결정하는 것과 같은 것들이다. Cunningham 외(1994)에서 서술되고 있는 다음의 경우에서는 knowingly(알고서도)라는 부사가 관계하고 있는 것은 어떤 행동인가 하는 것이 문제가 되고 있다. 흥미롭게도 Washington University Law Quarterly(73, 3)에 게재된 논의에서 법률가는 법적인 레지스터에서의 knowingly의 작용 영역은 보통 영어의 작용 영역과는 다르다고 생각하고 있는 것이 명확해졌다. 이 논문에서 언급된 법령은 다음과 같다.

(a) Any person who_
(1) Knowingly transports or ships in interstate or foreign commerce by any means including by computer or mails, and visual depiction, if
  (A) the producing of such visual depiction involves the use of a minor engaging in sexually explicit conduct: and
  (B) such visual depiction is of such conduct: ... shall be punished

(a) 누구든
(1) 컴퓨터, 우편을 포함한 온갖 수단에 의해서도 타 주와 또는 외국과의 상업에 의해서 시각적 묘사물을,
  (A) 그와 같은 시각적 묘사물의 제조에서 명백한 성적 행위에 미성년을 사용하고 있을 경우,
  (B) 그러한 시각적 묘사물이 그러한 행위를 묘사하는 것을 알고서도 운송하거나 유송하면 처벌할 수 있다.

미국 최고 법원은 'knowingly'(알고서도)는 'transports or ships'(운송하거나 유송한다)만을 수식한다는 '문법적으로 가장 자연스럽다고 인정되는 독해법'을 기각하여 'knowingly'가 'involves the use of minor' [미성년을 사용한다]도 수식하고 있다고 조문을 해석하였다.

Moore는 mens rea(범의/고의), 바꿔 말하면 knowingly와 같은 형태의 단어 해석에서 관습이 존재한다고 말하고 있다. Washington University Law Quarterly(73, 3:866-7) 예를 들면 '법률은 만일 그 범죄를 위한 actus reus(위법행위)의 실질적 요소 전부에 법령인 mens rea의 필요조건을 적용하는 데에 필요하다면, 보통 영어의 문법을 무시하고 if(만약)를 and(그리고)로 치환한다. "그것이 우리들 문화에서의 우리들의 방식"이다. 즉, 우리 법률가는 그렇게 하는 것이다.'와 같은 식으로 Moore는 법률 문법은 '보통의' 문법과는 상당히 다르게 기능한다고 강하게 주장한다.

[표 2-1]의 또 다른 특징은 통사적으로 극히 복잡한 115개 단어로 이루어진 하나의 문장이라는 점이다(5장 참조).

1972년 영국 교통법에 대해서 Hiltunen(1984)의 분석에서는 하나의 문장의 평균적 길이는 79.25어라는 것을 알 수 있었다. 이것은 Barber(1962)의 조사에 따르면 명확해진 과학 분야 텍스트의 한 문장의 평균이 27.6어인 것과는 대조적이다. 따라서 법률 문서의 문장은 굉장히 길어지는 경향이 있다. 실제로 법의 세계에서는 문서의 한 절 한 절이 하나의 문장으로 표현되는 전통이 있다. 많은 저자들(예로 Tiersma 1999:56)는 이것은 하나의 큰 정보의 영혼을 분리하는 것이 아니라 확실하게 모든 문법상에서 관련이 있도록 하여 이로 인해서 구성상 의미의 수미상관성과 연속성에 기초한 이의를 피할 수 있도록 하기 위한 시도라고 믿고 있다.

법률 문서의 또 하나의 특징은 [표 2-1]의 세로 단이 나타내고 있는 것을 보면 명백하다. Crystal & Davey(1969:203)은 어느 사례에서 후자의 해석(아마도 가능성이 낮은 쪽)이 제외되고, 한편 다른 사례에서는 종교적, 자선적 그리고 인도적 목적은 a) 종교적 목적뿐, b) 자선적 목적뿐, c) 인도적 목적뿐 그리고 d) 종교적이고 자선적이며 인도적인 목적을 나타내고 있다고 정하고 있다는 것을 특별히 언급하고 있다.

대다수의 사법 관할구에서 적용되고 있는 and와 or은 같은 의미를 나타낸다고 하는 해석의 기준이 있다. Solan(1993b:45)은 뉴욕의 법을 예로 들고 있다. 일반적으로 규정법의 'or'와 'and'라는 단어는 입법상의 의도를 실현하기 위하여 필요한 경우에는 호환이 가능한 것으로 해석이 되기도 한다.

Solan(1993b:54)는 같은 장의 후반부에서 '일반적인 사용법에서는 or은 보통 어느 한 쪽을 의미하며 양쪽을 의미하지 않지만 이론학자는 or이 and/or를 의미한다고 해석한다. 본질에서 Siebel의 법정에서는 or은 필요한 경우는 언제든 and로 해석 가능하며 그 이외에는 or이라고 해석되어야 한다고 판단하였다. 이것은 or의 논리학적 의미와 일상적 의미 어느 쪽과도 상당히 다른 견해이다'라고 서술하고 있다. 이것은 법률 문서가 조금 다르다는 것의 증거이기도 하다. Solan(1993b:45-55)는 and/or에 관련된 일련의 재판이나 판결 등을 들어 이들 판결이 문법적인 논쟁의 여지가 있는 경우가 많음에도 불구하고 판사는 법, 계약서, 배심원 설시의 엄밀한 문법적 해석이 아닌 그 법률의 의도에 대해서 자신의 해석을 적용시켜 왔음을 지적하였다.

지금까지 살펴봤듯이 통사 구조상의 복잡함, 특히 등위 접속이 빈번하게 사용되는 것이 법률 문서의 언어적 특징이다. 일반적으로 문어는 구어보다도 그런 구조를 사용하지 않는 경향이 있다. 그러나 법적인 문어에서는 이것은 극히 일반적인 것이다. 이것은 아마도 게르만 민족의 원시적인 구술의 규칙에서부터 온 것이 아니라 모든 상황을 하나로 포괄함으로 인해서 모호함이 없는 정확성을 달성하고자 하는 시도의 결과일 것이다.

5장의 내용을 미리 언급하자면 의미가 정확하다는 필요성을 만족시키기 위해서 이 정도까지 복잡해질 필요가 있는가 하는 의문을 제기하고자 한다. 5장에서는 빅토리아주 사법 개혁 위원회(Law Reform Commission of Victoria)가 [표 2-1]의 실질적인 평이화를 제안한 것이 소개되어 있다.

2.4. 발화 행위

출근하기 위해 전철 표를 살 때 필자는 '레드펀까지 왕복으로 부탁합니다.'라고 한다.(필자는 철도 매표소에 있기 때문에 '표'나 '역'이라는 단어는 필요하지 않다. 보다 완벽한 형태는 '레드펀 역까지의 왕복표를 부탁합니다.'일 것이다.) 많은 문장과 마찬가지로 이 문장에서도 개념적 내용(즉 왕복표)와 '부탁합니다'(please)에 나타나 있는 발화 행위 요소(즉 요청)이 있다.(여기에서의 정중함은 또 매표소의 역무원과의 사회적 관계를 잘 구축하고 있다.) 이 문장은 그 의미에서 두 가지 요소를 가진다. 하나는 표라는 물리적인 것을 언급하고 있기 때문에 명제, 그리고 두 번째는 무언가를 요청한다는 대인적 행위를 하고 있기 때문에 발화 행위이다. 발화 행위 연구의 아버지인 Austin(1963)의 유명한 예가 있다. '어느 초원에 암소가 있다.'라는 문장은 개념적 층위에서는 어느 장소에 소라는 동물의 존재를 언급하고 있다. 발화 행위 층위에서는 누군가가 그 초원으로의 게이트를 열려고 하는 순간 발화된 것이라면 그것은 경고일 수 있다. 또는 우리가 비행기에서 풍경을 즐기고 있는 상황이라면 이것은 단순한 관찰일지도 모른다. 그렇기 때문에 같은 문장이 다른 발화 행위를 하는 경우도 있는데 지금 언급한 경우에서는 경고나 관찰이다. 발화 행위는 때로는 '기능'이라고도 불린다. 그리고 그(때로는 논쟁의 표적이 되기도 하는) 연구는 의미론 영역이기도 하다. Lyons(1977)는 위에서 설명한 두 가지 유형의 의미적 상호 작용에 대해서 엄밀한 설명을 하고 있다.

수행문이란 사람이 무언가를 하겠다고 말한 경우 그것이 무엇이든 그것을 실제로 '이루어지는' 것이 된다는 특별한 부류의 발화 행위이다. 적절한 상황에서는 '나는 이 배를 화이트 슈라고 명명하겠다'라고 말하는 것은 정말 그 배에 이름을 붙여 주는 것이 된다. 그러나 이것이 일어나는 것은 사회적 행위에 관련해서뿐이다. - '나는 이렇게 이 베드 메이킹을 한다'라고 말해도 슬프게도 물리적 세계에서는 아무런 변화도 일어나지 않는다. 통상적으로 우리는 특히 수행 표현을 사용하지 않고서 발화 행위를 하고 있다. 예를 들어 '나는 그것을 내일 가지고 온다'는 무엇인가를 가지고 온다는 약속이다. 이것은 명확한 수행 동사('나는 그것을 내일 가지고 온다고 약속한다' 또는 '나는 그것을 내일 가지고 오겠다고 의사를 밝혔다'와 같은)를 사용하지 않고 무엇인가를 약속한다는 발화 행위를 수행하고 있다.

수행문의 개념은 '효력 있는 문서'를 해석할 때에 하나의 역할을 맡고 있다. 1장에서 [그림 1-5]의 현대 유언장에서 밑줄과 대문자의 사용에 의해서 수행문이라는 다양한 표현상의 특징이 나타나 있다는 것을 알게 되었다. 이러한 방법으로 명확하게 표시된 발화 행위는 '무효로 한다(revoking)', '(재산을) 남긴다(leaving)', '지명한다(appointing)', '선언한다(declaring)', 그리고 '목격한다(witnessing)'이다. 때로는 우리는 법적 문서 안에서 이루어지는 발화 행위 중 하나 하나를 서명하지 않으면 안 된다. 처음 발화 행위에서는 '나는 이것으로 인해서 무효로 한다'라는 문언이 포함된다. 법적 언어에서는 '이로 인해서(hereby)'는 (통상적 구속력을 가지는) 발화 행위가 이루어지려는 것을 명확하게 하기 위해서 사용된다. 이 주제에 대해서는 Trosborg(1995)를 참조하기 바란다. 법적 언어에서는 이 유형이 명백한 수행문이 여러 곳에서 발견된다. 예를 들면 '나는 이로 인해서…를 지불할 것을 약속한다.', '나는 이의를 제기한다', '나는 …의 소지자를 정당하다고 인정한다.', '나는 이로 인해서 …의 모든 권리를 파기한다.' 등이 있다.

발화 행위의 명백한 지침표는 법률의 서두 부분에 있는 제정에 대한 정형문에서 특히 자주 보인다. 다음과 같은 몇 가지 예를 들 수 있는데, 이는 Kurzon(1986)에서 인용한 것이다.

• 영국

Be it enacted by the Queen's most Excellent Majesty, by and with the advice and consent of the Lords Spiritual and Temporal, and Commons, in this present Parliament assembled, and by the authority of the same, as follows ...

가장 수려한 여왕 각하로 인해서 성속 귀현(성인과 속인, 지체가 높은 사람) 및 서민의 승인에 의해서 이 현 의회에서 그리고 동의회의 권리에 의해서 이하와 같이 입법화되었다 ...

• 미국

Be it enacted by the Senate and House of Representatives of the United States of America in Congress assembled, That ...

미국의 상원하원에 의해서 의회에서 이하의 것들이 입법화된다 ...

• 독일

Der Bundestag hat mit Zustimmung des Bundestages das folgende Gesetz beschlossen

연방 의회는 의원들의 합의에 의해서 이하 법률을 결정하였다.

• 이탈리아

La Camera dei Deputati edil Senato della Repubblica hanno approvato; Il Presidente della Repubblica Promulga la seguente legge

공화국 상원과 하원이 승인하였다. 공화국 대통령은 이하 법률을 공포한다.

• 이집트

"ينشر هذا القانون في الجريدة الرسمية ويعمل به اعتباراً من اليوم التالي لتاريخ نشره يبصم هذا القانون بخاتم الدولة وينفذ كقانون من قوانينها؟"

> 이 법률은 관보에 의해 공표되며 공표 다음 날부터 효력을 가지는 것으로 해야 한다. 이 법률은 상원의 증표가 표시되며 상원법으로서 발효되는 것으로 한다.

미국과 영국의 법률에 모두 'be it enacted'(입법화된다)가 쓰이고 있다. 이것은 문언 그 자체가 직접 법률을 제정한다는 직접적인 수행문의 예이다. 영국의 관용구 중 'as follows'(이하와 같이)의 사용에 주의하기 바란다. 이것은 그 후에 이어지는 텍스트 모두에 대해서 법률 제정을 하는 권한을 부여하고 있다. 미국의 'that'은 이어지는 텍스트를 통사적으로 엄격하게 속박하고 있으며 대부분의 경우 'shall(be/do)'의 형태를 부여하게 되어 있다.

독일의 정형문에서는 'beschliessen'(결정하다)*라는 언어를 사용하고 있어 명백한 수행문의 형식을 따르고 있지는 않다. 이탈리아어 동사 'promulga'(공포하다)('실시되어 있는 것이라 공포한다' 옥스퍼드 영어사전)는 직접적인 수행 동사이다. 이집트 법률에서는 수행 동사를 사용하고 있지 않지만 그럼에도 불구하고 실제로는 그 법률은 '효력을 가지도록 하는 것으로 할 것'이라고 쓰여 있다.

Jackson(1997)은 영국의 법률 제정 과정을 주의 깊게 분석하여 이것이 실제로는 제정의 발화 행위임을 나타내는 개념에 이의를 제기하고 있다. 그러나 만약 언어의 의도된 의미(발화 내의 힘)가 현실에서는 (그것들의 발화 매개의 힘으로써) 적용되지 않는다 하더라도 이것은 수행 행위의 의미와 의도를 바꾸는 것은 아니다.

---

* 번역자 주: 예문에서는 'beschlossen'으로 과거 분사형이 사용되었다.

2.5. 담화

법의 언어의 주요 담화상의 특징은 장르와 관련된다. 이에 대해서는 4장에서 언급하겠지만 여기에서 지시에 대해서 언급할 것이다.

지시란 참여자 내지는 존재물이 텍스트 안에서 언급되는 방법이다. 여기에는 두 가지 문제가 있다. 첫 번째는 텍스트 바깥의 실제 세계에서 누군가가 또는 무엇인가가 언급의 대상이 되는지를 어떻게 확정할 것인가에 대해서이다.(이것은 이미 언급된 '단어'에 대해서 언급한 절에서 다루었다.) 그리고 두 번째는 텍스트 안에서 이미 언급한 참여자를 다시 언급하는 방법에 대해서이다.

2.5.1. 대명사

일상에서의 발화나 기술에서 우리들은 처음 나오는 참여자에 대해 서술할 때에 린다 잭바노비치, 벨 전화회사, 또는 맥킨토시 파워북 1400C와 같이 외부 세계를 향해 명확하게 언급하는 경향에 있다. 그러나 그 후에는 그것이 지시하는 바가 명백한 경우 '그녀'나 '지시 표현 + 대명사'를 사용하여 다시 한번 그것을 언급하게 된다. 그러나 '효력 있는 문서'에서는 대개의 경우 대명사를 사용하는 것은 회피한다. 다시 언급하지만 이것은 정확성 추구를 위해서이고 대명사가 사용되는 경우에 발생할 가능성이 있는 온갖 모호함을 피하기 위해서이다. 예를 들면 '헨리는 맥스에게 그는 내일 돌아오는지 물었다'에서 '그'가 헨리를 가리키는지 맥스를 가리키는지 명확하지 않다. 그러나 이를 근거로 하여 대명사를 완전히 피하는 것은 아마도 옳지 않을 것이다. 단 하나의 지시물밖에 존재하지 않는 경우도 많기 때문이다. 그러나 법률문의 입안자들은 대명사를 피하는 것이 어려운 일이 아니라고 여긴다. 왜냐하면 법률가들은 모호함이나 다른 해석이 존재한다면 어떤 것이든 가능한 한 그것을 자신에게 유리하도록 이용하기 때문이다. 나중에 나올 [그림 2-1]이나 [그림 2-2]에서는 본래 대명사는 사용되어 있지 않음을 알 수 있다. 법적인 텍스트가 아닌 일상적인 텍스트에서는 동일한 명사구를 대명사로 대용하지 않는 일은 일어나기 어렵다.

그러나 때로는 대명사가 사용되는 경우도 있다. Solan(1993b:38-45)는 대명사인 지시어가 모호하게 해석될 가능성이 있기 때문에 소송이 일어나거나 또는 이것이 판단의 기반을 형성하는 많은 사례를 들고 있다. 또한 Solan은 판단에 일관성이 없다는 것과 대명사인 지시어를 근거로 한 텍스트의 논의가 바스 씨와 에딩 씨(Mr. Bass and Mr. Eddings)의 슬픈 사건(소송)과 같이 해결해야만 하는 다른 문제, 특히 사회 정의를 뒤집어 덮어 버리는 것을 지적하고 있다.

대명사를 피하는 또 하나의 방법은 성과 이름 전체(풀네임)나 명사구를 사용하는 것이다. 예로 앞서 본 [표 2-1]에서는 the take-over announcement (기업 매수 발표)라는 명사구가 텍스트 마지막까지 단순히 반복되고 있다. 그러나 때로는 매번 완전한 형태로 사용하는 것으로 긴 문장과 반복을 없애기 위해 대환적 방법이 취해진다(이것은 이어지는 항 참조).

이것은 영어뿐만이 아니라 스페인어에서 나타나는 흥미로운 현상이다. 스페인어는 인칭과 수가 동어 어미에 의해 나타내기 때문에 주어 대명사가 대부분 사용되지 않는 언어이지만 칠레의 법정 당국자와 증인 사이에 이루어진 아래와 같은 대화(Gibbons 2001)를 검토해 보면 이러한 통상적인 스페인어 패턴이 깨진 것을 알 수 있다.

Relator: *En este tema del relato ... tiene que decirme de la forma mas clara y precisa todo lo que sepa o recuerde de los hechos que yo voy a preguntar. Importante que ese relato sea en forma clara y precisa ... y un poco lento .. porque yo tengo que ir escribiendo todo lo que usted me dice.*

Witness: *Muy bien.*

Relator: *Mm ... No puede hablar con las partes que están acá presente ni con el abogado. Las preguntas siempre las hago yo.*

Witness: *Bien.*

Relator: *Para que yo se las reformule para contestarlas ¿ya? Y en respecto de los hechos constitutivós de la terminacion de los servicios del señor Oro [apellido cambiado] en servicios alimenticios limitados. Con este constitutivo a que nos refirimos ... primero ... sir fué o no fué despedido ... si recuerda usted la fecha en que fué despedido ... por qué persona fué despedido ... y qué ... y qué razones se ... eh ... argumentaron para ... para ... proceder a depedir al señor Oro ¿ya?*

당국자: 진술에 관해서 ... 당신은 내가 지금부터 당신에게 질문할 사실 관계에 대해서 당신이 알고 있는 또는 기억하는 것을 하나도 빠짐없이 가장 명확하면서도 가장 정확한 형태로 나에게 말해야 합니다. 이 진술이 명확하고 정확해야 하는 것 ... 그리고 나는 당신이 말하는 것 모두를 적어야 하기 때문에 ... 조금 천천히 말해야 하는 것 ... 은 중요합니다.

증인: 알겠습니다.

당국자: 음 ... 당신은 여기에 와 있는 당사자와 이야기를 하면 안 됩니다. 질문을 하는 것은 언제나 저입니다.

증인: 알겠습니다.

당국자: 당신이 그들에게 대답한 것처럼 내가 질문을 명확하게 서술할 수 있도록, 알겠습니까? 한정된 케이터링 서비스에 관해서 올로 씨(가명)의 서비스를 종료한다는 중요한 사실에 관한 것입니다. 우리가 언급하고 있는 중요한 사실은...첫 번째로 ... 만약 그가 해고되었는가에 대해... 당신이 그를 해고한 날짜를 기억하는지 아닌지 ... 그가 누구에게 해고되었는가 ... 그리고 무엇이, ... 어떤 이유가···. 올로 씨의 해고 절차를 위해서 ... 위해서 ... 서술되었는지 - 알겠습니까?

이 질문의 장면에서는 제일 처음에 나오는 yo*가 불필요한 것이다. 왜냐하면 그 정보는 동사의 형태로 이미 나타나 있기 때문이다. 그 후 세 번의 반복은 더욱 그러하다. Usted**의 사용은 맨 처음 언급에 의해서는 적절하나 두 번째는 그렇지 않다. 실제로 이 질문의 장면에서 그 후 이어진 그 말이 많이 사용되고 있으나 그것도 적절하다고 볼 수 없다. 이것은 영어에서 보이는 것과 비슷한 과도하게 정확한 형태와 유사하다.

2.5.2. 정의된 대용형

문장의 길어지는 것을 피하면서 모호함이 없는 지시를 확립하는 하나의 방법은 정의내림이라는 수단을 통해 단어나 표현의 특별한 의미를 설정하는 것이다. 이를 통해 정의된 단어들도 텍스트 전체를 통하여 사용이 가능하게 된다. 필자는 이를 '정의된 대용형'이라 부를 것이다. 그러한 형태는 텍스트를 통해서 개념을 시사하는 것에 사용된다. 때로는 법률의 문체 안에서 지시 지표로써도 기능한다는 것이 알려져 있다.

이들 정의는 주요 텍스트에 포함되는 경우도 있고 문말의 용어 해설에 등장하는 경우도 있다. [그림 2-1]은 텍스트의 주요 부분에서 정의된 대용형을 명확하게 해 두는 방법의 예이다. '정의'라고 이름 붙여진 부분에 그것이 표시되어 있다.

이런 유형의 문서는 고객이 될 수도 있는 사람을 가능한 한 많이 망라하기 위해 생겨났다. 문서를 통해서 명칭을 계속 바꾸는 것이 아니라 명칭이 맨 처음 확립되고 그것이 client(고객), party(당사자)라는 단어에 의해 문서 전체를 통해서 시사되는 것이다. consultancy service(컨설턴트 업무)도 그러하다. 그렇게 해서 일반적으로 사용되는 다른 단어에는 owner(소유자), offence(위반), agent(대리인), life insured(생명 보험 계

---

* 번역자 주: 스페인어에서 '나'에 해당하는 1인칭 대명사.

** 번역자 주: '당신'에 해당하는 대명사.

Consultancy Agreement

Dated 15 March 2001

BETWEEN

Dr Justin Thyme, Department of Languages, University of Sydney
("Dr Thyme")

AND

Tyde Investments Company, George St, Sydney (**"the Client"**)

WHEREAS:
The Client has requested that Dr Thyme carry out the activity described in Schedule 1 ("Consultancy Services")

IT IS AGREED AS FOLLOWS:

1. DEFINITIONS
"Parties" means Dr Thyme and the Client and **"Party"** means either one of them as the context requires
...

[그림 2-1] 시드니 대학 컨설턴트 계약서

약자)가 있다. 더 고전적인 용법으로는 the party of the first part, the party of the second part(계약 당사자 한 쪽과 계약의 당사자 또 다른 한 쪽)등이 있다.(영화 A Day at the Races에서 마르크스 브라더스에 의해 풍자되어 있다.)

용어 해설에서 명확하게 제시되는 정의된 대용형의 예가 [그림 2-2]에 나타나 있다. [그림 2-2]에서는 대명사인 you조차도 특수화된 정의된 대용형으로서 제시되어 있는 점이 흥미롭다. 때로는 정의된 대용형은 그들이 정의 내려져 그 정의 내려진 방법으로 사용되고 있는 것을 나타내기 위해서 어두가 대문자로 쓰여져 있다(Tiersma 1999:117 참조). 정의된 대용형을 이렇게 사용하는 것도 각각의 사용마다 대용형의 재정의를 나타냄으로써 본질적으로 같은 문서가 다양한 거래에 사용될 수 있다는 것을 의미한다. Tiersma는 텍스트가 컴퓨터에 저장되어 접근할 수 있을 것

18. Definitions
In this policy, some words have special meanings:

- **"accident"**
  includes a series of accidents arising out of the one event
- **"car"**
  means a motor vehicle with 4 or more wheels either registered for use on a public street or capable of such registration and includes the car's equipment
- **"you"**
  means any one of the persons who are named as the insured in the current schedule, or them all.

[그림 2-2] NRMA 자동차 보험 '평이한 영어의 보험 증서'(1986)

이라고 하였다. 거기에는 정의된 용어는 하이퍼 텍스트로 제시되어 이로 인해 독자는 자유롭게 그 텍스트로 사용될 때의 용어의 정의에 도달할 수 있을 것이다.

2.5.3. 대상 지시어를 동반하는 핵심 명사

텍스트 내에서 지시의 확실함을 보증하려고 시도하는 또 하나의 방법은 대상 지시어와 함께 핵심 명사를 반복하는 것이다. 예를 들면 [표 2-1]에서 terms so varied(그렇게 변경된 조건)은 those terms have been varied under section 17(제17항에서 그러한 조건이 변경되었다)에 다시 언급되는 데에도 사용되고 있다. Terms(조건)이 핵심 명사인 것이다. 또한 so varied(그렇게 변경되었다)는 varied under section 17(제17항에서 변경되었다.)를 다시 사용할 때 대상 지시적 표현으로서 쓰이고 있다.

닮은 형태로 같은 텍스트에서 such a person(그러한 사람)이 a person whose shares may be acquired pursuant 10 the take-over announcement(기업 매수 발표에 따라서 자신의 주식이 취득되는 사람)을 다시 언급하기 위해 사용되고 있다. 이 예에서는 person(사람)이 핵심 명사로, such a(그러한)은 person(사람) 뒤에 오는 모든 구체적 내용을 언급하기 위해 사용된다. 명백하게 이 명사구를 불필요하게 반복하면서 부자연스럽게 길어질 것이다. Such a person(그러한 사람)은 의미에서는 일반적이며 확실하게 그 지시가 잘못 해석될 일도 있겠지만 그것과 반대로 먼저 언급된 해석의 원칙 noscitur socii에 따르면 단어는 그것이 나타나는 텍스트의 문맥에 따라서 해석되어야 한다고 볼 수 있다.

2.6. 해석

개개의 단어나 표현의 의미에 따라 법적 효력이 있는 텍스트의 의미를 검토하는 것은 하나의 방법이다. 한편 텍스트 또는 텍스트의 일부를 전체적인 의미나 의도를 가진 것으로 간주하는 방법이 있다. 대부분의 경우 텍스트 전체의 해석은 상당히 명확하며 모호함이 없다. 해석의 원칙에 관한 논의가 나오는 것은 말하자면 '어려운 사례'에 대해서이다. Solan(1993b: 177)은 그러한 사례란 '특정 분쟁이 어떻게 해결되어야만 하는가에 대해 법 이론이 아무 말도 할 수 없거나 그것(법이론)이 말하고 있는 것이 분쟁에서의 사실관계에 의심의 여지없이 적용 가능한 것이지는 않은, 또는 그것(법이론)이 말하는 것이 판사에게 그가 정의롭지 못하다고 여기는 것을 시키게 되는' 경우라고 설명하고 있다. 독자들이 알아주면 감사하겠지만, 법적 결정은 개개의 사례에 영향을 미칠 뿐만 아니라 판례를 통하여 장래의 결정에까지 영향을 주게 된다. 판례란 다른 판사가 특정 법률, '효력 있는 문서' 또는 발화에서의 단어 사용에 기초하여 어떻게 판결을 내렸는가를 조사하는 시스템이다.

이러한 언어의 다양한 층위가 어떤 식으로 기능할 수 있는가에 대해 몇 가지 제시하고 말레이시아에서의 Malaysia Tobacco Co Bhd v. The Roadrailer Service Bhd(1995) MLJ 847의 판결을 검토해 보자. 이 사례에서 누구나가 인정하는 사실 관계는 화물 수송 회사인 로드레일러 서비스 유한 회사가 359 558.34 링킷(MR)의 가치가 있는 특정 물품(아마도 담배 제품)을 말레이시아 북부에 운송하기로 합의하였다. 그러나 대형 운송 트럭은 도중에 물품을 강도당하였다. 문제가 된 것은 그 화물 수송 업자는 그들의 협약 사항에 기초하여 그 담배 회사의 손실을 보상할 책임이 있는가 하는 것이다.

Indemnity

15.1 The hired haulier shall be fully responsible for the safe receipt and delivery of the goods. The hired haulier undertakes to indemnify the company in full for all losses, shortages/damaged goods, arising from whatever cause including misdelivery and mishandling by person with the hired haulier's control, theft, burglary, pilferage, fraud, dishonesty and criminal breach of trust.

15.2 …

손해 배상

15.1 고용된 화물 수송 업자는 물품을 무사히 수령하여 배달하는 것을 완전히 책임을 지도록 한다. 고용된 화물 수송 업자는 고용된 화물 수송 업자의 관리하에 있는 사람에 의해 잘못된 배달이나 잘못된 취급, 절도, 침입, 좀도둑, 사기, 부정행위 그리고 신탁 위반을 포함한 온갖 원인으로부터 발생하는 모든 손실, 부족한/손상된 물품에 대해 전액 배상한다.

15.2…..

화물 수송업자는 두 가지의 언어적 근거에 기초하여 책임을 부정하였다.(1) '절도'는 '강도'를 포함하지 않는다. (2) '고용된 수송업자의 관리하에 있는 … 원인'은 강도를 포함하지 않는다. 왜냐하면 강도는 화물 수송업자의 관리하에 있지 않기 때문이다. 그러나 이 소송의 판사인 모크탈 시딘 판사는 이들의 주장을 기각하여 수송업자에게 책임이 있다고 하였다. (1)의 사건에서는 '절도'는 물건을 훔쳐서 취하는 것이며 '강도'는 폭력을 사용하거나 폭력을 행사하겠다는 협박으로 물건을 취하는 것이라는 주장이 가능해진다. 그러나 판사는 Wong Kon Poh v. New India Assurance Co. Ltd [1970] 2 MLJ 287의 판례에 따랐다. 그 판례에서는 '어떠한 합리적인 해석에 기초할지라도 강도는 더 죄질이 나쁜 절도이다'라고 하였다. 이것은 본질적으로는 언어의 의미론에 기초한 주장이다. 그러나 그 판례도 성립되어 효력을 가지기 때문이다.

> 절도범이 상소인의 오토바이를 타고 몰래 사라지려고 시도하여, 그것이 가능하였을 경우 이것은 물론 보험 증서에 적혀 있는 절도의 경우에 해당한다. 그러나 만일 절도범이 그 행위 도중 방해 요소가 생겨 단검을 꺼내어 상소인에게 자신의 진로를 방해하지 말라고 경고한다면 상식적으로 생각하여 후자 행위 쪽이 몰래 훔치는 것에 비하여 보험의 대상이 되어 있는 위험 사정으로서 크지 않다면 어떻게 주장할 수 있을까?

이 시나리오는 논의를 위해 두 개의 근거를 이용하고 있다. 훔친다는 행위의 세계 공통 지식(일반 상식으로의 주장이라는 것에 주목할 것), 그리고 필자가 생각하기에는 마지막 부분에 나타나 있는 이 보험 조항에 쓰여 있는 사람의 의도를 재현하고자 하는 시도이다. (1)에 대해서는 이것은 판사에 의해서 다음과 같은 이유로 기각되었다.

> 피고인에 의해 제출된 해석은 어리석은 것이다. '화물 수송 업자의 관리하에 있는 사람'이라는 표현이 조항 맨 처음 부분에서 서술된 잘못된 행위에만 해당한다는 것이 나에게는 명확하기 때문이다.

여기에서 판사는 그 복문 구조에 관한 문법상의 판단을 내리려고 한다. 판사는 자신이 서술한 것에 대한 어떤 증거도 근거도 제공하고 있지 않다.(그러나 그거 '최후의 판례를 사용할 규칙'을 사용하고 있을 가능성이 높다). 필자가 생각하기에는 이 판사의 판결은 언어학적으로 정당한 근거에 기초하고 있다.

이 판결에서 언어 요소의 중요성은 여기에 한정되는 것이 아니다. 앞서 서술하였듯이, 몇 개 사법 관할구에서는 판결 마지막 요지에 예를 들어 정의에 대해 특별하게 기재되어 있는 듯한 '단어와 구'의 한 절이 기재되어 있는 것은 흔한 일이다. Solan(1995)에 의해 제기된 문제는 언어학자가 해석 과정에 적극적인 공헌을 하는가 아닌가 하는 것이다. '절도'의 사례에서는 판사는 판례를 쓰는 것이 가능하였다. 그러나 판례가 된 사건 자체에서는 언어학자가 '절도'의 의미의 범위 문제에 참여하기 위하여 일련의 기법을 사용하고 있을지도 모르는 일이다. 기법 중 몇 가지에 대해서는 이미 서술하였다. 예를 들면 콩코던스나 언어 코퍼스에 의한 분석(Courlthard 1994a)이다. 세간의 지혜에 근거한 해석은 Labov & Harris (1994)에서 서술된 형태의 설문조사에 의해 조사된 것일 것이다. 사람들에게 이 문맥의 '절도'라는 표현에 강도도 포함된다고 느끼는지 아닌지를 묻는 형태로 이루어지는 것이다. 판사의 시나리오는 연구 수단의 일부가 될 가능성도 가지고 있다. 예를 들면 5장의 상황 설정에 관한 부분을 참조하길 바란다.(2)를 해결하는 문법적인 기초는 언어학자에 의해서 훨씬 더 명확히 제시될지도 모른다. 언어학자는 이러한 판결을 위한 근거를 명확히 하여 보다 구체적이며 명확하게 만들 것이다. 그리고 몇 가지 사건에서는 유익한 추가 정보를 제공하는 것으로도 직결될 것이다. 아직 해답이 부여되지 않은 문제점은 이것이 정말로 도움이 되는가 하는 것이다. 그러한 프로세스가 부수적인 난제를 발생시킬 가능성이 있는 한편(언어학자들은 결국 이에 대해 이의를 제기하겠지만) 법 해석에서의 진짜 책임을 다하기 위해서는 해석 프로세스에는 최대한 명쾌함과 명백함을 필요로 한다. 그리고 가능한 한 충분한 정보가 부여되어야 한다.

이 복잡하고 논쟁이 많은 문제에 대한 필자의 이해는 법 해석은 세 가지 근거에 의존하고 있다. 이에 대해서는 아래와 같이 서술할 수 있다. 이들 이해는 주로 Solan(1993b)와 Tiersma(1999), Washington University Law Quarterly(73, 3) 특별호에서 인용한 것이다. 이 학술지는 실례로서 사용되고 있는(본래 법 철학자 H.L.A. Hart에서 발췌) 이하의 법적 문제의 원전이다.

> 만일 공원에서 차량을 몰아내는 법령이 있다고 한다면 - 공원의 자전거 전용 도로를 자전거를 타고 지나가는 사람은 법령 위반을 하고 있는 것일까?

(1) **텍스트 의미론**: 이것은 '효력 있는 문서'의 문언을 텍스트 전체의 문맥 내에서 단어, 구, 문장 또는 복문 차원에서 검토하는 것을 의미한다(전술한 전화번호부와 담배 회사의 사례 참조). 그러나 여기에는 두 가지 그다지 명백하지 않은 제한이 있다. 첫째로, 판사가 자신의 해석을 법적 레지스터의 잣대 안에서 해석하는 것은 명백한 것이다. 즉, 단어나 문법은 그 사용에서 그들의 일상적인 구조가 아니라, 법적 전통에 기초한 구조를 부여하고 있는 것이다.(전술한 knowingly(알고서도)에 대한 고찰 참조) 이를 평이한 의미의 규칙이라고 부르는 사람들은 오해를 불러일으킬 기술을 사용하고 있다. 왜냐하면 법적 레지스터는 평이한 언어가 아니며, 법적 의미는 평이한 일상적 의미가 아니기 때문이다. 둘째로 독해의 심리학 연구에 의하면 읽는 것은 텍스트를 이해하기 위해 자신들의 스키마나 세상 지식을 사용해야 하는 것(Anderson and Pearson 1988, Kintsch 1988), 그리고 그들 스키마의 대부분이 문화적인 영향을 받는다(Baynham 1995)는 것이 명확하게 제시되어 있다. 당연히 판사는 그들의 스키마를 사용하지만 반드시 자신들이 그러고 있다는 것을 알고 있거나, 이를 인식하고 있거나 하는 것은 아니다. 그들은 사실상 세계나 사회에 대해 자신들의 이해를 근거로 판단을 내리는 것이다. 즉, 이 해석의 근거 (1)은

실제로는 후에 서수라는 해석의 근거 (3)을 떼어놓고는 효과적으로 사용하는 것이 불가능한 것이다.

- 자전거의 시나리오: 텍스트의 의미에만 기초한다면 자전거는 차량이며 따라서 자전거에 타고 있는 사람은 위반하는 것이다.

(2) **입법자의 의도:** 여기에서의 개념은 단어의 표면적인 의미를 보는 것이 아니라 사법 제도의 역할은 입법자의 의도의 실현이라는 것이다. 이것은 아마도 보다 넓은 사회에서 특히 입법자들이 가지는 사법 제도의 역할에 대한 생각이다. 그러나 이것은 아마도 법률가들에게는 가장 지지받지 못하는 생각일 것이다. 다만, Mian Bashir Ahmad & Ors v. State 01 Jammu & Kashmir & Ors AIR J&K Section 2.6에서 무후티 바하우드 시딘 수석 판사 대리는 '법률 제정의 진정한 성질이나 성격을 결정하기 위해서는 제정 배경의 역사, 제정된 법률로 근절되기를 의도한 각종 악, 그리고 이것이 제정되던 사회 상황을 고려하여도 문제가 없다는 것은 인도에서 확립된 원칙'이라고 하고 있다. 영국에서도 비슷한 생각이 있다. 한편 미국에서는 원칙주의자에 의해서 입법자들의 의도는 법령의 문언에 명백히 제시되어 있지 않기 때문에 이를 판단하는 것은 어려울 것이라는 문제가 제기되었다. 법률 기초 방식이 불충분하다는 것은 흔한 일이지만 판사에게 입법자의 의도를 판단하기 위한 유일한 수단은 삼권분립을 해치는 것이 될지라도 입법자에게 묻는 것이다. 또는 입법을 둘러 싼 논의의 기록을 조사하는 것도 있지만 이것은 시간이 걸리기도 하고 실제로 어려운 일이다. 그리고 의도를 판단하는 수단으로서 반드시 신뢰성이 있다고 말하기도 어려우며 효과적이지도 못하다.

- 자전거의 시나리오: 법령이 오래된 것이라면 아마도 입법자는 자전거를 몰아낼 의도가 있었을 것이다. 자전거는 초창기에는

평판이 매우 나빴기 때문이다. 만일 법령이 최근의 것이라면 입법자의 의도를 판단하는 것은 어려울지도 모른다.

(3) 사회 기준의 적용: 많은 법률이나 효력 있는 대다수의 문서는 과거에 만들어져 그 당시에는 세계와 사회가 현대와 달랐다. 그렇다면 심판자의 역할은 때로는 텍스트를 현대의 맥락으로 이환시키고 그리고 만약 그 과정에서 법의 적용을 바꾸게 되는 일도 발생할지도 모른다. 예를 들어 19세기에는 처벌 대상이 될 정도로 단정하지 못한 복장으로 간주되던 것이 현재는 판사가 입기도 하는 것이다. 그리고 그들은 이러한 19세기의 기준을 21세기의 시민들에게 강요하는 것 같은 시도에는 관여하지는 않을 것이다. 마찬가지로 예전에는 일요일에 아이스크림을 사는 사람은 포장지를 먹어야 한다는 옛날 영국 주일 엄수법은 결코 경찰이나 법원에 의해 적용되지는 않는다. 마찬가지로 충분히 수정 없이 다른 문화에서 채용된 법률이 사법 제도에 의해서 글자 그대로 적용되지 않는다. 이것은 영국 식민지에서 흔하던 일이다. 그리고 대륙법 제도가 아시아에 유입될 때에도 그랬을 것으로 예상된다. 이들 모두가 실제로 의미하는 것은 판사가 판결을 내릴 때에 만일 그것이 표면적으로 드러나 있지 않을지라도 자신들의 도덕적 기준을 적용한다는 것이다(많은 예에 대해서는 Phillips 1998 참조). Solan(1993b)는 판사는 그들이 실제로는 해석의 근거 (3)을 이용하여 도덕적 판단을 내리는 경우가 많음에도 해석의 근거 (1)을 이용하여 반드시 법률 문언으로부터 그것에 도달한 것으로 판결문을 쓰는 것을 선호한다는 증거를 들고 있다.

- 자전거의 시나리오: 만약 현재의 기준과 이해가 적용된다면 지정된 자전거 전용 도로를 자전거를 타고 지나갈 경우 자전거에 탄 사람은 명백히 위반을 하는 것이 된다. 이 경우에는 (3)의 근거가 분별 있는 해석을 위한 근거라는 것이 명확하다.

법률가들 사이에서는 계속적인 논의가 있다. 그것은 이들 세 가지의 근거 모두가 유효한가 하는 것, 해석 프로세스에서 이들 하나하나에 대해 부여해야 하는 무게 그리고 그들의 제1 근거가 해석의 정당한 근거로서 이용되어 다른 2가지는 단순히 '예비'에 그치며 제1의 것이 명확한 해결을 제공하지 않을 경우 사용되어야 하는가('원전주의자들' 사이에서는 이 입장을 취하는 사람들이 많다.) 하는 점에 대한 논쟁이다. 많은 언어학자에게는 (1)이 독립하여 기능할 수 있다는 개념을 양보할 수 있는 것은 현대의미론이나 화용론에서 알 수 있다. (1)에 대해서의 논의하였을 때 알 수 있듯이 스키마는 이해에 포함된다. 그리고 스키마는 어느 정도 사회적으로 그리고 문화적으로 구축된다. 이들 세 가지 모두가 이용되어야만 한다는 것은 명백하지만 이들 사이의 균형이 법률가나 입법자들에게는 문제라는 것을 필자는 굳이 지적하고 싶다. 언어학자가 공헌할 수 있는 주요 분야는 (1)이다. 그러나 그들은 (2)와 (3)에 대해서도 정보를 제공하는 것이 가능하다. 예를 들어 (2)에 관해 말하면 의도에 대해서의 이해는 화용론의 범위에 속하기 때문이다.

2.7. 지식의 문제

2.7.1. 지식이냐 담화냐

지식의 스키마라는 개념은 이 책에 반복적으로 등장한다. 법률가와 법률가가 아닌 사람과의 사이에 스키마의 차이가 있는 것은 자명하다. 법률 용어는 일상의 지식의 일부가 아니며 전문적인 언어를 필요로 하는 법적 개념을 나타내는 말들이다. 그러나 이 문제는 각각의 단어의 이해를 훨씬 더 뛰어넘어 퍼져 있다. Stygall(19944:203)의 주장은 법률가는 개념상 및 담화상 차이가 있는 '틀' 안에서 작용한다는 것으로 상당히 설득력이 있다. 즉 그들은 법률가가 아닌 사람에게는 이해가 가지 않을지도 모르는 방법으로 사건을 구축하여 논의하여 제시하는 것이다. 모든 전문적인 직업과 마찬가지로 법률가는 독특한 하위문화를 지닌다. Stygall은 법률가가 최선을 다하고 있음에도 그녀가 방청한 법정에서 이런 것들이 배심원과의 커뮤니케이션 실패나 법적 틀 안에서 일을 하는 사람들이 부적절하다고 간주하는 것도 무리가 없는 평결로 직결된 것을 밝히고 있다. Stygall(1994:202)는 '이 재판의 당사자들은 같은 경험에 대해서 언제나 다른 이해를 가지고 있었다.'고 서술하고 있다. Howe(1990:215)는 '몇 세기에 걸쳐서 법률가들은 자기 자신들의 논리적 사고 방법을 발전시켜 왔다'라고 말하고 있다. 이 다른 법적 틀은 이어지는 몇 개의 장에서 밝히겠다.

2.7.2. 교육자를 위한 과제

법률 영어의 복잡함과 전문성은 법률가를 교육하는 일을 맡고 있는 사람들에게 상당히 큰 과제이다. Phillips(1992)는 많은 법 교육자는 전문언어를 배우는 것, 또는 그녀는 '특수 용어를 습득하는' 것과 관계되어 있다고 주장한다. 아시아 대륙, 말레이시아나 싱가포르, 영어권 아프리카, 태평양의 섬들을 고려한다면 영어로 운영되는 보통법의 지배하에 있는 사람들의 대다수에게도 그러하지만 법의 언어가 제2 언어인 경우에는 해결해야 할 과제는 더 크다고 할 수 있다. 이 문제는 Howe(1990)과 Feak, Reinhart & Sinsheimer(2000)에서 더 자세하게 다루고 있다.

2.8. 마무리

지금까지 살펴봤듯이 정확성의 추구는 법적 문서의 기초와 해석에서 중요한 동력으로 작용한다. 이 복잡성이나 전문성은 속이려는 악의 있는 계획이 아니라 수준 높은 정도까지 모호함이 없는 방법으로 인간의 행동을 정의하고 관리한다는 법적 문서의 목적을 반영하고 있다. 이것은 입안자에게 큰 책임을 넘기는 큰일이다. 게다가 당사자 대항주의에서 어떠한 세세한 잘못이나 잘못된 해석의 가능성이 존재할 수밖에 없는 상황에서는 그 작성에 극단적인 조심과 주의가 요구된다. 그러한 상황에서의 정확성의 필요성은 부정할 수 없다. 그리고 때로는 극단적인 언어상의 해결법이 취해져 온 것은 대부분 놀라운 일이 아니다. 그러나 정확성의 추구가 극단적인 보수주의나 시대착오적인 생각, 문어의 입안이나 가공에 부가적으로 일어날 수 있는 문제와 연결되면 그 결과 발생하는 언어는 법률가가 아닌 사람들에게 최선의 경우 복잡한 것으로, 최악의 경우는 비밀스럽고 이해되지 않는 것일지도 모른다. Gibbons(1994)에서 필자가 언급하였듯이 '정확성을 추구하는 것이 오히려 혼란을 발생시킨다.'는 것이다. 그러나 5장에서도 알 수 있듯이 이 문제는 완벽하게 해결될 수 있다.

제3장 상호 작용과 파워

데토리투스는 유독 심문에 능하였다. 그는 언제나 세 종류의 기본형을 구사하였다.
첫 번째는 '네가 하였는가'라는 직접적인 심문,
두 번째는 '확실히 네가 하였는가'라는 집요함이 있는 심문,
세 번째는 '한 게 네가 아니냐'는 미묘한 심문이었다.
확실히 가장 교묘한 심문이라고는 말하기 힘들지만
데토리투스의 재능은 몇 시간 동안이나 참을성 있게 심문을 지속하여
자백을 받아내는 데에 마침내 성공한다는 것이다.
'그럼, 그렇고말고. 나야, 내가 한 거야…. 그런데 내가 뭘 하였는지 가르쳐 달라고!'
- Terry Pratchett(1996)

3.1. 들어가며

3.1.1. 파워와 유대

1장과 2장에서는 주로 문어에 관해 살펴보았다. 이 장에서는 구어에 초점을 두어 법률가, 경찰, 교도관 사이의 대화나 사법계를 대표하는 사람들과 일반인 사이의 대화를 검토한다. 그러한 상호 작용에서 당사자 간의 인간관계는 주로 언어를 통해 교섭되고 명시된다. 이러한 관계에는 크게 두 가지 축이 존재하는 것을 알 수 있다. 그것은 파워(권세)와 유대이다. 이것은 언어학자나 사회심리학자, 문화인류학자로부터 지적되어 온 것이다(Brown & Levinson 1978, Brown & Gilman 1960, Giles & Coup land 1991, Giles & Powesland 1975). 이 장에서의 '파워(권세)'와 '유대'라는 말은 가장 넓은 의미로 사용된다. 파워(권세)란 매일의 상호 작용 안에서 사람이 타인에 대해 행사하는 파워 외에 일반 사회에서의 상하관계나 조직의 구성 등에 전형적으로 나타나는 사회적 권력 구조도

포함된다. 연대에는 어떤 집단에 속한다는 소속감이나 대인 관계에서 발생하는 감정적인 요인이 포함된다.

이미 언급한 대인 관계의 한 측면으로 (집단으로의) 소속이 있다. 사회심리학의 분야에서는 집단에 소속되는 것에 대해서 Henri Tajfel에 의해 연구가 시작되어 Howard Giles로 계승된 장기적이며 면밀한 연구 역사가 있다.

Giles는 집단의 구성과 언어 관계를 명백하게 밝히기 위해 노력해 왔다. 2장에서 전문적인 언어를 알고 있고 그것을 사용한다는 것은 그 전문가 집단에 소속됨을 나타내는 강력한 지표가 된다는 것을 강력하게 주장하였다. 그리고 그러한 지표는 그 집단 내에서 유대를 강화하고 타인을 배제하는 두 가지 작용을 살펴보았다. 전문가가 쓰는 언어는 그 언어를 사용하는 것이 주요한 목적이 아닐지라도 대인관계에 관한 중요한 정보를 제시한다.

파워에 관해서는 사법 제도는 '법의 지배'(라는 명백한 표현)에 맡겨진 사회 안에서는 아마도 가장 직접적인 파워를 가지는 사회적 기능이라고 할 수 있다. 정치가는 입법 행위를 하는 것이 가능하지만 법률을 해석하고 행사할지 말지를 결정하는 것은 사법부의 역할이다. 일상생활에서 경찰관은 아마도 일반인이 조우할 수 있는 가장 강력한 파워를 가진 부류라고 해도 좋을 것이다. 민주주의 사회에서 경찰 권력이란 반드시 최고 권력을 가지는 단체의 사악한 음모는 아니다. 지배와 자유의 균형은 말처럼 쉽게 실현 가능한 것은 아니며 언제나 대립하며 다투는 것이다. 그렇지만 우리는 민주주의라는 정치 체제를 수용한다면 질서 있는 사회 기능을 가능하게 하기 위하여 선거로 뽑힌 대표에 의해 파워는 사법으로 이양된다. 그리고 법의 적용이라는 제도를 수용한다면 그 파워는 사법 당국에 이양되는 것이 된다. 파워를 적절히 행사하기 위해서 판사, 경찰, 교도관의 권한이 인정되어야 하며 그들의 결정이나 명령이 행사되어야만 한다. 그 권위가 유지되는 것은 그들에게 정당하면서도 최대의 관심사인(판사에 대해서는 Philips 1981, 5장 참조) 힘의 관계가 가장 잘 드러나는 것이 언어이다. 언어를 매개로 파워나 권위가 행사되기 때문에 그 존재 방식은 언어와 법 연구에서 큰 문제가 되고 있다.

사법 제도라는 파워는 의심의 여지가 없다. Goodrich(1988)은 영국에서의 상황에 대해서 아래와 같이 서술하고 있다.

> 사법 제도의 '앞에 서 있는' 사람들의 주장이 인정되는 일은 드문 편이다. 1978년의 유죄 판결률은 형사 법원(English Crown Court)이 다룬 사건에서는 84%이고 치안 판사 법원(Magistrates' Court)이 다룬 사건에서는 정식 기소 사건의 93%, 미기소 사건에서는 95%를 차지한다. 경찰이라는 형태의 관료 구조, 행정 기관, 그리고 대기업은 압도적으로 재판이라는 당사자 대항 프로세스의 승자가 된다. 형사 사건에서는 피고의 대부분이 대리인이 동석하지 않으며 통계적으로는 그 대다수가 고발된 시점에서 무죄를 주장하고 있다.(…중략…) 법정은 피고에게 말을 많이 하도록 허락하지 않는다. 그들에 대한 심문은 짧고 공판은 신속하게 종료된다.

법정에서의 언어 사용에 관한 연구는 때때로 법정이란 노련한 양방의 변호인들이 정성 들여 준비한 의식적 대결의 장이라고 파악되는 경우도 있는데 실제로는 그러한 일은 적다. Goodrich가 서술하였듯이 사법은 관료 구조이며 그 파워의 대부분은 조직으로서의 상하관계의 표현이다.

경찰 조직도 방대한 파워를 가지는 집단이라 할 수 있다. 많은 경우 출정자를 결정하는 것은 경찰이며 하급 법원에서 경찰 측의 사건 해석은 큰 중요성을 가진다. 게다가 '누가 경찰을 단속하는가'하는 문제에서 경찰 권력의 면탈을 확인하는 것은 어려운 일이다. 인도의 피억압민(Indian Dalit) 즉 카스트 최하층민인 Chunni Lal Jatav가 말하듯이 경찰의 권력은 '최고 법원의 판사 전원의 파워도 단 한 명의 경찰의 파워에 미치지 못한다. 우리들의 생사도 경찰 마음에 달렸다.'와 같은 상황인 것이다(더 힌

두 지 1999년 7월 11일 발행).

그러나 사법 제도의 작용은 파워를 행사할 뿐만 아니라 비인격적이기도 하다. 기본적으로는 사법에 의한 결정은 당사자의 인격이나 감정이라는 것에 영향을 받지 않는다. 사법을 표현하는데 '권위'라는 비유가 때때로 쓰이거나 '실체 없는 시스템'이라 부르기도 한다.

왜냐하면 법정에 있는 사람들은 법정에서의 역할명으로 불려지기 때문이다. 예를 들면 마지막에 증인에게 '증인은 물러나도 좋습니다.'라고 한다. 또한 법률의 문맥에서 수동태가 아주 빈번하게 사용되고 있다(1장 참조).

위와 같이, Goodrich(1987:3)의 사법의 레지스터는 '권위주의적이고 독백적이며 위화감이 있는 언어의 사용 방식'이라고 서술하고 있다. 이 장에서는 권위주의적이면서도 권력적인 측면이 어떤 방식으로 사법의 언어에 나타나는지 살펴볼 것이다. 우선 보통법의 사법 제도에서 외부로부터의 힘에 의해 강요된 규칙의 예를 단순히 나타내겠다. 그 다음에 개념적인 틀의 일부로서 필요한 일차적 현실과 이차적 현실을 구별하는 방법을 확립할 것이다. 다시 한번 이 장의 목적은 명백한 파워의 불균형이 존재하는 다양한 커뮤니케이션의 측면에 주목하고 커뮤니케이션의 모델을 제시하는 데에 있다는 것을 확인하도록 하자. 우선 처음으로 비언어 커뮤니케이션의 예시를 시작으로 다음으로는 호칭, 경찰의 과잉 상세 표현, 증인의 발화, 법정에서의 발화 순서의 교대(turn taking), 빈번하게 논의되는 심문의 강제력에 대해 논의를 진행하고 마지막으로 변호인이 증인이나 증언을 통제하기 위하여 어떻게 화용적 전략을 이용하는가에 대해 논의하고 이 장을 마무리 짓겠다.

3.1.2. 상호 작용의 규칙

인간의 상호 행위를 이해하기 위해서는 우선 그 대화가 이루어지고 있는 틀이나 그 대화의 의미를 벗어나는 혹는 다른 의미를 추가하는 것과 같은 전제나 외적 규제를 이해할 필요가 있다. 의도적인 규칙 위반의 전략적인 의미는 위반이 이루어진 것을 눈치채지 못하는 한 이해하는 것은 불가능하다. 이 절에서는 보통법 제도 하에 부과되고 있는 외적 규제에 대해 개관하겠다.

변호인과 의뢰인

변호인과 의뢰인의 대화는 변호사 윤리에 의해서 규정되는 제약이 존재한다. 보통법에서는 피고 측의 변호인이 의뢰인에게 무엇을 말해도 되는지, 의뢰인에게 무엇을 들어도 되는지, 어떤 조언을 해도 되는지를 제한하는 변호사 규범이 존재한다. 이 규범에는 의뢰인이 자신이 무죄라고 주장하였을 경우, 변호인은 설령 개인적으로는 그것이 믿어지지 않는다고 해도 의뢰인이 무죄라고 믿고 행동하도록 되어 있다. 즉, 변호인의 신념은 '영업용'이라고 해석할 수도 있을 것이다. 조금 더 관대한 해석을 하자면 변호인이라는 존재는 법정 게임의 참가자이며 어떤 의미에서는 '현실에서 멀어질' 필요도 있다.

재판

모든 법정에서의 상호 작용의 규범에는 원칙적으로 예절과 형식이 관계되어 있다. 예를 들면 판사는 Come here(이리로 오세요)라는 의미로 'You may approach the bench.'(판사석에 접근해도 좋습니다.)라는 정중한 문장을 사용하여 come 대신 approach, here 대신 the bench라는 격식을 갖춘 표현을 사용한다. 앞서 말하였듯이 로마법에서 판사의 역할은 증거 조사에 의해서 진실을 요구하는 것이었다. '진실'이라는 것을 법의 해석 아래에 두고 평결에 이르게 하는 것이다. 증거는 주로 서면으로 나타나며 증인이 소환되는 일은 거의 없다. 경찰에서 보내온 진술 조서와 마찬가지로 증인이 말한 것은 서면화되어 증거로써 심리된다. 중요하지 않은 증거는 구두로 낭독되는 일이 거의 없다. 쟁점이 되는 증거에 대해서만 증인 심문이 이루어져 진실이 요구된다.

보통법 제도에서 재판의 특징은 '당사자 대항적'인 사법 절차라는 것이다. 검찰과 변호인 측은 쌍방이 대립하는 입장을 취하며 각각이 '승리'를 얻으려 한다. 조정이나 가정 법원과 같이 쌍방이 서로 다가가거나 양보하거나 하려는 시도는 보이지 않는다. Evans(1983)은 '재판이란 결국은 미니어처판 전쟁 행위이다. 각종 매너나 품위, 정직을 가지고 한다 하더라도 그것은 일종의 전쟁 행위'라고 하였다. 그러한 품위나 정직은 변호인과 증인의 언어를 통한 대화에서도 보이는데 심문에 관한 절에서 상세히 논의하겠다.

Stone(1974:299)는 반대 심문은 두 개의 두뇌 사이의 커뮤니케이션 과정으로 양자 대립이 명백한 형태로 나타나는 것도 있는가 하면 숨겨져 있는 경우도 있고 그 과정을 개발하여 통제하는 것은 법률가라고 지적하고 있다. 그렇다면 그들은 어떻게 언어에 그러한 통제를 가할 수 있는 것일까?

경찰

경찰이 형사 피고인을 어떤 식으로 다루는지는 법률로 정해져 있으며 매뉴얼이 인쇄물로 마련되어 있어 연수에서도 사용된다. 또한 상급직인 경찰관은 이를 소지한다. 특히 보통법이 적용되는 나라에서는 경찰은 증인이나 용의자의 건강, 복지를 배려할 책임을 가지며 용의자가 판사 앞에 설 때까지 용의자의 자유를 빼앗는 기간에 대해서는 엄격한 제약이 가해진다. 경찰의 대화에 관한 규범에는 묵비권, 즉 아무것도 말하지 않아도 되는 권리도 포함되는데 영국에서는 이 권리가 다소 축소화되어 간다(묵비권 절 참조). 게다가 현행 매뉴얼에는 경찰 취조는 가능한 한 공개적으로 이루어져 강제적으로 해서는 안 된다는 취지가 서술되어 있다. 이들 규칙과 엄수에 관해서는 심문에 관한 절에서 상세히 서술하고 있다.

3.1.3. 일차적 현실과 이차적 현실

Hale and Gibbons(1999)에서는 법정 담화에는 두 가지 현실 세계가 교차한다고 서술한다. 두 개의 현실이란, 일차적 현실과 이차적 현실이며 전자는 법정 그 자체와 그 참여자로 구성되는 현실이고 후자는 대상 사건의 당사자들의 현실을 의미한다. 이미 보았듯이 일차적 현실에는 독특한 문화적/물리적 맥락이 존재한다. 경찰의 수사나 취조에도 이 두 개의 현실이 존재한다. 즉 취조실(또는 구치소나 경찰서) 안에서 일어나고 있는 사건에 관한 현실과 수사 대상이 되고 있는 사건에 관한 현실 두 가지가 존재하는 것이다. 법정에서도 경찰의 취조실에서 이 양방의 현실이 언급된다. 1장에서는 일차적 현실이 직접적 맥락으로 쓰이는 언어 변화로 인해서 어떻게 명시화되는지를 살펴봤다. 또 하나의 현실, 즉 법정이나 취조실 외의 세계의 현실(수사 대상이 되고 있는 특정 맥락이나 사건)도 언어를 통해 명시화된다. 예를 들어 강도 사건의 경우 법정(일차적 현실)에서의 증인은 그 강도 사건에 대한 언어를 사용하여 설명한다(이차적 현실). 이 두 개의 현실이 이미 교차하는 것이다.

현실이라는 단어의 사용은 Bennett & Feldman(1981)에 기초하지만 Clark(1996:16-17)에서 '다층화된 행동'이라는 방식으로 이 문제를 논의하고 있다는 것에도 주목하고자 한다. Clark에 의하면 '어떤 형태의 대화에서도 제1층이 있어 거기에서는 대화의 참여자가 자기 자신을 '그때 거기에서'라고 말한다. 제2층은 제1층 위에 생성되는 것으로 각각의 층에는 이에 참여하는 사람들과 언급되고 있는 내용에 대한 독특한 영역이나 세계가 있다. Clark(1996:16)은 이차적 현실은 일차적 현실을 통해서 '투영된'(Haliday의 용어) 현실이다. 이 장에서는 주로 대인 관계가 법정, 경찰, 교도소라는 일차적 현실 안에서 어떤 식으로 다루어지는가를 논의하고 이차적 현실에 대해서는 다음 장에서 논의하겠다.

3.2. 비언어 커뮤니케이션

이 책은 주로 언어에 의한 커뮤니케이션을 다루지만 비언어 수단에 의한 파워 표현은 사법의 문맥에서는 극히 현저하게 나타나기 때문에 언급할 가치가 있다. Goodrich는 다음과 같이 법정에서의 비언어적 측면을 아주 잘 설명하고 있다.

> 법원 건물 입구에는 라틴어로 Dieuet mon Droit(신과 우리의 권리, 영국 왕실 문장(紋章)에 쓰여 있는 표어), 또는 Fiat lustitia, 또는 그와 유사한 의미로 다양하게 문구가 새겨져 있다. 건물의 창에는 격자가 끼워져 있는데 통상보다도 높은 위치에 세로로 긴 창이 붙어 있는 경우가 많다. 건물의 뒤편의 창에도 마찬가지로 격자가 끼워져 있다. 법원의 입구는 단순히 넓을 뿐만이 아니라 조금 깊어 바닥은 도로면보다 높게 되어 있다. 어떠한 형식이든 (중략) 법원의 문턱은 뚜렷하게 눈에 띄며 판사석은 확실히 시각적으로도 개념적으로도 일상세계에서 벗어나 예의(禮儀)가 거행되는 장에 등단한다는 양식을 보여준다. 법정이라는 상황이나 외적 구조는 일상적인 일반 세계의 평범한 고민과 일정 거리가 있음을 상징하며 예의화된 법정의 내면, 즉 고상하고 신성한 분위기에서 도시 안에 조금 숨겨진 것처럼 존재하여 특별한 기능을 가지면서도 조용히 옛 모습 그대로 서 있는 법원이라는 '장'에 들어간다는 것으로 인해 보다 한층 거리감이 생긴다.
>
> 법정 조직으로서 전략적 이념은 '설교적'이라는 것이다. 이것은 가시적으로 나타난다. 법정 심리의 예의적 성격은 상급심의 예의적 복장에도 나타난다. 판사는 소매까지 떨어지는 긴 로브를 걸치고 가발을 쓴다. 변호인도 가운과 가발을 착용한다. 비색 자수를 새긴 문장이 있는 완장을 찬다. 같은 문장이 판사석이나 판사석 상부에도 걸려 있다. 이에 더하여 가구의 장식이나 법원의 건물 자체의 크기 등 보기에도 위엄이 드러나는 것이다. 그리고 이들 외관과도 어울리는 엄중한 절차와 호소가 이루어지는 것은 결코 우연이 아닐 것이다(Goodrich 1988:

148-9).

또한 Oddie(1988:49)는 영국의 변호사들을 '18세기의 의복을 걸치고 19세기 언어를 구사하는 사람들'이라고 서술한다. 최근에는 현대적인 고층 빌딩 사이에 입지하고 있는 법원 등에서는 그 외면적인 특징을 잃어가는 경향에 있다. 그러한 곳에서는 많은 경우 현실 세계와의 차단은 높은 문턱을 만드는 것이 아니라 입구에서의 보안 검사를 엄격하게 하는 것으로 유지되고 있다. 보통법의 법원의 내부적인 특징은 의도적이고 일관되게 위협적이며 판사의 사회적 지위가 그 좌대의 물리적 높이로 상징되고 있다. 보통법의 법정과 같은 양식은 중국의 최고 법원 등의 외국에서도 볼 수 있다. 법정의 판사석 앞에 한 단 높은 부분에는 법원 직원이나 법률가만이 왔다 갔다 할 수 있으며 심리 중에는 그 장소를 돌아다니는 것이 가능하다. 보통법의 법정에서의 그 외 비언어적 권위의 상징은 판사(나 배심원)가 법정에 출입할 때 '기립하십시오'나 '전원 기립'(또는 다른 표현) 등의 호령이 울려 퍼져 판사(나 배심원)가 착석한다(또는 떠난다). 그때까지 그대로 자세를 유지해야 한다는 점에도 나타나 있다. 마찬가지로 법률가도 발언할 때에는 기립하도록 되어 있다. 법정에 출입할 때에는 판사를 향해 인사를 한다. 이들 모든 동작이 사람의 자유나 때로는 사람의 생명을 좌우하는 파워를 가진 사람들의 권위를 비언어적으로 상징하는 것이다.

어느 사법 관할구에서는 사법 제도의 관료주의가 명확하게 비언어적 파워를 상징한다. 아래와 같이, 필자가 조사한 로마법 제도의 멕시코 오아하카 중앙 판사 법원 제65호 법정에서의 2000년 12월 14일의 현지 조사 기록과 몇 가지 보통법의 법정의 존엄함, 그 상황을 비교하길 바란다.

> 넓은 방에는 책상이나 워드 프로세서가 놓여져 있다. 부드러운 배경 음악이 깔려 있다. 큰 크리스마스 트리에는 전구 장식이 있다. 플

라스틱으로 만든 산타클로스나 순록, 눈사람 장식이나 산타 부츠 등의 장식이 붙어 있다. 사람들이 자유롭게 왕래하고 있다. 때로는 큰 목소리로 직원과 이야기하는 모습도 보인다. 다른 곳에서는 남자가 조서를 직원에게 읽어 주고 직원이 이를 타이핑하고 있다. 판사가 있는 장소는 칸막이가 있지만 큰 창이 있기 때문에 안에서 무엇을 하는지 훤히 보인다. 판사들은 보통 양복을 입고 있다. 다른 직원들과 섞여 구분이 가지 않는다. 단층도 없다. 깃발도, 문장도 없으며 법의도 입고 있지 않다. 이곳은 모던하고 개방적으로 설계된 '보스'들의 사무실인 것이다.

3.3. 호칭

3.3.1. 법률가

법률가의 파워와 위신(더하여 사법의 '비인격성')을 나타내는 가장 흥미롭고 상징적인 것은 법정에서의 호칭일 것이다. 이 호칭은 판사나 치안 판사에게는 특히 상징적이며 그들이 법정에서 실명으로 불리는 일은 거의 없다. 판사를 부를 때 쓰이는 명칭에는 이인칭이 쓰이며 그 단계에 의하여 Your Honour, Your Lordship, 또는 Your Worship 등으로 불린다. 이 호칭에는 삼인칭 동사가 쓰인다.

예를 들면 'If Your Honour pleases' 죄송하지만 재판장 각하, 'Does Your Worship believe……'(판사님은 ~라고 믿으실지)와 같이 표현된다. 스페인어에서는 판사를 Usía Su Senoria Sr Juez(위대하고 절대적인 판사님)이라고 부른다. 판사가 자신을 부를 때에는 the court(본 법원)나 the bench(본 법정)이라는 호칭을 쓴다. 즉, 판사란 일반적으로 일상에서 쓰이는 인칭으로 불리는 인격이 아닌 인격이 없는 삼인칭으로 불리는 존재인 것이다. 이것은 사법 제도 그 자체를 체현한다고 해도 좋다. 이로 인해서 판사의 발언이나 결정에 인격에 좌우되지 않는 권위를 부여하는 것이다. 비교적 격식성이 덜한 미국 법정에서는 Judge 뒤에 성을 붙여 부르거나(예 Judge Freeman 프리먼 판사) 판사 쪽으로 얼굴을 돌려 부르는 변호인도 있다.

이인칭에서는 법정 변호인이나 검찰관들은 서로를 my friend(친구여)나 my learned friend(학식 있는 친구여) 등으로 부르거나 삼인칭으로 the Crown(법원), Counsel for the Prosecution(검찰관), Counsel for Defence(변호인) 등으로 부르기도 한다. 영국이나 호주에서는 법정에서의 역할명이 그 사람 그대로라고 여기기 때문에 실명으로 부르는 일은 드문 일이다. 필자는 감정 증인으로서 자주 출정하였지만 변호인의 이름이 법정에서 실제로 불릴 때는 대부분 재판장으로부터 꾸지람을 들을 때였다. 미국에서는 호칭보다는 실명이 더 자주 쓰인다. 법원의 서기관이나 법정 사무도 직업명으로 불리는 일이 많다. 호칭은 그 조직의 사회적 계급을 나타내는 것이며 그중에서는 모든 '조직 내의 멤버' 즉 법률가와 직원에게는 직무상의 관계 내에서 정해진 지위와 역할이 있다. 유사한 보고는 Michael Walsh(개인적인 서신 교류)에서도 볼 수 있다. 그에 의하면 어보리진의 토지 수용 위원회의 공청회에서 어보리진의 증인이 자주 퍼스트 네임(예를 들면 톰시나 빌리)로 불린 반면 감정 증인이나 변호인은 '경칭+성'(예를 들면 월쉬 박사나 찰튼 씨) 그리고 판사는 '재판장 각하'(Your Honour)라는 호칭으로 불렸다.

판사가 삼인칭으로 불리는 경우에도 His Honour Judge Gobbo나 Her Honour과 같이 최고급 경칭으로 불리고 있다. 법률 문서 안에서의 판사의 호칭은 시명 뒤에 J라는 대문자의 앞 글자를 붙여 표기된다. 예를 들면 Siti Norma Yaakob J 같은 식이다. 또는 그 판사가 특별한 지위에 있다면 V. C. George JCA(Judge of the Court of Appeal V · C · 죠지 항소 법원 판사)나 Eusoff Chin CJ(Chief Justice 유숍 신 상소관님), the learned judge(학식 있는 판사님)과 같이 표기된다. 이러한 것은 학회 등에서 학자들이 서로 the learned Associate Professor(박학다식한 조교수님)이라 부르는 것과 가깝다. 이 현상은 영어로 한정되지 않는다. Duarte i Montserrat and Martinez(1995)에 의하면, 16세기의 유물이 스페인어 법정에 남아 있다고 한다. 법률가들은 서로를 illustrísimo(보기에도 박식한, 학식이 높은), excelentísimo(가장 탁월한), honorable(명예로운), magnífico(위대한) 등의 표현으로 부르고 있다. 호주의 법원 기록을 보면 판사는 위와 같은 호칭을 취하는 반면 법률가는 '경칭 + 성'의 형식으로 Mr. Favanovic(파바노빅 씨), 증인은 단순히 성명으로 Wong Kit(웡 키트 씨)라고 기재되었다. 사회 계급이 언어적으로 명백한 형태로 나타나는 것이다.

Tiersma(1999:169-70)은 미국의 법원에서의 짧은 사이드바 협의*에 관한 흥미로운 사례를 소개하고 있다. 여기에서는 변호인은 판사석을 향해 정식으로 발언하는 것이 아니라 배심원에 의한 심리나 통상적인 정식 법정 절차와는 별개로 양자가 사이드바를 끼고 비격식적인 형태로 옆에 앉아 협의한다. 이 사이드바 협의에서 어느 판사는 변호인을 성으로 부르고 다른 어떤 판사는 퍼스트 네임으로 부르고 있었지만 그 반대는 없었다. Tiersma는 사이드바에서의 동료 간의 은어 사용에 주목하여 다음과 같이 말하고 있다. (이러한 언어의 사용은) 다른 법정 참여자에게 그들이 같은 직업에 속하는 사람이며 동료로서 동등한 권위를 어느 정도 유지하는 것이 필요하다는 것을 암시하는 것이다(Tiersma, 1999:170). 바꿔 말하면 법원 내의 상하 관계에 더하여 동료 간의 연대 의식을 의미하고 있다고도 할 수 있다. 필자는 호주 및 영국의 법정에서는 검찰관이나 변호인이 퍼스트 네임으로 불리는 사례를 직접 목격한 경우는 없다. O'barr(1982)는 경미한 사건에서는 증인을 퍼스트 네임으로 부르고 중대한 사건에서는 성으로 부르는 경향이 있다고 서술하고 있다.

---

* 번역자 주: 판사와 변호인이 배심이 없는 곳에서 협의하는 것.

3.3.2. 경찰

경찰 조직은 기본적으로 군대 조직을 따른다. 예를 들면 senior constable(경장), sergeant(경사), inspector(경위) 등의 계급이 있다. 미국에서는 거기에 더해 captain(경감)이라는 계급이 있다. 이 호칭은 조직 내에서의 힘의 상하 관계를 나타내는 직접적인 예라 할 수 있다. 육군의 상관과 같이 계급명은 대면 대화에서 'Yes, sergeant' 또는 줄여서 "Yes, sarge'과 같이 사용된다. 제3자에 대해서 말할 때에도 그런 호칭이 쓰인다. 다만 비격식적인 대화(사적인 대화)에서는 퍼스트 네임으로 서로를 부르는 경우도 있다. 칠레에서는 경찰의 계급에는 군 조직과 거의 같은 직급이 존재한다. 취조 기록 중에 참여자가 재판상의 역할명으로 표현되는 예(예를 들면 '증인은 곤봉(stick)을 가리켰다')가 있다면 이것은 그 취조의 형식성과 비인격성을 나타내는 지표가 될 수 있다.

3.3.3. 교도소

교도소의 언어 사용에 대한 연구(예를 들면 O'Connor 1994 등)가 어느 정도 이루어지고 있지만 교도소에서 어떠한 언어가 사용되고 있는가에 대해서 필자는 거의 알지 못한다. 그러나 경찰과 마찬가지로 주립 교도소가 군 조직 구조에 따른 형태로 운영되고 있다. 여기에는 계급이 존재하고 'Governor'(교도소장)과 같은 호칭은 대면할 때도, 제3자와의 대화에서도 사용되고 있다.

3.4. 과잉 상세 표현

법률에서 사용되는 언어의 흥미로운 점은 격식적이고 딱딱한 언어 사용이 이루어진다는 것이다. 예를 들면 ask(요청하다)라는 단어 대신 solicit

가, go(가다) 대신 proceed가, make(시키다) 대신 effect가 쓰이는 예가 그러하다. 이러한 예는 영어에 한정된 것은 아니다. 예를 들면 Duarte I Montserrat and Martinez(1995:96)은 스페인 사법부의 언어 사용에서도 pedir 대신 solicitar가, ir a 대신 procedar a가, hacer 대신 efectuar가 사용되는 예는 영어와 완전히 같은 경향성을 볼 수 있다고 서술하고 있다. 게다가 변호인이 판사로부터 '허가를 얻다'라는 의미의 일반적인 어법인 'ask for permission'이 아니라 'crave leave'와 같이 고어투의 언어 사용도 잔존한다.

이러한 현상은 특히 경찰의 언어에 특징적으로 나타난다. 경찰관의 말투는 'I was walking down the road.'(나는 길을 걷고 있었다.)라고 말하는 대신, 'I was proceeding down the highway in a south easterly direction.'(나는 도로를 남동쪽 방향을 향해서 전진하고 있었다.)와 같은 말투를 쓴다. 이러한 말투는 경찰 특유의 과잉 상세 표현*이라 부른다. 경찰관에게는 행동을 이렇게까지 엄밀하게 표현하는 것이 요구되고 있지 않으며 이러한 어법을 써야만 하는 이유도 딱히 없다. 이들은 필요 이상으로 격식적인 어법을 사용하려는 시도가 드러난 것이라 할 수 있다. 때로는 보다 상위 레지스터에 맞추려는 시도(이 장의 마무리 부분 참조), 또는 파워나 권한을 보다 강하게 주장하려는 시도라고 볼 수 있다. Maley & Fahey(1991:8)은 경사인 경찰관이 법정에서 한 증언을 예로 들고 있다.

PO: I was unable to maintain the light being illuminated.
C: To keep the torch on?
PO: To keep the torch on.

경찰관: 저는 등을 계속 켜 놓는 것을 할 수 없었습니다.
변호인: 손전등을 계속 켜고 있지 않았습니까?

---

* 번역자 주: 원문에서는 'cospeak'으로 쓰였다. 다만 여기에서는 '경찰의 은어'를 의미하는 것이 아니라 과도하게 상세한 표현을 쓰는 것을 의미한다.

경찰관: 손전등을 계속 켜고 있지 않았습니다.

성인 남녀를 표현할 때 단순히 man/woman(남/녀)로 나타내는 것이 아니라 male/female이라는 단어를 사용하는 경우를 자주 볼 수 있다.* 다음은 호주 라디오 방송에서 어느 경장이 지명 수배범에 대해 묘사하는 예이다.

> One male in a white T-shirt. The other male is not further described.
>
> 한 명의 남성은 하얀 티셔츠를 입고 있다. 또 한 명의 남성에 대해서는 묘사되어 있지 않다.

때로는 단순히 남녀를 나타낼 때(용의자가 명백히 수컷 오리가 아닌데도) male person으로 남자인 사람이나 female person으로 여자인 사람이라는 표현이 사용된 예도 있다. 다음은 뉴 사우스 웨일스주의 경찰서에서 보낸 경찰관의 송달 문서 안에서도 그러한 문장이 있다(경찰관이 일부러 유머를 의도하여 작성한 것은 아니다).

> If you are required to attend premises used for prostitution in the course of your duty, a void allegations of impropriety by making an entry in your notebook, diary or duty book showing the purpose of the visit.
>
> 매춘 목적으로 이용되고 있는 건물에 업무 시간 중에 출입할 필요가 있는 경우 당신의 메모장, 일기장 또는 업무 기록장에 방문 목적을 기입함으로써 불필요한 의심을 피하시오.

---

* 번역자 주: male/female이라는 표현은 생물학적인 암/수를 표현할 때에 쓰인다.

이 예에서 얼마나 복잡한 어휘나 문법적 비유를 사용하고 있는가, 왜 단순히 '왜 거기에 가는지를 적어 두시오.'라고 말하지 않는지, 그리고 얼마나 복잡한 문법 구조를 사용하고 있는지를 알 수 있다.

다음으로 짧은 인터뷰 발췌를 살펴보자. 여기에는 올리비아 라우(시드니 대학생)가 마이클이라는 뉴 사우스 웨일스주(NSW)의 젊은 경찰관에게 이 현상에 대해서 인터뷰하고 있다. 마이클은 NSW 경찰학교에서 연수를 받을 때 적절하지 않다고 배웠지만, 과잉으로 딱딱한 표현을 사용하는 이유를 격식적인 말투가 경찰 업무에 적합하다고 생각하기 때문이라고 답하고 있다.

Olivia Lau: Basically, I'm investigating 'copspeak' and the use of Plain English' instead

Michael: Oh, 'Copspeak' is things like 'decamped' ...

Olivia Lau: I haven't heard of that one.

(…)

Olivia Lau: There was a good one ... oh, what was it? Something about some guy got shot and he was dead

Michael: Oh. He was hit by a projectile from a high powered weapon, numerous times until his bodily functions ceased.

Olivia Lau: That's pretty good 'copspeak'*(laughter)*

Michael: *(laughs)* something like that

Olivia Lau: S, do you actually use that type of language?

Michael: Well ... they've told us not to ... and just to use normal English ... so we try our best, but it always pops its head up.

Olivia Lau: But, where do you get it from? Like, do you know what I mean.

Michael: yeah ... its just, umm ... when you're doing a police statement, you think it's gotta be formal

올리비아: 저는 'cospeak'(경찰 특유의 과잉 상세 표현) 대신에 plain English(알기 쉬운 영어)를 쓰는 것에 대한 조사를 하고 있어요.

마이클: 아, '경찰 특유의 과잉 상세 표현'이라는 것은 예를 들면 decamped(도망갔다) 같은 어법을 말하는 건가요?

올리비아: 그런 언어는 들은 적이 없어요.

(…중략…)

올리비아: 재미있는 예가 있는데, 그 뭐더라. 아마 남자가 총에 맞아 죽었다는 것을 표현할 때

마이클: 아아, 그건 '남자가 고성능 무기에서 발사된 발사체에 의해서 신체 기능이 정지할 때까지 몇 회에 걸쳐서 총격을 당하였다'라는 표현 같은 거….

올리비아: 그게 참 좋은 '과잉 상세 표현'의 예네요.(웃음)

마이클: (웃으면서) 그렇죠.

올리비아: 그래서 당신도 그런 말투를 쓰시나요?

마이클: 아뇨, 사실은 … 그러한 어법을 쓰지 않도록 위에서 지시가 내려와서 … 일상의 언어를 쓰라고 … 나도 가능한 한 쓰지 않으려고 하지만 무의식적으로 입 밖으로 나와 버려요.

올리비아: 그렇지만 왜 그렇게 된 거죠? 즉 제가 말하려고 하는 게 무슨 뜻인지 아시겠어요?

마이클: 응. 뭐랄까 … 조서를 쓰거나 할 때에 격식적으로 작성하는 편이 좋다고 생각해서 그렇지 않을까 싶어요.

같은 인터뷰 후반부에서 마이클은 영어를 제2 언어로 하는 어느 좀도둑이 'took the clothes'(옷을 훔쳤다)라는 행위를 'removed the item'(물품을 가지고 떠났다)라는 격식적인 어투를 사용하여 설명하고 있다. 다음은 그 대화에서 발췌한 내용이다.

Q. How did you remove the item?

A. I took the clothes and put them inside my body, underneath my clothes.

Q. 어떻게 물품을 가지고 떠났습니까?
A. 옷을 집어서 제 몸에, 옷 아래에 쑤셔 넣었습니다.

그 외에도 경찰관은 사정 청취를 하면서 일반적인 언어 사용과 과잉 상세 표현을 섞어 사용하는 예를 발견하였다. 다음의 예는 일반적인 언어 사용은 이탤릭체로, 과잉 상세 표현은 볼드체로 나타냈다.

Is there anything **further** that you would like to tell me **in relation to the matter** *that we are talking about?*

지금까지 우리가 말한 이 건과의 관련성에서 무언가 더 말하고 싶은 것이 있습니까?

경찰 특유의 과잉 상세표현의 예시

단어	일상어
affirmative(긍정하다)	yes(네)
decamp(도주하다)	leave the scene(그 자리를 떠나다)
disturbance(소동)	fight(싸움)
en route(도로 상)	on the way(도중에서)
exit(퇴출하다) 예 exit the vehicle(차량에서 퇴출하다)	get out(나가다) 예 get out of the car(차에서 나가다)
male /female(남/녀)	man/woman(남/녀)
negative(부정하다)	no(아니요)
party(당사자)	person(사람)
vehicle(차량)	(일반적으로는) car(차)

경찰관의 과잉 상세 표현은 영국, 호주, 미국, 캐나다에서 볼 수 있는 현상이다. 그러나 이 현상은 단순히 영어권에 한정된 것은 아니다. 칠레에서도 같은 현상이 보고되고 있다. 이하는 어느 여성이 속도위반을 하여 단속에 걸렸을 때 차에서 내리려고 할 때 경찰관에게서 들은 말이다.

Vuelva y retorne al vehículo, y permanezca en él
차량으로 돌아가 그 안에 남아 있으시오.

일상적인 표현으로는 Vuelva al auto y quédese ahí(차로 돌아가 안에 계십시오.) vehicle(차량)이라는 단어가 사용되는 것은 영어와 같다. Vuelva y retorne라는 이중어가 사용된다는 점과 격식적인 문어인 retorne나 permanzca가 사용되는 점에도 주목하기 바란다.

3.5. 언어적 파워의 표시

언어와 성(젠더)에 관한 초기 연구는 특히 Lakoff(1975)에서 시작되어 그 후 많은 연구자(예로 Scherer 1979 등)가 연구해 온 것은 화자가 청자에게 파워가 있는(없는) 존재, 또는 보다 영향력이 큰(작은) 존재라고 느끼게 만드는 특징을 특정하는 것이었다. 파워를 느끼게 하는 화법(파워풀 스피치)의 특징은 다음과 같다.

- 목소리가 큼, 성량에 변화를 주기도 함
- 피치 폭이 큼(즉 억양이 큼)
- 반복하기
- 침묵하기('아, 음' 등의 군말이 없음)
- 끼어들기
- 동의 표현을 쓰지 않음

- 유창성
- 일관성

화자의 파워를 약하게 하는 화법인 파워레스 스피치의 특징은 다음과 같다.

- 말 흐림 표현 사용하기
  예 sort of, kind of, you know(뭐랄까)
- 말더듬기
  예 um, er, oh well, let's see(음, 그러니까, 말이지)
- 부정확함
  예 자주 질문하기
- 경칭 사용하기
  예 sir이나 ma'am을 사용하기
- 강조어 사용하기
  예 'very'(아주), 'definitely'(절대적으로), 'surely'(확실히)
  (이들 어휘를 사용한 경우와 사용하지 않은 경우의 효과를 확인하기 바란다.)
  예 I definitely saw him(나는 확실히 그를 보았다)
  예 I saw him(나는 그를 보았습니다)
- 걸리는 시간이 짧음
  예 같은 말을 하는 데 시간이 더 걸리는 쪽이 파워가 약하게 느껴짐.
- 완곡 표현 사용하기
  예 Would you mind if(괜찮으시다면)
  예 sorry to trouble you(죄송하지만)

이들은 법정뿐만 아니라 경찰의 취조에서도 중요한 의미를 가진다. 왜냐하면 파워풀 스피치를 하는 사람들은 주로 대화를 지배하는 경향이 있고 파워레스 스피치를 하는 사람은 자주 증인으로서의 설득력이 약하게 느껴지게 만드는 경향이 있기 때문이다. 이들의 화법의 특징이 법적 맥락에 미치는 영향을 조사하기 위해서 듀크 대학에서 대규모로 의미 있는 연구가 이루어졌다. Lind & O'Barr(1979), O'Barr(1982)의 연구로 이후에 추가적인 진전이 있었는데 그 결과를 대략적으로 소개하겠다.

그들의 방법론은 언어의 사회 심리학적인 연구에 바탕을 두고 있다. 북캘리포니아의 달람에서 장시간에 걸친 법정 심리가 녹음되어 언어학적 견해에서 흥미로운 특징이 분석되었다. 15분 단위로 녹음된 법정 담화는 분석 팀의 관심도에 따라서 수정되어 재녹음되었다. 두 명의 배우(남녀 각 1명)가 고용되어, 각각이 파워풀 스피치, 파워레스 스피치를 한 증언 테이프가 총 4개 제작되었다.

맨 처음 실험에서는 대학생을 대상으로 테이프 녹음을 들려주고 일반적인 사회심리학 이론의 틀에 기초하여 들은 목소리를 평가하게 하였다. 평가 항목은 아래와 같다.

- 능력이 있다, 교양이 있다, 가치가 있다(=능력)
- 호감이 간다(=사회적 매력)
- 신뢰할 수 있다(=신뢰성)
- 파워풀하다, 힘이 있다, 활발하다(=사회적 역동성)
- '어느 정도 ~을 믿을 수 있습니까', '어느 정도 ~은 설득력이 있습니까'(=설득력)

결과는 [표 3-1]과 같다. 평가에서 남녀의 목소리의 차이는 그다지 의미 있는 차이를 발생시키지는 않았으며 남녀 간에는 그 외 평가 항목에 대해서도 유의한 차이를 보이지 않는다. 그러나 파워풀 스피치와 파워레스 스피치를 비교하면 남녀 모두 모든 평가 항목에서 유의한 차이($p<.05$)를 보였다. 배심원에 의한 증언의 평가는 모든 평가 항목에 영향을 미치는 것이 확인되었지만 그중에서도 특히 큰 영향을 미친 것이 신뢰성과

[표 3-1] 파워풀 스피치와 파워레스 스피치를 한 증인의 평균치(1)(Lind & O'Barr 1979:73)

평가 항목	파워풀 증언 (Power testimony)	파워레스 증언 (Powerless testimony)
여성 증언:		
능력(Competence)	2.38	0.72
사회적 호감도(Social attractiveness)	2.48	0.54
신뢰도(Trustworthiness)	3.04	1.65
사회적 역동성(Social dynamism)	0.67	-0.67
설득력(Convincingness)	3.35	1.77
남성 증언:		
능력(Competence)	1.77	0.11
사회적 호감도(Social attractiveness)	2.52	1.23
신뢰도(Trustworthiness)	3.48	2.00
사회적 역동성(Social dynamism)	0.83	-0.98
설득력(Convincingness)	3.89	2.48

설득력이었다. 즉, 말하면 법정이라는 일차적 현실에서 증인의 태도는 판결을 받는 사건 그 자체인 이차적 현실의 평가에 영향을 미친다는 것을 의미하는 것이다. O'Barr는 그 후 96명의 학생(남성 46, 여성 50)에게 같은 녹음을 들려주었다. 이 실험에서는 배심원의 증인 평가에 가깝게 되도록 평가 항목을 변경하였다. 새로운 평가 항목은 [표 3-1]과 같다.

새롭게 추가된 '진실성'은 아주 중요한 의미를 가진다. 이 실험의 결과 [표 3-2]도 아주 강력한 경향을 시사하고 있다.

파워풀한 증언과 파워레스한 증언의 차이는 남녀 모두 통계적으로 유의한 차이($p<.05$)를 보였다. O'Barr(1982:75)는 이에 대해서 이 실험이 나타내는 것은 증언의 스타일이 증인에 관한 심증에 크게 영향을 미치며 이러한 스타일의 차이가 사법 과정 자체에도 영향을 미칠 가능성이 있다는 것이라고 서술하고 있다. 바꿔 말하면 일차적 현실에서의 행위가 이차적 현실의 묘사나 견해에 영향을 미칠 가능성이 있다는 것이다.

[표 3-2] 파워풀 스피치와 파워레스 스피치를 한 증인의 평균치(2)(O'Barr 1982:74)

	여성 증언		남성 증언	
	파워풀 Powerful	파워레스 Powerless	파워풀 Powerful	파워레스 Powerless
설득력(Convincingness)	3.00	1.65	3.52	2.09
진실성(Truthfulness)	3.70	1.88	4.24	2.86
능력(Competence)	2.61	0.85	2.44	0.18
지성(Intelligence)	2.57	0.23	1.80	0.18
신뢰성(Trustworthiness)	3.04	1.65	3.48	2.00

3.5.1. 일관성과 결속성

위에서 서술하였듯이 증언은 법정에서의 핵심 주제인 사건에 대해 내러티브 형식으로 말해지는 형태를 취하는 경우가 많으며 4장에서도 언급하겠지만 '스토리'(Bennett & Feldman 1981)인 것이다. 검찰이나 변호인 측은 그러한 내러티브를 질문이라는 형태로 하나하나 끄집어내는 것은 흔한 일이다. 이 또한 파워의 문제에 관계된 것으로 단편화된 '질문 편중'의 내러티브에 대해서는 법률가가 명백하게 담화를 지배하며 증인의 발언을 제한하고('질문의 강제력'도 참조), 설명의 구성이나 순서를 결정하게 된다. O'Barr와 그 공동 연구자들은 스토리가 이렇게 단편화되어 제시된 것은 설득력이 저하되고 배심원은 증인이 자신의 증언을 제어하지 못하는 것을 증인 자신의 능력과 파워의 결여로 직결될 가능성이 있다고 느꼈다(이것은 심리학의 '귀속 이론'에 근거한다).

이 문제를 연구하기 위해 사용된 방법은 전술한 연구와 마찬가지이다. 테이프는 같은 내용이지만 '내러티브 형식'의 테이프 녹음에서는 내러티브를 표출하는 30개의 질문이 사용되었고 '단편화' 테이프에서는 131개의 질문이 사용되었다. 여기에서는 남녀 양쪽의 화자가 실험에 참여하여 전부 테이프 4개 분량을 녹음하였다. 피실험자는 82명(남자 42명, 여자 40명)의 대학생으로 법학 전공 학생과 심리학 전공 학생도 포함되어 있었다.

그 결과는 이전의 것만큼 명확하지는 않지만(O'Barr 1982:80) 학생들은 '단편화 된' 증언에서는 증인의 능력과 사회적 활력(대인적 파워)에 대해 낮은 평가를 하였고 또 법률가가 증인의 능력과 사회적 활력에 대해서 보다 낮은 인상을 가지고 있다고 해석하였다.

3.5.2. 과도하게 복잡한 표현

O'Barr(1982)는 과도하게 복잡한 표현을 '과잉 수정의 레지스터'라고 부른다. 이것은 아마도 증인이 자신의 발화를 법적 레지스터에 적합하게 만들거나 또는 법적 레지스터가 가지는 파워와 설득력을 자신이 소유하고 있다고 주장하려는 경우라고 할 수 있다. 그러나 안타깝게도 지나치게 과도하게 고상한 스타일을 사용하는 경향이 있다. 이 현상은 Labov(1969)에 의해서도 지적되었다. O'Barr(1982:86-7)에서는 실제 법정 담화의 예를 제시하고 있다.(이탤릭체는 격식적인 문체, 볼드체는 과도하게 복잡한 표현이다.)

Counsel: Immediately after the collision, what happened to you?

Witness: Well, *directly* after the **implosion**, I *vaguely* remember being hurled *in some direction*. **I know not where,** but I went, I hurled through the air *some distance*. I must have been unconscious at the time. I did **awake** *briefly*, and during that **interim,** Mr Norris was standing over me, uh, **perhaps more than likely** getting ready to *administer* first aid. But, I, I **relapsed** into **a comatose state,** and I, I can't remember anything after that for the next **72 hours or so.**

변호인: 충돌한 직후 당신은 어떻게 되었습니까?

증 인: 글쎄, 내부 폭발 후 즉시 어떤 방향으로 던져진 것을 막연하게 기억하고 있습니다. 어느 쪽인지는 모르겠습니다. 그러나 날아갔어요, 얼마 정도의 거리를 날아간 겁니다. 그때에는 의식이 없었던 것이 분명합니다. 일시적으로 의식이 돌아와 그 사이에 노리스 씨가 옆에 서서 나를 내려다보고 있었고 그는, 아마도 응급 처치를 할 준비를 하고 있었던 것일 겁니다. 그러나 저, 저는 수면 상태에 다시 빠져버려서 저, 저는 그 후 72시간에 대해서는 아무것도 기억해 낼 수 없습니다.

O'Barr와 그 공동 연구자들은 음성 위장 실험을 하여 위와 같은 스타일이 청자에게 부여하는 인상에 대해 조사하였다. 여기에서는 남성 2명의 음성이 사용되었다. 그들은 격식적인 문체, 또는 과도하게 복잡한 문체 중 어느 한쪽을 사용하여 말하게 하였고 평가자는 이를 듣고 다음과 같은 항목에 대해 척도로 그 발화를 평가하도록 지시받았다.

- 설득력
- 능력
- 적합성
- 지성

또 피실험자에게 원고에게 배상금을 지급해야 하는지 아닌지에 대한 질문도 하였다. 결과는 [표 3-3] 및 [표 3-4]와 같다.

[표 3-3]과 [표 3-4]를 보면, 과잉 수정 스타일을 쓰는 화자는 모든 평가 요소에서 부정적인 평가를 받았고 불행하게도 상해에 대한 배상금의 지급을 받을 가능성은 아주 낮은 것을 알 수 있다. 여기서 제기될 수 있는 의문은 어떤 유형의 사람이 격식적인 레지스터를 능숙하게 사용하는 것에 실패하여 이러한 형태로 과잉으로 반응하는가 하는 것이다. 그 답은 거의 확실히 교육 수준이 낮은 사람들일 것이다.

[표 3-3] 증인 발화의 격식적인 문체와 과잉 수정 문체에 대한 평가(O'Barr 1982:86)

항목	격식성 (Formal)	과잉 수정 (Hypercorrect)
설득력(Convincingness)	3.2	2.1
능력(Competence)	2.2	-0.1
적합성(Qualified)	-0.6	-3.2
지성(Intelligence)	0.4	-1.3

$p \leq .05$

[표 3-4] 피고인의 격식적인 문체 및 과잉 수정 문체의 사용에 따른 배상금 지급 여부 (O'barr 1982:87)

항목	격식성 (Formal)	과잉 수정 (Hypercorrect)
고소인에 대한 배상금 미지급	14	8
고소인에 대한 배상금 지급	7	13

종합해 보면 이 일련의 조사는 일차적 현실에서의 행동이 이차적 현실 묘사에 부여하는 영향을 나타내고 있다. 이들은 일차적 현실에서 언어 행동의 대인적 요소가 신뢰성(또는 청자가 화자의 이차적 현실 묘사를 어디까지 수용하는가)에 어떻게 영향을 미치는가를 실증하고 있다. 다른 견해를 보면 화자의 사회적 정체성이 전달되면 이것이 명제적 내용, 즉 개념 전달에 영향을 미칠 수도 있다.

이러한 일련의 조사가 사법 제도에 시사하는 것은 우려해야만 하는 것이다. 사회에서의 파워를 가지지 못한 사람은 그 발화 행위에서 자신의 지위를 반영하는 것이 되어 설득력이 떨어지는 증인이 되어 버린다. 특히 그런 사람들이 피고인일 경우 또는 상해에 관한 재판의 원고인 경우, 불리한 영향을 받는 경우가 있어 공평한 대우를 받을 가능성도 낮다고 할 수 있다. 이러한 유형의 연구에 대한 비판으로는 법정의 현실은 보다 미묘하고 복잡한 것인데 모의 배심에 의한 실험적 상황을 사용하고 있다는 점이다. 대부분의 연구와 마찬가지로 전체를 조망할 수 없고 부분적인 조사밖에 하지 못하기 때문이다. O'Barr과 그 공동 연구자들이 한 조사는 경찰과 일반인 사이의 대화에 관한 조사는 아니지만 이러한 언어 요소가 경찰과 일반인 사이에서도 똑같이 작용할 가능성이 높다는 것을 시사한다.

3.6. 발화 순서의 교대

발화 순서의 교대(turn taking)에 나타나는 힘의 관계가 흥미롭다. 법원에서 가장 큰 파워를 가지는 사람은 판사나 치안 판사이며 그들은 자신들이 원할 때 언제든 발언할 수 있기 때문에 언제나 발언권을 행사하는 것이 가능하다. 가장 권한이 없는 사람들은 방청인이다. 발언은 불구하고 웃음소리조차도 처벌 대상이 되며 때로는 구치되는 경우도 있다. 증인에게는 발언이 허용되지만 자신의 발언에 대해 언제, 무엇을 말해도 좋은지에 대해서 스스로 결정할 수 있는 경우는 거의 없다. 증인은 몇 시간이고 또는 며칠이고 자신의 차례가 돌아올 때까지 기다려야 하는 경우도 있다. 게다가 변호인들은 빈번하게 증언 사이사이에 발언할 수 있지만 증인은 변호인의 발언 도중에 끼어들 수는 없다. 변호인에게는 몇 번이고 발언 기회가 있지만 제약도 있다. 변호인 측이 소환한 증인에게 질문을 한(주 심문) 후, 상대 측 변호인이 질문한다(반대 심문), 그 후 다시 변호인 측이 증인에게 질문한다(재심문). 이러한 순서가 정해져 있다(이에 대해서는 4장 '배심원 재판의 절차'를 참조). 변호인은 엄격한 법정 규칙에 기초하여 이의 제기 등 서로의 발언 도중 발언을 하는 것이 허가되어 있다. 그러나 판사의 발언에 끼어드는 일은 거의 없다. 배심원은 심리 보조를 요청하는 일은 거의 없는 일로, 보통은 배심원에 의해서 평결이 발표될 때까지는 발언이 허락되지 않는다. 또한 법원 직원은 법정에서는 공식적으로 발언하는 경우는 없다. 여기에도 발화 순서의 교대에 법정의 사회적 계급 제도가 나타나는 것이라고 봐도 좋을 것이다. 그러나 쌍방이 상반된 견해를 서로 내놓는 경우에는 발화 순서의 교대에 의한 발언의 통제가 엄격한 응수를 예방한다. 법정에서 발화 순서의 교대에 관한 규칙의 밑바닥에는 이것이 법정의 질서 유지에 가장 적합한 수단이라는 생각이 있다고 간주된다. 이 점에 관해서 보다 자세한 논의는 Philips (1998, 5장)를 참조하기 바란다.

경찰의 사정 청취에서는 무엇을 물을지, 언제 발언이 허가되는지 등을 통제할 권한은 취조하는 경찰관에게 있다. 그렇기 때문에 화제나 발언의 타이밍이 취조를 당하는 측의 희망과는 반대되는 경우도 있다. 아래의 Fairolough(1989:18)의 예는 그와 관련된 아주 좋은 예이다.

이 텍스트는 어느 경찰서에서 사정 청취의 일부로 경찰관(P)이 무장한 강도의 목격자(W)로부터 기초적인 정보의 청취를 하고 있다. 경찰관은 겁에 질린 목격자에게 무엇이 일어났는지 질문을 하면서 목격자로부터 청취한 정보를 서면으로 기록하고 있다.

(1) P : Did you get a look at the one in the car?
(2) W: I saw his face, yeah.
(3) P : What sort of age was he?
(4) W: About 45. He was wearing a …
(5) P : And how tall?
(6) W: Six foot one.
(7) P : Six foot one. Hair?
(8) W: Dark and curly. Is this going to take long? I've got to collect the kids from school.
(9) P : Not much longer, no. What about his clothes?
(10) W: He was a bit scruffy-long, blue trousers, black …

(11) P : Jeans?
(12) W: Yeah

(1) 경찰관: 차 안에 있는 인물은 보았나?
(2) 목격자: 그의 얼굴을 봤습니다, 예.
(3) 경찰관: 연령은 어느 정도였지?
(4) 목격자: 45세 정도로, 복장은…
(5) 경찰관: 키는 어느 정도였지?
(6) 목격자: 6피트 1인치.
(7) 경찰관: 6피트 1인치. 그리고 머리색은?
(8) 목격자: 까만 곱슬머리였습니다. 이거 오래 걸리나요?
학교에 아이를 데리러 가야하는데요.
(9) 경찰관: 그렇게 오래 걸리지 않아, 그 인물의 복장은 어땠지?
(10) 목격자: 지저분하고 파란 바지에 까만..
(11) 경찰관: 청바지?
(12) 목격자: 네.

(질문) 이 사건의 사정 청취 담당 경찰관과 목격자와의 관계를 당신은 어떻게 특징짓겠는가? 또한 그 특징은 언어 안에서 어떻게 표현되어 있는가? (해답) 두 사람의 관계는 불균형하며 담당 경관은 사정 청취의 진행과 목격자의 발언을 완전히 통제하고 있다. 그리고 그는 그녀에게 요구(질문)를 부드럽게 하려는 배려는 전혀 보이지 않는다. 이렇듯이 폭력범죄를 막 목격한 사람에게는 대단히 괴로운 일이라고 생각되는 질문을 완화된 질문 형식으로 변환해 질문하지도 않는다. 예를 들어 경찰관의 (1)번 질문은 지금과 같은 무뚝뚝한 형태가 아니라 '당신은 우연히 그 남자를 목격하시지는 않으셨나요?'(did you by any chance manage to get a good look at the one in)와 같이 완화된 문체였더라면 좋았을 것이다. 질문은 때로는 (5)번과 같은 '키는?'(how tall?)이나 (7)번과 같은 '머리색은?'(hair?)과 같이 단어나 최소한의 구로 되어 있다. 한 명의 인물이 여기

에서 경찰관이 하였듯이 다른 인물 대신 문서에 기입하고 있는 경우에는 이러한 단축형 질문이 전형적으로 사용된다. 여기에서 흥미로운 것은 신중함이 요구되는 사건 특성상 문서 작성의 규범을 넘어서는 것은 없다는 것이다. 또한 목격자가 제공하는 정보에 관해 미안한 기색은커녕 감사의 말도 없다는 데에 주목해야 한다. 또 하나의 특징은 목격자가 말한 것에 대해 사정 청취 담당관의 (7)번의 확인 방식이다. 마지막으로 목격자의 발언에 대해 어떤 식으로 통제가 이루어지는지도 주목하길 바란다. 경찰관은 (5)번과 (11)번에서 목격자의 발화 턴을 가로막는다. 그리고 (9)번에서는 그녀가 안고 있는 문제를 고려하는 기색도 없이 즉시 다른 질문을 하여 목격자의 설명 요구를 막아 버린다(Fairclough, 1989:18).

3.7. 심문

이 장의 서두에서 인용한 테리 플란쳇은 경찰관인 데토리투스라는 인물의 심문 기술에 대한 기술 중에서 경찰의 심문에 관한 비판을 담아 우스꽝스럽게 설정을 하고 있다. 이 이야기는 심문에 대한 중요한 몇 가지 문제를 제기하고 있다. 그들은 심문 기술 그 자체, 간접적 질문부터 직접적 질문에 이르는 단계, 강제력 등에 관한 문제이다.

3.7.1. 심문의 두 가지 목적

사법 심문에는 두 가지 목적이 있다. 하나는 순수하게 정보를 이끌어 내는 목적이고 또 하나는 어느 사건에 대해 심문자의 머릿속에 그려져 있는 어느 생각을 확인하는 목적이다. 첫 번째 목적인 순수하게 정보를 이끌어 내는 행위는 '무표'이고 우리들은 보통 질문을 받았을 때 순수하게 대답을 알고 싶기 때문에 질문한다고 생각하는 것과 같은 것이다. 그러나 질문을 받았을 경우 배후에는 다양한 의도가 있다고 생각된다. 예를 들면 교육 현장에서 교사가 학생에게 질문을 하는 것은 학생들이 제대로 학습 내용을 습득하였는가를 확인하기 위한 것이지 새로운 정보를 얻기 위해서는 아니다. 공판에서 변호인 측은 소송 대상이 된 사건에 관해 많은 증거를 가지고 있다(실제로 보통법 재판에서는 검찰 측은 자신들이 가지고 있는 증거를 변호인 측에 제시할 의무가 있는 곳도 있다). 변호인은 공판 도중에 새로운 증거가 나와 자신의 변호 방침이 무너지거나 하는 일이 없기를 기원한다. 그런 상황에서는 질문에 결코 새로운 정보를 얻기 위해서가 아니라 사건에 관해 미리 준비한 설명을 판사와 배심원에게 나타내는 것이 목적이다. Bülow-Møller(1991)는 보통법의 법정에서는 진짜 참여자는 변호인과 판사(와 배심원)로 증인은 변호인에 의한 사건의 묘사를 위해 이용되는 존재에 불과하다고 말하였다. Jacquemet(1996:9)도 '보통법의 법정과 마찬가지로 이탈리아의 법정에서도 심문 기술이란 법정이 진실을 추구하는 것을 돕는 것이 아니라 단지 공판에 승리하기 위한 수단이다.'라고 말하기도 한다. 로마법의 재판에서 상황은 다소 다르다. 검찰 측은 최대한 심문 기술을 구사할 수 있지만 변호인 측은 미리 질문 내용을 판사에게 전달하여 허가를 얻을 필요가 있다. 따라서 긴박한 반대 심문 도중에 이의를 제기하거나 끈질기게 질문을 계속하는 일 등은 불가능하다(Jacquemet 1996:160-1).

경찰 신문도 마찬가지로 적어도 두 가지의 목적이 있다. 하나는 수사 대상이 되고 있는 사건(보통은 범죄)에 관한 정보를 얻는 것이다. 두 번째는 수사를 무사히 종료시키기 위해 필요한 증거를 수집하는 것으로, 보통은 자백을 얻는 것을 의미한다. Baldwin(1993)은 이를 '진실 추구 대 증거 추구'로 부르고 있다. 첫 번째 목적, 즉 증인으로부터 사건의 세부적 정보를 듣기 위한 목적을 달성하기 위해 자유 답변식으로 답할 수 있는 강제력이 적은 질문 형식이 가장 적합하다. 그러나 많은 경찰관은 자신들이 상상하는 사건의 상세를 확인하기 위해서, 즉 용의자의 자백을 얻는다는 두 번째 목적을 달성하기 위해서는 강제력이 있는 질문이 가장 적합하다고 생각하고 있다. Auburn, Drake & Willig(1995:355)에 의하면, '다양한 맥락을 분석한 연구 결과, 압도적으로 경찰의 심문에 주요 목적은 자백을 얻는 것이라는 것을 알 수 있다.'라고 되어 있다. 두 번째 목적의 문제점은 재판에서는 대부분의 경우 이의 제기를 당하는 경우도 있다. 이런 경우 경찰의 신용을 실추시키고 그 주장의 신빙성이 낮아질 가능성이 있으며, 피고인이 설득당하기 쉬운 약자의 입장인 경우 공정한 재판이 이루어지지 않을 가능성이 있다. 그리고 자백 강요에 대해서는 범죄학자나 인권 단체로부터 강한 반대가 일어날 가능성이 있다.

Shuy(1998b, 1장과 2장)는 순수하게 진실을 추구하기 위한 '질문'과 소위 '심문'의 차이에 대해서 상당히 많은 분량을 할애하여 논의하고 있으며 양자의 차이에 대해 명백하면서도 강력한 설명을 제공하고 있다. Shuy는 '질문자는 심문자만큼의 파워를 행사하지 않는다. 질문을 하지만 상대에게 이의를 제기하지 않는다. 즉, 시사는 하지만 요구하지 않는다. 모르는 것은 명백하게 말하지만 상대를 속이지 않는다.'고 지적하였다(Shuy 1998b: 12-13). 또한 Shuy는 심문이 아닌 면담 대화의 특징은 거기에서 이루어지는 질문으로 알 수 있다고 하였다. 그는 면담에서 사용된 질문의 종류를 분류하였는데 보완적인 정보를 얻기 위한 질문이나 상세한 설명을 요구하는 질문이 중심이었다고 하였다. 그러한 질문이란 '그 점에 대해서도 좀 더 상세히 설명해 주실 수 있으십니까?'와 같은 직접적이고 그다지 강제력은 없는 종류의 질문이 많다고 분석하고 있다(이것도 질문의 한 형태이다).

3.7.2. 질문의 강제력

경찰의 심문과 법정의 증언의 대부분은 '질의응답'이라는 형식을 취한다. 파워를 가진 쪽 -즉 법률가와 경찰-이 질문을 하는 것이 대부분이다.

증언에 관한 고전이라고도 할 수 있는 책 중에 Loftus(1979:90-1)은 '증인에 대한 질문이 어떤 형식인지에 따라서 대답은 크게 영향을 받는다.'라고 하였다. 또한 Loftus는 사람의 기억이 얼마나 불확실한 것인가를 제시하고 증인이 사건을 기억해 내어 이를 증언할 수 있는가 어떤가는 질문자에 의해서 좌우된다고 한다(자세한 내용은 Loftus(1979:77-9, 90-9)를 참조할 것). 검찰관, 변호인이나 경찰관이 정보를 수집하는 것이 아니라, 사람에게 어떤 사건에 대해서 어느 특정 설명에 동의시키기 위해서 질문을 할 때에는 아마도 그 사건 자체의 성립에 대해서뿐만이 아니라 질문하는 쪽의 사건 설명에 이의를 제기하는 일 없이, 바꿔 말하면 정보를 통제하면서 그 인물에게 그 특정 설명에 동의시키기 위한 의도가 있다. Stygall(1994: 146)에 의하면 '법률가가 질문의 형식에 신경을 쓰는 것은 증인을 통제하기 위해서이다. 그들은 증인의 말을 통제하는 것으로 배심원의 생각도 통제할 수 있다고 생각하는 것이다.'라고 서술하고 있다. Cooke(1995a:73)는 재판의 심문에 대해서 '적대적 증인이라고 간주되는 증인에 대한 검찰관 및 변호인에 의한 반대 심문의 많은 예를 통해서 명확해진 것은 그들이 사용하는 공통적인 전략이 상대를 화나게 만들고 불안하게 만들며 혼란시키며 낭패라고 느끼게 하고 공격적인 질문의 집중 공격을 준비하여 증인들을 위협하고 그들의 증언을 부정하거나 증언의 신빙성을 저하하거나 또는 증인의 신뢰까지도 의문이 들게 하려는 의도에 기초한 것이다.'라고 서술한다. 증언을 향한 공격은 그들의 발언 내용 그 자체를 향한 공격인데 비하여 신뢰를 향한 공격은 인신공격이다. 이 구별에 대해서는 상세하게 후술하겠다.

심문을 하면서 어느 사건에 대해서의 특정 견해를 성립시키는 하나의 방법으로서 그 특정 견해를 질문 안에 끼워 넣는 방식이 있다. 질문 안에 정보가 많이 들어 있으면 있을수록 질문을 받는 사람은 그 정보 자체나 그 설명 안에 끼워 넣어진 것을 통제하기 어렵게 된다. 게다가 청자는 질문 안에 내포되어 있는 정보를 수용해야만 하는 상황이 되기 쉽다. 이 점에 대해서 Loftus(1979:78)은 질문이라는 형태로 정보를 나타내는 방법은 '아주 강력한 정보의 제시 방법'이라고 언급하고 있다. 질문을 받는 사람은 질문에 대답해야만 된다는 압력과 질문자가 말하는 것에 동의해야만 된다는 압박, 이 두 가지 압력을 받게 되는 것이다. 이에 관련된 문제로는 질문에 내포된 정보가 어느 정도 부정될 수 있는 것인가 하는 것이다. 즉 질문에는 듣는 사람이 부정하거나 이의를 제기하거나 하는 일이 어렵다고 느끼게 만들 만한 형태로 전제가 채워져 있는 경우가 있다. 대인 통제와 정보 통제를 구별하는 것은 유용한 기법이라고도 할 수 있지만 실제로는 자주 그 두 가지가 하나의 질문 안에 조합되어 있다. 즉 질문에는 하나하나의 질문이 가지는 이들 두 개의 측면이 음미되어야 한다는 것을 의미한다.

심문이란 제도적 담화는 일상 대화와 크게 다르다. 화자 간의 알력 관계가 불균형할 경우 힘 관계에서 상위인 자가 하위인 자보다 많은 지시를 부여하는 경향이 있다(이 점은 힘의 관계에서 예측 가능한 것이다. Mumby 1988을 참조). 상위자는 보다 더 많은 질문을 하고 하위자는 그 질문에 대답할 것이 기대된다. 이러한 경향은 의사와 환자 간의 대화(Heller & Freeman 1987)나 교육 현장(Phillips 1985), 그리고 사법의 장에서도 볼 수 있다. 예를 들면 Harris(1984:5)는 영국의 치안 판사 법원에서의 전형적인 대화를 예로 들고 있다.

J: I'm putting it to you again - are you going to make an offer - uh - uh to discharge this debt
D: Would you in my position ...
J: I'm not here to answer questions - you answer my question

판　사: 다시 한번 묻겠습니다. 당신은 이 채무를 어, 어, 변제할 마음이 있습니까?
피고인: 당신이 제 입장이라면 어떻습니까?

판 사: 나는 질문에 답하기 위해서 여기 있는 게 아닙니다. 대답은 당신이 하는 것입니다.

Harris(1984)의 자료에서는 이외에도 피고가 질문해도 되는지 판사에게 허락을 받으려는 장면이 예로 제시되어 있다. 피고는 질문을 하기 위해서 허락을 받으려는 것은 법정이라는 제도적 담화의 장에서는 피고가 질문한다는 것 자체가 규칙 위반임을 피고 자신이 인식하고 있음을 제시하고 있다고 말할 수 있다.

이러한 파워의 불균형은 질문을 할 권리나 그에 대답할 의무에 영향을 미칠 뿐만이 아니라 힘의 관계에서 하위자의 답변 내용에도 영향을 미친다. Loftus(1979:98)이 지적하는 것은 파워를 가지는 사람(예를 들면 법률가나 경찰)은 '상대를 보다 손쉽게 조종한다. 그들은 셀 수 없을 만큼의 방법으로 상대를 설득하고 태도를 바꾸게 하여 행동에 영향을 미칠 수 있다'는 것이다.

명령과 질문에 공통된 요소는 양자가 '요구'라는 점이다. 대략적으로 말하자면 명령이란 행동을 구하는 요구이며 질문이란 정보를 구하는 요구이다. '요구'라는 언어는 질문이나 명령이라는 일상적 경험과 잘 어울리지는 않지만 현실에서는 어떤 요소인가 하는 것과 사용되는 모달리티(양태)가 상호 작용하고 있다. 따라서 '명령'은 '가벼운 지시'와 같은 차원에서부터 '의뢰'에 이르기까지, 또 '주전자를 불에 올리시오.'와 같은 단순한 명령으로부터 군의 명령에 이르기까지, 바꿔 말하자면 '아주 약한 명령에서부터 강한 명령에 이르기까지 그 모달리티(양태)에 적합한 순위 매기기가 가능하다(Searle 1976:5)는 것이다. Gibbons(1981)과 Trosborg (1997:61)에는 그 주장을 증명하는 데이터가 존재한다.

질문에도 역시 그 질문을 받는 사람부터 어느 정도의 수용을 기대하는가에 적합한 모달리티(양태)의 폭이 있다. 스케일의 한쪽 끝에서는 '어떠한 정보를 환영합니다'라는 미묘하고 암시적이면서 간접적인 질문(예를 들어 'I wonder if …' ~은지 궁금합니다.)과 같은 질문이 위치하게 되며 반대편 끝에는 군대 어법인 '이름! 계급! 군번!'과 같은 질문이 위치하게 된다. 정보를 요구하는 질문에 부가되는 강제력인 힘의 관계에서 두 개의 변수에 의존한다. 하나는 개인의 역량, 즉 개인이 가지는 파워이다. 그러나 인간관계란 언제나 권리와 의무가 만들어 내는 네트워크이며 여기에는 사회적 압력도 존재하게 된다. 즉 정보를 제공할 의무도 존재한다는 사고방식인 것이다. 예를 들면 그라이스의 대화 격률(Gricean maxims) (Grice 1975:46)은 이 사고방식에 기초한다. 두 개의 힘의 관계의 원동력은 참여자 간의 제도적 관계에 있다. 일반적인 사고방식은 보다 큰 파워의 자리에 있는 쪽에게 그렇지 않은 쪽이 복종할 것으로 기대된다. 예를 들면 질문하는 쪽은 자신이 한 질문에 상대방이 대답할 것이라 기대하며 답하는 쪽은 상대에게 동의하려 한다고 기대된다. 회사의 상사는 부하가 자신에게 복종할 것을 기대하는 것이다.

그러나 두 번째 변수인 공손성(커뮤니케이션에서의 대인 배려 의식, Brown & Levinson 1978)도 이 과정에서 작용한다. 타인의 독립성에 간섭하는 것을 피하려 하는 것은 모든 인간 사회에 공통 관심사이다. 이 공손성 이론에 따르면, 예를 들어 파워 관계상 한 편이 다른 편에 자신을 향한 공손함을 기대하고 있다고 하여도 질의의 표현 방식은 '괜찮으시다면 ~에 대해서 가르쳐 주시지 않겠습니까?'와 같이 요구의 정도가 한층 부드러워진 표현이 사용되는 것이다. 이렇게 질문을 하면 공손성 효과가 작용하여 정보 제공의 요구로의 압력은 사라지거나 약화된다.

Fairclough(1989:18)에서 인용한 경찰관의 사정 청취는 타인으로의 간섭을 피하려는 통상적인 공손성을 경찰 권력이 압도해 버린 상황을 명백하게 나타낸다. 이 상황의 파워 관계는 경찰관만이 심문할 권리를 가지며 답변을 기대할 권리가 있음을 의미하며 여성의 질문이나 문제에는 거의 주의가 기울여지지 않음을 의미하는 것이다.

공손성의 또 하나의 측면은 대화 분석에서 폭넓게 논의되고 있듯이

(Heritage 1984:2 65-9, Nofsinger 1991:71-5) 통상적인 담화에서도 '선호되는 답변'이 있다는 것이다. 자주 특정 대화 전개에 적합한 호감 가는 (보다 정중한) 답변이 있음이 나타나고 있다. 예를 들면 초대의 바람직한 답변은 거절이 아니라 초대에 응하는 것으로 간주된다. 그렇기 때문에 법정이나 경찰의 취조도 그 영향을 받는다고 생각되어 평정이 요구될 때 동의를 향한 압력이 적게나마 더해져 부동의가 아닌 동의하기 쉽게 되는 것이다(Pomerantz 1984). 바람직하지 않은 답변은 판사나 배심원이 가지는 증인을 향한 심증에 영향을 미칠 가능성이 있다. 그럴 경우 공손성이 강제를 위한 장치로서 작용하기도 한다.

3.7.3. 질문 분석

강제력의 성질을 분석하기 위한 방법론적 도구로써 파워를 가지는 쪽인 변호인이나 검찰관으로부터 발화된 질문의 문법적 구조를 검토하면 어떠한 답변이 허락되는지 알 수 있다. 물론, 질문을 하는 측의 기대에 어긋나는 답변을 하는 것도 질문 그 자체에 이의를 제기하는 것, 특히 그 질문이 전제로써의 가정에 대해 이의를 제기하는 것도 가능하지만 대부분은 무표인 답변이 이루어진다. 예를 들면 소위 yes-no 의문문이라 불리는 '이것은 당신의 신발입니까?'라는 질문은 '예' 또는 '아니요'라는 답변이 상정된다. 바꿔 말하면 '예' 또는 '아니요'가 허가된 답변이라 할 수 있다. 확실히 다른 답변도 가능하기는 하나, 법정 담화에서는 법률가는 '예' 또는 '아니요'라고 답할 것을 요구하는 경향이 강하다. 필자가 감정 증인으로서 출정한 최근 사건에서 변호인의 질문에 대해 판사로부터 '예' 또는 '아니요'로 대답하도록 요구될 때가 있는데 그때 그러한 답변을 하면 큰 오해를 낳는다고 강하게 느낀 적이 있다.

질문의 모달리티(양태)도 각종 방법으로 통제된다. 하나는 직접적이냐 간접적이냐의 정도이다. 언어적 자원으로서 이용 가능한 것이 대인 관계의 비유이다. 이 중에서는 어느 발화 행위가 별개의 언어 형식으로 표현된다. 예를 들면 'Has he arrived yet?'(그는 이제 도착했습니까?)라는 의문은 'I wonder if he' s arrived yet.'(나는 그가 이제 도착했는지 궁금하다)라는 서술 형식을 사용하여 간접적인 틀로 말할 수 있다. 이 예에서 또 하나 주목해야 할 것은 타자의 독립성은 그것에 대해 언급하지 않음으로써 유지된다는 점이다. 즉, 질문이 상대에게가 아니라 더 내면으로 향하여 자기 자신에게 묻는 형식을 취함으로 인해서 '대답하시오'라는 적나라한 압박이 완화되는 것이다. 다음의 예에서는 모달리티(양태)의 척도는 다르지만 정보의 척도는 다르지 않다. 아래의 질문에서 양자는 같은 정보를 요구하고 있다. 그러나 전자는 후자보다도 강제력이 약화되고 미세하지만 정보 제공 요구에 관한 불복종으로의 여지도 부여하고 있다.

'Can you tell me what colour that nightdress was?'
그 잠옷은 무슨 색이었는지 말해 주시겠습니까?

'What colour was that nightdress?'
그 잠옷은 무슨 색이었습니까?

간접적인 표현은 소위 '약화 표현'이라고 볼 수 있는 반면 '증강 표현'도 몇 가지 존재한다. 이로 인해서 추종 요구의 정도가 통상적인 단순한 질문보다도 강해진다. 그중 하나가 '부가 의문문'이다. 이것은 일반적인 진술 형식인 평서문 뒤에 'tag'(부가 표현)가 붙는 형식이다. 추가어가 붙으면 질문자가 말하는 것에 동의해야 될 것 같은 압력이 발생한다. 사법 심문에서 자주 사용되는 부가어가 있다. 단순한 yes-no 의문문을 사용한 경우에도 부가 의문문 형식이 되면 강제력이 증가한다.

위에서 설명한 척도는 질문하는 쪽의 힘이 질문을 받는 쪽보다 위라는 것, 그리고 후자가 전자에게 복종할 의미가 있음을 나타낸다. 두 번째 유형의 통제는 대답 중에 제공되는 정보를 통제하는 것이다. 이것은 질문

자체에 내포된 정보량의 결과라 할 수 있다. 때로는 질문에는 정보가 모두 포함되어 있어 질문은 그것을 확인하기 위해 하는('so you arrived at 4:30, eh?' 4시 반에 도착해 있었다는 거지?) 상황이 있다. 질문에 내포된 정보가 많으면 많을수록 질문하는 측의 정보 통제도는 높고 답변자가 새로운 정보를 제공하는 일은 적어진다. 법률 용어에서는 정보를 포함하는 질문을 유도 심문이라고 부른다.

또 하나의 대인적 비유로서 빈번하게 나타나는 질문 형식으로 requestion(리퀘스천)*을 들 수 있다. 이것은 요구하는 행동으로서 '말한다'라는 행위를 요구하는 동사가 쓰이는 경우에 적합하다. 보다 정확하게 말하면 언어로 인한 답변을 요구하는 경우에 적합하다고 할 수 있다. 예를 들어 'Mr. Gomez, could you please give your name?'(고메스 씨, 이름을 가르쳐 주시겠습니까?)(Hale & Gibbons 1999:2 11)라는 질문은 행위를 요구하는 것(예를 들면 'Could you please give a donation?' 기부를 해 주시겠습니까?)이지만 요구되고 있는 행위는 정보 제공이다. Danet & Kermish(1978)은 이것을 '리퀘스천'이라고 부르며 Harris(1984)는 이를 'interrogative request'(질문 형식의 요구)라고 부른다. 이 질문에 대해서 여기에서 반복해서 서술하는 것은 가치가 있는 일이다. 질문이 제시하는 통제는 단순히 문법 형식에만 나타나는 것이 아니다. 억양이나 목소리 톤 등의 언어학적 자원에 추가적으로 그때의 상황, 특히 구조적 힘의 관계도 그 질문의 강제력의 정도를 만들어 낸다(Eades 2000 참조).

정보를 통제하기 위한 기법으로 특히 교묘하거나 노골적이라 간주되는 것은 질문에 내포된 정보 내용에 이의를 제기하는 것을 어렵게 만드는 방법으로 전제를 사용하는 것이다. 다양한 어휘와 문법 자원을 사용함으로써 이것이 가능해진다.

Hale & Gibbons(1999:215)에서는 증인 심문에서 변호인 질문에 대해

* 번역자 주: request와 question의 합성어.

서 다음과 같은 예를 들고 있다.

> C: You say when the(sic) you saw the defendant walking up the lane way, you gave him a nasty look, didn't you?
>
> 변호인: 당신은 이쪽으로 걸어오는 피고인을 향해서 인상을 찌푸려 보였다고 말씀하시는 것이죠?

변호인은 증인이 인상을 썼다는 사실을 인정하는 듯이 부가 의문문으로 묻고 있다. 그러나 실제로는 증인은 공판 중이나 그 전에도 한 번도 그러한 발언을 한 적이 없다. 부가어가 붙으면 피고인은 부정할 기회가 생긴다. 그러나 안타깝게도 이 질문의 통역인은 부가어를 번역하지 않았다.

3.8. 화용적 전략

법률가나 경찰관이 어떤 사건에 대해서 자신들의 해석에 근거하여 스토리를 구축하고 이에 동의시키기 위해 쓰는 기법은 질문 형식만이 아니다. 그 외에도 여러 기법을 구사하여 어느 특정 해석만이 보다 강력하게 부상하도록 장치를 하는 것이다. 이 방법은 질문과 같은 문법 구조나 억양에 의한 것이 아니라 커뮤니케이션 과정 중의 요소와 사회적인 맥락을 잇는 온갖 방법을 사용한다. 이것이 언어학에서 화용론이라 불리는 전략이다. 심문과 마찬가지로 화용론적인 전략도 두 개의 범주로 분류하는 것이 가능하다. 하나는 증인의 신뢰를 높이거나 낮추거나 하는 것인데, 증인의 심증 형성에 영향을 미치거나 그 증언의 신빙성을 잃게 만드는 것을 목적으로 하는 것으로 '사람을 표적으로 하는' 전략이라 불린다. 또 하나는 사건 그 자체의 묘사에 초점을 맞추는 '아이디어를 표적으로 하는' 전략이다. 이 두 가지 전략의 구별은 모호하며 양자가 서로 뒤섞이는 경우도 있다. 그러나 발화의 표적이 메시지를 표현하는 '사람'과 '메시지의 내용' 중 어느 쪽인가를 묻는 것은 유용하다고 생각된다. 여기에 열거한 것만이 사용되는 전략의 전부는 아니지만 심문에서 사용되는 언어학적인 기법을 폭넓게 다루고자 한다.

3.8.1. 개인을 표적으로 한 전략

호칭

Bülow-Møller(1991:43)은 감정 증인의 호칭을 전략적으로 사용하는 것에 대해 논의하였다. Bülow-Møller는 사진 촬영 전문가인 커크 씨가 검찰 측에서 Mr. Kirk(커크 씨)라고 불리는 것에 대하여 변호인 측에서는 Sergeant Kirk(커크 경사)라고 불러 커크 씨가 경찰 조직의 일원이라는 인상을 심어 주려고 한 점, 병리학자가 변호인으로부터 선생이라는 호칭으로 불리는 것에 비해 검찰로부터는 퍼스트 네임인 시릴로 불리는 것에 대해 언급하고 있다. 변호인 측은 이 호칭에 대해서 아래와 같이 이의를 제기한다.

DC: Your Honour, I don't mean to be picky, but somehow it seems to me that during the course of this trial we have tried to show respect for people, and wouldn't it be proper for a doctor to be called Doctor?

J: I agree.

PC: I'm sorry, it' s coming on a downward path, Cyril, I mean Doctor, Doctor….

피고측 변호인: 재판장님, 사소한 것을 꼬투리 잡으려고 드리는 말씀은 아니지만 이 재판을 통해서 우리들은 사람에 대한 존중을 표하려고 해 왔습니다. 의사 선생님은 선생님이라 부른 편이 좋지 않을까요?

재판장: 알겠습니다.

검찰관: 죄송합니다. 다시 말씀드리겠습니다, 시릴, 아니 선생님, 의사 선생님…

Bülow-Møller는 변호인이 이러한 이의를 제기한 목적은 검찰이 변호인 측의 감정 증인을 경시하고 있다는 인상을 심어 주려고 하는 것이었다고 한다. 그러나 한편으로는 이 변호인은 다른 증인들은 퍼스트 네임으로 불러서, 자신에게도 인간미가 있음을 나타낸 것이다. O'Barr(1982:6)에 의하면 녹음 기록에서 비슷한 상황이 있는데 변호인이 변호인 측 증인에게 인간미를 나타내는 호칭을 사용하고 있는 것에 비해서 검찰 측 증인에게는 인간미를 드러내지 않는 호칭을 사용하는 예가 있다고 말한다. 예를 들면 변호인 측 증인을 '피고인 조셉 스미스'라고 부르다가 다음으로는 '조 스미스', 이어서는 '조'라고 부른 것에 대해서 검찰 측 증인에게는 '검찰 측 증인 존스' 나 단순히 '존스'라고 부른 경우가 있다.

인칭 대명사

O'Barr(1982:37)은 'we'(우리들)이라는 말투는 배심원에게 공통의 가치관을 호소할 때에 사용하며 'you'(여러분, 또는 당신)은 배심원 전원을 가리키거나 개개의 배심원 한 명 한 명에게 호소할 때 사용되는데, 배심원 중에는 자신 한 명에게 호소하고 있다고 생각하는 사람도 있을 수 있다고 언급하였다. 또한 'they'라는 말은 모르는 사람이나 외부인들을 가리키며 외부인이라는 인상을 강하게 심어준다고 말하였다. 다음은 O'Barr가 들고 있는 'you'의 전략적 사용의 예이다.

Ladies and gentlemen, in **your** examination before you were selected as jurors, I asked whether **you** could put aside feelings of prejudice, passion, revulsion and pity, and decide this case on the evidence. Each of **you** swore **you** would do just that…**You** made that pledge.

여러분, 당신들(당신)이 배심원으로서 선임된 절차 중에 내가 당신들(당신)에게 편견, 걱정, 반감, 연민 등의 감정을 억제하고 증거에 기초하여 이 사건을 판단할지 아닐지를 물어봤습니다. 당신들 한 명 한 명이 그러겠다고 맹세하였습니다. … 당신들(당신)은 그렇게 선서한 것입니다.

대부분의 유럽 언어에서 기본적인 변호의 마무리 방법, 또는 사회적 거리를 증대시킬 방법으로 'you'를 이용한다. 즉 친밀하고 격식적인 T형을 사용하거나 또는 보다 격식적이고 거리감이 있는 V형*을 사용하는가 하는 문제이다(Brown & Gilman 1960 참조). 격식적인 맥락에서 비격식적인 T형(통상적으로는 아이에게 말을 걸 때 사용하는 표현. 이전에는 하인을 부를 때에도 사용하였다)을 사용할 때에는 위협하는 듯한 인상, 또는 모욕적인 인상을 준다. 마찬가지로 파워를 가지는 측이 V형이 자신에게 사용될 것을 기대하기 때문에 파워가 약한 측을 T라 부르는 듯한 비대칭 사용은 상대의 지위를 의도적으로 낮추는 효과가 있다. Jacquemet (1996)은 법정에서 격식성의 정도가 다른 인칭 대명사 사용이나 대인 관계가 이 방법에 의해서 어떻게 대처되는가를 실제로 예를 들어 논의하고 있다. 그 논의에는 반항적인 피고인에게 판사가 'Shut up T'(입을 다무시오, T)라고 제재를 가하는 장면도 묘사되어 있다.

대조(대비)

Drew(1990)는 변호인이 증인이 말한 것을 대비시켜 마치 모순된 것처럼 보이게 만들어 그 증인의 신뢰를 훼손하기 위해 사용하는 전략에 대해 설명하고 있다. 다음에서 전화로 대화가 있었다는 것, 전화부에 기재

---

* 번역자 주: T형과 V형이 라틴어의 인칭 대명사 'tu'와 'vos'에서 유래한다.

되어 있지 않은 번호가 있다는 것, 그리고 증인이 번호를 피고인에게 건네어 준 것을 부정한 장면에서 변호인이 사용하고 있는 전략을 다루고 있다. 이 심문 중에는 한 번도 묻지는 않고, 답변하지도 않았지만 변호인의 마음속에는 '증인이 건네주지 않았다면 도대체 전화를 건 사람은 어떻게 그 전화번호를 얻었을까' 하는 의문을 던져 증인의 신뢰를 무너뜨리려는 의도가 있다.

C: Now subsequent to this you say you received a number of phone calls?
W: Yes
C: From the defendant?
W: Yes
C: And isn't it a fact Miss that you have an unlisted telephone number?
W: Yes
C: And you gave the defendant your telephone number didn't you?
W: No, I didn't

변호인: 자, 이 후에 당신은 전화를 몇 번이나 받았다고 말씀하셨죠.
증 인: 네.
변호인: 피고인으로부터입니까?
증 인: 네.
변호인: 그리고, 아가씨. 당신의 전화번호는 전화번호부에 실려 있지 않은 건 사실이지 않습니까?
증 인: 네.
변호인: 그렇다면, 당신이 피고인에게 전화번호를 가르쳐 준 것이로군요?
증 인: 아니요, 가르쳐 주지 않았습니다.

일그러진 모달리티와 불과오성의 덫

변호인이나 경찰이 증언의 모달리티(양태)를 이용하려고 하는 일은 흔하다. 이것은 증인은 선택의 여지가 없는 모달리티('Please answer yes or no' '예, 아니요'로 대답해 주세요.)를 이용하여 강제적으로 확인을 표명하려는 형태가 되는 경우도 있는가 하면 증인의 모달리티를 일그러뜨려서 증언의 모호함이나 부정확함을 나타내려는 형태가 되는 경우도 있다. Maley & Fayhey(1991)은 그런 예를 몇 가지 제시하고 있다. Bülow-Møller(1991:55)는 이 기법에서 '증인이 모호하고 부정확하다거나 (중략) 노골적일 만큼 자신감에 넘친다는 것을 드러낼 수 있다.'고 하며 후자, 즉 '불과오성의 덫'에 관해 다음과 같은 예를 들고 있다.

C: You make room for the possibility that the CIA or the KGB could fool you?
W: No.
C: You don't think they could?
W: No.
C: … Thank you!

변호인: 당신은 CIA나 KGB가 당신을 속였을 가능성이 있다는 여지를 남겼습니까?
증 인: 아니요.
변호인: 그들이 그러하였을 가능성이 있다고는 생각하지 않습니까?
증 인: 아니요.
변호인: …… 이상입니다!

어느 사건에서 필자의 증언 중 소위 피그 라틴(pig Latin)이라고 불리는 은어를 사용한 '비밀의 언어'의 문장을 번역한 것이 포함된 경우가 있었다(제9장 참조). 피고 측 변호인이 집요하게 필자에게 그 번역에 관한 질문을 해 왔다. 목적은 필자로부터 그 번역에 착오가 없다는 절대적인 언질을 취하려 하는 것이었다. 후에 번역의 착오가 나온다면 번역 전체의 신빙성이 실추되는 것이 가능해지기 때문이다. 적절한 모달리티(양태) 층위를 유지하면서 번역의 신뢰를 지지하면서도 완벽하다고 단언하지 않도록 노력하는 일은 질문이 공격적으로 쉴 새 없이 쏟아져서 몇 번이고 답변을 가로막아서 어렵게 된다(이하 '발화 순서의 교대'을 참조).

조정(조정 이론)

Giles는 조정 이론을 제시하고 있다(Giles & Powesland 1975 등). 이 이론에 따르면 사람은 사회적 거리를 줄이기 위하여, 또는 넓히기 위하여 발화자의 발화 층위를 맞추려고 한다는 것이다. 예를 들면 상대에게 맞춰서 문체나 말투를 바꾸거나 언어 사용을 바꾸거나 하는 일 등이 이에 해당한다. Jacquemet(1996:118-22)는 판사들이 pentiti(이탈리아어로 '내통하고 있는 정보 제공자')의 증인에게 증언을 시킬 때에 이 기법을 쓴다고 분석한다. 판사들은 때때로 자신의 언어를 서민의 언어로 바꾸거나 시칠리아나 나폴리와 같은 남부 이탈리아의 방언으로 바꾸기도 하였다는 점이다. 또한 판사들이 표준어와 방언 양쪽을 섞어서 사용하는 '중립 전략'(Scotton 1976)을 취하여 자신들이 양쪽 언어 변종에 통달하였다는 것을 보여 주었다고 한다.

발화 순서의 교대

발화 순서의 교대는 변호인이 빈번하게 사용하는 전략이다. O'Barr(1982)에 의하면 법정 담화 녹음에서 신경질적인 증인을 말없이 빤히 쳐다보는 것만으로도 그 증인을 위축되게 할 수 있다고 한다. 변호인이 잠시 동안 말없이 빤히 증인을 쳐다보며, 법정의 긴장이 높아진 곳에서 서서히 질문을 시작하는 행위는 상호 작용에서 보통의 발언 순서 규칙을 이탈하는 것이다(Hutchby & Wooffitt 1998). 그들은 답변에 끼어들며 답변에 질문을 덧씌우는 전략도 자주 쓴다고 한다.

편견의 이용

이 전략은 가지고 있는 자료에서는 발견할 수 없었으나, 지금까지의 경험에서 검찰관이나 변호인이 의도적으로 배심원의 문화적 · 민족적 편견을 이용하는 경우를 여러 번 목격하였다.

3.8.2. 증언 내용을 표적으로 하는 전략

어휘 선택

Loftus(1979)에 의하면 아주 작은 언어 사용의 차이만으로도 답변의 내용을 바꾸어 버리는 경우가 있다고 한다. Loftus(1979:94)는 '심문에서 명확한 질문을 하는 것이 가장 중요하다. 왜냐하면 아주 작은 언어 사용의 차이로 답변이 극적으로 바뀌어 버릴 가능성이 있기 때문이다.'라고 서술하고 있다. Loftus(1979:77-8)은 피실험자에게 교통사고 영상을 보여 주는 실험을 실시하였다. 이 사고에서는 차의 유리는 전혀 깨지지 않았다. 이 영상을 보여준 후 일부 피실험자에게 아래와 같은 질문을 하였다. 'How fast were the cars going when they smashed into each other?'(자동차가 충돌하였을 때 속도는 어느 정도였습니까?' 나머지 피실험자들에게는 'How fast were the cars going when they hit each other?'(자동차가 부딪혔을 때의 속도는 어느 정도였습니까?) 이 두 질문의 차이는 동사 부분이 한 쪽은 smashed into, 또 한 쪽은 hit이라는 점 하나이다. 그럼에도 불구하고 smash를 사용한 질문에 대한 답변이 차의 속도가 빨랐다고 대답하는 경우가 많았다. 게다가 'Did you see any broken glass?'(깨진 유리를 보았습니까?)라는 질문에는 smash를 사용하여 물어본 쪽이 훨씬 더 많은 피실험자가 '깨진 유리를 보았다'고 대답하여 잘못된 기억을 가졌다는 사실을 알 수 있었다. 이 실험은 어휘 선택이 얼마나 배심원의 인식이나 사건의 심적 이미지에 영향을 미치는가에 대해 선명하게 그려내고 있다.

Danet(1980)은 살인 기소가 일어난 사건에서 변호인은 태어나지 않은 아기를 'fetus'(태아)라고 불렀고, 검찰관은 'baby boy'(어린 남자 아기)라고 부르는 상황을 다루어 의도적인 어휘 사용으로 하나의 현실에 대해 다른 버전이 구축될 수 있다는 점을 논의하고 있다. 이것은 '태아'라는 어휘를 선택하는 것이 '아기'라고 하는 것보다 살인죄를 묻기 어려울 것이라는 사고가 밑바닥에 깔려 있다고 할 수 있다. 어휘를 바꾸는 것만으로 같은 사건을 유죄인가 무죄인가를 좌우하게 된다. 또한 예를 들면 '말랐다'라는 의미의 slim-thin-skinny-emaciate(날씬한-마른-너무 마른-비쩍 마른)과 같은 동의어가 가지는 부정적, 중립적, 긍정적 의미라는 미묘한 뉘앙스를 이용한 의도적인 어휘 사용 전략도 자주 쓰이고 있다. 마찬가지로 의미는 유사하더라도 이데올로기가 다른 어휘를 사용한 예가 있다. 널리 알려진 예로는 Freedom fighter-guerrilla-terrorist(자유의 전사 - 게릴라 - 테러리스트)의 구분이다. 같은 인물이라도 이러한 어휘로 구분한다면 행위의 동기를 암시할 수 있다(이러한 언어학적 자원은 선전(프로퍼갠더)이나 정치가에 의해서도 자주 이용되는 것이다). 미국에서는 임신 중절을 둘러싼 정치적 논쟁이 일어나고 있는데 여기에서도 fetus나 baby, 최근에는 unborn child(태어나지 않은 아이)라는 어휘를 구분 지어 사용하여 이데올로기가 담긴 스토리를 구축하는 기법을 사용하는 것을 볼 수 있다.

말 흐림 표현(헷지 표현, 울타리 표현)

O'Barr(1982)는 페미니즘 언어학자의 주장에 따라서 말흐림 표현은 파워리스 상태를 나타내는 것이라 서술하였다. 이 주장은 어떤 상황에서는 올바른 것이지만 Jacquemet(1996:113-18)에서는 증인이 이 기법을 거꾸로 전략적으로 이용한 사건을 들고 있다. 마피아의 일원이 의도적으로 모든 발언에 말흐림 표현을 추가한 결과 모든 증언이 모호하게 되어 사실상 증언으로서는 의미가 없어졌다. Jacquemet는 이러한 행위를 연

막전술이라 칭하고 있다.

반복

때로는 검찰관이나 변호인은 자신의 질문을 반복한다. Maley & Fahey (1991)는 반대 심문을 하고 있는 변호인이 자신의 질문을 반복하는 예를 몇 가지 제시하고 있다. 몇 번이고 같은 질문을 반복함으로써 대답에 미묘한 착오를 발생시키려는 것으로, 증인의 신뢰성을 실추시키는 것을 목적으로 한다. 동시에 같은 질문을 반복함으로써 증인에게 압력을 주어 심문자가 답변을 신뢰하고 있지 않음을 강조하는 효과를 노린다. Maley & Fahey(1991: 12)는 이하와 같은 예를 들고 있다. 반복된 질문은 볼드체로 나타내었다.

C: **What were they [the police officers] doing there?**
P: I don't know
C: Well, you are the one who was there Mr M?
P: They were standing there. What would you be doing there?
C: Don't worry about what I was doing. **What did you say they were doing?**
P: Standing.
C: Standing, three officers, do I understand you to say?
P: Yes.
C: **Standing there?**

(…)

변호인: **그들 [경찰관]은 거기에서 무엇을 하고 있었던 것입니까?**
경　찰: 모릅니다.
변호인: 음, 당신은 거기 계셨던 것이죠, M씨.
경　찰: 그들은 거기에 서 있었습니다. 당신이라면 무엇을 하시겠습니까?
변호인: 제가 뭘 할지는 걱정 안 하셔도 됩니다. **그들이 무언가를 하고**

있었다고 말하셨죠?

경　찰: 서 있었습니다.

변호인: **서 있었다, 세 명의 경찰관이.** 그렇게 말씀하셨다고 이해해도 되는 것이죠?

경　찰: 예.

변호인: **거기 서 있었다는 것이죠?**

(…)

위의 예는 증인의 발언 중 일부를 변호인이 반복하는 기법이 쓰이고 있는데 검찰관, 변호인이나 경찰관이 증언 안의 특정 요소를 부각시키기 위해 자주 쓰는 방법이다. 우리들은 때때로 타인의 이야기를 인용할 때 독특한 억양을 덧붙여 이야기하게 된다(위의 심문도 그러하였다). 또한 '~라고 당신은 주장하고 계시는데'와 같은 프레임으로 인용 부분을 묶어 반복된 요소의 신빙성을 의심하도록 하려는 것이다.

반복이라는 기법은 증언 내용을 대상으로 하기에 유효하다. Grice의 대화 격률 중 '양의 격률'에서는 반복은 피해야 하는 것이지만 일상 대화에서도 강조하고 싶을 때에 자주 반복하게 된다. O'Barr(1982)는 겸손한 태도로 쓴다면 증언의 요소를 강조하는 것이 가능하다고 하였다.

바꿔 말하기

검찰관이나 변호인은 바꿔 말하기 기법을 사용하여 증언을 요약한다. 말해진 내용의 줄거리를 정리하거나 요지를 논의하거나 하는 것이다. 바꿔 말하기를 할 때 자주 'in other words'(바꿔 말하자면) 'so it is true to say that…'(그렇군요, 확실히 …라고도 말할 수 있지만) 'so you're saying that...'(당신은 …라고 말하고 있지만)과 같은 말로 시작한다. 예를 들면 다음과 같은 것이 있다.

C: In other words, you feel that, … you believe that the shots came from beHIND the President, is that corréct?(*대문자는 성량이 크다는 의미임.)

변호인: 바꿔 말하자면 당신은 … 총탄이 대통령 뒤에서 왔다고 생각한다는 말이군요.

Bülow-Møller(1991:45)

P: Can you remember making a complaint to me that … concerning your brother?

경찰: 저에게 불만을 말씀하셨다고 기억하고 있습니다만 … 형님의 일로.

Hall(1998:49)

경찰의 취조에도 이와 같은 바꿔 말하기의 예가 있다. Bülow-Møller(1991:52)는 법정에서 일어나는 어이없는 바꿔 말하기의 예를 다음과 같이 들고 있다.

C: Did you imply to him by your total utter silence that Dr. Fink or whatever his name is was an incompetent?

변호인: 당신은 완전히 침묵함으로써 핑크 박사, 혹은 어떤 이름이든 그가 무능하다는 것을 의미하려는 것입니까?

그러나 Drew(1990)는 검찰관이나 변호인이 의도적인 어휘 사용의 기법을 이용하여 다른 버전을 만들어 내려는 시도에 증인이 저항하는 예를 들고 있다. 다음의 예에서는 증인이 변호인의 바꿔 말하기에 하나하나 저항하여 스스로의 언어로 수정하는 장면을 다루고 있다.

C: And you went to a bar in Boston, is that correct?

W: It's a club

C: It's where girls and fellas meet isn't it?
W: People go there
C: And during that evening didn't Mr X come over to sit with you?
W: Sat at our table

변호인: 그래서 당신은 보스턴의 바에 갔을 때, 맞지요?
증　인: 클럽입니다.
변호인: 남녀가 만나는 장소이지 않습니까?
증　인: 사람들이 가는 곳입니다.
변호인: 그래서 그 밤 X 씨가 와서 당신 옆에 앉은 것이 아닙니까?
증　인: 저희 테이블에 와서 앉은 것입니다.

Atkinson & Drew(1979:111)에도 법률가의 바꿔 말하기에 증인이 저항하는 예가 나타나 있다.

C: Were they in fact a *Protestant mob* that was attempting to burst out into Divis Street?
W: Prior to sending this message I must have known that there was *a crowd of people* there.

대리인: 실제로는 디비스 거리에 꽉 밀어붙이려고 한 것은 시위하는 군중이었던 것입니까?
증　인: 이 메시지를 보내기 전에 나는 그곳에 사람들이 모여 있다는 것을 분명히 알고 있었습니다.

증인이 표현하기 쉽도록 도울 목적으로, 또는 법적 틀에 적합하게 만들기 위한 목적으로 바꿔 말하기 기법을 사용할 가능성도 있다. 보통법의 법정에서는 그것은 허용되지 않는 행위로 간주된다. 그러나 Jacquemet (1996: 129)는 나폴리의 카모라당(黨)(정치 범죄적 비밀 결사)의 재판 장면에서 바꿔 말하기가 사용된 예를 몇 가지 들고 있다. 바꿔 말하기 기법에서는 언어 사용이 표준어로 바뀌고 레지스터가 상향 쉬프트되는 현상을 볼 수 있다(이 점은 6장에서 서술되는 증인인 청각 장애인이 알기 쉽도록 통역이 일상어로 바꾸어 전달한다는 방법과는 대조적이다).

발화 행위 층위로써의 바꿔 말하기

앞서 말한 Hall(1998)의 예에서는 증인의 발언은 발화 행위 층위(발화 행위를 극단적으로 묘사한 표현. 예 '불만을 말하다')에 의해서 바꿔 말해진 경우가 있었다. 이러한 방식은 단순히 효과적으로 요약하려는 목적도 있지만 발화 행위 층위의 단어를 사용하여 바꿔 말함으로써 비꼬려는 의도를 전달하는 것도 가능해진다. Atkinson & Drew(1979)는 증인이 'Are you suggesting that the expert witness lied to the court?'(당신께서는 감정 증인이 법정에서 거짓말을 하고 있다고 말씀하시는 겁니까?)라고 감정 증인의 증언의 정확성에 대해 질문한 예 등을 다양하게 제시하고 있다. 여기에서는 바꿔 말하기를 통한 '거짓말을 하다'라는 표현이 증인을 곤란하게 만들고 있다. Bülow-Møller(1991:52)는 다음과 같은 예를 들고 있다.

> 핑크 박사의 고속 라이플 총의 상처에 관한 지식을 통해 배심원의 주의를 끌기 위해서 박사에게 몇 가지 질문을 한 직후에 이의를 제기하였다.
>
> C: So don't keep secrets, OK?
> 변호인: 사실을 숨기는 일은 그만두세요, 알겠습니까?

여기서 발화 행위로 불리는 것은 Bülow-Møller의 언급처럼 이의 제기 전략이라 간주할 수 있는 동시에 증인의 신용에도 의심을 품게 할 수 있는 전략이다.

전제

전제는 의미론에서 아주 빈번히 논의된다. 가장 좋은 예는 'When did you stop beating your wife?'(당신은 언제 부인을 때리는 것을 그만두었습니까?)라는 문장이다. 이 문장을 들은 사람에게 '부인을 때리는' 행위가 전제된다. 이 문제에 대해서 '심문' 절에서 이미 다루었다. 이 전략은 새로운 사정이나 논쟁이 되고 있는 사건을 즉시 정보로서 채워 넣음으로써 증인을 혼란시키고 청자를 오해하게 만들 가능성이 있다. 증인을 '유도' 할 가능성이 있는 심문에 관한 규칙에서는 원칙적으로 이러한 전략의 잘못된 사용을 금지하고 있지만 법률가가 선호하여 쓰는 전략이라고도 할 수 있다. Bülow-Møller(1991)은 다음의 예를 들고 있다.

C: It is perfectly understandable that the witnesses were confused as to the origin of the fire

변호인: 발화 지점에 대해서 증인이 혼동하고 있는 것을 완벽하게 알 수 있습니다.

증인이 혼동하고 있다는 것은 이때까지 전혀 나오지 않았던 것이다. 또 비슷한 예로서 다음에서는 누군가가 소녀에게 말을 걸었다는 사실은 지금까지 증인이 전혀 언급하지 않은 것임에도 불구하고 다음과 같은 대화가 이루어졌다.

C: You, erh, made something of a little girl that was turning her head, do you remember that?

W: Yes sir I do

C: Do you know what was being said to the little girl when she turned her head?

W: No

C: Do you make room for the possibility that her name was, let's say, Mary … and that her mother said, Mary?

대리인: 당신은, 어- 돌아본 소녀에 대해서 무언가 인지한 것이 있다고 하셨죠. 그 일을 기억하십니까?

증 인: 네, 기억합니다.

대리인: 그녀가 그쪽을 쳐다보았을 때 그 소녀에게 뭐라고 말을 걸었는지 알고 있습니까?

증 인: 아니요.

대리인: 그 소녀의 이름은, 그렇지 메리였지…. 그 소녀의 엄마가 메리라고 불렀을 가능성은 있다고 생각합니까?

Loftus(1979)는 실험 중에 이렇게 무엇인가 물건이나 사건이 존재하고 있다는 전제로 이루어지는 질문(예를 들어 'Did you see **the** broken glass?' 당신은 깨진 유리가 보였습니까?)는 전제가 없는 질문('Did you see any broken glass? 깨진 유리가 있었습니까?)와는 다른 반응을 이끌어낼 수 있다는 것을 발견하였다(맨 처음 질문은 깨진 유리가 존재한다는 것이 전제가 되고 두 번째 질문은 그것이 전제가 되지 않는다). 이러한 전제는 언어학적으로 미묘한 관사의 선택에서 유발되므로 그것을 알아차리기가 어려워 이의를 제기하는 것도 쉽지 않다.

자연스러운 내러티브 구조

4장에서는 법률가가 자연스러운 내러티브 구조에 따른 화법을 구사함으로써 배심원이 그 '스토리'에 따라오게끔 만드는 예를 살펴볼 것이다. 바꿔 말하자면 법률가들은 이야기하듯이 사건을 진술하는 것이다. 특히 증언이 끝난 후 정리하는 중에 자신들의 해석에 기초한 스토리가 자연스럽게 느껴지도록 이야기 형식으로 말하는 것이다. O'Barr(1982)는 하나의 기법으로 내러티브의 전개상 부자연스러운 순서로 질문을 하여 이를 통해 상대 측 증인이 준비한 스토리를 무너뜨려 그들의 스키마를 혼란시켜서 일관성 없는 답변을 유도하는 전략을 쓰기도 한다는 것을 발견하였다. 법률가는 다른 기법을 쓰는 경우도 있다. 답변에 제약이 있는 질문(yes-no 의문문인 경우가 많다)을 함으로써 상대편의 스토리와는 다른 사건의 묘사를 쌓아 올리는 것이다. 그러나 증인은 이에 대해 이의를 제기할 수 있는 방법이 없다.

Jacquernet(1996)은 수많은 내러티브 형식의 증언을 예로 제시하고 있다. 이 기법의 목적 중 하나는 자신의 스토리를 가능한 한 자연스럽게 보이게 하려는 것이다.

부정의 제시

O'Barr(1982:6)에서는 증인이 아주 강력하게 반론할 경우, 법률가는 자신이 알고자 하는 것을 역으로 물어보는 경우가 있다고 한다. 즉, 그 자리가 어두웠던 것을 증언시키고 싶은 경우 'Is it not a fact that it was light?'(밝았다고 하는 것은 사실이 아닙니까?)라고 묻는다면 상대측 증인은 '예, 어두웠습니다.'라고 대답하게 될지도 모른다.

3부 구성

Drew(1990)은 사실을 세 가지 부분으로 그룹화하는 수사적 표현법에서 얻을 수 있는 강조 효과에 대해 논의하고 있다(이 표현법은 법률가뿐만 아니라 정치가도 이용한다. Hutchby & Wooffitt 1998을 참조). Drew는 다음과 같은 예를 들고 있다.

C: Mr R. had the audacity to stand up here and tell you about the most serious crime in Florida, in the United States, and in the Bible, the Bible which says THOU SHALT NOT KILL!

대리인: R 씨는 이 증언대에 서서 용감하게도 여러분에게, 플로리다에서, 미국에서, 그리고 성서 안에서 가장 중대한 범죄에 대해서 말하려고 하고 있습니다. 성서에는 이렇게 쓰여 있습니

다. 아무도 죽여서는 아니 된다.

이 기법은 다음과 같이 증언의 정확성에 의심이 들게 만들려는 목적으로도 사용된다.

C : ALL right, what speed did your speedometer register?
W: It was thirty five.
C : Exactly 35?
W: That's right.
C : Not 36 or 34?

변호인: 좋습니다. 그래서 당신의 속도계에 스피드는 몇으로 나와 있었습니까?
증 인: 35입니다.
변호인: 딱 35였습니까?
증 인: 예, 그렇습니다.
변호인: 36도 34도 아닌?

평가라는 제3 부분

Sinclair & Coulthard(1975)는 질문 행위는 반드시 두 개의 부분(질문과 대답)으로만 이루어지는 것이 아니라 질문자가 답을 평가하는 세 번째 부분이 들어가는 일이 종종 있다고 하였다. 평가 대상은 화자 그 자체인 경우(good girl 착하다!)도 있는가 하면 이야기의 내용을 대상으로 하고 있는 경우(that's right. 바로 그거야!)도 있다. Sinclair & Coulthard(1975)의 자료는 교육 현장에서 수집된 것이다. 그러나 Berry(1981)는 이러한 세 번째 부분은 다른 불균형한 힘의 관계에서 이루어지는 대화, 예를 들면 의사와 환자의 대화나 비즈니스 회의에서도 볼 수 있다고 하였다. 그러한 맥락에서는 평가 대상은 이야기의 내용인 경우가 많다. 왜냐하면 성인인 경우 그 사람의 이야기가 아니라 그 사람 자신을 평가는 것은 상대의 체면을 위협하는 행위가 될 수 있기 때문이다. '평가라는 제3 부분' 기법은 법정에서도 이용할 수도 있다.

C: Would you agree with me that to be able to complete that process the Defendant needs to read or understand English?
P: The Defendant didn't read the record of Interview.
C: **No that wasn't my question with respect.** Questions at large …

변호인: 그 프로세스를 완성시키기 위해서는 피고인은 영어를 읽거나 이해할 필요가 있다는 것에 동의하시겠습니까?
경 찰: 피고인은 취조 기록을 읽지 않았습니다.
변호인: 아뇨, **그런 것을 물어본 것이 아닙니다**. 듣고 싶은 것은…

Mendoza-Denton(1995:59-60)은 제3 부분이 긍정적인 평가라면 질문을 하는 동안에 아주 강력한 지지의 기능을 한다고 하였다. 그리고 이 긍정적인 평가가 불균형하게 분포되어 있다면 증거의 신빙성에 영향을 미칠 수 있다고 하였다.

리듬과 속도(페이스)

다음 세 가지는 모두 이야기의 타이밍에 관한 기법이다. O'Barr(1982)는 이야기의 리듬과 속도 또는 페이스는 어떤 효과를 거두기 위해 조작할 수 있다고 한다. 예를 들면 빠른 속도로 말하는 경우는 그 이야기가 당연한 것이라는 인상을 주는 효과가 있고 느린 속도로 말을 하면 강조하는 효과가 있다. 그러나 너무 빈번하게 쓰면 배심원의 신경이 분산되어 자주 사용해서는 안 된다고 하고 있다.

Bülow-Møller(1991)의 분석에 의하면 재판에서 검찰관과 변호인에게는 리듬이나 속도의 유효한 사용법에는 차이가 있다고 한다. 검찰 측은

하강조 억양을 동반한 담담한 짧은 질문을 연이어서 하는 경향이 있다. 이것은 질문받은 내용이 당연한 것이고 일부러 질문하는 것은 시간 낭비라고 생각하게 만드는 것을 노리고 있는 것이다. 또는 죄 없는 인간에게 저지른 잔혹한 행위에 대한 분노를 드러내기 위해 빠른 어투로 몰아붙이는 경우도 있다. 이에 대해서 피고 측 변호인은 천천히 참을성 있게 예의 바르고 정중한 어투로 이야기하며 부드럽고 이성적이며 억제된 인상을 부여함과 동시에 검찰 측의 감정적인 표출에 대한 비꼼을 드러낸다는 인상을 주려 한 것이라 할 수 있다.

증언 도중 끼어들기

상대 측 증인의 반대 심문할 때 특히 심문자에게 자신이 구축하려고 하는 '스토리'와 증언 내용이 모순될 때 증언에 끼어들어 증인에게 마지막까지 말하지 못하게 하는 기법이 자주 쓰인다. 기본적으로 끼어들기 기법은 답변이 자신의 의도에서 벗어나는 경우에만 사용되어야 한다고 간주되며 그 외의 경우에 증언이 중단되는 일이 있다면 판사가 개입하여 증인에게 최후까지 증언시키는 것이 통례지만 감정 증인으로서의 필자의 경험으로는 판사가 개입하지 않아 증언이 중단되는 경우도 많았다.

O'Barr(1982)는 피실험자에게 끼어들기 횟수가 다른 녹음을 들려주고 피실험자에게 판단하게 하는 실험을 실시하였다. 이 실험에서는 이하와 같은 특징이 있는 심문 녹음이 사용되었다.

1. 증언에 대한 끼어들기나 증언의 덮어쓰기가 전혀 없다.
2. 덮어쓰기가 다소 있지만 변호인도 증인도 끼어들기에 같은 정도로 저항한다.
3. 동시에 발화된 때의 4분의 3을 변호인이 발화를 계속한다.
4. 3과는 반대로 동시 발화의 4분의 3을 증인이 발화를 계속한다.

결과는 [표 3-5]를 참조하기를 바란다. 주목할 점은 동시 발화를 할 때 변호인이 발화를 계속한 경우는 모든 상황에서 낮게 평가되었다. 즉, 동시 발화로 변호인이 발화 계속을 강행하는 것은 변호인에게는 역효과가 된다는 의미이다. 변호인은 증인으로부터 증언의 기회를 뺏었다는 인상을 주며 공정함, 지성이라는 점에서도 낮게 평가된다는 점에도 주목해 주길 바란다.

[표 3-5] 증언에 끼어든 경우의 평가(O'Barr 1982:90)

	증인 지배적	변호인 지배적
현 증거에 대한 증인의 발화 기회	1.5	-.1
증인에 대한 변호인의 공평함	2.0	.4
변호인의 지성	2.8	1.7

침묵

Mendoza-Denton(1995)는 증인이 진술을 끝낸 후 침묵이 그 진술을 인상 깊게 만드는 것이라 하고 있다. 이야기를 끝낸 후에 다소 긴 간격이 있으면 그 발화자로의 존경이 높아지며(이 기법은 대인 관계상의 전략이라고 할 수 있다.) 말의 함축이 강조되어 그 반응을 청자에게 스며들게 하는 효과가 있다(Mendoza-Denton 1995:55). 이 기법은 긍정적이든 부정적이든 진술을 보다 효과적으로 보이게 만드는 기능을 한다. 법률가는 종종 특히 중요하다고 생각되는 증언 부분을 큰 소리로 반복하여 그 후 잠시 휴지를 유지하여 법정에서 그 말의 여운을 남기려는 경우가 자주 있다.

Mendoza-Denton(1995:16)은 이러한 행위를 '함축으로 가득 찬 휴지와 독이 있는 침묵'이라고 칭하며 침묵 그 자체가 의미 있는 행위가 된다고 말한다. 역으로 다음 질문이 앞 질문과 대부분 침묵 없이 바로 이루어지며 게다가 돌연 화제를 바꾸는 질문이었을 경우 침묵의 길이를 짧게

함으로써 청자의 주목을 벗어나려는 목적이 있다고 하고 있다. 증인도 답변을 회피하고 싶을 때 침묵이라는 전략을 이용할 수 있다. 다만 피고인이 아닌 그 이외의 사람들이 그러한 행위를 한다면 법정 모독으로 받아들여질 가능성도 있다. 보통법의 법정에서는 피고인이 묵비권을 행사할 경우 거기에서 어떠한 결론도 이끌어낼 수 없다고 간주된다(8장 '묵비권'을 참조).

3.8.3. 요약 - 화용적 전략

이 화용적 전략의 절에서는 재판에서 특정 견해에 기초한 사건 설명은 강한 인상을 심어 주어 증인에 관한 심증 형식에 영향을 미치기 때문에 어떤 식으로 언어를 구사하는가에 대한 예를 들었다. 언급한 다양한 전략들은 윤리상 문제가 있지만 이에 대해서는 이 책에서는 다루고 있지 않다. 그러나 중요한 것은 이들 전략이 우연히 사용되는 것은 아니라는 것이다. 실제로 Mauet(1996) 등은 이들 전략에 대해 변호사 연수 과정에서 교육받는다는 것을 가정하고 논의하고 있다.

3.9. 마무리

1장부터 3장까지는 사법 제도의 언어가 얼마나 탈맥락화된 격식적이고 전문적이며 파워로 가득한 것인가를 살펴보았다. 이것은 이러한 4개의 척도에서 맥락화된 비격식적이고 비전문적인 파워 차이의 미묘한 일상 대화의 언어와는 동떨어진 것이 되어 있다. 사법 제도에서 사용되는 극단적 형태의 언어 변이형은 일반인에게는 친숙하지 않은 레지스터이지만 한편으로는 전문성이 높다는 측면을 제외하고는 수준이 높은 교육을 받아 제도적, 조직적 상황에서 경험을 한다면 습득할 수 있을 것이다.

사회 언어학이라는 다이글로시아(Ferguson 1964, Fishman 1967)*에 따르면 이러한 레지스터는 상층 레지스터로 불린다. 법 장르의 지식은 상층 레지스터의 또 하나의 구성 요소이며 이에 대해서는 다음 장에서 논의하겠다.

이 장에서는 법정 장면에 관련된 사람들의 관계가 언어를 통해서 어떻게 구축되는가를 검토해 보았다. 지금까지 보았듯이 격식적이고 계층적인 법적 맥락에서의 인간관계는 압도적으로 파워에 지배되는 관계이며 이것은 어느 정도 지식과 전문성을 얼마만큼 함께 가지며 능숙하게 사용하는가 하는 문제를 동반한다. 이 장의 첫 부분에서 언급하였듯이 민주적인 사회에서 파워는 시민에게 선발된 대표자에 의해서 그 대표자들에 의해 제정된 정책을 실시하기 위해 사법 제도에 이양되고 있다. 파워는 어떤 조치를 취하기 위해 필수적인 것이다. 문제가 되는 것은 진실이라는 것보다는 입증, 그리고 균형 잡힌 정의보다도 원하는 판결를 이끌어내기 위해서 언어를 통해서 얼마나 이 파워를 행사하는가 하는 것이다. 물리적인 힘을 제외하면 언어가 가장 강력한 대인적 무기라 할 수 있다.

사법 절차에서 볼 수 있는 파워풀한 언어와 상층 레지스터의 사용은 참여자 중 사회적으로 지위가 약한 집단에 속해 있는 사람이 있을 경우 특히 문제가 된다. 그들 -예를 들면 아이나 소수 민족 등-이 상층 레지스터를 사용하지 못할 가능성이 높고 사법 절차에 대응할 만한 능력도 갖추지 못하였을 가능성이 크기 때문이다. 이 문제에 대해서는 6장에서 검토하겠다.

---

* 번역자 주: 두 개의 언어 변종을 구분하여 사용하는 것. 공적인 상황에서는 상층 레지스터(H)를 사용하고 일상에서는 하층 레지스터(L)를 사용한다.

제4장 스토리를 말하다

지금의 현실만이 움직이는 것이다. … 다른 모든 것은 그림자에 불과하다.
- Paul J. McCauley(1991)

'이야기'는 기생적인 생명체로, 이야기 자체의 목적을 위해 삶을 왜곡시킨다.
- Terry Pratchett(1988)

4.1. 들어가며

이 장에서는 사법 절차에서 언제나 상호 작용하고 있는 두 가지 현실, 즉 경찰서, 교도소, 법정, 법률 사무소에서 일어나고 있는 지금의 현재 현실과 범죄나 논쟁 등의 사건을 포함하는 사법 절차가 이루어지는 이유가 되고 있는 이차적 현실 쌍방에 뿌리를 두는 장르 구조가 있다는 견해에 대해서 설명하겠다. 이에 관련된 세 번째 차원은 법 그 자체이다. 우선 이 절에서 장르의 개념에 대해서 설명하려고 한다. 이어서 일차적 현실의 주요한 장르를 제시하고 그중 세 개를 예로써 상세하게 설명하겠다. 그 후 이차적 현실을 재구성하기 위해서 내러티브 장르가 어떤 식으로 사용되는가에 대해서 언급할 것이다. 마지막으로 일차적 현실과 이차적 현실의 상호 작용과 그것들의 법적 틀의 '적합성'에 대해서 검토할 것이다.

4.1.1. 장르

1장에서 도입한 장르의 개념은 이 장에 이어지는 두 개의 장의 내용을 이해하기 위해서도 자세하게 논의할 필요성이 있다. 우선 3장에서 제시한 일차적 현실과 이차적 현실을 구별하는 것은 지극히 중요한 일이다.

왜냐하면 법정, 법률가의 사무소, 교도소, 경찰서라는 일차적 현실에서의 절차는 단계적인 과정이며 장르로서 설명이 가능하기 때문이다. 그러나 법정 외의 이차적 현실도 장르를 통해서 재구축되었을 가능성이 있다. 법정에서 증인이 쓰는 내러티브의 장르에 대해서는 관련 문헌이 다수 있다. 이에 대해서는 이 장의 제3절에서 살펴보겠다.

법적 장르를 설명하는 것이 얼마나 중요한지는 저명한 언어학자인 Charles Fillmore가 여러 명의 저명한 법률의 대가와의 사이에서 나눈 논의에 나타나 있다. 이 대화는 Washington University Law Quarterly, vol. 73(1995:9 22-31)에 게재된 것이지만 그 논의에 나타난 다음 문장에 주목해 주길 바란다.

> After this marriage in the absence of any agreement to the contrary the legal relations and powers as regards to property might, by reason of some change in our domicile or otherwise, be other than those of our present domiciles or other than those which we desire to apply to our relationship powers and capacities.
>
> 이 결혼 후, 재산에 관한 법적 관계와 권한에 반하는 합의가 없는 한, 현재의 거주지 또는 거주지의 변화로 인한 현재 거주지와는 다른 것으로 현재의 관계와 권한을 적용하고자 하는 것이 될 것이다.

Charles Fillmore는(필자를 포함한 법률가가 아닌 사람들과 마찬가지로) 이 문장이 '무능'하고 이해 불가능한 것이라고 언급하였다. 그러나 법률가라면 이런 종류의 계약과 관련된 장르의 지식을 가지고 있기 때문에 이러한 단서는 유사한 계약서의 서두에 자주 붙는 것으로, 당사자가 주로 이사할 경우에 일어날 사태를 포함하게 한다는 것을 알 수 있다. 이러한 종류의 문서는 대개 작성 방식이 열악함에도 불구하고 법률가는 이 장르에 대한 지식 덕분에 적절한 해석의 틀을 도입해 이해하고 문서가 의미하는 것에 대한 합의가 가능한 것이다. 문식성에 대한 선행 연구자들도 이미 언급하였듯이, 장르란 문장 구축과 이해의 측면에서 상당히 중요하다(Perkins 1987, Wallace 1990).

4.1.2. 장르의 유연성

Swales(1990:33)은 장르 개념의 해석에 대해서 '특수한 텍스트를 구축하기(또는 그 구축을 돕기) 위한 기형적인 방식으로 마치 공식을 빙자하여 언어를 읽거나 쓰거나 하는 듯한 것이다.'라고 비판하고 있다. Kintsch(1988)은 스키마 이론을 비판할 때와 마찬가지로 '이렇게 고정화된 구성은 너무나도 유연성이 부족하고 언제나 변화하는 주변의 맥락이 부과하는 요구에 즉각 대응하지 못하게 된다.'라고 하고 있다. Swales(1990:51-2)는 장르란 Rosch(1973)이 들고 있는 단어의 의미 원형과 같이 [원형]이며 경우에 따라서 이에 복종하지 않거나, 의도적으로 수정되거나 하는 경우가 있기 때문에 고정적으로 장르의 형태를 강요하려고 하면 대부분이 실패로 끝난다는 중요한 지적을 하고 있다. 그것이야말로 서장에서 말한 Martin에 의한 '단계적인 목적간의 사회적 프로세스'를 수정하고 적합하게 만드는 것이 확실하다. 그렇게 되면 장르의 구조는 언제나 변화하면서도 인간 행동의 다른 측면에 대해서도 해당되는 것이지만 장르의 구조가 항상 완전하게 같다고 생각하는 것은 비현실적일 것이다. 개인은 자신의 목적을 가장 능률적으로 달성하기 위해서 또는 계획 부족, 주의력 분산 등의 그다지 의도적이지 않은 이유에서 원형적인 구조를 조작하거나 합체하거나 변화시키거나 하는 일도 있다. 그렇다고 해서 밑바닥에 있는 구조를 발견하려는 것이 의미 없다는 것이 아니라 실제로는 장기적으로 봤을 때 장르 구조에서 변화의 여지가 있는 것과 창조적인 부분은 어떤 식으로 기능하는지를 이해하는 것이 장르를 기반으로 한 접근 목적인 것이다. 말하자면 환원주의적일 필요는 없고 밑바닥에 있는 패턴을 이해하려는 접근법인 것이다. 알기 쉽게 다른 표현을 쓰면, 보다 일반적이고 유연한 '심층' 장르는 특정적인 사회적 목적으로 이용되는, 보다 형식적이고 보다 고정적인 '표면적인' 장르의 기저를 이룰 가능성을 인식해 두는 것이 좋을 것이다.

4.1.3. 장르 안의 장르

장르의 종류에서 본 담화 구조는 복수의 층위로 되어 있다고 할 수 있다. 예를 들면 다음 절의 [표 4-1]에서와 같이 '공판'은 '매크로 장르(포괄적인 장르)'의 한 종류로 정해진 단계가 순서대로 나타나도록 구성되어 있다. 공판 중에서 주 심문이나 판사의 설시에서는 명확하게 복수의 단계가 존재한다. 그리고 주 심문의 마지막은 증인에게 확인하면서 증거를 재구축해 가는 등, 단계적으로 구성되는 경우가 있다. 그렇게 되면 일반적인 구조에서 볼 수 있는 세 층위의 구조가 있을 수 있다.

- '재판'과 같은 포괄적인 매크로 장르
- '주심문'과 같은 장르
- '주심문의 마무리'와 같은 장르 단계

이상은 세 층위이다. 세 개의 층위로 이루어진 구조의 예는 이외에도 있으며 대부분의 경우는 일련의 취조로 이루어지는 경찰의 심문이 이에 해당한다. 예를 들면 초기 단계의 예비적인 취조, 그 후에 이어지는 보다 깊이 있는 취조, 마지막으로 확인하기 위해서 통상 '기록 목적으로' 이루어지는 취조 등 각각 다른 목적을 가진 일련의 취조로 구성된다. 이러한 일련의 취조는 단계적이고 구조를 가진 목적이 있는 과정으로 각각 독자적인 구조를 가지고 있다. 게다가 초기 단계의 취조에서는 증인의 증언이 내러티브에 따라서 이루어지는 경우가 있다(내러티브는 제대로 된 장르 구조를 가진다. - Halliday and Hasan(1985:52-6)을 참조). 언어학에서는 장르 안에 장르가 존재하는 것을 '네스팅'이라 부른다. 증언에서 나오는 내러티브의 예는 대단히 단순한 것이다. 지금까지 지켜봤듯이 법정 절차는 마스터 내러티브(중핵이 되는 '이야기')의 구축과 검증의 과정이라고 볼 수 있지만 법정 절차 자체가 장르라고 한다면 증언에 나올 법한 이차적인 외부의 현실에 관한 내러티브는 법정의 일차적 현실을 통해서 구축되는 것이 되며 이차적인 장르는 일차적 장르에 복잡한 방식으로 연관되어 가는 것이다.

4.2. 일차적 현실의 장르

4.2.1. 법적 장르

Maley(1994:16)은 법적 장르에 대해서 유용한 표를 제시하고 있는데 이 표를 수정하고 확장시킨 것이 [표 4-1]이다. [표 4-1]에서 장르는 고딕체로 표기하였고, 장르의 주된 단계는 통상적인 글씨체로 그 아래 표기하였고 장르 구축에 관련된 참여자는 밑줄로 표시하였다. 첫 두 줄은 매크로 장르의 단계를 표기하고 있는데 왼쪽에서 오른쪽으로 시간 계열 순으로 표기하고 있다. 각각의 열 중에서는 장르의 단계가 대략 위에서 아래로 순서가 되어 있다. 표의 마지막 행은 사용되고 있는 양식을 나타낸다. 이 표는 지금까지 설명해 온 것 같은 미묘하고 복잡한 법적 절차를 단순화한 것이다.

[표 4-1]에 대해서 상담*은 재판하는 동안 반복적으로 이루어질 가능성이 있는 것으로, 동태적인 장르로서 여기에 포함된 요소는 예를 들면 소환 명령이나 선서 등과 같이 용어가 표준화되어 있다. 표에서 읽어 낼 수 있는 것은 재판 제도에서 넓은 범위에 걸친 법적 장르가 존재하며 각

* 번역자 주: 접견이나 협의도 포함한다.

[표 4-1] 법정인 장르

Codified	Dynamic		Codified
Pre-existing	Pre-trial	Trial	Recording and law-making
legislation *Legislature, drafters*	**Police interview** *Police, witnesses, suspects*	**procedural genre** *calling and swearing in of witness, etc. clerk, officers*	**Case report** *Judge and reporter*
regulation, by-law *authority, drafters*	**Subpoena, jury summons** *Clerk, witness, sheriff, jurors*	**opening statements** *Prosecution/plaintiff; counsel^* *defence counsel*	
Will contract *Lawyers, parties*	**Consultation and instruction** *Lawyer-lawyer; lawyer-client*	**prosecution/plaintiff case** (consists of **appearances** - see text) *Counsel, witnesses*	
Precedent/ judgement	**Commital hearing, pleading and voir dire** *Judge, lawyers, witnesses, jurors*	**defence case** (consists of **appearances** - see text) *Counsel, witnesses*	
	Swearing in of jury and instructions *Court officials, jury, judge*	**closing statements** *prosecution/plaintiff counsel^* *defence counsel^* *prosecution/defence counsel*	
		Jury summation and instructions *Judge to jurors*	
		Judgement *verdict, sentencing, conclusions* *Jurors, judge*	
WRITTEN	SPOKEN AND WRITTEN	PRIMARILY SPOKEN	WRITTEN

각의 장르가 그 역할을 하도록 고유한 특질을 갖춘다는 것이다. 다만 이 표는 판사가 판결을 전달하기 전에 때로는 보호 관찰관으로부터의 보고서 등 보조적인 장르까지는 다루고 있지 않은 것을 미리 양해바란다.

하위 장르가 다른 장르 안에서 나타내는 네스팅에 대해서는 개별적인 증인의 '출정'이 앞서 언급한 것과 같은 요소를 포함한 명확한 일반적 구조를 가지며 다음 요소를 나타내는 것이다.(이 개요는 pp. vi-vii에 나타낸 기호를 쓰고 있다. 즉, ( ) - 선택적인 요소. 증인과 대화를 하는 사람은 볼드체로 나타낸다).

게다가 하급심에게는 판사가 한 번밖에 심문하지 않는 경우도 있을 수 있다. 서두 절차와 퇴정 지시는 법정의 일차적 현실에 관한 것으로, 심문에서는 주로 논의되는 사건의 이차적 현실과 관련되는 경우가 많다.

이미 보았듯이 재판 제도는 아마도 법적인 언어가 사용되는 가장 중요한 맥락이겠지만 그 외에도 많은 것이 있다. 특히 중요한 것은 법률가가 자주 사무실이나 사무소 등에서 하는 법정 외에서의 의뢰인과의 면회, 경찰과 증인이나 용의자, 또는 경찰관끼리의 대화, 교도관과 다른 교도관이나 수감자와의 대화이다. 이들 맥락에는 각각의 장르가 있으며 대부분 많은 연구가 이루어지지 않았다.

법적 맥락에서 쓰이는 모든 장르의 변종에 대해서 그 설명을 부여하는 것은 여기에서는 가능하지 않다. Stygall(1994, 2장)은 어떤 공판을 예로 들어 거기에 쓰인 장르를 상세하게 기록하고 있다. 다음에서 나타내는 장르의 예에 대한 설명은 문헌에서부터 입수 가능한 것으로 필자 자신이 분석한 것이다.

4.2.2. 재판 기록의 장르

판사는 재판의 끝에 구두로 판결을 전달하지만, 재판이 끝나면 재판 기록으로서 문서가 작성된다. 또한 판사가 두 명 이상 관련되어 있을 경우에는 판결을 내는 판사가 두 명 이상 존재한다는 것이 다. 언어학자들도 판결에 크게 주목하고 있으며 그중에서도 Sloan(1993b)의 업적은 기억할 가치가 있는데 판결의 장르 구조를 분석하고 있다(Maley 1985, Bhatia 1987, 1993). 여기에 나타내는 판결의 장르 구조는 Maley에 의한 연구를 기본으로 하며 약간 수정하고 확장시킨 것이다.

재판 기록은 그 이후 판결의 기준으로서 참고할 수 있는 판결의 기록으로, 보통법 제도에서 중요한 역할을 하고 있다. 즉, 재판 기록은 '판사가 만든 법률'에 준하는 것이다. 그러나 판결이 모두 보고되어 있는 것은 아니며 장래에 어떠한 중요성을 가질 가능성이 있는 것만이 보고된다. 다음에서 제시하는 분석은 1980~90년대의 '말레이시아 법률 저널'(Malayan Law Journal: MLJ)에 수록된 100건의 말레이시아의 재판 기록을 기초로 하고 있는데 그 시기나 사법 관할구나 보고를 하고 있는 호마다 보고의 구조와 형식에 약간의 차이가 있다.

재판 기록은 전술 부분과 판결문 그 자체, 이렇게 두 부분으로 이루어진다. 판결문은 판사가 쓰지만 전술 부분의 일부는 보고를 하고 있는 법률 저널 기자가 추가하는 경우도 있다. 다음은 재판 기록의 구조를 나타낸다.

재판 기록의 장르

전술 부분
제목
재판명
법정
참조번호
판사의 지명
날짜

주요어 요약
법률과 절차
(증거)
(어휘와 표현)

판결요지
영어에 의함
개요(부기)(판사 전원)
바하사/말레이시아어(말레이시아의 공용어)에 의함
개요(부기)(판사 전원)

(상소)
누가/누구에게

참고
(주기)
(재판)
(법률/규칙)
(하급심)
검찰관, 변호인의 성명
(날짜)

판결
오리엔테이션
참여자
하급심

('사실')
[내러티브 장르]

쟁점
검찰관/변호인의 논거

판사의 해석, 이유 부가

판결

(법적 쟁점)
사실 인정
판결
(징벌/배상)
비용

(부기)

[그림 4-1]은 '말레이시아 법률 저널' 847호에 게재된 [Malaysia Tobacco Co. Bhdv. The Roadrailer Service Bhd(1995)(말레이시아 타바코 회사 로드레일러 서비스사)'의 재판 기록에서 '제목'과 '주요어 요약' 부분을 발췌한 것이다.

[그림 4-1]에서와 같이, 주요어를 사용한 요지는 보통은 민사 내지 형사 절차의 요약을 포함하고 있다. 또 불법 행위, 계약, 증거, 어휘나 표현의 의미 등에 대해서 언급한 부분이 포함되는 경우도 있다. 필자가 조사한 바에 따르면 주요어를 사용한 요지에 쓰이는 제목은 표준화되어 있는

Malaysian Tobacco Co. Bhd v. The Roadrailer Service Bhd

HIGH COURT (KUALA LUMPUR) – CIVIL SUIT NO. S2-22-12-93
MOKHTAR SIDIN J
23 SEPTEMBER 1994

Contract – *Indemnity – Indemnity against theft in haulage contract – Non-delivery of good due to robbery – Whether robbery is theft within context of indemnity clause*

Words and Phrases – *'Theft' – Whether includes robbery*

[그림 4-1]

것이 아니라 기술자나 시기에 따라서 차이를 보인다.

'판결 요지'는 '판결'의 전체 구조에 어느 정도 따른 것이다. 다만 그 후에 부기가 있는 경우도 있다. 부기란 재판에서 얻을 수 있는 어떠한 교훈 같은 것으로 어느 재판 기록에서 예를 들면 판사가 하급심에게 다른 법원에서 온 사건에 대해 논의할 때의 표현을 자제하도록 주의를 주고 있다. 법원의 판단에 관한 부분은 재판 제도가 어떻게 기능해야 하는가 하는 결론이 논의되는 부분이다. 사건이 다른 법원에서의 상소이거나 이후 다른 법원에서 상소되는 경우 '판결 요지' 뒤에 그 요지가 기술되어 있다.

'참고' 부분은 통상적으로 참고가 될 만한 재판에 관한 언급이 포함되어 있지만 이것은 '판결'에서 다른 판결을 종종 언급하는 일이 있기 때문이다. 여기에서는 법적인 참조를 하는 경우에 사용되는 엄격하고 간결한 서식이 쓰이고 있다. 주기가 붙어 있는 일은 자주 있지만 법률이나 규제로의 참조는 별로 없다.

다음으로 '판결' 자체에 대해서인데 판결은 우선 재판에서 다루는 사건에 관련된 참여자를 부르는 일부터 시작한다. 이전에 관련된 소송이 있었을 경우, 다음에 이어진 진술의 '프레임'을 제공하기 위해서 그것이 여기에서 언급되는 일도 있다. 때로는 판사가 이 시점에서 판결의 '신호를 보내는' 경우가 있어, 근거를 제시하고 판결을 내리는 것이 아니라, 판결을 내리고서 그 근거를 제시하는 것이다.

다음으로 재판의 대상이 되는 사건에 관한 '사실'이 제시된다. 많은 경우, 특히 민사가 그러한데 이러한 '사실'은 쟁점이 되지는 않는다. 사실관계가 쟁점이 된 경우에는 쟁점이 되지 않은 요소가 우선 이 시점에서 제시되어 그 후에 주장이 대립하고 있는 검찰관, 변호인의 논거, 이어서 판사의 결론이 제시된다. 이들은 내러티브 구조에 따라서 제시되는데, 내러티브는 결론이 없는 경우도 있다. 때로는 '사실'이 진술되지 않으며 지금까지의 판결에 대해서 간단한 참조가 이루어지는 것으로 끝나는 경우도 있다. 이 단계는 이차적 현실인 사건이(언어를 통해서) 제시되는 주요한 단계이다.

다음으로 법적(및 때로는 사실상의) [쟁점]이 진술된다. 각각의 문제점의 논의는 통상적으로는 검찰관, 변호인이 제시한 쟁점으로 구성되는데 이에 이어서 판사의 해석이 제시된다. Maley(1985)는 이를 두 가지로 나누어 분석하였는데, 필자가 분석한 판결에서는 이 두 가지가 서로 밀접하게 관계되어 있어서 두 단계로 확실히 나누는 것은 어렵다고 판단된다.

마지막으로 재판에서 다룬 사건에 대해서 '판결'이 제시된다. 극히 드물게 판결이 아니라 판사가 판결 대신에 예를 들면 재판을 뒤집거나 심리의 재판결을 명령하는 경우가 있다. 판결에서는 때로는 법적인 문제점을 논의하는 것도 있어 그 경우에는 사실 인정, 판결, 형벌이나 배상에 대해서 간단한 설명이 부가된다. 이 시점에서 판사가 재판 비용의 책임에 대해서도 결정을 내린다. 드물게 그 뒤에 부기가 있지만 이것은 '종결부'의 한 부분이다.

4.2.3. 변호인 - 의뢰인 상담 장르

의뢰인이 법적인 문제에 관해서 변호인과 상담할 때에는 여기에서 설명하는 다른 장르와 마찬가지로 그 상호 작용의 목적은 특정 종류의 정보를 교환하는 것이다. 그러나 형식성이 낮은 맥락이기 때문에 전반적으로 구조는 재판 기록의 경우보다도 훨씬 제약이 적다. 아래에 제시하는 설명은 절대적으로 명확한 것이라기보다는 유연하고 막연한 것이라고 봐야 한다. 법학부나 법과 대학원에서는 변호인과 의뢰인의 상담의 구조를 이상화하여 가르치고 있을 가능성이 있지만 언제나 그러하다고는 할 수 없다. 여기에서의 설명은 Korner(1992)의 법정에 뿌리가 있는 것인데 결론은 약간 다른 것이다. 다음에서 드는 예도 Korner(1992)에서 인용한 것이다.

변호인 - 의뢰인 상담 장르

(개시부)

오리엔테이션

문제(이차적 현실)

(특정)

회상/설명

(법적 설명)

(구축)

(절차)

조언

(종결부)

위에서 전략적으로 제시한 단계에 더하여 변호인이 의뢰인과 관계를 구축하거나 유지하거나 하는 장면이 부가적으로 있을 수 있다. 그러한 장면에서는 변호인이 공감을 나타내는 경우가 종종 있다. 위에서 언급한 '문제'의 단계 이후에 가장 많이 나타나지만 어디에서든 일어날 가능성이 있다.

L: It's outrageous

L: I've worked in these factories myself and I know how dangerous they are, and how you must do things by the book and nobody does them by the book because they fire you for being too slow. It's a terrible problem.

변호인: 있을 수 없는 일이에요.

변호인: 저 자신도 이런 공장에서 일한 적이 있기 때문에 얼마나 위험한 일인지 알고 있습니다. 규정대로 일을 해야 하지만 아무도

규정대로 하지 않죠. 그렇게 하면 너무 일이 늦어진다고 잘리고 말죠, 비참한 문제예요.

'개시부'의 전형적인 모습은 인사 장면일 것이다. [오리엔테이션]의 단계에서는 통상 문제가 되고 있는, 열쇠가 되고 있는 문제가 포함되어 있으며 어떠한 시간 프레임이 제시된다. 변호인이 문제를 이미 이해하고 있는 경우에는 자신이 오리엔테이션을 진행하는 경우가 있다. 다음은 오리엔테이션의 예이다.

L: Now Mr W what happened?
C: In February I have an accident on my thumb.

변호인: W 씨, 도대체 무슨 일이 있었던 겁니까?
의뢰인: 저는 2월에 사고로 엄지손가락을 다쳤어요.

'문제'의 단계는 통상적으로는 이차적 현실과 관련되며(다음 절에서 설명하겠지만) 전형적으로는 회상의 내러티브, 또는 일어난 사건에 대한 설명 형태를 띤다. 이들은 이 '상담' 장르 안에 내포된 장르이지만, 이들이 첫 상담이 아니며, 당사자 쌍방이 이미 사건의 내용에 대해서 인지하고 있다면 이 단계는 생략이 가능하다.

다음의 '법적 설명'은 구축 또는 절차 어느 쪽에서든 다 가능하다. 법적인 구축이라는 것은 의뢰인에게 의뢰인이 놓여 있는 상황에 대한 법적인 입장을 설명하는 것이다. 법적인 절차는 지금부터 살펴볼 사법 과정의 설명인데 후자의 예를 밑에 제시하겠다.

L: OK, when you get to court on the first of May alright the first thing that's going to happen is that the magistrate is going to ask if you're represented …

변호인: 우선, 5월 1일에 법정에 출정하면 맨 처음 치안 판사에게 변

호인이 있는지 없는지 질문을 받습니다.

'조언'이란 변호인 또는 의뢰인, 또는 그 쌍방이 취하는 것이 가능한 특정 전략을 변호인이 추천하는 것이다. Korner(1992)에 의하면 이것은 종종 서법을 동반하며 때로는 '~하는 것도 가능하다', '당신은 … 해야만 합니다' 등과 같은 법 조동사를 포함한 말투가 사용된다. 예는 다음과 같다.

L: What I suggest you do is you commence a worker's compensation claim
L: You could also go to the Industrial Commission and pick up the documentation to use.

변호인: 당신에게 추천하는 것은, 노동 재해의 보상을 청구하는 것입니다.
변호인: 산업 위원회에 가서 필요한 서류를 입수하는 것도 가능합니다.

'종결부'는 Schegloff(1973)가 설명하였듯이, 한 대화에서 끝맺기 전에 앞선 말과 헤어짐의 인사를 포함하기도 한다. '상담'의 중심적인 요소가 반복되는 일이 많으며, 아마도 '문제-(법적 설명)- 조언'의 흐름이 몇 번씩 반복되기도 한다.

4.2.4. 경찰의 취조 장르

경찰 취조의 중요성에 대해서는 Gudjonsson이 다음과 같이 설명하고 있다.

> 거의 대부분의 형사 사건에서 범죄의 과학적 증거가 부족하며, 심문에서 얻은 정보가 가장 중요한 증거가 된다. 게다가, 의도, 생각이나 감정 등의 문제에 관련된 특정 증거는 심문이 아니면 얻을 수 없다. 이렇듯, 심문은 경찰에게 사실 발견의 가장 중요한 방법임을 알 수 있다.
>
> (Gudjonsson 1999:7)

아래의 경찰 취조 장르에 대한 설명은 호주에서의 경찰 취조에서 필자가 감정 증인으로서 일을 할 때 검토한 몇 개의 비디오테이프나 전사 기록 자료를 기초로 하고 있다. 다른 보통법 국가들에서의 경찰 취조도 비슷한 것이다. 이 종류의 취조는 정식적인 것이며 보통은 경찰서 내지는 교도소에서 이루어진다. 녹음이 되지 않는 비형식적인 취조는 빈번하게 이루어지고 있지만 표면적으로는 차가운 시선으로 대해지기 마련이며 그러한 취조에서는 확립된 형식에 따르는 경우도 적다.

공식적인 경찰의 취조 장르

일차적 현실의 프레임화

취조의(장소)(일자) 시간

출석자

취조를 받은 사람의 이름(주소)(출 생년월일)

경고

묵비권

녹음/녹화

(통역사 동석/(불)필요)

이차적 현실의 중핵

오리엔테이션

취조의 주장

(사건의 일자와 시간)

질문

질문 - 대답(단독 또는 복수) [통상적으로 기반이 되는 내러티브 구조]

(이차적 현실로부터의 증거 도입)

(추가적인 증거를 제출하라는 권유)

일차적 현실의 프레임화

녹음 문제

경고
  임의 심문
(서명 권유)
(이 후 취해질 조치)
종결부 (시간)

상기 개요가 나타내듯이 취조는 우선 취조 상황, 즉 일차적 현실을 언급하는 것으로 시작된다. 이런 프레임화에 포함되는 요소는 어떤 때는 한 번의 대화에서 달성할 가능성도 있고 혹은 여러 번의 대화에서 필요한 경우도 있다. 취조는 우선 시간, 장소와 일자를 기록으로 남기는 것부터 시작한다. 다음으로 방 안에 있는 사람에게 언급한다. 이것은 부분적으로는 제3자에 의한 협박이 카메라가 없는 곳에서 발생한다는 주장이 나온 경우에 경찰을 보호하기 위하여서도 이루어진다. 다음으로 경고가 이루어지는데 그중에는 용의자의 묵비권에 대한 언급도 포함된다. 전통적인 보통법 제도에서 용의자는 자신들의 범죄를 입증할 만한 물증을 제출할 의무는 없다(이 권리는 영국에서는 약화되었지만 이에 대해서는 8장 '묵비권' 참조). 다음으로, 취조를 받는 사람은 취조가 어떤 형태로든 녹음되고 있다는 경고를 받는다. 뉴 사우스 웨일스주에서는 보통 비디오테이프, 영국에서는 녹음테이프로 녹음하는 경우가 많으며 많은 사법 관할구에서는 취조 과정에서 필기를 하거나 워드 타이핑으로 기록하기도 한다. 취조의 핵심은 이 장 제3절(4.3)에서 논의되는 것과 같은 이차적 현실의 재구축에 있으며 내러티브 구조를 기반으로 하는 경우가 많다.

[표 4-2]는 뉴 사우스 웨일스주의 경찰 취조를 녹음한 것을 전사 기록한 것으로, 이것은 기록의 서두 부분에 해당한다(신분을 특정하는 부분은 수정하였다. PO=경찰관, W=증인).

[표 4-2] 경찰 취조의 서두 부분의 기록

Genre elements	*Speaker*	*Transcript*
Primary reality framing		
Time	PO:	Okay, the time is 9.30-9.51 pm.
Persons present		My name is Detective Sergeant A and this is Detective B and your name is?
	W:	X
	PO:	What's your surname, X?
	W:	Y
	PO:	X Y?
	W:	Yeah.
	PO:	Can you spell that for me, please?
	W:	Y-Y-Y
	PO:	YYY, that's your surname?
	W:	Yeah.
Place	PO:	Okay. We're at the Cabramatta police station?
	W:	Yeah.
Date	PO:	And this is the - today's the 23rd of November, 1997.
persons present		Okay? Do you agree that there's no other person in the room apart from the three people I've mentioned; myself, Detective B and you?
	W:	Yeah, only three.
	PO:	Only three, that's right.
Name		Okay. For the purpose of this interview can you tell me your full name? Can you tell me again?
	W:	X
	PO:	What's your surname?
	W:	Y, Y-Y-Y.
Date of birth	PO:	Okay. What's your date of birth?
	W:	9/7/78
Address	PO:	Right and whereabouts do you live, X?
	W:	Temporarily to 728 Pool Street.

Secondary reality core	
orientation subject date	PO: Okay, all right. As I've already explained to you Detective B and I are making inquiries in relation to the murder of a person named P Q on the 16th of November, 1997. Do you understand that? W: Yeah.
Primary reality framing Cautions Right to silence Recording	PO: Okay. I'm going to be asking you some questions about this matter and I want you to understand that you need not say anything unless you wish, but whatever you do say will later - will be recorded and may later be used in evidence. Do you understand that? W: Yes. … PO: Okay. Do you also agree that I told you that my questions and your answers would be recorded on this video machine as your conversation took place? W: Yes. PO: Okay and do you also agree that I told you at the conclusion of the interview you will be given a tape of our conversation? W: Yeah.
Secondary reality core	
Orientation Subject	PO: Okay. Okay. What I intend to ask you is some questions about the murder of P Q about 11 o'clock on the 16th of November which is a week ago, last Friday night. Do you understand that? W: Yes.
Questioning Invitation to narrative	PO: Okay. Are you able to tell me anything about that matter? W: Yeah. PO: What can you tell me about it? What I want you to do is start right from the beginning okay? W: Yeah.

이 기록에서 중요한 것은 경찰관이 반복적으로 취조를 받고 있는 사람의 이름을 물어보기 때문에 '출석자'와 '심문을 받고 있는 사람의 이름'이 포함되어 있다는 것이다. 또한 이 경찰관은 인지 인터뷰 구조를 따르고 있다. 이것은 경찰관이 취조를 받고 있는 사람과 친밀함을 구축하려고 '예(Okay)'를 반복한다는 점, 취조를 받는 사람의 퍼스트 네임을 질문에서 사용하고 있다는 점, 또 '그러네요'라고 말한다는 점 등으로 알 수 있다. 게다가(어느 정도 성공하고 있지만) 취조를 받는 사람으로부터 스토리를 이끌어 내려고 하고 있다.

경찰의 인지 인터뷰

여기에서의 설명은 Shuy(1998b)에서 예로 든 설명, 또 뉴 사우스 웨일스 주 경찰 간부에게 Ray Bull 교수가 한 발표, 그리고 부분적으로는 Bull & Carson(1995)에서의 인지 인터뷰 기법에 관한 논의, 그리고 Gudjonsson (1999:8-10)에 근거하고 있다. 여기에서 들고 있는 설명은 경찰 취조에서의 '이차적 현실의 핵심'(전술한 '공식적인 경찰 취조 장르'의 설명을 참조)에서 쓰이는 장르의 '존재해야 하는 형태'에 대해서이다 - 현실에서는 완전히 실시되고 있는 것은 아니다. 자유로운 내러티브 및 질문의 단계는 개별적으로 또는 연쇄적으로 몇 번씩이나 반복되는 경우도 있다.

인지 인터뷰 장르

신분 특정 및 친밀함 구축

이 단계의 주목적은 심문을 받는 사람을 최대한 편하게 하여 경찰 취조의 정신적 영향을 줄이는 데에 있다. 통상적으로는 인지 인터뷰의 내용은 사건과 관계없는 것이다. 인터뷰의 이 부분은 지적 및 언어적인 발달 정도를 측정하기 위해 정보를 수집하고 언어 능력을 판단하는 데에 이용된다(아이 또는 장애가 있는 집단과 친밀함을 구축하지 못하는 경우에는 인터뷰는 여기에서 끝날 가능성이 있다.)

자유로운 내러티브

이 단계의 목적은 수사의 근거가 되는 사건에 관한 내러티브를 인터뷰를 받는 사람 자신의 언어로 이끌어 내는 것이다. 이것은 질문의 기본이 되고 직접 심문에 의해서 나타나지 않는 정보를 포함하고 있다. 이야기의 형태로 서술된 것은 재판에서 증거로서 보다 설득력이 있기 때문에(O'Barr & Conley 1990), 이 단계는 중요할 수도 있다.

질문

다음 순서로 이루어진다. 경찰은 위쪽의 질문이 잘 되지 않을 경우에는 아래쪽의 질문을 사용하기도 한다.

열린 질문
양자택일 질문
구체적이지만 유도적이지 않은 질문
유도 심문(법정의 증거로 언제나 받아들여지는 것은 아니다.)

종결부

인터뷰를 받고 있는 사람, 당사자의 언어를 사용해서 사건을 요약하고 확인을 받는다. 필요할 경우 담당관은 전 단계로 돌아가서 '질문'을 반복할 가능성도 있다. 이상적으로는 이 단계는 인터뷰의 스트레스를 줄이기 위해서 인터뷰 자체의 감상을 말할 기회를 부여하기도 한다.

인지 인터뷰의 효과는 심리학자에 의해서 평가가 이루어져 왔다. Bull & Carson(1995)는 실험에서 인터뷰할 사람들에게 어떤 사건의 영상을 보여준다. 숙련된 질문 담당자는 인터뷰할 사람의 절반에게는 인지 인터뷰를 하고 나머지 절반에게는 인터뷰 전에 사건에 대한 질문지를 받고, 인터뷰가 끝난 후에도 같은 질문지를 받았다. 이때 인터뷰에 사용된 질문은 다음의 세 종류이다.

1. 자연스러운 질문
2. 오해를 유발하는 질문(잘못된 기억을 강화하도록 설계되어 있다)
3. 유도하는 질문(올바른 기억을 강화하도록 설계되어 있다)

실험 결과는 다음과 같았다.

1. 인지 인터뷰의 기억은 보다 정확하고 보다 상세하다(양과 질 모두 보다 뛰어났다).
2. 정보가 증가함에 따라 착오의 수도 약간 증가한다.
3. 아이들 사이에서는 약간의 지어낸 이야기(창작)가 늘어난다.
4. 장애를 가지는 아이들 사이에서는 지어낸 이야기가 많지 않았다. 일반적으로 이 집단은 회상하는 양이 적었지만 기억은 동등하게 정확하다(모든 집단에서 대략 80% 정도).
5. 성인들은 인지 인터뷰 후에 '유도하는 질문'의 영향력을 덜 받는다.
6. 모든 집단에서 '오해를 유발하는 질문'에 대한 저항은 인지 인터뷰 후에 월등히 높아졌다.

이상의 사실을 통해서 인지 인터뷰를 통해 사건에 대해서 자신의 해석을 말할 기회가 있음으로 해서 보다 정확한 기억이 상기되며 결과적으로 기억은 안정화된다. 그렇기 때문에 더욱 많은 영어권 국가에서 경찰 간부들은 인지 인터뷰를 지지하고 있는 것이다. 그러나 자신들의 역할이 미묘한 진실을 얻는 것보다도 유죄가 되는 사람을 가려내는 것이라고 생각하는 일반 경찰관들로부터는 인지 인터뷰에 대한 저항이 있을 수도 있다.

4.3. 이차적 현실의 표상

4.3.1. 들어가며

지금까지는 주로 일차적 현실과 법적인 틀을 살펴보았다. 이 절에서는 사법 수사에서 얼마나 이차적 현실이 제시되는가 하는 것을 검토하겠다. 법적 틀은 이차적 현실이 어떤 모습으로 존재하여야 하는지, 어떤 모습으로 존재하면 안 되는지 두 가지로 나누는 것을 시도한다. 2장에서 살펴보았듯이, 이 개념적인 틀은 필연적으로 사건을 분류하는데 일반적으로 논의되는 것을 추상화한 것이다. 그리고 법적인 절차란 다음을 결정하려고 시도하는 것이다.

1. 이차적 현실의 **표상**
2. 이차적 현실의 법적 표상과의 **'적합성'**(형사 사건의 경우는 과연 이차적 현실이 법적으로 용서되는가 하는 것을 검토하기 위해 이루어진다)
3. 징벌이나 배상을 정하기 위한 검토가 필요한, 이차적 현실과 법 이론의 차이

보통법의 배심원 재판에서는 위의 3단계 모두 -이차적 현실의 본질, 그러한 현실의 법적 표상, 허용되는 현실, 즉 죄의 심각함에서부터의 괴리 정도-에 대해서, 적대하는 쌍방의 논박이 이루어진다. 원칙적으로 배심원은 물적 증거, 증인의 증언, 법률가의 변론에 기초하여 특정 이차적 현실의 묘사를 결론으로써 이끌어낸다. 그 후에 법률가의 논술, 더 중요한 것에는 판사의 설시에 기초하여 법률과의 '적합성'을 결정한다. Solan (1995:1072-3)이 쓰고 있듯이 '법원이 가장 자주 직면하는 문제점으로는 세간에서 일어난 특정 사건과 법률적으로 정확한 개념 사이에 적합성이 있는지 아닌지'이다. 법률과의 괴리의 '중대성' 및 이어지는 배상이나 징

벌을 판단하는 역할은 판사 또는 배심원이 하게 된다. 비당사자 대항적인 사법 절차에서 판사가 유사한 기준에 근거하여 세 단계 모두에 대해서 결정하는 경우가 많다. 게다가 경찰의 수사에서는 이차적 현실의 재구축에 의해 중점이 두어지는 경향이 있다(라고는 해도 법적인 틀을 무시하는 것은 아니다). 하지만 한 편으로는 변호인-의뢰인의 상담에서는 사건과 주변 상황의 법적인 구축에 집중하는 경향이 있다.

4.3.2. 긴장 관계와 적합성

[그림 4-2]는 사법 절차에서의 언어를 두 개의 '현실'과 법적 틀을 주축으로 해석하는 모델에서 이 주축을 더욱 발전시켜 세상의 사건이나 상황을 법적인 콘텍스트에서 얼마나 재구성되는가를 알기 쉽게 제시하려고 시도한 것이다.

앞서 제시하였듯이 법적인 검증으로 직결되는 사건 또는 상황은 통상적으로 사법 절차 자체에서는 일어나지 않는다. 이차적 현실(예를 들면 범죄)은 법원, 법률가의 사무실, 경찰서 등에서부터 시간과 공간을 가로막기 때문에 이들 장소에서 재구성하고 동시에 법적인 해석을 해야만 한

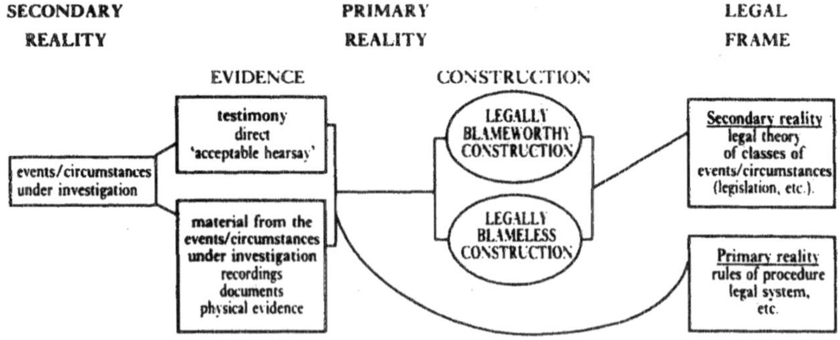

[그림 4-2] 일차적 현실과 이차적 현실, 법적 틀의 상호 작용성

다. 이차적 현실의 구축을 가능하게 하는 '흔적'은 다음의 두 종류의 증거와 관련된다(Cross 1979).

(1) 사람들이 이차적 현실의 사건에 대해서 말하거나 쓰는 것 - 법률 용어로 '증언'(통상 보통법의 체계에서는 구두로 된 증언이 보다 중요시되고 있지만 로마법의 체계에서는 기록된 증언이 보다 중요시되고 있다.)
(2) 예를 들면 수사 대상의 사건이 발생하였을 때 이루어진 전화 통화의 녹음이나 피 묻은 흉기, 또는 지문 등의 이차적 현실에서 일차적 현실로 이관된 것

이 두 종류의 증거를 근거로 특정 구축이 이루어진다. 보통법 제도에서는 종종 이차적 현실에 대해서는 두 가지의 대립되는 견해가 있는데 구축된 내용은 약간 치밀함이 부족하지만 사건의 '사실'로서 언급되는 일이 많다.

사법 절차는 재구축된 사상을 법률에 있는 그러한 사건의 종류를 나타내는 법적 개념에 '적합시키는' 일을 포함하고 있어 이 과정은 때로는 법률의 적용으로 알려져 있다. 법과의 적합성은 명확한 것이 있는가 하면 그렇지 않은 것도 있다. [그림 4-2]는 이차적 현실의 재구축을 둘러싼 대립은 당사자 중 한 명이 재구축에서는 법적으로 책임을 추궁받기도 하지만 다른 재구축에서는 그렇지 않을 때에도 있음을 나타내고 있다. 때로는 어떤 사람이 경찰서에서 자백을 하거나 법원에서 유죄라고 인정할 경우에는 구축된 이차적 현실은 하나뿐이다. 그렇다고 해도 유죄인 당사자에 대한 징벌의 무게를 좌우하는 현실이 몇 가지가 더 있을 수도 있다. 예를 들면 유죄인 당사자의 배경적 상황, 또는 경감 사유 또는 피해자로부터의 피해 증언에 의해서 재구축된 사건에 다른 견해가 이루어지는 경우이다. 마지막으로 지적하고 넘어가야 할 것은 이러한 사건을 구축하는

과정이 사법 절차에 의한 제한이 따른다는 점이다. 예를 들면 사건에 관한 자연스러운 내러티브는 화자가 한 명 또는 그 이상의 역할을 맡는 경우가 많으며 그 안에서 그들 인물이 말하는 언어를 이야기한다. 그러나 법정에서 이것은 '전문' 증거로서 명시적으로 금지되어 있다. 이 점은 [그림 4-2]의 '절차 원칙'으로 들어가 있다.

사법의 과정에서 또 하나의 과제는 법률의 의미를 확립하는 것이다. 이것은 법률과 판례를 참조하는 것에 의해서 이루어져 있으며 2장의 '해석'에서 논의하고 있다. 종종(언제나는 아니지만), 일련의 경찰 취조나 주심문 등의 사법 절차 장르는 [그림 4-2] 중 왼쪽에서 오른쪽으로, 사건을 재구축하는데 명백하게 사건과 관련된 설명에서 법적인 틀에 의해 적용하도록 하는 설명으로 이동해 간다고 생각된다. 보통법 제도에서는 경찰은 법적인 틀에 사건을 적용시키려고 하지 않고 검찰관이 그 시도를 맡게 된다. 여기에서 기억해 두면 유용한 것은, 법적인 틀 및 법 '이론'이 언제나 법 전문가의 머릿속에 존재하며 이것이 법적인 구축을 하는 것을 가능하게 하며 법률가가 세계를 해석하고 관리하는 것은 구축한 것을 기초로 이루어진다는 것이다. 이 틀은 법률과 같은 '법의 원천'으로 알려진 것들이다. 여기에서 주목해야 할 것은 사법 재판에서의 현실 '구축'이 얼마나 중심적인 역할을 하고 있는가이다. Maynard(1991:127)가 서술하듯이, '법률이나 피고의 인격, 조직적인 역할 등의 추상적인 요소가 내러티브의 구조만큼 법적 판단에 영향을 미치는 것은 아니지만 관계자가 이들 요소를 어떻게 삽입하는가에 영향을 미친다.'는 것이다.

사법 과정에서의 긴장에는 두 가지 원인이 있다. 하나는 같은 사건에 대한 경합하는 견해 사이에 있는 긴장, 또 하나는 그들 견해의 법적인 '적합 정도'에 대한 것이다. [그림 4-2]에서 말하는 두 가지 원으로 둘러싸인 '재구축', 그리고 '구축'과 오른쪽 위에 제시된 사각형 안에 법적인 '이론' 간에 있는 긴장 관계에 있다. 이 두 긴장 관계가 사법 과정에 있는 불일치나 논쟁의 원천이다. 로마법 제도에서는 이차적 현실의 두 형태를 제시하는 데 이렇게까지 대립적이지는 않지만 재판 중 적대적인 당사자는 종종 대립적이기도 하다.

4.3.3. 이차적 현실을 표상하는 수단

이차적 현실의 사건은 시간, 장소나 문화적 다양성 등에 거리가 있기 때문에 법원에는 그 현실이 존재하지 않으며 어떠한 형태로든 설명될 필요가 있다. 이차적 현실의 제시는 사진, 그림이나 테이프 녹음 등 실체적인 증거를 사용하는 것도 가능하며 법정 또는 경찰서 등 다른 현실로 옮겨진, 예를 들면 무기나 의복과 같은 물리적 증거일 수도 있다.

그러나 이 제2의 현실의 표상에서 흔한 예는 증인에 의한 사건 설명부터 나온 증언이라는 증거, 즉 언어를 통한 이차적 현실의 설명이며 Bennett & Feldman(1981)은 상징적인 '스토리'라는 비유로 나타내고 있다.

이차적 현실의 재구성에서 쓰이는 장르

내러티브의 장르는 증거 제시에서 특히 중요한데, Vargas(1984:18)이 말하였듯이 일부 증거는 '스토리' 또는 일련의 사건으로서 제시되는 것이 아니라 상황 설명으로서 이전에 필자가 '설명'이라고 정의한 것에 의해서 제시되고 있다. 내러티브가 가장 적절한 것은 사건이 시간 계열 순으로 일어난 사고를 다루는 경우이다. 한편으로 사건이 상태를 나타내는 경우 예를 들면 원자력 발전소의 냉각수가 호수를 방사선 오염을 시키고 있는 경우, 이것은 일련의 사건이 아니라 지속되고 있는 상태이다. 그러나 장르 구조는 닮아 있고, '사건'을 '상황' 요소로 대환하여 아래에 설명하는 '복잡화'의 요소가 여기에서도 사건의 핵심인 것이다.

가장 널리 쓰이고 있는 내러티브 구조 해석은 Labov & Waletzky (1967)에 근거를 두고 있다. 다음은 그들이 제시하고 있는 내러티브 단계이다.

내러티브의 구조

오리엔테이션
여기에서는 특히 장소, 시간, 참여자라는 정보에 의해서, 청자/독자에게 배경이 제공된다.('옛날 옛날에 헤세라는 작은 마을의 바느질쟁이가 살고 있었습니다.…')

사건(단독 또는 복수)
여기에서는 무엇인가가 일어난다. 이것은 한 가지, 또는 복수의 것일 수 있으며 어느 패턴이 설정되는 경우가 많다.

복잡화
무엇인가 예상하지 못한 일이 일어난다. 때로는 문제가 일어난다.

해결
복잡화한 것이 어떠한 형태로 해결이 된다. 때로는 새로운 패턴이 출현한다.

종결부
전체 이야기의 결론이 도출된다. 때로는 이야기의 '교훈'일 경우도 있다.

오리엔테이션 부분과 종결부는 경계를 나타내는 구성 단위이며(Sinclair & Coulthard 1975), 스토리의 틀을 제공하지만 스토리 자체가 제시하는 일련의 사건의 일부는 구성하지 않는다. 스토리의 다른 부분은 통상적으로는 시간 계열 순으로 되어 있지만 근대 소설 중에는 이것은 수사학적 트릭으로서 의도적으로 비틀어져 있는 경우도 있다. 이러한 비틀림은 법정 또는 경찰의 심문에서는 기억을 회상하는 틀의 역할을 하는 내러티브 구조를 파괴하여 증인을 불안정하게 만들기 때문에 전략적으로 쓰이는 경우도 있다(3장의 '전략'을 참조). 오리엔테이션 부분에서 설정된 장소, 시간 및 참여자는 내러티브를 잇는 실로써 사용되지만 이것이 변화하고 참여자도 '변해 갈' 가능성이 있다. 내러티브의 전형적인 언어적 특성이란, 종결부를 제외한 모든 단계에서 과거형이 쓰이고 있다는 것인데 때로는 화자가 이야기 내용을 보다 생생하게 만들기 위해 현재형을 쓸 때가 있다. 사건이 어떤 순번으로 되어 있는지는 보통은 시간의 표현, 예를 들면 '다음에는', '그 직후에' 등을 써서 시작하는 것으로 나타나 있다.

내러티브의 구축에서 중요하게 고려할 사항은 청자이다. '오디언스 디자인'(Bell 1997, Clark 1996)이라는 개념이 있는데, 이것은 청자의 지식이나 신념, 즉 '스키마'에 기초하고 있다. 효과적인 내러티브는 이러한 스키마를 사용하여 청자가 스키마를 활용하도록 이야기를 알기 쉽게 하고 스키마와 이야기를 연결하여 청자를 끌어들인다. '오디언스 디자인'은 또 수사적인 효과를 사용하는 것도 포함하고 있다. Snedaker(1991:136)에 의하면 '스토리는 ……. 청자를 끌어들이듯이 효과적인 동사, 신중하게 선택된 형용사, 능동태의 사용 등을 통해서 거론될 필요성이 있다. 게다가 청자를 빨려들게 하는 스토리의 특징이란 반복, 이미지 효과 및 비유'이다. 여기에다가 필자는 '연기'가 필요하다고 추가하고 싶다(검찰관이나 변호인이 사용하는 하나의 전략이란 적대하는 스토리에서 이러한 요소를 뽑아서 스토리 안에 내재하는 약점을 그대로 드러내는 것이다). 마찬가지로, Jackson(1988:92)은 '법정에서 이야기되는 스토리의 의미 요소(그 내용)와 스토리가 어떤 식으로 기능하고 있는가 하는 화용(법정에서의 스토리가 진실이라고 설득하는 과정)'을 구별하고 있다. 다른 언어로 말하면 내러티브는 2장에서 설명한 것과 같은 개념적인 요소와 3장에서 설명한 것과 같은 인간관계의 특색을 나타내는 요소 모두를 가지고 있다. Coulthard(2001)는 서면에서의 취조의 재구축에서 경찰이 내러티브와 극적인 효과를 어떤 식으로 조합하는가를 논의하고 있다.

청자란 무엇일까? 많은 재판은 세상에 열려 있으며 공식적인 기록 대상이라는 것을 잊어서는 안 된다. Snedaker(1991:138)은 청자는 삼층으로 존재한다고 주장한다. '제1의 청자는 판사와 배심원, 제2의 청자는 언론(지금은 미디어) 및 법정의 방청인, 그리고 제3의 청자는 모든 분별 있는 사람들로 이루어진 보편적인 청자'이다. 법정의 수사학은 대부분 일차적 청자를 표적으로 하지만 이차적 및 보편적 청자, 그리고 상소 법원도 같은 영향력을 가진다. 흥미롭게도 Stygall(1994:179-82)는 다른 청자를 가리킬 때 대명사가 어떻게 쓰이고 있는가를 기록하고 있어, 일부는 의도적으로 직시적이어서 재판의 참여자를 가리키는 것으로, 그 외는 훨씬 일반적이다. Stygall(1994:179)에 의하면 '법이 판결을 내릴 때에 상정하는 보통의 남녀를 가리키는 불특정이고 추상적인 언급'을 포함하고 있다. 예를 들어, '우리(we)'라는 언어를 써서 사회의 전원을 가리키는 일도 있다.

복잡하고 다양한 면이 있는 현실을 일면적인 내러티브에 가두는 것은 이차적 현실을 비틀어 버리는 명백한 위험을 포함하고 있다. 그러나 이차적 현실을 다양한 청자에게 '파악 가능하도록' 할 필요성에 무게를 두고 있다. 내러티브는 효과적이고 주장을 제시하는 수단으로서 유용하기 때문에 때로는 비틀어지거나 단순화되는 경우가 있다 할지라도 많은 증거를 얻기 위한 틀로서 사용하는 것이 가능해진다. Jackson(1988:76)이 말하듯이 스토리는 있어도 없어도 상관없는 겉보기에 정돈되어 있으면 그만인 형태로 기능하는 것이 아니라, 추상화 또는 정보의 '과다'에 의한 인지적인 문제로의 대응으로서 기능하고 있다. 우선은 Jacquemet(1996:131-2)는 스토리가 '(청자에게) 흥미가 없는 상세한 부분은 생략하고 (중략) 듣고 싶다는 기분을 만족시킨다.'라고 하면서 동시에 '진실을 구축하는 정당한 입장을 조립하는 커뮤니케이션의 틀을 제공하고 있다.'고 언급하면서 자신이 분석한 법정에서의 내러티브가 이러한 스토리의 특성을 가진다고 하였다.

사법에서의 내러티브는 포괄적인 내러티브 분류에서 레지스터에 의한 하위 분류의 일종이라고 간주하는 것이 가능하다. 종교상이나 의료상의 목적으로 쓰이는 내러티브가 전형적인 문자적 이야기 또는 동화의 그것과는 다르듯이, 법률의 내러티브도 특정 방법으로 내러티브의 몇 요소를 사용하고 있다. 법에서 특히 중요한 것은 '책임'의 문제이며 이것은 특정 참여자에게 사건의 책임을 부여한다는 것을 의미한다. 예를 들면 '불법행위'의 범주에는 과실이나 주의 의무 문제가 포함되어 있다. 따라서 사건의 책임은 법적인 내러티브에서 가장 중요한 요소인 것이다. 이에 관련된 점으로는 사건이 참여자에게 부여하는 영향을 들 수 있다. 그 결과 법에서의 스토리는 종종 내러티브에 의한 재구축 도중에 참여자가 사건을 어떻게 받아들여 어떻게 대응하였는가를 찾아간다. 그리고 법적인 목적을 위한 내러티브의 핵심은 많은 경우 복잡화 단계에 속하며 이것이 판결을 받는 대상이 되는 것(계약 위반, 절도 등)도 흔히 있다. 때로는 사건 전에 일어난 '일'도 여기에서 작은 역할을 하는 경우도 있다.

내러티브는 법정에서 다양한 역할을 한다. 우선 증인의 증언에 자주 등장한다. 증인은 판결의 대상이 되고 있는 일부 또는 모든 사건에 대해서 자신의 설명을 내러티브의 형태로 제공하고 있다. 그러나 그것만이 아니라 일련의 증인이 제공한 요소나 물적 증거에 기초해서 검찰 측과 변호인 측이 구성하려고 하고 있는 두 개의 '마스터 내러티브'라는 것이 있다. 거기에서는 내러티브 및 내러티브 구조에 의해서 사건의 특색 및 법적인 문제가 이야기를 통해서 존재화된다(Maynard 1991:129). Snedaker (1991:134)는 마스터 내러티브와 증인의 내러티브 사이의 상호 작용을 논의하고 증인의 내러티브를 새틀라이트(종위적) 내러티브라고 정의하고 있다. 즉, 핵심인 모두 진술은 스토리의 골격이며 새틀라이트 내러티브는 증인 심문에서 모은 정보를 통해서 그 (마스터) 내러티브를 만족시키고 발전시키며 확장시킨다는 것이다. 보통법 재판의 장르 구조는 검찰 또는 원고의 주장과 증인의 제시가 있으며 이어서 변호인 측의 주장이 이루어진다는 면에서 이러한 요소들이 반영되고 있다. 다만, 마스터 내러티브는 재판의 그 외 많은 요소에도 침투하고 있다. 그러나 여기에서 주의해야 할 것은, 증언이 이루어지고 있는 동안에 배심원이 일관성이 있는 내러티브를 경험할 가능성은 거의 없다는 것이다. 마스터 내러티브는 일련의 증거 중에서 조금씩 구축되어 간다. Stygall(1994:120)은 '지금부터 살펴보듯이, 배심원은 재판에 관련된 사건을 이해 가능하도록 내러티브 구조를 광범위하게 이용하고 있지만 재판의 실제 증언에서는 긴 내러티브는 존재하지 않기 때문에 인지적인 작업은 스스로 하지 않으면 안 된다.'라고 말하여 이에 법률가는 '순서가 중요하지 않다는 생각이 들 정도로 일관성에 집착하고 있다.'고 말한다(Stygall 1994:202). 보통은 검찰 측과 변호인 측의 논고 구형과 최종 변론이나 '진술'에서만 새틀라이트 내러티브는 두 개의 마스터 내러티브 즉, 검찰의 내러티브와 변호인의 내러티브 안에 포함되어 있다.

내러티브의 평가

Bennett & Feldman(1981)의 연구에 의하면, 배심원은 누구의 스토리가 가장 설득력 있는가를 완전성, 일관성 및 증거가 되는 증언을 하는 증인의 신빙성에 기초하여 결정을 내리고 있다. 같은 시도이지만 Jackson(1991:175)은 내러티브를 시간성/연속, 행동/목적, 이해성/경험이라는 세 개의 중대한 요소를 결합한 것으로 논의하고 있다. 배심원은 대립하는 마스터 내러티브를 참조하여, 과연 그들 요소가 제대로 기능하고 있는지 과연 참여자의 동기에 설득력은 있는지, 과연 그들이 사건에 대해서 책임이 있다고 간주할 수 있는지 어떤지, 과연 내러티브가 각각의 경험과 세계의 이해(스키마)가 일치하고 있는지 아닌지를 검토한다(Pennington & Hastie 1992, 1993). Jackson(1991:160)이 쓰고 있듯이 '신빙성이란 … 증인 개인 또는 증언의 개별 항목이 어떠한가가 아니라, 과연 이 스토리가 진실처럼 들리는가, 증거가 총체적으로 그 기능을 다하고 있는가'를 보는 것이다.

증인의 스토리(또는 새틀라이트 내러티브)에 관련하여 Jacquemet(1996:184)는 펜티티(pentiti), 즉 정보 제공자의 증언을 검토하면서 이탈리아의 판사는 '일관성은 있는지, 상세한 사실 지식이 있는지, 그리고 증언 내용에 맞는 상황을 서술하는지의 세 가지 기본적인 요소에 대해서 검토하고 정보 제공자의 이야기에 신빙성이 있는지를 보아 왔다'고 한다. 또한 Bennett & Feldman(1981)는 증인이 판사(및 배심)와 다른 내러티브 사용의 습관을 가지는 문화권 출신일 경우에는 그들의 스토리를 말하는 장르가 혼란을 야기하며 듣는 사람들에게 스토리가 혼란스럽다거나 비논리적이라고 생각하게 만들 가능성을 지적하고 있다. Michaels & Collins (1984)를 비교 참조하길 바란다. 이러한 지적은 Eades(2000:182-5)에서 설명되고 있는 왈슈 부인*이 경험한 문제를 부분적으로나마 설명해 낼 수 있을 것이다. Coates(1964)는 자신이 경험한 많은 예를 제공하고 있다. 이 내러티브 습관의 대립은 증언의 신뢰에 영향을 미칠 수밖에 없으며, 판단을 내리는 사람과 다른 문화를 가진 사람들에게 불이익을 미칠 가능성이 있다. 청자와 화자가 스토리를 이해하는 데에 필요한 스키마를 공유하지 않은 경우에는 역시 스토리가 설득력이 부족하거나 이해하기 어렵다고 인식되기 마련이다. 그러한 경우, 소수 문화 출신의 증인에게 불리할 수 있다는 것은 명백한 사실이다.

4.4. 일차적 및 이차적 현실의 끼워 넣기 -마스터 내러티브와 절차 장르의 상호 작용

마스터 내러티브(핵심을 이루는 '말')와 앞서 설명한 일차적 장르 구조 간에는 다양한 상호 작용이 있다. 이 절에서는 내러티브, 배심원 재판의 매크로 장르 및 사법 판단 간의 상호 작용을 검토하겠다.

* 번역자 주: 호주의 어느 재판에서의 어보리진 출신 증인.

4.4.1. 배심원 재판의 절차

형사 재판에서의 검찰관과 변호인의 역할이란 판사(및 배심원)에게 자신의 마스터 내러티브의 옳음을 납득시키고 상대측을 공격하여 약화시키는 것이다. 이를 실시할 때에 모두 진술 및 논고와 최종 변론에서의 완전한 형태의 마스터 내러티브가 사용될 가능성도 있지만, 증인의 심문에서의 새틀라이트(종위적) 내러티브 및 다른 증거가 사용된다. 게다가 재판 자체가 단계적인 매크로 장르이며, 내러티브의 특질을 몇 가지 동시에 가지고 있다는 것은 주의할 점이다([표 4-1] 참조). 세 개의 장르의 차원이란 우선 일차적 현실인 매크로 장르의 형태로서 여기에서 말하는 재판, 그리고 마스터 내러티브 및 증인의 내러티브로서 존재하는 두 종류의 이차적 현실의 장르이다. Jackson(1991:160)은 '실제로는 법을 단일 내러티브 수준으로 줄이는 것은 불가능하며 오히려 내러티브/담화 구조가 다중적으로 존재한다고 간주하여야 한다.'고 언급한다. 그래서 아래의 항에서는 이들 장르를 구성하는 세 내러티브 수준이 배심원 재판이라는 매크로 장르의 다양한 단계에서 어떤 식으로 상호적으로 관련되어 가는가에 대해서 서술할 것이다. 게다가 법적 내러티브와 일상적 내러티브 간의 큰 차이를 지적한다. 간결하게 말하자면 그 차이란 대부분의 경우에 법적 내러티브의 목적은 책임 소재를 명백하게 밝히는 것에 있다(Mather & Yngvesson 1982).

모두 진술

마스터 내러티브는 검찰관, 변호인에 의한 '모두 진술'의 형태로 이루어진다. Maynard(1991)은 공판 전 심리에서의 모두 진술의 일부를 이루는 짧은 내러티브(Maynard는 '개요'라 부르고 있다)의 예를 몇 가지 들고 있다. 또한 Snedaker(1991)은 시카고 무정부주의자 재판에서의 서두 진술의 상세한 내러티브 분석을 실시하고 있다. 서두 진술의 내러티브는 판사(및 부심)에게 마스터 내러티브의 요약을 제공하는 것을 의도하고 있으며 이를 계기로 공판에 나오는 보다 상세한 증거의 골격을 제공한다. Snedaker(1991:134)는 '서두 진술은 스토리의 중심을 개관하며 등장인물이나 무대를 설명하고, 동기를 한정하고 무엇이 일어났는지를 묘사하는 것으로 인해서 테마를 설정한다.'고 하고 있다. 그러나 검찰, 변호인 측은 판사(및 부심)에게 증거를 특정 형태로 해석하도록 설득하는 한편, 적대하는 측에게는 많이 부여하여('자신들의 공격 수단의 힌트를 준다.') 버리지 않도록 미묘한 균형을 유지해야 한다. 공판은 매크로 장르이기 때문에 모두 진술은 여러 의미에서 전체적인 방향 설정의 단계이다. 이 단계에서 책임이 어디에 있는지 명확하게 제시되는(또는 부정당하는) 경우도 있지만, 그렇지 않다면 함의적으로 제시될 가능성도 있다.

출정

각각의 증인의 출정([표 4-1]을 참조)에서 (자신 측의 증인의) 주 심문에서는 검찰과 변호인 측은 바람직한 중심적 스토리의 전부 또는 일부를 이끌어 내려고 시도한다. 검찰관, 변호인으로부터 증인에게 어느 정도 지시가 있는지(강제와 지배에 대해서는 3장 참조)는 증인이 바람직한 스토리를 생성해 내는가 아닌가에 관한 신뢰에 달려 있다고 할 수 있다. 증인이 그렇게 할 수 있다고 생각한다면 내러티브를 사용하는 것에는 주저없이 권해지는 경우도 있을 수 있다.(상대 측 증인의) 반대 심문은 이러한 증언에 몇 가지 형태로 저항하여 신빙성을 실추시키는 것을 의도하고 있다. 그 가장 좋은 방법은 스토리 중 요소를 공격하여, 그들 요소에 증거가 없다, 또는 다른 물적 증거 또는 증언에 의한 증거와 모순되고 있는 점을 제시하여 그들 요소는 별개의 해석이 가능하다는 점, 스토리의 내부에서 모순이 존재함을 나타내려고 하는 것이다. 그 내용에 대해서 특히 빈 구멍이나 비논리적인 부분이 있다고 하는 근거로 스토리 전체를 의문스럽게 만들어서 개인을 표적으로 한 공격도 있다. 후자의 목적으로 이용되는 전략에 대해서는 3장에서 논의하였다. 또한 증인이 '상대 측'일 경우 사건에 대해서 자신 측의 해석을 포함하는 질문으로 인해서 확인을 시도하고 증인의 합의를 이끌어 내려고 하는 일도 자주 있다. 이 전략을 알고 있는 증인은 자신들이 말하고 있는 이야기가 옳다는 것을 증명하기 위해서 요구되는 것보다도 가능한 한 많은 정보를 제공하여, 대화로써 상대의 주장에 대해 반론을 제기하는 일도 종종 시도된다. 이것은 Atkinson & Drew(1979:179-81)에서 논의되었다.

재심문에서 검찰관이나 변호인은 자신 측의 증인의 스토리를 다시 입증하여, 공격에 반론을 제기하거나 또는 그것을 배제시키려고 노력한다. 손해가 실제로 일어났다는 것, 그 손해에는 원인이 있다는 것, 그리고 손해가 누구에 의해 일어났는가를 심문으로 명확하게 하려는 시도가 이루어진다. 출정은 [그림 4-2]의 경합하는 두 개의 구축의 주된 근거를 이루고, 재판이라는 매크로 장르에서의 매크로적 사상의 한 형태(Labov & Waletzy 1967)로 간주되는 것이 가능하다.

논고와 최종 변론

논고나 최종 변론이란 검찰 측과 변호인 측이 가장 안정적이고 일관성 있는 형태로, 재판에서 제시된 모든 증거를 포함하는 혹은 설명하는 마스터 내러티브를 구축하려고 시도하는 방식이다. 이들이 새틀라이트 내러티브의 가장 안정적인 형태이며, [그림 4-2]에 제시되어 있는 경합하는 두 개의 구축된 최종 단계 항목을 구성하고 있다. 그러나 내러티브가 아닌 요소도 있다. 변호인은 검찰관의 전략이 [그림 4-2]의 오른쪽으로 이동하여 특히 책임을 지는 사람과 지지 않는 사람을 확정하기 위해서 얼마나 마스터 내러티브의 구축이 법의 틀에 적합한지를 제시하는 장면이다. 법으로의 적합성은 배심원이 보다 엄격한 판결 혹은 보다 덜 엄격한 판결 중 어느 한쪽으로 결정을 내리는 경우 또는 복수의 죄에 대해서 판단을 내릴 필요성이 있는 경우 가장 중요하다.

판사에 의한(배심원으로의) 사건 요지와 설시

판사가 배심원에게 하는 설시는 종종 쌍방의 마스터 내러티브의 어떠한 요약을 제공하지만 이때에 판사는 배심원에게 마스터 내러티브의 어디에 잘못된 점이 있는가를 언급하여 배심원에게 절차 규칙의 범위 내에서(특히 제외되어야 할 특정 증거 내지 의견에 대해서) 증거의 유효성에 대해 지시를 내린다. 그러나 주로 마스터 내러티브와 법률과의 사이에서의 적합성을 상세하게 언급한다. 따라서 판사는 이차적 현실 구축과 법적인 틀에서의 일차적 현실과 이차적 현실이 적합한가 아닌가의 그 쌍방을 평가한다. 이것은 포괄적 차원에서의 복잡화의 한 단계라고 간주할 수 있다.

판결

판결은 내러티브의 형태로 부여되는 것이 아니라, 유죄 · 무죄 · 불확정 또는 민법에서의 당사자 두 사람 중 한 편 또는 어느 쪽에도 죄가 해당하는 않는다는 형태로 단순한 성명에 의해서 이루어진다. 그러나 많은 배심원은 이유가 제시되지 않는 것에 불만을 느끼고 있다. 판결은 재판의 매크로적 판결이라고 보는 것이 가능하다. 마지막으로 형사 재판에서는 유죄 판결이 된 경우 판사는 형 선고를 하고, 이어서 재판의 기소 비용을 결정하는데 때로는 당사자에게 말을 걸어 규탄 또는 축복을 하는 경우도 있다. 또한 비형사 사건의 배심원 재판에서는 배심원이 손해 배상액을 결정하는 경우도 있다. 이것은 관련된 원리 원칙에 대한 사회의 최종적인 판단이라고 간주되기 때문에 매크로 종결부라고 간주된다. 배심원이 관련되지 않은 재판에서는 대부분의 경우 판사가 판결에 대한 이유를 표명한다.

여기에서 제시된 매크로 장르는 이 종류에 속하는 몇 가지 매크로 장르의 한 형태에 지나지 않으며, 예를 들면 검시 심리는 몇 가지 구축의 측면에서 위의 형태와는 달라지게 될 것이다.

4.5. 마무리

[그림 4-2]는 일차적 현실과 이차적 현실 및 법적인 틀이 어떤 식으로 관계하고 있는가를 명시하고 있다. 또한 사법 과정에서의 언제나 상호 작용을 미치고 있는 주된 일련의 요소에 대해서 이해하는 것은 굉장히 어렵기 때문에 이를 도와주려고 도식화한 것이다. 장르의 틀을 사용하여 사법 과정이 온전히 이해되는 것은 아니지만 사법 과정과 법적 담화의 이해를 돕는 데에는 공헌할 수 있다. 그러나 법의 '스토리를 말하다'라는 표현은 비유라는 것을 확인해 주길 바란다. 법의 다양한 내러티브는 일상의 이야기나 면담과는 중요한 차이가 있으며, 내러티브 구조의 일부가 아닌 요소도 있다. 그러나 일차적 현실 및 이차적 현실의 개념과 합쳐서 장르의 틀을 사용한다면 이렇게 복잡한 문제를 보다 깊게 이해하여 개념화하는 방법으로 조금이라도 나아갈 수 있게 된다.

제5장 사법 제도의 커뮤니케이션 문제

법률에 사용된 영어는 장황하고 불분명하며 현학적이고 따분하다.
- Mellinkoff(1963)

5.1. 들어가며

사법 제도의 커뮤니케이션은 어렵다. 그 이유는 두 가지 있다. 하나는 법률가 이외는 사법의 언어를 알 수 없다는 것, 또 하나는 법률가 자신이 사법의 표준적인 언어를 사용하지 않는 일반인이 구사하는 언어를 모른다는 것이다. 후자에 대해서는 주로 7장에서 언급하겠다. 제1의 문제로 돌아가자면 지금까지 특히 1, 2장에서는 사법의 언어가 얼마나 복잡한 것인가에 대해서 살펴보았다. 그 결과 많은 사람들이 사법의 언어를 이해하는 것이 어렵다는 공통 인식을 가지고 있는 것을 알 수 있었다. Jackson(1990:87)은 '영국의 법률은 주로 영어로 쓰이고 읽히지만 영어 화자의 대부분이 사법의 언어에 사용되는 사법 레지스터가 이해되지 않기 때문에 사법 기호 집단으로부터 제외된다.'라고 하고 있다. 이 장에서는 이 인식이 맞다는 것을 증명하고 폭넓은 법의 맥락에 해당하는 증거를 제시하여 왜 이것이 문제가 되는지, 난해함의 원인은 무엇인지, 문제를 해결하기 위해서는 어떻게 하면 좋은지를 개선에 성공한 예를 소개하면서 찾아가겠다. 서장에서 말한 커뮤니케이션 모델을 논의의 기초로 삼겠다.

법률의 언어를 알기 쉽게 하려는 가장 근본적인 이유는 보통법이 '법을 알지 못하면 방어하지 못한다'라는 생각을 전제로 하고 있기 때문이다. 법률이 적용되는 사람에게 이해할 수 없는 언어로 쓰여 있는 것이라 한다면 이 전제가 심각한 부정의(不正義)로 이어질 뿐만이 아니라 논리적인 부조리에 빠지게 된다. 이것은 법률의 언어가 그 이용자나 그로 인해 판결을 받는 사람들에게 이해 가능한 것이어야 한다는 것을 의미한다. 법률의 언어가 보다 이해하기 쉬워진다면 법률가 이외의 사람들에게 사법 제도나 그 존재 의식이 더 이해하기 쉬워지며 자신들의 법적, 개념적 권리를 보호하며 사법 과정에 보다 적극적으로 관여할 수 있게 되는 것이다. 법과 정의의 시스템을 완벽하게 이해하는 것은 불가능하다고 생각할지도 모른다. 그러나 그것을 목표로 하는 것은 절대적으로 필요한 것이다. 확실히 완전한 커뮤니케이션이란 희박한 것일지도 모른다. 그러나 법률의 언어는 좀 더 알기 쉬운 것이 되어야 한다.

5.2. 법의 언어의 어려움

법의 언어에 관한 비판의 역사는 길고 뿌리가 깊다. 빈정거림의 대상이 되기도 한다. 예를 들면 조나단 스위프트의 '걸리버 여행기'나 마르크스 브라더스의 영화 Animal Crackers(역제: 파티 대소동), A Day at the Races를 기억해 주길 바란다. 또한 찰스 디킨스가 bleak house(황폐한 집)에서 그린 많은 사회적 테마 속에서도 사법 세계가 포함되어 있으며 법률의 언어를 공격하고 있다. Eagleson도 많은 사법 제도에 대한 비판을 모은 보고서(빅토리아주 사법 개혁 위원회 Law Reform Commission of Victoria 1987:11) 안에서도 '법률문은 장황하고 과잉 기술, 과잉 자의식의 반복이 많다.(중략) 일반 독자에게는 이해 불가능한 것이며 법률가에게조차도 이해 불가능한 것이다.'라고 하고 있다. 실제로 세계의 법률가 중 다수가 법의 언어에 비판적이다. 영국에서의 법에 관한 문헌 연구의 혁명적 존재인 Bentham(1838:281) 또한 법률의 언어를 강하게 비판하고 있다. '브리티쉬 랜튼 리포트'(British Renton Report, Renton 1975)

는 법률가나 판사조차도 법률문을 쓰는 일은 '법률의 이해를 방해하는 장벽'이라고 인정하며 '일반 서민에게 법률 조문은 마치 외국어 같다. 법 아래에서의 자신의 권리나 의무를 알기에는 도움이 필요할 것이다. 게다가 현재는 성문법이 이전보다도 증가하여 국민 생활의 온갖 장면에 효력을 미치는 시대인 것이다.'라고 서술하고 있다(Renton 1975:37). 미국 법률가로 법의 언어에 관한 연구의 창시자라고도 할 수 있는 David Mellinkoff는 이 장의 서두에서 인용한 문장을 쓴 인물이기도 하며 고전이라 칭해지는 Launguage of the Law(법의 언어)의 대부분을 법률 영어의 불필요하기까지 한 복잡함을 비판하는 데에 할애하고 있다. Eagleson은 빅토리아주 사회 보장 상소 법원의 의장의 언어를 아래와 같이 인용하고 있다(빅토리아주 사법 개혁 위원회 1987:10). '호주 의회가 1947년에 제정된 사회 보장법(Social Security Act of 1947)을 누구도 이해할 수 없는 법령집으로 만들어 놓은 것은 안타까운 일이다. 상소 법원은 이 법률이 이 국가에 사는 사람들의 생명에 관련된 내용을 규정하고 있는 것을 생각하면 이는 유감이라 생각한다. 이 가장 중요한 법률을 둘러싼 현상은 국가의 얼굴에 먹칠을 하는 일일 뿐이다'(후에 호주에서 처음 평이한 언어로 쓰인 연방 사회 보장법이 제정되었다). 호주 고등 법원은 헤플스 사건(Hepples Case) 중에서 과세법의 초안 과정이 복잡하다는 것을 강하게 비난하였다. 이 책 2장의 [표 2-1]에서 법률가 이외의 일반인에게는 상당히 난해한 법률 문장에 관한 예를 소개하고 있다. 법률의 언어가 난해한 것은 영어뿐만이 아니다. Duarte i Montserrat and Martinez (1995)는 스페인의 카탈루냐 지방과 스페인어의 복잡한 법률문에 관한 많은 실례를 들고 있다. Cavagnoli & Wolk(1997)은 이탈리아어에서의 같은 문제를 논의하고 있다. Gunnarsson(1984)는 스웨덴어 법률문의 복잡함에 대한 문제를 다루고 있다. 그 외에도 대부분의 유럽 언어에 관해서 같은 문제를 다룬 문헌이 있다. 일본에서는 오오가하라(2004)에 의해서 법률 문장이 대부분의 일본인에게 이해되기 어려운 언어로 쓰여 있다는 것을 지적하고 법률 언어의 일상어화의 움직임이 있다는 것을 소개하고 있다. 그러나 평이하게 변환된 법률 문장일지라도 보통의 일본인에게는 여전히 난해한 문장이라고 오오가하라(2004)는 지적한다.

법률 문장이 일반에게 충분히 이해 가능한 것이 아니라는 문제를 다룬 심리학 연구도 널리 이루어지고 있다. Charrow & Charrow(1979), Lieberman & Sales(1997)에서도 다수 언급되고 있다. 이 장의 후반에서 얼마나 복잡한지를 조사하기 위해 실행된 실험을 소개하겠다. 이 외의 법률 문장의 평이화 추진파의 연구 결과나 실험 결과에서 비록 독자가 법률문의 문체에 정통하다고 할지라도 일반적인 문체로 쓰인 문장에 비해서 법률의 문체는 독해에 월등히 많은 시간과 노력을 필요로 한다는 것이 밝혀졌다. 이것은 그러한 문체를 사용하는 것은 비효율적일 뿐만 아니라 비용도 높아진다는 것을 의미한다. 불필요한 복잡함 때문에 공적 서비스를 제공하는 직원은 아주 긴 시간을 필요로 하며 복잡함 때문에 직원이 과실을 일으키는 경우도 있다. 이 복원에 수백만 달러의 비용을 발생시키고 있는 것이다. 예를 들면 영국 내각부 행정 인사국의 조사로는 법률의 일상어화에 따른 서식을 검토한 것만으로 1984~85년에 걸쳐서 400만 파운드의 비용을 절감할 수 있었다.

법의 언어는 이해가 어려운 것만이 다는 아니다. 법률가 이외의 사람에게는 전혀 불가능하다고까지는 말하지 못해도 능숙하게 구사하는 것도 아주 어려운 일이다. 3장에서 다룬 '과잉 상세 표현'은 법률가 이외의 사람들이 법의 언어를 사용하려다가 실패한 것이 원인이라고 할 수 있다.

5.3. 난해함의 근원

이 절에서는 서장에서 언급한 커뮤니케이션 모델을 틀로써 논의를 진행할 것이다. 지금까지 말한 '알기 쉬움'은 관계가 있는 청자/독자의 입장에서의 '알기 쉬움'인 것이다. 법률가가 법률가를 위해서 쓰는 법의 언어는 당연하지만 법률을 모르는 청자를 대상으로 한 언어보다도 전문성과 복잡성이 높으며 법률가가 공유하고 있는 지식 양이 일반인보다도 많다는 것이 전제가 되어 있다.

5.3.1. 비언어 커뮤니케이션

1장에서 문어적으로 딱딱한 문어 표현을 사용한 결과, 다양한 문제점이 발생한 것을 언급하였다. 법률 문서가 문어로 이행한 것은 필사자가 아직 근대적인 서식 기술을 가지지 않은 시대의 일이다. 옛날의 법률 문장에는 마침표가 없고 서식이 통일되어 있지 않으며 소제목이나 단락 구분도 없었다.

법률가라는 직업의 보수성이 현대 기술 덕에 가능해진 많은 문서 편집 기능을 충분히 활용하는 것을 방해하고 있다. 최신 인쇄 기술을 사용하면 큰 폰트, 볼드체, 밑줄 등을 사용하여 강조하는 것이 가능해졌고 다음 항과 항 사이에 행간을 넣거나 인덴트(들여쓰기, 행 머리의 앞 글자 강조)나 마진(여백, 상하좌우의 인쇄되지 않는 영역)을 지정하거나 하여 문서를 정돈하는 것이 가능해졌으며 기호나 화살표 등 특수 기호를 사용하는 등 다양한 일이 가능해졌다. 복사기나 디지털 보존 기술 등의 최신 기술을 사용하면 보존한 서류의 복사본을 작성하는 것이 가능하다.

Penman(1992)는 서식이나 도표 등을 사용하면 더 알기 쉽게 전달하는 것이 가능한데도 법률 문서는 전문적 어휘나 문법에 너무나도 의존하고 있다고도 말하고 있다. Penman은 NRMA(National Road and Motorists' Association) 자동차 보험 증권을 분석 대상으로 삼고 있다. 이 보험 증권은 평이문에 의한 표현법을 채택하고 있어 한 문장 단위로 평이화된 문장에서 쓰인 좋은 법률 문서의 예라고 간주되어 왔다. 그러나 penman과 그 공동 연구자는 담화 단위로 문서를 재파악하고, 문서 전체의 구성이나 레이아웃을 검토하여 필요한 정보에 접근하기 쉬운 문서로 수정하였다. 그 후 그들은 고전적인 사회 심리학에서 사용되는 18개의 상황 설정 설문(예를 들면 '만일 당신의 차가 도난당한다면 경찰에 신고하시겠습니까?', '만일 당신의 트레일러가 도난당한다면 NRMA는 얼마나 보상해 줄 것이라 생각하십니까?' 등)을 함으로써 두 종류의 문서를 비교하였다. 그 결과, 수정판이 월등히 알기 쉬운 것이 된 것은 말할 것도 없다. 두 번째로 문서의 알기 쉬움을 실험으로 검증하는 것이 필요하다는 것, 그리고 세 번째로 적절한 테스트 방법을 고안하는 것의 필요성이다. 문어에 의한 커뮤니케이션 기술이 확대됨에 따라서(예를 들면 컴퓨터의 하이퍼텍스트 등), 새로운 메시지의 전달 방식의 가능성이 넓어지고 있다.

5.3.2. 언어의 특징

좀 더 언어의 특징에 주목하고 싶다. 언어가 원인으로 생기는 문제의 대부분은 지금까지의 장에서 소개해 왔다. 예를 들면 문어의 영향, 계획성과 문맥으로부터의 이탈, 법의 언어의 전문성과 특수성, 대인관계의 힘 관계 등 사법의 언어에 고유의 성질이 그 밑바닥에 존재한다. 우선 문어의 영향이란 무엇일까? 문어의 경우 그 자리에서 즉흥적으로 문답을 하는 실시간의 언어 생성과는 크게 다르며 작자(필자)에게는 사전 준비 시간, 즉 문서 작성에 대한 계획을 세울 시간이 부여된다. 그 결과 다양한 언어 사용상의 영향이 발생한다. 예를 들면 숫자나 소제목을 사용하거나 인덴트 등의 서식 기능을 이용하거나 하는 것으로 문서의 논리 구조가 보다 명확화되어 알기 쉽게 된다. 이러한 담화 차원에서의 조정은 종종 '문서 계획'의 좋은 예로 간주된다. 또한 서두의 요약을 붙이거나 목차를 붙이거나 논리적 순서로 정보를 제시하는 것 등도 포함된다(Felker 외 1981).

그러나 문서 작성 시에 정보의 흐름을 계획하는 것은 양날의 검이라고도 할 수 있다. 이 접근은 논리적 사고의 흐름을 지탱하기 때문에 담화 차원에서는 확실히 이해에 도움이 된다. 그러나 심리 언어학자는 문법 층위에서 새롭게 추가된 '수동태'와 같은 문법 요소 때문에 역으로 난해하게 되어 버린다고 지적한다. 게다가 행위 주체가 명시되지 않는 수동태를 사용한 경우(예 '그 건물은 파괴되었다'라는 문장은 '누가' 또는 '무엇이' 건물을 파괴하였는지 모른다), 당사자 정보가 손실되기 때문에 의미가 모호해진다(사법의 언어에서는 수동태를 의도하지 않고 사용하였는지, 또는 의도적으로 사용하였는지는 특히 중요한 의미를 가진다. 법적 맥락에서 누가 행위자이고 누가 비난받아야 마땅한지가 큰 문제가 된다). 그러나 이러한 편집이 때로는 바람직하다고 여겨지는 경우가 있다. 빅토리아주 사법 개혁 위원회(1987:38-9)의 일부인 설명서의 원안은 '행위자가 중요하지 않기 때문에 특정하지 않는 쪽이 좋은 경우 등 많은 경우 수동태의 사용이 적절한 경우가 있다)라고 서술하고 있다. 1984년의 불임(의료 절차)법(Infertility [Medical Procedures] Act [1984])은 두 개의 예를 들고 있다.

1. This Act may be cited as the Infertility(Medical Procedures) Act 1984.
10(3). A procedure to which this section applies shall not be carried out unless …

1. 이 법률은 1984년 불임(의료 절차)법이라 칭하는 것이 가능하다.
10(3). 이 항이 적용되는 절차는 … 하지 않는 한 실행되지 않는 것으로 한다.

이 경우 '칭하다'나 '실행하다'와 같은 행위의 주체가 누구인가는 문제가 되지 않는다. 대부분의 문장에 적용되는 평이화 기준에서는 어느 문법 형식의 사용을 완전히 금지하는 것이 아니라 필요한 경우에만 사용되어야 하는 것이라고 언급하고는 있지만, Felker 외(1981:29)의 지적에서는 수동태는 사용자가 '행위의 대상물에 역점을 두느냐는 의도가 없는 한' 이해하는 것이 어렵다. 그들은 심리 언어학적인 관점에서 실례를 들고 있다.

문서의 사전 계획이 가능하게 된 것의 또 하나의 폐해는, 실시간으로 이루어지는 일반적인 대화에서의 인지 처리에서는 생성 불가능하다고 여겨지는 극히 길고 복잡한 문장 구조가 생겨났다는 것이다. 이 문제에 대해서는 이 장의 후반에서 논의하도록 하겠다.

또 하나의 중요한 언어상의 복잡함은 이른바 문법적 비유 안에서 생기는 맥락으로부터의 이탈이다. 언어 평이화 운동의 추진자는 이 복잡함을 반드시 이해할 필요 없이 동사에서 파생하는 명사가 아니라, 행위 동사(action verbs)를 사용하는 쪽이 좋다고 한다(Felker 외 1981:35). 그러나 그들이 제안하는 대처법은 안타깝게도 동사의 형태소에서 파생한 명사화에 한정되어 문법적 비유가 표현하는 다른 형태(동사와 접속하는 접속사나 형용사에 접속하는 명사 등 1장 참조)에는 해당하지 않는 경우가 많다. Charrow & Charrow(1979)는 명사화의 어려움에 대한 실험을 하여 증거를 제시하고 있다. 난관이 발생하는 원인은 몇 가지 생각할 수 있다. 첫째로는 문법적 비유는 동사, 형용사, 명사 등 품사의 기본적 의미(각각의 절차, 속성, 물질)와 그들이 비유적으로 사용된 경우의 의미 간의 관계에 괴리가 생기는 것을 들 수 있다. 2장의 [표 2-1]에 그 예가 있다. 그러한 표현 방법은 자유로운 발화나 아이들의 회화, 또 문자 전통이 없는 언어에서의 발현 빈도가 낮은 것이다. 또 하나는 형태소적 관점에서 보면 그들이 실제로는 복잡한 형태를 하고 있는 것도 원인이라 할 수 있다. 비교적 자주 사용되는 언어에서조차도 그러한 경향이 있다. 예를 들면 leadership이라는 말은 lead + er + ship이라는 형태로 되어 있고, unimpeachability라는 전문 용어는 un + im + peach + abili + ty라는 형태로 되어 있다. 게다가 영어는 그리스어나 로망스어가 변화해 온 언어

(예를 들면 impeach는 프랑스어가 어원이다. 이하도 참조)를 사용하여 형태적으로 복잡한 문법적 비유를 사용하고 있는 그러한 언어는 고전적 지식이 없는 사람에게는 다소 낯선 것이다. 예로 put in(집어넣다)는 명사로 한다면 insertion이라는 형태가 된다. 그러나 컴퓨터 용어의 세계에서는 일반적으로 친숙한 put in이라는 표현을 명사화한 형태인 input이라는 언어를 사용하고 있다. 지식이 높지 않은 사람은 문어의 특징인 빈도가 낮은 명사화된 단어에 친숙하지 않은 것이 보통이다.

또 하나는 요소 간의 관계를 명확히 드러내는 문법 구조를 가진 절이 복잡한 명사화형으로 축소되기도 한다는 것이다. Charrow & Charrow (1979:1321)는 명사화에 대해서 종속절 전체를 단수 명사로 줄여 버리는 것은 반대로 깊은 차원에서의 문법적, 의미론적 구조의 복잡함을 증가시키는 것이라고 한다. 그렇게 되면 문장의 의미가 모호해지며 의미를 이해하기 위해서 더욱 더 머리가 아프게 된다. 예를 들면 drug abuse(약물남용)이라는 말은 본래 일반적으로는 약물을 오용하는 것이라고 해석되지만 약물 문화 안에서는 '약물에 쩔다'과 같은 속어(slang)적 의미가 된다. 또한 정보를 복합 명사구에 패키지화함으로써 그 정보의 밀도를 높게 하는 것이 가능하게 되는 반면 그러한 패키지화에 의해서 이해하기 어려움이 증가한다는 연구 결과를 도출하고 있다(Felker 외 1981:43). 알기 쉬운 표현으로 하기 위해서는 '명사의 나열을 떼어 놓아야'(Felker 외 1981:63) 한다.

문법적 비유는 양날의 검이 된다. Solomon(1996)은 문법적 비유의 사용을 피하는 것은 어려울 뿐만이 아니라 역으로 피하려고 하는 것으로 인해서 더 문법적으로 복잡한 문장이 완성되고 만다고 지적하고 있다. 단순히 구 층위에서 복잡하였던 것이 문장 층위의 복잡함으로 바뀌는 것뿐인 것이다. 게다가 문법적 비유는 긴 문장 구조에는 귀중한 자원이라 할 수 있다. 이것은 그 전 단계에서 논의된 복잡한 개념을 복합 명사라는 '패키지'에 묶어 버리기 때문이다. 이러한 문법 운용력을 가지는 사람에게 문법적 비유는 커뮤니케이션에 도움이 된다. 그러나 그렇지 않은 사람에게는 역으로 이해가 어려워진다.

문어의 탈문맥화가 일어난 결과로써 커뮤니케이션 참여자가 보다 명시화된다는 것을 들 수 있다. 이로 인해서 모호함이 배제되어 보다 이해하기 쉽게 된다는 이점이 있는 한편, 지금까지 법률 문장이 쓰여 온 방식으로 이것이 이루어졌을 경우, 예를 들면 party of the third part(제3부의 당사자) 등과 같은 표현은 반대로 이해하기 어렵다(이 점은 마르크스 브라더스의 영화 'A Day at the Races'를 참조). 일상어에서의 해결법으로서는 인칭 대명사를 쓰는 방법이 있다(Felker 등 1981:31).

2장에서 다루고 위에서 언급한 법의 언어의 또 하나의 문제는 고문체나 외국어 표현이 사용된다는 것이다. 영어의 경우 라틴어나 프랑스어가, 스페인어의 경우도 라틴어가, 일본어에서는 한자어에 의한 표현이 쓰이는 것이다. 이것은 전문 용어를 나타내는 언어가 필요하다는 것과 법률 문장이 형식화된 보수적인 성격을 가지는 것에 기인한다. 고문이나 외국어는 불필요하다. 자국어의 현대문으로 나타내면 그만인 것이다.

2장에서는 전문 용어에 대해서 논의하였다. 여기에서는 전문 용어의 유용성과 법률 전문가에게는 때때로 전문 용어가 필요하다는 것을 논의하였다. 전문 용어는 법률가밖에 모르는 용어라고 생각되기 쉽지만 실제로는 법률 용어를 듣고 보는 사람이 전문가로 한정되는 것은 아니다. 법률가 이외의 사람들에게 법률 용어를 사용하여 어떠한 설명을 할 때, 예를 들면 설명서 등에 그 전문 용어의 의미가 이해 가능하도록 기재되어 있지 않은 한, 설명문의 의미가 이해되지 못하는 것은 명백하다. 전문 용어를 사용한다는 것이 법률가라는 직업의 지위나 배타성의 과시와 법률가의 지식의 자랑일 뿐이라는 의미에서는 정보를 전달하려는 목적보다도 사회적 대인관계에서의 동기에 기초한 것이라 할 수 있다. Felker 외(1981:59)는 위압적인 법률 레지스터를 의미가 정확성을 바꾸지 않고 일상어로 치환할 수 있는 단어를 열거하고 있다. 예를 들면 aggregate 대신에 total(합계), indicate 대신에 show(보여 주다), initiate 대신에는 begin(시작하다) 등 일상어로 바꿀 수 있는 단어가 나타나 있다. 언어를 이중 삼중으로 반복하는 것도 불필요한 복잡함을 야기한다. 라틴어와 같은 외국어를 사용하는 것도 커뮤니케이션을 어렵게 하는 원인이다. Duarte I Montserrat & Martinez(1995: 118)는 '이러한 종류의 라틴어 표현은 청자가 일반 대중이나 법률에 정통하지 않은 사람의 경우는 자제하는 것이 바람직하다.'고 한다. 가장 귀찮은 문제는 용어가 일상어라고 해도 법적 의미가 존재하는 경우이다. 예를 들면 aggravation(가중)이라는 단어가 이에 해당한다.* 법률가 이외의 사람들에게는 오해를 불러일으키는 단어이다.

2장에서 엄밀함을 추구하는 행위가 반대로 커뮤니케이션상에 어려움을 야기할 위험성에 대해 보아 왔다. 즉, 문법적 비유나 전문성이라는 의미론적 복잡함과의 대비에서 문법 구조의 복잡함이 발생하는 것을 논의하였다. 구성 요소의 언어 모델에서는 형태소가 단어를 형성하여 단어가 구를 구성한다(필자가 '동사구'라는 표현을 한 경우 동사의 요소만을 언급하는 것으로, 그 동사 그 자체나 그 동사의 행위가 미치는 대상물이나 전치사구에는 언급하지 않는다는 것에 주의할 것). 게다가 구는 단문을 구성하고 단문은 복문을 구성한다.

이하는 영국 이사 업자 협회(British Association of Removers)의 계약서에서 발췌한 예문으로, Davies(2004:88)에 인용된 것이다.

> The cost of any such arbitration shall be in the discretion of the arbitrator and the award of such arbitrator shall be a condition precedent to any legal proceedings in a court of law in respect of any matters hereby agreed to be the subject of arbitration.

> 어떠한 중재 비용도 중재자의 재량에 의한 것으로 하며, 중재자에

* 번역자 주: '분노'라는 의미도 있다.

의한 재정은 중재 대상으로서 여기에 합의된 특정 내용에 관해서도 법정에서의 어떠한 법적 수단보다도 우선되는 조건이 된다.

이 문장을 처음부터 끝까지 살펴보겠다. 우선, discretion(재량)이라는 단어는 discret과 ion이라는 두 개의 형태소로 이루어진다. 그리고 'shall be'라는 표현은 shall과 be로 구성되며 'any legal proceedings'이라는 명사구는 any와 legal과 proceedings이라는 단어로 구성된다. 그리고 'in a court of law'라는 전치사구는 in과 a와 court와 of와 law로 이루어진다. 'The cost of any such arbitration shall be in the discretion of the arbitrator'라는 문장은 몇 개의 구로 이루어지는 단문이며, 인용문 전체는 두 개의 단문으로 이루어진 복문이 된다. 그러나 'hereby agreed to be the subject of arbitration'라는 부분은 'which are hereby agreed to be the subject of arbitration'라는 절의 'which are'가 생략된 형태이다.

이 법률 문장의 구성 요소 하나하나에 오해를 발생시키는 요소가 있다. 이 복잡성은 구성 요소의 수가 원인이거나 구성 요소 간의 관계의 복잡성이 원인이 되는 경우가 있다. 다음은 통사적 복잡성의 예를 보인 것이다.

- 통사적 복잡성(복문의 단문 수와 그 관계)
- 문장 간의 복잡한 관계성(구 수와 그 관계)
- 구의 복잡성(구의 단어 수와 그 관계)
- 어휘의 복잡성(단어의 형태소 수와 그 관계)

또한 구성 요소란 직접 관계가 없는 층위 간의 복잡한 연결이 원인이 되는 경우도 있다. 예를 들면 형태소와 절의 연결이 이에 해당된다. 통사적 복잡성 때문에 이해가 어려워지는 것을 나타내는 심리 언어학적 증거가 있다. 등위나 나열 관계는 단순한 단문보다 복잡하고 종위나 종속 관계는 가장 복잡한 구문이다. 2장에서도 살펴봤듯이 법적 효력이 있는 문서는 문법적으로 극히 복잡하고 난해하다. 법률가조차도 완전히 이해하려면 많은 노력이 필요하다. Fleker 외(1981:43)에서는 복잡한 문법을 독해하기 위해서 언어 연구의 측면에서의 지원이 제공되고 있다. 또한 마찬가지로 2장에서 조건을 열거하여 복잡한 구문을 만들려는 경향이 있다는 것을 언급하였다. 지시 대상이 보다 명확해진다는 이유로 이 경향을 지지하는 논의의 증거는 'Whoever knowingly….' '누구나가 … 을 알면서도'로 시작하는 긴 단문 중의 조건은 열거된 것 모두에 연관되듯이 만드는 것이 가능하다는 주장일 것이다. 다만, 거의 의심할 여지없이 길고 복잡한 구문 때문에 이해가 어려워지는 것도 사실이다. Felker 외(1981:B-7)는 복수의 조건이 하나의 문법 구조 중에 조합되어 내포되는 것이 아니라, 한 줄씩 조건이 하나하나 제시된다면, 문장은 더욱 알기 쉽게 된다고 하며 이 증거를 지지하는 연구 결과를 제공하고 있다. 지나친 평이문 추진론 안에는 한 문장의 단어수를 26 단어 이내로 해야 한다는 논의가 있다.

2장에서 다룬 Cunningham 외(1994)의 예는 법적 효력이 있는 문서에 쓰이는 문법에는 때로는 일상 문서의 문법과는 다른 규칙이 적용되어 있기 때문에, 법률가 이외의 사람이 읽으면 이해할 수 없는 것이라고 지적하고 있다.

Felker 외(1981)도 같은 문제점을 지적한다. 이것은 관계사 구문에서의 관계사의 생략에 대해서이다. 예를 들면, 'I saw the man standing over there at the scene of the crime.' '나는 범행 현장에 서 있는 남자를 보았습니다.'라는 문장은, 'I saw the man who is standing over there at the scene of the crime.' '저는 보았습니다, 그 남자는 범행 현장에 서 있었던 것입니다.'라는 문장보다도 알기 어렵다. Redish & Rosen(1991)은 관계사가 생략되면 복잡한 통사 관계가 전복되어 버린다는 지적을 하고 있다. 작자(필자)는 생략하지 않고 관계사를 넣어 문장을 써 보고, 처음으로 그 복잡함을 알아채는 것이다. 불필요한 관계사를 넣은 문장은 명시화가 강하게 나타난 문장이 되므로 생략하지 않는 편이 좋다. Huckin, Curtin &

Graham(1991)과 Redish & Rosen(1991)의 논쟁을 보길 바란다.

법률문을 쓸 때, 사전에 구상을 함으로써 자연 발화라면 두지 않을 만한 곳에 정보를 두는(예를 들면 주어와 동사를 떨어뜨린다) 것으로 인한 의미의 모호함을 피할 수 있게 된다. Felker 외(1981:47-8)에서는 이러한 글쓰기 방식이 법률 문장을 알기 어렵게 하고 있다는 것을 증명하는 광범위한 연구 결과를 제시하고 있다.

3장에서 논의한 경찰관의 과잉 상세 표현은 논외로 하더라도, 대인관계에서의 비대칭적인 힘의 관계가 커뮤니케이션을 어렵게 만들고 있다고 할 수 있다. 힘의 관계에서 약자인 일반 시민이 고도화된 사법의 장인 법정의 맥락에서 이해도에 관한 문제를 법률 전문가와 대등하고 교섭한다는 것은 지극히 어려운 일이다. 마찬가지로, 일반 시민이 자신들의 사정을 법률가에게 이해받도록 하는 것도 어려운 일이다. 법의 언어에는 이중 부정, 삼중 부정이 쓰이는 경우가 있다. 이것에는 이른 바 '숨겨진' 부정인 'unless', 'forbid', 'deny'라는 단어들도 포함된다. Felker 외(1981: 69-70)에서는 문장 안에 부정어가 많으면 많을수록 이해가 어려워지는 예를 들고 있다. 법률문의 평이화 권고서에서는 '복수의 부정형을 피하시오.'라는 권고안이 나와 있다.

4장에서 논의한 장르도 법언어의 이해에는 아주 중요한 역할을 한다. 이 장에서는 독해에서의 문맥이나 배경지식으로서의 스키마가 하는 역할에 관한 연구에 대해서 언급하였다. 독해에 관한 연구자(예를 들면 Bower, Black & Turner 1979, Perkins 1987, Schank & Abelson 1977, Wallace 1990, Weaver 1988 등)는 텍스트 스키마인 장르나 지식 스키마(다음 항 참조)가 이해에 아주 큰 역할을 한다는 것을 논의하고 있다. 또한 4장에서는 어느 법률가 집단이 법적 합의문을 보다 알기 쉽게 서술하고 있다는 것을 소개하였다. 이것은 그들이 법률문의 일반적인 구조에 관한 지식을 가지기 때문에 각 항의 내용을 예견하기 쉬우며, 부적절한 언어 사용이 원인이 되어 발생하는 문제점도 극복할 수 있다. 언어학자는 저명한 인물일지라도 법률가가 가지는 전문 지식은 없기 때문에 언어학의 고도의 지식과 교양이 있을지라도 법률문은 알 수 없는 것이다. 만일 법률문을 작성하는 사람이 법률가 이외에는 법률문은 알기 어렵다는 사실에 민감하지 않거나 어떠한 이유로 독자를 충분히 배려하지 않는다면, 알기 쉬운 법률문을 쓰는 것은 어려울 것이다.

다음으로, 비언어 커뮤니케이션의 문제에도 언급하고 넘어가겠다. 법률문에서 삽화나 도표 등이 효율적으로 사용되는 일은 거의 없다. 다만, 소유권에 관한 법률 문서에는 옛날부터 도표나 지도가 사용되어 왔다. 이 습관은 중세 영국의 토지 대장으로 거슬러 올라가는 것이 가능하다. Stygall(1994:208)은 경계의 언어를 말하고 있다. Stygall에 따르면 법 세계의 메타언어 의식은 단어나 구만이 문제라고 인식하고 있다. 이 때문에 개념 프레임의 차이가 법률가와 일반 시민의 커뮤니케이션의 문제의 원인이 되고 있다고 하고 있다. 그러나 한편으로는 그 문제가 언급되는 일은 거의 없다. 왜냐하면 '서로 이해하고 있지 않은 것이나 액세스가 없다는 것'을 인정하는 것은 어떤 형태로건 불쾌함을 줄 수 있기 때문이다. 이 문제는 추가적으로 지식의 스키마 문제로 직결된다.

5.3.3. 지식 스키마

사물의 이해에서 지식이 맡는 역할에 대해 지금까지 Anderson(1984), Anderson & Pearson(1988), Kintsch(1988)에 의해서 연구되어 왔다. 만일 여기에 두 명의 사람이 있고, 어느 특정 분야에 관해서 지식을 공유해 왔다고 한다면, 두 사람의 커뮤니케이션은 아주 잘 이루어질 것이다. 그러나 만약 그러한 지식이 지극히 전문성이 높은 지식이라면 그러한 지식을 가지지 못한 사람과 완벽한 커뮤니케이션을 취한다는 것은 지극히 어렵거나 불가능할 것이다. 잘 알려진 예로, 양자역학의 전문가끼리의 논의는 그 분야의 지식을 전혀 가지지 못한 사람(예를 들면 필자는 양자역학의 지식은 전무하다.)에게는 이해 불가능한 것으로, 깊이 있는 논의에는 참여 불가능하다. 마찬가지로, 법정에서 법적 쟁점을 논의하는 모습을 법률 지식이 없는 사람이 보아도 이해 불가능한 것일 것이다. 변호인과 의뢰인의 상담 시간의 대부분이 지식의 골을 메우는 작업에 할애된다고 해도 과언이 아니다. 최근에는 이 지식의 불균형이라는 사실이 법률가와 일반 시민 간의 커뮤니케이션 문제의 원인으로서 다루어지게 되었다. 실제로 2장에서도 일반 사람들이 법률가가 말하는 단어 하나하나를 모두 알아들었다고 해도 공통 프레임이 없다는 것이나 세계관의 차이가 발언 전체를 이해 불가능한 것으로 만들어 커뮤니케이션의 어긋남이 발생하고 만다는 것을 논의하였다.

지금까지 커뮤니케이션을 방해하는 문제에 대해 살펴봤다. 다음으로 법률문의 평이화 추진 운동에 대해서 짧게 개관하고 중요한 네 종류의 법적 장르에서 그 복잡성을 나타내는 예와 그 결과 발생하는 결과에 대해서 말하겠다.

5.4. 배심원 설시

보통법의 배심원 재판에서는 배심원으로의 설시가 이루어진다. 배심원의 의무에 대해서 설명하는 설시는 재판이 시작되기 전에 이루어지는 경우가 있다. 법원이 증거로서 인정하지 않는 것에 근거하여 판단을 내려서는 안 된다는 것이 설명되는 것은 공판 도중이다. 대부분의 설시는 공판 종료 후에 판사가 배심원에게 증거나 증언을 어떻게 다루어야 하는지, 또 어떤 식으로 평결을 내리는지에 대한 정보 제공과 지시를 한다. 배심원은 통상적으로는 법률에 밝지 않다. 따라서 설시는 그들에게 알기 쉬운 형식으로 이루어질 필요가 있다. 배심원은 피고의 유죄, 무죄를 결정하는 것이며, 공정한 재판이 방해되지 않도록 적절한 이해에 기초하여 내려져야만 한다.

여타 법적 장르에서도 공통적인 문제로서 예시하듯이, 설시의 대상이 되는 청자는 두 종류가 있다. 하나는 명백하게 직접적인 증언의 청자인 일반 시민으로 이루어지는 배심원이다. 그러나 설시는 후에 항소가 일어날 경우에 판사가 배심원단에게 법률 정보를 공정하게 전달하고 있는가 어떤가 하는 판단의 근거로서 참조된다. 이 경우의 설시 대상은 동료 판사나 법률가가 된다. 따라서 이 제2의 청자에게서 합격점을 받을 수 있어야만 한다. 즉, 치밀하며 빠짐없이 이 책의 1장에서 4장까지 다룬, 정확성, 권위, 고도의 문식성을 추구하는 자세, 그에 부가적으로 언어의 특징들이 모두 망라되어 있을 필요성이 있다. 따라서 언어의 사용에는 일반 시민의 배심원에 적합한 언어 사용과 전문가인 법률가에게 적합한 언어 사용 사이에서 긴장감이 발생한다. 이 현상을 이 책에서는 '두 종류의 청자/독자가 있는 딜레마' 'two audience dilemma' 라고 칭하고 있다. 이 둘 간의 긴장감은 해소하는 것이 가능한데, 어느 쪽인가의 언어 집단에서도 받아들일 수 있을 만한 언어 사용이 가능하다는 것으로, 전문가가 일반 시민에게 사용하는 언어가 이해 불가능한 언어 사용의 많은 문제를 해결하는 것이 가능한 것이다. English & Sales(1997)은 다음과 같이 말한다.

> The legal system has also foisted upon jurors instructions that have been criticized as abstract and generic(Severance, Greene and Loftus 1984). Jurists persist in administering these instructions to jurors because they have survived on appeal to a higher court(Severance, Greene and Loftus 1982). The view that jurors remember and understand any instruction given them, and that therefore it is more important to focus on an instruction's survivability on legal appeal than on its comprehensibility, is ill-informed.

> 설시의 언어는 추상적이며 막연하여 알기 어렵다고 비판받아 왔다

> (Severance, Greene & Loftus 1984). 그러나 판사는 수정하는 일 없이 이러한 설시를 그대로 진행해 왔다. 이것은 설시가 상급심에서의 항소의 장에서도 사용되기 때문에 존속시킬 필요성이 있었기 때문이다(Severance & Loftus 1982). 설시는 배심원이 이해가 가능하고 기억하고 있을 수 있는가가 아니라, 상소심에서의 존속 가능성에 의해서 평가되어 왔기 때문에, 배심원에게는 아주 불충분한 것이었다고 할 수 있다.
>
> (English & Sales 1997)

1장에서 설시에 관한 Stygall의 논의를 다루었다. 그는 설시는 문어로 쓰인 문장이 낭독되기 때문에 의미가 잘 전달되지 않는다는 주장에 더하여, 전문가와 일반 시민인 배심원이 개념 프레임을 공유하지 않기 때문에, 양쪽의 커뮤니케이션이 잘 이루어지지 않는다는 것이었다.

미국에서 예로부터 심리 언어학자가 설시의 알기 쉬움에 대한 연구를 진행해 왔다. 다양한 사건에 대응 가능한 정형 서식과 같은 형식 설시가 있으며 판사는 시간 절약을 목적으로, 또 상소심에서 문제가 일어나지 않도록 하기 위해서, 또한 자신의 편견이 들어가는 것을 피하기 위해서도 그러한 형식 설시를 사용하여 왔다. Charrow & Charrow(1979)에 의한 형식 설시에 관한 초기의 영향력 있는 연구에서는 이 책에서 다루고 있는 언어적 특징의 대다수가 가지는 역할에 대해서도 논의하고 있다. 그들은 (1) 표준적인 설시는 담화라는 관점에서 볼 경우, 평균적인 배심원에게는 이해 가능한 것이 아니다. (2) 어느 종류의 언어 구조가 이해 불가능의 원인이 되고 있다. (3) 따라서 문제가 되는 언어 구조가 알기 쉽게 바꿔 써진다면, '법적 복잡함'이 있다고 할지라도(또한 쌍방이 배경 지식을 공유하지 않더라도) 이해도가 비약적으로 향상한다고 말하고 있다.(Charrow & Charrow 1979: 1300)

Charrow & Charrow는 14개의 민사 재판의 형식 설시의 알기 쉬움을 검증하고 있다. 그들의 조사(1979)의 대상이 된 것은 메릴랜드주에서 배심원으로 선임된 사람들이다. 그들은 피실험자에게 형식 설시를 바꿔 말하는 실험을 통해 분석한 결과, 법률가에 의한 설시에는 자주 출현하는 법률 특유의 문법 구조나 어구가 배심원의 이해도에 부정적인 영향을 미친다는 결론에 도달하였다(Charrow & Charrow 1979:1311). 가장 너그러운 척도를 사용한다고 해도 설시 중 평균적으로 54%밖에 이해되지 않았다는 결과가 나왔다. 그 후의 연구에서도 '설시의 반 이상이 오해의 소지가 있다'(Lieberman & Sales 1997)는 마찬가지의 연구 결과가 나왔다.

Charrow & Charrow가 난해함의 원인으로서 구체적으로 지적하고 있는 법률 언어의 특징은 이 책의 1장에서부터 4장까지 이해를 방해하는 원인으로서 지적해 온 것과 일치한다. Charrow & Charrow(1979:1360)는 우리들이 설시 중 분류한 문법 구조, 담화의 관습, 어휘는 모두 다른 법률 문장에서도 공통적으로 출현한다고 서술하고 있다. 다음은 Charrow & Charrow(1979:1360)에서 인용한 예이다.

- 명사화
- 전문 용어
- 'as to'('~에 관해서'라는 전치사구(예 The order in which the instructions are given has no significance **as to** their relative importance 설시 중의 지시 순서는 상대적인 중요성에 관해서는 어떤 의미도 가지지 않는다.)
- 일반적이지 않은 구의 위치
- 관계사나 보어의 생략
- 부정, 특히 이중 삼중 부정
- 종속절 중의 수동태
- 이중어, 삼중어, 많은 단어의 나열
- 장르 구조의 어리석음
- 단락 나눔이나 번호의 결여

- 종속절, 특히 복수의 층을 이루는 종속절 및 구에서 절로의 전환 (위계 변환)

그들의 분석에서 법조동사인 must, should, may가 사용되면 이해도가 증가하며 주문의 수동태는 이해에 영향을 미치지 않는다는 것도 알 수 있다.

Charrow & Charrow(1979)는 문장의 길이는 이해를 방해하는 요인이라고 지적하고 있지는 않다. 그들의 분석에서는 아무리 문장이 길어져도 배심원의 이해에는 영향을 미치지 않는다. 문장의 길이에 기초한 프레쉬의 가독성 공식(the Flesch readability formula)에서는 오해의 곤란함과의 관계는 도출되지 않았다. 그들은 관계의 복잡함을 집중적으로 분석하였다. 그에 따르면 연령이나 성별의 개인차는 영향이 없으며 교육 수준의 차이만이 영향을 미치는 요인이 되었다는 것이 판명되었다.

Charrow & Charrow(1979)는 설시에 포함되는 법적 개념의 난해함에 영향을 미치는가 그렇지 않은가에도 주목하였다. 그들의 분석에 따르면 피실험자 중 12%의 과제 수행에 영향을 미쳤다. 그러나 교육 수준이 낮은 피실험자 집단에서는 이 수치는 39%로 상승하였다. 이것은 지식 요인이 법률 개념 이해에 큰 역할을 차지한다는 것을 나타낸다. 다만 지식은 중요하지만, 무엇보다도 위압적일만큼 중요한 것은 아니다. Liebermanand Sales(1997)가 논의하는 교육 수준의 차이에 의한 영향에도 주목하길 바란다.

그들은 이 문제의 해결을 위해서 위에 든 언어학적 특징을 고려하여 작성된 개정판 설시로 후속 연구를 실시하였다. 그들은 '우리는 기계적으로 모든 수동태를 능동태로 고치거나, 생략된 관계사나 보어를 모두 변경하거나 한 것이 아니다. 경우에 따라서는 수동태가 필요한 일도 있다. 개정판에서는 행위자가 문맥에서 명백하게 이해될 경우에는 일부를 생략한 수동태를 사용하였다'고 하고 있다.(Charrow & Charrow 1979:1335) 피실험자의 이해는 '개정판 쪽이 눈에 띄게 향상되었다'(1979:1331)고 나

왔다. 이것은 복잡한 법적 개념에 대해서도 한층 적합해졌다. Charrow & Charrow(1979)는 이해의 장애로 이어지는 언어적 특징(관계사 생략과 같은 예외는 제외한다)의 상세한 예를 들고 있다.

이후의 연구 중 부상한 문제로는 '평의'가 하는 역할에 대해서 짚고 넘어가자. 평의에서는 배심원이나 모의 배심원이 설시에 관한 것과 자신들이 내릴 평결에 대해서 토의하는 기회가 부여되고 있다.(English & Sales 1997, Lieberman & Sales 1997) 배심원들이 서로 의미 교섭을 하는 과정은 설시의 이해를 높이게 되며, 이 평의의 장에 어려움을 해소하는 데에 큰 역할을 한다고 할 수 있다.

설시의 난해함에 대해서는 오늘날에 이르기까지 연구 대상이 되고 있으며 다수의 책이나 논문이 출판되고 있다. 그들에 대해서는 English & Sales(1997), Lieberman & Sales(1997)를 참조하기를 바란다. Lieberman & Sales(1997)에서는 Charrow & Charrow의 발견이 많은 연구자에게 지지받고 있다는 것에 주목하여 그들의 연구에서도 '배심원은 자신들에게 이루어지는 설시가 비록 형식화된 설시라 할지라도 설시의 대부분을 이해하지 못하고 있다.'고 보고하였다. 게다가, Lieberman & Sales(1997)는 '이것은 놀랍지 않다. 왜냐하면 설시의 형식화된 부분이나 그렇지 않은 부분이나 법적 정확성을 강조하고 있으며 법률가 이외의 외부인에게 알기 쉬움에는 주의가 기울여지지 않고 있기 때문'이라고 한다(이것은 앞서 다룬 '두 종류의 청자/독자가 있는 딜레마'라 불리는 것이다). 설시에 관한 보통법의 기본적인 사상 중 배심원이나 모의 배심원은 아래와 같은 점에 대해서 오해가 발생하기 쉽다.

- 합리적인 의심(보통법의 형사 재판에서는 유죄가 되려면 '합리적인 의심을 넘어서' 있는 것이 입증되어야 한다.)
- 무죄추정(유죄라도 입증될 때까지는 무죄라 한다.)
- 입증 책임(변호인 측은 입증 책임을 지지 않는다. 유죄를 입증하는

것은 검찰의 일이다.)

이에 대해서 Dumas(2000)는 '합리적인 의심'에 관한 1995년의 테네시주의 설시를 예로서 다루고 있다.

> Reasonable doubt is that doubt engendered by an investigation of all the proof in the case and an inability after such investigation to let the mind rest easily as to the certainty of guilt. Reasonable does not mean a captious, possible or imaginary doubt. Absolute certainty of doubt of guilt is not demanded by the law to convict of any criminal charge, but moral certainty is required, and this certainty is required as to every proposition of proof requisite to constitute the offense.
>
> (Tennessee Patten Jury Instruction-Criminal 1995:7:14)

> 합의적인 의심이란 사건에 관한 온갖 증거를 수사한 결과 발생하는 의심을 가리키며 그러한 수사 후에도 유죄라는 확증에 관해서 그 확증이 용이하게 흔들리지 않음을 의미한다. '합리적'이란, '의심'의 흠잡음, 가능성, 상상을 하는 것을 의미하는 것이 아니다. 법률에서는 죄를 재판할 때 절대적인 유죄의 확증이 요구되는 것이 아니라, 도의상 유죄의 확증이 요구된다. 이 도의상의 유죄의 확증이란 죄의 구성 전제가 되는 입증 과정의 모든 부분에서 요구되는 것이다.
>
> (테네시주 형식 설시 - 형사 사건 1995:7:14)

이 문장 안에는 Charrow & Charrow에서 소개된 언어적 특징이 대부분 포함되어 있다. 예를 들면 보통은 그다지 사용되지 않는 사용 빈도가 낮은 어휘인, engendered(발생하였다), captious(흠잡음의), requisite(전제)가 사용되고 있다. 마지막 문장은 통사적으로도 복잡한 문장(세 문장에 11개의 절이 사용됨)이다. '전제' 앞에 관계사가 생략되어 있다. 수동태가 많이 쓰이고 있다. 'Absolute certainty of guilt is not demanded by the law'(법률에서 절대적인 유죄의 확증은 요구되고 있지 않다)나 'let the mind rest easily as to the certainty of guilt'(유죄라는 확증에 관해서 그 확증이 용이하게 흔들리지 않는다)는 표현은 이상한 비유라 할 수 있다. 'as to'(~에 관해서)가 두 군데에서 쓰이고 있다. 복잡한 문어를 읽는 것이 낯선 사람에게는 이 문서를 이해하는 것은 어려울 것이라 느껴진다. Dumas(2000)에서는 조금 더 길지만 더 알기 쉬운 개정판을 제안하고 있다.

설시에는 그 외에도 이해하기 어려운 문장이 나온다. 이것은 사형 선고에 관한 설시이다(미국은 선진국 중 거의 유일하게 사형 제도가 남아 있는 나라라는 점에서 아래 지적은 미국에만 해당할지도 모른다). 문제는 문자 그대로 생사에 관련된다는 것이다. 만일 잘못해서 사형 평결을 내리고 만다 해도 철회할 수 없다. 예를 들면 Diamond & Levi(1996:231)는 '이들 결과 모두 '제임스 프리는 불필요하고 복잡한 설시를 받은 배심원에 의해서 사형 평결을 받았다'라는 지방 법원에 의한 독자적 재심 결과를 지지하는 것이다. 그리고 그 재심은 제임스 프리에게는 너무 늦은 것이었다. 그는 1995년 3월 22일 사형이 집행되었다. 미국에서의 사형 판결은 두 단계로 나뉘어져 있다. 제1단계는 우선 피고인이 유죄라는 판결이 내려져 있어야 한다. 제2단계는 사형을 지지하지 않는 요인(완화 요인)과 사형을 지지하는 요인(강화 요인)을 비교 검토하는 것이 필요해진다. 그 후 사형인지 종신형인지가 검토된다. Levi(1993)는 제2단계에 관한 일리노이주의 배심원 설시가 언어적으로 복잡하며 배심원이 그 언어적 특징을 이해하는 것이 어렵다고 한다. 예를 들면 aggravating(가중한다), preclude(제외한다)와 같은 어휘의 사용이나 sufficient(충분한)과 같은 모호함이 있는 단어가 알기 어렵다고 지적한다. 전 절에서 서술하였듯이 이 aggravating(가중한다)라는 단어는 일상어의 의미와는 다른 법적 의미로 쓰이는 경우에 특히 오해가 발생하기 쉬워진다. 또한 설시의 담화 구조, 명백한 행위자가 없는 수동태 사용, 모호한 행위 주체, 명사화를 포함한 복합 명사화 사용을 위한 행위자와 행위가 모호하게 되어 있다는 점(문법적 비유), 복합 종속 통사 구조 등을 들고 있다. 그리고 포함되어야 하는 필요한 정보가 실제로는 누락되어 있다고도 지적하였다.

Diamond & Levi(1996)은 이들 문제를 대처하기 위해서 설시를 고쳐 쓰고 있다. 그 후 본래 설시와 새로운 설시 양쪽을 사용하여 배심원 후보자 집단에게 설명하였다. 그 후에 후보자들을 평의에서 설시를 정확하게 이해하였는가 어떤가에 대해서 토론하는 집단과 토론하지 않는 집단으로 나누었다. 그 결과 Diamond & Levi(1996:230)은 '바꿔 쓴 설시를 들을 배심원들의 이해도는 평균 52%에서 67%로 상승한 것에 비해서 오해도는 평균 42%에서 27%로 줄었다. 사형에 관한 설시 내용을 이해한 사람이 반박에 되지 않았다는 것은 바람직하지 못한 일이며 비록 설시를 바꾸었다 하더라도 이해도가 6할 정도밖에 상승하지 않은 점도 주목할 만하다. Haney & Lynch(1994)에서도 aggravation(죄의 가중)이나 mitigation(경감)과 같은 난해어가 이해를 방해하고 있다고 하고 있다. 이해도가 낮았던 배심원은 사형 평결을 내리는 경향이 강하다는 증거도 있다. 그리고 Levi(1993)에 의하면 일리노이주 설시의 언어 중에는 언제나 '사형'이 표준(default)의 선택지이다. Tiersma(1995) 또한 mitigation (경감)의 이해에 대해서 같은 견해를 밝히고 있다.

지극히 많은 연구(Lieberman & Sales 1997 참조)에서 설시를 알기 쉬운 언어로 바꿔 쓰는 것은 이해도가 높아진다고 하며 결과적으로 문제 해결을 꾀할 수 있다고 하고 있다. 애리조나 주, 캘리포니아 주, 워싱턴 DC, 그리고 테네시주에서 형식 설시를 바꿔 쓰는 굉장한 노력이 이루어지고 있다(이 점에 대해서는 Dumas 2000을 참조).

지금까지 설시의 언어적 측면만을 논의해 왔다. 언어적 측면은 문제의 일부에 지나지 않는다. 그 외 설시의 이해와 수용에는 심리적 측면이 있다는 것도 잊어서는 안 된다. 배심원은 설시 내용을 오해하거나 증거에 관해서 예상에 반하는 반응을 할 가능성이 있다. 사람은 '~하지 마'라는 말을 들으면 반대 반응을 하는 경우가 있다. 설시의 경우 자신이 알고 있는 지식을 사용하지 말라는 말을 듣는다. 이것은 배심원들에게 자유의 침해라고 받아들여질 수 있다. 확실히 설시 중 '증거를 무시하라'라는 말을 들으면 반대로 그쪽으로 주의가 쏠리고 만다(Cox & Tanford 1989). 이 현상을 연구하는 심리학자들 사이에서는 '리액턴스'(reactance: 감응)이라고 불리는 현상이다. 즉, 사람은 금지하면 오히려 그 일에 주의를 기울이게 되는 것이다. 예를 들면 설시 중에서 공판 전에 보고 등을 통해서 얻은 정보를 무시하도록 명령받으면 같은 현상이 일어나는 것이다(Kramer, Kerr & Carroll 1990). Lieberman & Sales(1997)에서는 이러한 현상에 관해서 다른 심리학적 설명을 하고 있다.

이해 프로세스에 관련된 주제로서 지금까지 서술하였듯이 배심원의 태도, 신념, 지식 등 그들의 스키마가 문제가 된다. 이것은 두 종류의 문제가 관련되어 있다. 첫 번째는 근본적으로 과연 배심원의 법률 지식의 수준에서 설시의 이해가 어려워지거나 불가능해지거나 하는 것인가 하는 의문이다. English & Sales(1997)는 누구라도 타인에게 듣거나 개인적인 경험을 통해서 또는 미디어를 통해서 어떻게든 소박한 법률에 관한 지식을 가지고 있다고 말한다. 이에 관해서는 예를 들면 Finkel & Groscup(1997)의 흥미로운 연구가 있다. 그들은 '피실험자가 어느 범죄와 그 주변 상황에 관한 설명문을 쓰도록 요구받으면 아주 극단적인 범죄나 뉴스 등 미디어에서 보도되는 스토리나, 헐리우드 영화의 스토리와 흡사한 이야기를 쓰고 만다. 이렇듯이 배심원들은 자신이 미리 가지고 있는 지식이 설시를 들을 때에서 떠올리게 되는 것뿐만이 아니라 사건의 판단을 할 때에도 그러한 사전 지식에 영향을 받는 것이다'라고 하고 있다. Smith(1993)은 설시를 일상어로 바꿔 쓰는 것으로 인해서 배심원들에게 법률상의 범죄의 정의는 명확해지지만 바꿔 썼다고 해서 그들이 일상생활에서 만들어 내고 있는 범죄 스키마가 법적인 스키마로 변환되는 것은 아니며, 평소 가지고 있던 범죄 스키마를 가지고 평결에 이른 증거를 들고 있다(다만 English & Sales(1997)는 Smith의 논의에는 방법론적 문제가 있다고 지적하고 있다).

두 번째로, 가령 배심단이 설시를 이해하였다고 하더라도 그들의 신념을 위해서 법률이 의도하는 결과와는 다른 평결에 이를 가능성이 있다. 배심원들은 합법인가 아닌가보다도, 정의인가 아닌가를 선택하기 때문이다. Finkel(1995)는 이를 '검찰 측의 편을 든 사법에 대한 반항심에서 오는 법의 무력화'라고 칭하고 있다.

Philips(1998:ch.4)에서는 또 하나의 '두 종류의 청자 · 독자가 있는 딜레마'의 예가 논의된다. Philips에 따르면 자유스러운 분위기의 재판에서는 판사가 피고인을 상대로 말하는 반면 보수적인 경향이 있는 판사는 상고심의 동료 판사를 향하여 말하는 경향이 있다. 즉, 판사들은 자신들이 부여하는 경고나 '권리의 낭독'이 상고심의 심사에 합격하는 쪽에 중점을 두어 이루어지는 것이며 피고인이 자신들의 언어를 이해 가능한가 아닌가는 거의 신경 쓰고 있지 않다고 지적하고 있다. 게다가 Philips (1998:ch.4)에서는 보수적인 판사는 각각 장르를 미묘하게 바꾸어 늘 어느 종류의 요소를 생략하고 있다고 한다.

5.5. 법률

빅토리아주 사법 개혁 위원회 보고서(1987)은 법률어의 평이화 운동에서 발생하는 문제의 좋은 예이다. 지금까지 본 예와 마찬가지로 이것은 법안을 작성할 때 고려해야 하는 언어 사용의 문제를 제시하고 있다.

2장에서는 [표 5-1]에 든 텍스트의 언어학적인 특징에 대해서 논의하였다. [표 5-1]의 오른쪽 난에는 빅토리아주 사법 개혁 위원회 보고서(1987)를 평이어로 쓴 것이 게재되어 있다.

평이어로의 수정은 지금까지 서술한 방법으로 이루어지고 있다. 평이

[표 5-1] 빅토리아주 회사법 [주식 취득에 관한 법률] 제40항(1985)

원버전	평이화된 버전
Subject to sub-section (3) during the period commencing when a take-over announcement is made in relation to shares in a company and ending at the expiration of the period during which the offers constituted by the announcement remain open the on-market offerer, or a person associated with the on-market offerer, shall not give, offer to give or agree to give to a person whose shares may be acquired pursuant to the take-over announcement, or to a person associated with such a person any benefit(whether by payment of cash or otherwise) not provided for under the terms of the take-over announcement or, if those terms have been varied under section 17, under the terms so varied.	An offerer or an associate must not give, or offer or agree to give, to an offeree or an associate of an offeree a benefit not provided for under the offers - a) within 28 days after the Part A statement is served; or b) if offers are made within that time - within the offer period; or c) after the takeover announcement is made until the end of the offer period.

어판에서는 문법 층위에서 한 문장의 길이는 짧아지고 구조도 단순화되었다. 2장에서 논한 극단적인 통사적 전위(예를 들면 원문에서는 'Subject to subsection(3)' [제3항의 규정에 따라서]는 이것이 걸리는 동사 'give'에서 아주 떨어진 위치에 놓여 있다.)도 평이어판에서는 위치가 수정되었다. 구 층위에서는 관계사가 생략된 'the person associated with'(관계 있는 사람)은 'an associate of'(관계자)와 치환되었다. 어휘 층위에서는 expiration(만료)는 end(종료)로, 그 외에도 pursuant to(~에 따라서)와 같이 그다지 일반적이지 않은 표현은 삭제되었다.

5.6. 계약서

지금까지 보아 왔듯이 계약서도 법률 문서의 범주에 속한다. 신용카드 계약서, 보험 증권, 대중교통 수단의 표도 계약서로 간주된다. 이들 문서의 난해함에 대해서는 Labov & Harris(1994)에서 상세하게 언급되어 있다. 어느 연구에서는 US 스틸 사(社)의 사건(US Steel case)에서 아프리카계 미국인 철강 노동자의 편지를 분석하고 있다. 아프리카계 미국인의 철강 노동자의 대부분은 교육 수준이 낮았으며 이 편지의 주인인 노동자도 같은 교육 수준이었다. 그들 중 다수는 저임금의 지위에 머물러 있으며, 법원은 그러한 차별적 상황에 대해서 보상을 해야 한다고 판결을 내렸다. 노동자들은 법원으로부터 향후 같은 회사로의 청구권을 일체 포기하는 것을 조건으로 하여 동봉된 배상금 수표를 받을 수 있다는 내용의 편지를 받게 되었다. 이 편지의 마지막에 있는 권리 방치의 문장 중에 지극히 긴 문장 하나가 포함되어 있었다. 이 편지에는 권리 방치의 문장도 포함하여 읽기 쉬움의 척도와 통사적 복잡성의 척도를 이용하여 분석되었다. 권리 방치 문장과 그에 관련된 내용은 나머지 부분에 비해서 훨씬 더 이해하기 어려운 복잡한 문장이라는 결과가 나왔다. Labov와 그의 동료들의 언어 분석에 의해서 그만큼 복잡하지 않은 부분이라도 명백하게 회사의 편을 들어준 치우친 내용이었다는 것을 알 수 있었다. Labov & Harris(1994)는 또 하나의 사례로서 손페어 사건(Thornfare case)을 들고 있다. 이 사건은 계약 관련이 아니라 복지 수당 지급권에 관한 편지에 대한 것이었다. 여기에서도 작성된 설문조사지에서 수급자 중에는 복잡한 사무소 언어로 쓰인 편지의 내용을 충분히 이해하지 못하는 사람이 존재한다는 것을 알 수 있었다. 분석 수단이나 툴로써는 언어학적 복잡함 분석, 객관적인 읽기 쉬움의 척도, 편지를 받은 사람들의 설문조사 등이 주로 사용되어 법의 언어의 알기 쉬움을 객관적으로 분석하고 있다.

법의 평이화를 실천하는 사람들에 의해서 지대한 노력이 실행되어 일반

[표 5-2] 자동차 하이어 계약서로부터, 오리지널 판과 평이어판의 비교

원버전	평이화된 버전
The buyer further promises to pay the holder hereof a delinquency and collection charge for default in the payment of any instalments above recited, where such default has continued for a period of ten days, such charge not to exceed fiver percent of the installments in default or the sum of five dollars, whichever is the lesser.	You also promise to pay a late fee if your payment is more than 10 days overdue. The late fee will be five percent of the amount overdue or five dollars whichever is less.

인이 독자가 되는 계약서 등의 법률문이 개정되어 왔다. Redish(1986:126)이 논의하는 예가 [표 5-2]에 있다. 이것은 자동차 하이어 계약서의 계약 조항 부분에서 발췌한 것이다.

평이어판 쪽은 언어를 쉬운 표현으로 고친 것을 알 수 있다. 장황한 표현도 전면 수정하였고 문서상의 레이아웃도 보기 쉽게 수정하였다. 언어학자인 Robert Eagleson은 호주에서 뉴 사우스 웨일스주의 대형 보험회사 NRMA 보험의 계약서를 평이어로 수정하는 작업에 크게 관여하였다.

Davies(2004)는 이사 운송업자의 구식 계약서와 평이어로 바뀐 신식 계약서를 비교하여, 그 차이에 대한 분석을 하고 있다([표 5-3] 참조). 이 문제는 일상생활에서도 중요한 의미가 있다. 이사 운송에 관한 계약서 서면은 업자가 짐을 운반하기 위해 고객의 집에 도착하였을 때에 고객에게 제시하는 것이 보통이다. 고객은 시간적으로도 경제적으로도 가능한 한 빨리 이사를 마치려는 생각으로 가득 차, 이른바 스트레스 상태에 있다. 그 때문에 이사 운송 계약서를 찬찬히 읽고 내용을 검토할 여유가 없다. 이러한 상황 아래에서는 비록 교육 수준이 높은 고객이라 할지라도 법률 용어로 쓰인 계약서를 충분히 이해할 수 없을 것이다. 만약 소송이

벌어지는 경우, 고객이 이 문서의 주된 독자이며, 법률가가 제2의 독자가 된다. 계약서에는 관련된 온갖 법적 정보가 망라되어 있을 필요성이 있으며 법적 치밀성이 요구된다. 이미 언급한 바에서도 알 수 있듯이, 이러한 문제는 언어와 식자, 전문성, 권위와의 관계를 포함하고 있다. 반복하지만 이 문제는 문서의 대상이 되는 청자 · 독자는 두 종류가 있으며, 이것이 **두 종류의 청자 · 독자가 있는 딜레마**라고 불리는 문제인 것이다.

Davies(2004)는 두 개의 형식의 계약서는 각각 다른 독자를 상정하여 쓰였다고 지적하고 있다. 구식 계약서는 법률 문서의 문체로 쓰여 있으며 독자로서 법률가를 우선하고 있다. 이에 비해서 개정판은 격식적이기는 하나 보다 알기 쉬운 문체이며 일반 고객을 상정하여 쓰였다. 어느 쪽 문제도 원칙적으로 양방의 독자의 이익에 맞아야 된다. 법률 문서인 계약서는 법적으로 면밀해야 한다(법률가에게 이익). 반면, 일반 고객에게는 이해하기 어려워지게 되는 위험이 발생한다(일반 시민에게 불이익). 일반 시민은 잘 알지 못한 채로 계약서에 서명을 하면 자신의 다양한 권리를 희생하면서 계약이라는 법적 구속력이 있는 약속을 체결하게 된다. Davies의 언어 분석에서는 구문체로는 parties(당사자), award(재정), deemed(간주된다), precedent(판례)와 같은 법률 용어가 포함되어 있는 것을 알 수 있다. 또한 고풍스러운 표현(2장 참조)인 aforesaid(전술한), hereby(이로 인해서), thereof(그의) 등도 포함되어 있다. 평이어판에서는 arbitration(중재), barrister(법정 변호사), dispute(분쟁) 등의 준 전문 용어라 할 수 있는 용어도 포함되어 있지만 교육 수준이 높은 사람이라면 이해 가능한 것이다. 구 문체는 의무를 의미하는 고풍스러운 shall(하는 것으로 한다)도 여러 번 사용되고 있다. 문법에서 보면 구 문체의 한 문장당의 평균 단어 수는 74.3어로 길고, 구문도 복잡한 종속 구문으로 되어 있다. 한편 평이어판의 평균 단어 수는 9.5어로 짧아졌다. 양쪽의 문체의 '문어 정도'를 비교하면 Davies(2004)는 '목소리를 내어 읽어본 결과, 보다 읽기 쉽다는 점에서 평이어판 쪽이 T1판(예전 문체)보다도 구어체에 가깝다. 구 문체는 소리를 내어 읽는 것 자체가 어렵다'고 하고 있다. 문체의 차이라는 점에서 또 하나의 문제가 있다. 이것은 구 문체가 복합 명사구를 여러 번 사용하고 있는 문제이다. Haliday는 '어휘 밀도'(Lexical density)라는 척도를 이용하여 이 문제를 다루고 있으며 구 문체는 평이어판의 2배의 어휘 밀도를 가진다고 한다. 이 계약서의 평이어판의 어휘 밀도는 Haliday가 시사하는 문어의 어휘 밀도의 범위에 해당한다. 그러나 구 문체와 비교하면 월등히 구어체의 어휘 밀도에 가까운 것이다. Davies의 '읽기 쉬움'의 척도에서는 평이어판 쪽이 낭독하기 쉬움과 이해하기 쉽다는 측면에서 월등히 읽기 쉬운 것이지만, 그럼에도 불구하고 딱딱하고 전문적인 문서라는 인상은 변함이 없다.

그러나 계약서의 평이어화에 또 하나의 주의해야 하는 문제는 구 문체의 계약서에 존재하고 있는 법적 과정의 단계에 관한 요소가 평이어판에서는 사라져 있다는 점이다. 이 문제는 [표 5-3]에서 볼 수 있다. 밑줄 부분이 구 문체에는 존재하고 있었지만 평이어판에서는 사라진 부분이다. 평이어판에서는 고객이 법적 절차를 개시하는 것에는 제한이 설정되어 있는 것, 적어도 10년 이상의 경험을 가지는 법정 변호사가 필요하다는 설명, 재판에 기소하기 전에 중재 과정을 거칠 필요가 있다는 것, 중재 절차의 장소는 당사자가 합의한다면 계약서에 기재된 장소 이외여도 좋다는 것이 빠져 있다. 이러한 내용이 생략되면 위험이 발생할 것이 명백하다.

이 사례의 경우, 독자에게 알기 쉽게 하는 것이 지나쳐서, 정보가 사라져 버린 것이다. 물론 이 문제는 법률의 평이어화 운동의 목적은 아니지만, 여분으로 끈질긴 반복 표현을 삭제하는 것은 이러한 문제를 발생시킬 위험성이 있다.

Davies의 분석에서 명백해진 것은 법률문의 평이어화 운동이 목표로 하는 것은 문어에서 구어로, 전문 용어에서 일상어로, 격식성에서 비격식성 문제로의 이행, 즉 레지스터를 이행시키는 것이다.

[표 5-3] 영국 이사 운송업 협회 계약서(1982)의 원본판과 평이어판

Extract from British Association of Removers Contract	Plain language version
ARBITRATION - If any dispute, difference or question shall at any time hereafter arise between the parties hereto or their respective representatives in respect of any claim or counterclaim put forward on the part of the customer against the contractor in connection with or arising out of this contract or any extension thereof	**Disputes** If there is a dispute arising from this agreement,
the claim shall be referred to the arbitration of a single arbitrator to be agreed by the parties or failing agreement to an arbitrator, being barrister of not less than ten years calling to be appointed at the request at the time being of the British Association of Removers Limited	the two sides will refer it to an agreed arbitrator. If they cannot agree on one, the President of the British Association of Removers at the time of the dispute will appoint a barrister to arbitrate.
according to the laws for the time being governing the resolution of disputes by arbitration in the State or Country within which the Contractor's office concerned with the making of this contract shall be deemed to have been made.	The arbitration will take place in accordance with the law of the country where the contract is made (see clause 22).
The cost of any such arbitration shall be in the discretion of the arbitrator and the award of such arbitrator shall be a condition precedent to any legal proceedings in a court of law in respect of an matters hereby agreed to be the subject of arbitration.	Costs of arbitration. The arbitrator will decide who pays the costs.
The arbitration shall unless otherwise agreed be held in the town in which the Contractor's office from which the contract was deemed to have been made aforesaid is situated.	Place of arbitration. The place will be in the town where the contract is made (see clause 22).

5.7. 경찰관의 경고

법률 언어를 사용하는 것은 법률가만이 아니다. 경찰관도 어떤 상황에서는 법률 언어를 사용한다. 그러나 가령 커뮤니케이션이 원만하게 이루어지지 않은 것이 법의 언어로 말한 것에 원인이 있다고 한다면 이것은 시민에게 정의롭지 못한 결과가 될 수밖에 없다. 왜냐하면, 현행 사법 제도 아래에서는 피의자를 기소하는가 아닌가는 경찰의 손에 맡겨져 있기 때문이다. 보통법 아래에서는 경범죄는 치안 법원 등의 하급 법원에서 판결을 받는다. 만일 경찰이 유죄 증거를 제출한다면 대부분의 경우 더욱 자세한 수사나 논의를 하는 일 없이 거의 그 증거가 채택된다. 로마법을 채용하고 있는 국가에서도 상황은 같거나 더욱 그 경향이 심할 것이다. 예를 들면 중국에서 경찰로부터 사건이 검찰로 송치되면 많은 하급심의 관심사는 무죄냐 유죄냐가 아니라 형량이라고 한다. 따라서 법의 정의롭지 못함을 피하기 위해서 경찰에서의 절차가 상당히 중요해진다.

경찰관이 언어상의 절차에 관해서 법적 요건을 만족시켜야 하는 경우, 그들이 말한 언어는 법적으로 치밀하고, 피의자가 '권리를 부여받지 못하였다'라고 제기할 경우 항변할 수 있어야 한다. 법정에는 취조 결과가 증거 능력이 있는 것으로 받아들여지려면, 권리의 고지를 '교과서대로' 해야만 하기 때문에 경찰관이 때로는 타성적이거나, 반대로 저항감을 가지거나 하는 일도 있을 수 있다. 여기에서 제1의 청자는 법정, 즉 법률가와 판사이다. 또 하나의 청자는 취조를 받고 있는 사람이다. 반복이 되지만 다른 청자를 대상으로 하는 문언을 생성하는 것은 상당히 어려우며(두 종류의 청자 · 독자가 있는 딜레마), 경찰의 언어 사용이 알기 어렵다는 문제도 여기에 원인이 있다고 여겨진다. 특히 수사할 때에 법적 요건을 만족시키는 것에 중점을 두느냐, 일반 시민과의 커뮤니케이션에 중점을 두는가에 대해서 갈등이 생길 가능성이 있다.

보통법을 채택하는 국가에서는 경찰의 취조에서 취조 도중 피의자의 권리나 의무에 대해서 설명할 때 정해진 표현이 있다. 미국에서는 이를 경찰에 의한 '경고'라고 불리며, 가장 빈번하게 쓰이는 것이 미란다 경고이다. 영국, 호주, 말레이시아 등 그 외 보통법 국가에서는 cautions(주의 또는 경고)라 불린다. 본래 의미에서 파생하여 다양한 상황에서 이 caution이라는 언어가 사용된다. 이런 '경고'는 법률가가 작성하여 전통적으로 법률 언어 표현이 사용된다. 그렇기 때문에 알기 쉬움의 문제와 관련된다. 그러나 가령 '경고'가 상대에게 이해되지 못한다고 한다면 애초에 상대에게 경고를 한다는 소기의 목적이 달성되지 않는다. '경고'의 타당성에 대한 문헌도 존재한다. 호주의 뉴 사우스 웨일스주에서 특히 취조를 받는 사람에게 경고가 알기 쉬운 내용인가 아닌가에 대한 논문(Gibbons 1990)을 시작으로, 미국에서도 Briere(1978), Shuy(1998a), 미국 자백 인권 협회(American Civil Liberties Union 1997), 그리고 영국의 예(Kurzon1996)도 있다. '경고'의 이해도 문제는 이들이 일상적인 문제이기 때문에 묻혀 사라지는 경향이 있다. 예를 들면 TV형사 드라마 등을 자주 보는 사람들에게는 '경고'가 말해지는 장면에 친숙할 것이다. 그러한 사람들은 '경고'에 대해서 어느 정도 지식을 가지고 있을지도 모른다. 그러나 그들 대다수는 '경고'의 의의와 의미를 완전히 이해하지는 못한다. 그 외에도 일반 시민에 대한 '경고'나 '주의 사항'이 존재한다.

5.8. 마무리

이 장에서는 심리 언어학적 실험, 언어학적 분석, 그리고 민족지학적 기법에 의해서 자료를 인용하여 법률의 언어가 얼마나 일반 시민에게 난해한가 하는 증거를 살펴보았다. 많은 경우 본래 목적인 순수하게 커뮤니케이션을 성립시킨다는 목적을 달성하고 있지 못하다. 근본 원인으로서 생각되는 것은 그러한 법률 언어가 두 종류의 청자・독자를 상정하여 쓰여져 있기 때문이여 여기에서는 **두 종류의 청자 · 독자가 있는 딜레마**라고 불렀다. 법적 콘텍스트에서는 법의 언어는 법정에서의 법률 전문가에 의한 항변에 대항이 가능한 치밀한 것이어야만 한다. 그러나 한편으로는 법률가 이외의 사람들에게도 이해가 가능한 것이어야 한다. 법률의 평이어화 운동은 제1 요건을 만족시키고 있지 않다(그러나 그것을 목적으로 하는 것은 아니다). 그러나 가장 많은 경우, 문제는 제2 요건인 청자의 요구가 만족되어 있지 않은 것이다.

법의 언어가 언어적으로 복잡한 구조로 되어 있는 문제에 대해서는 지금까지의 장에서도 서술하였다. 이들은 문어 특유의 문제, 특수화와 전문화 문제, 권위를 나타낼 필요성, 법적 목적을 달성하기 위한 장르 특유의 구조 등에 있었다. 어휘 문법 수준에서는 이 장의 도입부에서 문제를 열거하고 그 후 절에서 구체적으로 설명하였다. 법률문에 대한 이해의 난해함이 미지이고 포괄적인 구조적 문제를 품고 있는 것이 명백해졌다. 문서의 레이아웃이나 언어 이외의 표현, 예를 들면 숫자나 도표 등을 사용한 표현 구성도 상당히 중요하다는 것을 알 수 있었다. 복잡한 언어 표현에는 본래 목적인 '정보 전달' 이외의 목적이 있다는 것도 알 수 있었다. 즉, 법조계의 사람들을 높은 지위를 유지하는 것이나 그들의 권위를 높이려는 목적이 있다는 것도 알 수 있었다. 사람은 이해하지 못하는 것에는 항변하지 못하는 법이다. Van Dijk(1993:256)은 다음과 같이 말한다. 권력과 우위성이 근거하는 사회 자원의 한 가지는 담화나 커뮤니케이션에 특권적으로 접근이 가능하다는 것이다.

그 외 언어학자의 능력이 미치지 못하는 종류의 난해함이 존재한다. 이 중 가장 중요하다고 생각되는 문제는 법률가가 아닌 일반인의 지식 베이스이다. 어느 정도 법적 지식을 습득하기 위해서는 상당히 집중적인 공부와 지적 능력이 필요하다. 법률 문서 중에는 그러한 지식을 필요로 하는 것이 있다. 동시에 법의 언어에는 다른 정보와의 복잡한 관계에서의 복잡한 정보를 표현하고 있는 것도 있다. 언어학적 접근만으로는 이러한 정보의 복잡성에 대처하는 것이 불가능하다. 또 가령 그러한 복잡성이 필요로 되는 것이라면 언어학자는 개입해서는 안 된다. 이들을 고려한 후, 이 장에서는 법의 언어는 언어적 원칙이 주의 깊게 적용되면 보다 이해되기 쉽게 된다는 것을 주장하였다. 법적 텍스트나 과정은 법률가와 일반 시민 쌍방에게 법적 엄밀성을 훼손하는 일 없이, 더욱 이용하기 쉬운 것이 되는 것이 가능하다. 이장의 서두에서 말하였듯이 딜레마가 있다는 것을 염두에 두고 그러한 변화가 야기하는 것은 명백하게 사회적으로도 바람직한 것이다. '법적으로 무지한 것'을 핑계로 삼아서는 안 된다. '할 수 있는데 하지 않는다'는 부작위는 법조계의 지위나 경제상의 우위성 유지를 목적으로 하고 있기 때문이라고밖에 할 수 없다. 일반 시민으로부터 이해되지 못하는 한, 법은 시민의 질서를 유지한다고 하기보다는 시민을 제압하기 위한, 그리고 정의가 아니라 정의롭지 못함을 실현하기 위한 시스템이라고밖에 할 수 없다.

제6장 언어로 인해 법적으로 불리한 입장

우리는 사법 절차 혹은 재판 절차를 전혀 신용하지 않는다.
우리는 법률이 기득권층을 위해 존재하는 것이라는 것을 알고 있다.
- Ram Khiladi(인도인 피억압자, 1999년 7월 11일부 더 힌두지)

변호인: 당신은 자택 밖에서 자동차가 있는 곳으로 가, 차에 탔습니다, 아뇨 지금 건, 철회합니다. 자택과의 어떠한 위치 관계에서 당신은 오늘 아침 차에 올라탔습니까?
아　이: 저, 어디에서, 언제?

- Brennan(1994)

어째서 이렇게까지 청각 장애인을 괴롭힐 필요가 있는가? 왜인가?
- (청각 장애 수감자의 말) Brennan and Brown(1997)

6.1. 들어가며

5장에서는 화자 간의 법적인 맥락에서의 커뮤니케이션 차이가 있어 발생할 수 있는 문제에 대해서 논의하고 그 문제가 일어나는 두 가지 원인을 지적하였다. 하나는 법률가 이외에는 사법의 언어를 알기 어렵다는 것, 또 하나는 법률가 자신이 사법의 표준적인 언어를 사용하지 않는 일반인과 소통하는 언어를 모른다는 것이다.

우선 법의 언어가 일으키는 이해의 문제를 검토하자. 5장에서 보았듯이, 하나는 법률가와 법률가 이외의 사람과의 레지스터 사용의 차이, 또는 법률 기관과 일반인 레지스터 사용의 차이와 관계된다. 일반인은 법률가나 사법 제도를 이해하려고 할 때, 상당히 불리한 입장에 놓여 있다. 왜냐하면 사법 제도의 언어는 탈맥락화, 격식성, 전문성, 파워로 가득 차 있다는 점에서 이 네 가지의 척도에 관해서 맥락화된 비격식적이고 비전문적이며 파워가 낮은 일상 대화의 언어와는 동떨어져 있기 때문이다. 사법 제도에서 요청되는 언어 산출에서 법정에서보다는 적은 정보이지만 경찰은 이차적 현실과 관련되는 탈맥락화된 증언을 필요로 한다. 많은 증인이 조우하는 극히 공적인 자리로서 언어도 격식성이 필요한 언어 맥락에 놓여 있다. 3장에서 보았듯이, 많은 화자는 이러한 상황이 문제라고 느끼며, 일부는 과잉 반응하여 과도하게 고양된 언어를 사용하게 된다.

언어의 이해와 산출은 어느 쪽이건 언어 능력의 문제이다. 이미 보았듯이, 높은 레지스터를 습득하는 일차적 맥락은 교육이기 때문에 교육 수준이 낮은 사람들은 높은 레지스터 사용에 대한 능력이 떨어진다. 그 외에 높은 레지스터로의 대응 능력이 한정적인 사람으로서는 아이들, 사회 계급이나 지리적 요인 때문에 사회 방언이나 지역 방언을 사용하여 표준어를 쓰지 않는 사람들, 피진이나 크레올 등 다른 변종 언어를 구사하는 화자를 들 수 있다. 보다 불리한 입장과 관련되는 요소로서는 문해 능력을 들 수 있다. 문해력을 가지지 않는 사람들은 국가의 전체 인구의 7% 정도를 차지하는데, 형사 고발된 사람 중에서는 문해력이 없는 사람들이 차지하는 비율은 훨씬 높다(Hayes 1993 참조). 청각 장애인을 포함한 비모어 화자는 구어에조차 완벽하게 대응하지 못하는 경우도 있다. 로마법 체계에서는 증언의 대부분이 문어이며, 문해 수준이 낮은 사람들은 격식적인 언어를 완벽하게 구사할 능력이 낮다는 것과 겹쳐서 법원의 커뮤니케이션에서 증거를 제출하는 데에 법률가의 도움을 얻지 못하게 될 경우 특히 어려움을 겪게 된다.

보통법 체계의 절차는 대부분이 구두로 이루어진다는 점에서 문해 능력은 상대적으로 덜 중요한 것처럼 여겨질 가능성이 있지만, 법률, 규칙 및 계약은 문어 형식으로 되어 있으며 법 절차가 구어로 진행된다고 하더라고 언제나 문어 형식이다. 높은 레지스터를 파악하지 못해서 받게 되는 불이익은 법정에서의 적대적인 심문에서 더욱 커질 것이다. 특히 반대 심문은 증거와 증인 양방을 시련에 던져 놓게 된다. 교육 수준이 상대적으로 높고 명쾌하고 자신 있는 증인도 이러한 절차는 어려운 것이며 3장에서 살펴보았듯이 모욕적인 경우가 많다. 어떤 이유에서건 교육 정도, 자신감, 명쾌함이 그다지 없는 사람들에게 문제는 더욱 커진다. 심문은 언어에 의한 절차이며, 심문에 잘 대응하고 자신의 견해를 표명하기 위해서는 자신감과 언어 능력 양쪽이 모두 필요하다. 지금까지 보았듯이 법원에서의 파워는 압도적으로 법률 전문가의 수중에 있으며, 파워의 배분은 불평등하다. 게다가 법적 절차에서의 담화의 규칙은 같은 집단이나 문화에 속하지 않는 사람이 대응할 때는 상당히 다를 가능성이 있다.

그리고 태도에 대한 고찰이 필요하다. 언어의 차이는 문화 및 인종의 차이라고 볼 수 있다. 사회에서의 태도에는 편견도 포함되지만 대응하는 상대에 따라서 태도가 다른 것은 흔한 일이다(Giles & Powesland 1975 참조). 법률에 관계하는 사람도 사회 행동 중 태도를 어느 정도 다르게 취하며 서로에 대하여 태도상 영향을 미치고 있다고 생각할 수 있다. 예를 들면 법률가는 파워를 가지는 자기 이익 중심의 집단이라는 편견을 주기 쉽지만 이것은 법률가를 다루는 농담에 나타나 있다. 마찬가지로, 판사의 편견에 대해서는 매스컴에서 빈번하게 보도되기 때문에 판사가 사용하는 언어에도 그러한 영향이 드러나 있다고 여겨진다(Philips 1998). 법의 맥락 아래에서 언어가 사회 범주를 언제 어떤 식으로 구축하는 계기가 되는가에 대해서는 안타깝게도 한정적으로밖에 해명되어 있지 않다.

일반적으로 사법 제도 아래에서는 사람은 동등한 대우를 받게 되어 있으니 법 아래에서는 불평등은 큰 문제가 아니라고 주장하는 법률 관계자도 있다. 이 주장은 몇 개의 중요한 문제를 무시하고 있다. 첫째로는 충분한 감시가 없으면 법률은 공정을 달성하는 수단이라고 하기보다는 오히려 억압이나 위해의 메커니즘이 될 가능성을 지니고 있다. 이 점에 대해서는 스탈린 체제 하에 있던 사법 제도를 통한 반체제파의 제압 등의 수많은 실례가 있다. 두 번째로, 동등한 대우를 하는 것이 반드시 공정한 취급을 하는 것이라 할 수는 없다. 제2 언어 화자로서 법원의 언어를 구사하지 못하는 사람은 통역 서비스가 제공되지 않는 상황인데도 모어 화자와 같이 취급받을 가능성이 있다. 그러나 이것은 명백하게 불공평하다. 이런 위치에 놓인 사람들은 법정 절차를 이해하지 못하기 때문에 자신들의 주장을 전개해 나갈 수도 없다. 이것은 이 장과 다음 장에서 다룰 모든 소수 집단에 대해서도 해당되는 일이다.

이 장에서는 위에서 제시한 각각의 집단이 법률과 접촉할 때에 일어나는 문제점을 검토할 것이다. 구체적인 정보가 입수되는 건에 대해서는 커뮤니케이션에 관한 본질적 과제를 검토하고 가능하다고 생각되는 해결책을 제시할 것이다. 차이가 존재하기 때문에 문제가 발생하는 상황으로서는 단일 언어 간의 문제의 경우와 다른 언어, 문화 간의 커뮤니케이션 문제가 발생하는 장면과 구분이 가능하다. 언어 자체가 다른 경우 발생하는 문제는 다음 장에서 다루는 사법 통역, 번역 문제에 집약된다.

6.2. 아이들

아이들의 증언은 아이들이 스스로의 견해를 제시할 수 있도록 배려된 질문이 이루어질 때 성인이 하는 증언의 신빙성에 가깝다는 연구가 있다 (Zaragoza 외 1995). Walker & Warren(1995)는 언어적인 문제로서 검토해야 하는 것은 '질문한다, 대답을 이해한다'는 것으로, 사법 제도와 접촉하는 아이들이 불이익에 노출될 만한 언어의 기능이다.

성적 학대를 받은 아이들에게 질문하는 방식에 대해서 Brennan(1994)가 실시한 주목할 만한 연구가 있다. Brennan은 아이들이 법률가의 질문을 이해하였는가를 조사하기 위해서 다음 같은 것들을 시도하였다. 상담사, 교사로부터의 질문, 또 무작위로 추출된 법률가로부터의 질문, Brennan 스스로의 판단으로 특히 어렵다고 느낄 법한, Brennan 자신의 표현을 빌리자면 기묘한 언어 표현을 포함한 질문을 선택하여 6세부터

15세 어린이들에게 그 질문들을 반복해 주기를 요청하였다. 상담사의 질문은 거의 늘 의미가 바뀌는 일 없이 재생되었다. 교사의 질문은 전체의 80%는 의미가 변하는 일 없이 재생되었다. 한편, 무작위로 추출한 법률가의 질문은 주된 의미가 전체의 43% 누락되었다. 법률가의 어려운 질문에 대해서는 주된 의미는 전체의 고작 15%만이 재생되었으며, 이는 커뮤니케이션이 거의 이루어지지 않았다는 것을 시사하였다. 질문의 43%가 이해되지 않았다. 이것은 아마 가장 중요한 숫자일 것이다. 상담사의 질문과 비교한다면 문제는 성인과 아이들 간의 커뮤니케이션의 다른 측면에 내재하는 문제가 아니라, 질문의 방식에 있다는 것을 밝히고 있다. 결국 이해의 문제는 거의 언어의 문제인 것이다.

아이들은 상대적으로 다른 집단보다 유도되기가 쉽다. 예를 들면 Mary Brennan & Richard Brown(1997)은 청각 장애인 어린이가 수화를 통해서 대답할 경우의 혼란을 다음과 같이 논의하고 있다. '수화 통역사는 아이들의 답변 방식의 전형적인 교실의 운영 방법으로부터 영향을 받고 있을 가능성이 있다고 실감하였다. 교사는 아이들에게 어떻게 질문할까를 이렇게 설명하였다. 아이들이 틀린 답을 하였을 경우에는 교사는 다시 한번 그 질문을 하여 아이들이 '맞는' 답을 할 때까지 이를 반복한다. 이것은 아이가 자신의 답이 어른이 기대하는 답과 일치하지 않는다고 느끼면, 어른이 원하는 바른 답에 도달할 때까지 다른 답을 계속해서 내놓을 가능성을 시사한다.

이에 추가적으로, 대인적인 파워나 강제력의 문제가 있다. 현실적으로 아이들은 어른에 비해 월등히 파워가 없으며 동등한 파워 관계를 유지하기 위한 언어 사용의 기능도 낮다. Mark Brennan(1994)는 성적 학대 사건에서 아이들에게 질문할 때 이런 종류의 몇 가지 문제를 지적하고 있다. 우선 아이들은 침묵하도록 협박받았을 가능성이 있다. 언어적인 문제에는 강제력과 복잡성도 포함되어 있다. 우선 강제력에 대해서 검토하겠다. 3장에서 정식으로 질문할 때 인간은 유도되기 쉽다고 지적하였는데 아이의 경우 이것은 특히 문제가 된다(Saywitz & Moan-Hardie 1994). '네/아니요'의 틀로 질문 받았을 때에 심문은 사실보다도 오히려 질문자가 원한 답을 제공하게 되기 쉽다 -즉 '진실보다도 증거'인 것이다. 마찬가지로 3장에서 질문자가 질문에 의해서 강제력을 갖게 되는 방법, 또는 정보를 보다 통제하게 되는 방법이 있다는 것을 지적하였다. Brennan (1994:212)에서 강제력을 강화하려고 부가 의문문을 이중으로 사용한다는 것을 들고 있다.

C: Now you had a bruise, did you not, near one of your breasts, do you remember that?
Child(12 years): No

대리인: 멍이 있군요. 가슴 부근에, 그렇지 않습니까? 그것을 기억하고 있습니까?
여자 아이(12세): 아니요.

이 여자 아이의 답은 자신에게 불리한 증언이 된다. 왜냐하면 이 답은 여자 아이가 멍이 들지 않았거나 또는 이 사건의 상세 부분을 기억하지 못한다는 것을 의미하기 때문이다.

또 하나의 문제는 언어적 복잡성이다. 이것은 어려움을 발생하는 다양한 근원적 이유, 특히 간접 화법이 구문에 있는 듯한 몇 개의 절을 포함하는 복잡한 문법 구조에 근거하고 있을 가능성이 있다. Brennan(1994: 213-15)는 10세의 아이에게 실제로 던져진 질문으로 통사적으로 극히 복잡한 다음과 같은 예를 들고 있다.

C: And did your mother ever say to you that if somebody asks you the questions I am asking, you should say that we didn't say what was going to be said?
C: Well I know, I understand what you say you have been talking

to her today but you see what I am asking you is this, that statement suggests that you said those things that you now say are wrong to the police. Now did you say it to the police or did you not.

C: Remember that you told us before the lunch break that you had never been out with Martin before this particular day, 8th of November, do you remember saying that, before lunch, do you remember or do you not?

대리인: 당신의 어머니는 만약 누군가가 지금 제가 당신에게 하고 있는 듯한 질문을 하였을 때에는 여기에서 거론된 것과 같은 것을 말해야 한다고 한 적이 있습니까?

대리인: 자, 저는 승낙해 두겠습니다. 저는 오늘 당신이 그녀에게 말한 내용으로서 말하고 있는 것을 이해하고 있지만 당신에게 묻고 싶은 것은 이런 것입니다. 저 문서는 당신이 지금 틀렸다는 것을 경찰에게 말했다고 합시다, 자, 당신은 이 일을 경찰에게 말한 것입니까, 말하지 않은 것입니까?

대리인: 점심시간 전에 말한 것을 기억하고 있습니까? 당신은 이날 11월 8일 이전에는 한 번도 나간 적이 없었다고 우리에게 전하였습니다. 당신은 점심시간 전에 그렇게 말한 것을 기억하고 있습니까, 기억하고 있습니까, 기억하고 있지 않습니까?

게다가 이 마지막 질문이 극단적으로 고압적이라는 것, 3번 '기억하고 있습니까?'를 반복하여 강제력이 강한 긴 추가 의문문이 붙어 있는 것에 주의하길 바란다. 또 하나의 어려움의 원인은 전문 용어의 사용인데 예를 들면 다음이 나타내는 것과 같이 '철회하다' 및 '어떠한 위치 관계에서' 등 법률가가 사용하는 용어가 불필요하게 언어적으로 복잡화되는 것에 기인한다고 할 수 있다.

C: You went to, went and got into the car outside your home, I

withdraw that, **whereabouts in relation to** your home did you get into the car on this morning.
Child: Well on the, when?

대리인: 당신은 자택 밖에서 자동차가 있는 곳으로 가, 차에 탔습니다, 아뇨 지금 건, 철회합니다. 자택과의 어떠한 위치 관계에서 당신은 오늘 아침 차에 올라탔습니까?
아　이: 저, 어디에서, 언제?

아이의 답변은 명백하게 이해가 충분히 되지 않았음을 나타내고 있다. 그리고(이 후 검토하듯이 이 점은 이문화 간 커뮤니케이션에서도 문제가 될 수 있지만), Brennan이 아이들에게 제공할 수 있는 가능성이 낮은 시간과 장소에 대한 구체적인 정보에 관한 질문이 많다고 지적하고 있다.

C: I am sorry, you might not understand me, the first time and then it's finished, **how long until the next time** that your father put his penis in your vagina?
(To child aged 7 years.)

대리인: 실례하겠습니다, 이해가 안 갈 수도 있지만 처음에 그 일이 끝났을 때에, 그 다음 순간까지 얼마만큼의 시간 동안 아버지는 페니스를 당신의 질 안에 넣고 있었습니까?
(7살 아이에게 한 질문)

Brenna(1994:216)은 '아이의 증인으로서의 신빙성은 언어 수단이나 질문 형식의 조합으로 체계적으로 파괴된다.'고 하였다. 진실이 이러한 과정에서 도출되기 어려우며 Brennan이 지적하듯이 아이들은 강제적이고 부주의한 질문으로 인해서 '또 한 번의 학대'를 당하고 있다.

6.3. 원주민 소수 집단

이 주제에 대해서는 많은 문헌이 존재하기 때문에 여기에서의 논의는 커뮤니케이션 간에서의 공통항을 지적하고, 일부 중요한 연구 결과를 바탕으로 설명하겠다. 호주의 어보리진 및 토레스 섬 주민이 사법 제도로 입은 불이익에 대해서 자주 거론되어 왔다. 2000년 6월에 빅토리아주의 치안 판사 재판 관할하의 법원에서 어보리진에 대한 불공정에 대해서 정식적인 사과가 이루어졌다. Eades는 호주의 어보리진과 법률 간에 일어난 과거 15년간의 커뮤니케이션상의 문제점을 주의 깊게 기록해 왔다(예로 Eades 1992, 1993, 1994a, 1995a, 2000를 참조). Eades는 어보리진식의 영어를 말하는 사람이 사법 절차상 직면하는 문제점을 설명하고 있다. 기본적으로 밑바닥에 깔려 있는 문제는 어보리진 사회에서의 '지식 경제'로 알려져 있는 것이다.

전통적인 어보리진 사회에서 유형재는 거의 공유 재산이며, 지위는 부에서 생긴다고 하기보다는 비밀 지식을 소유하고 있는 것에 좌우된다(이 상황은 다른 원주민 사회에서도 볼 수 있다). 그 결과 지식에 대한 태도는 영미 사회에서 볼 수 있는 것과는 상당히 다른 것이 된다. 지식의 대부분은 자유롭게 공유되는 것이 아니다. 지식의 일부는 의식을 통해서 비전을 전수 받은 사람만이 가질 수 있다. 지식의 일부는 여성 전용, 남성 전용으로서 여성 또는 남성의 '일'에 관련된 것이다. 가령 그 지식이 그것을 알면 안 되는 사람이 알았다고 하더라고 지식은 공개되는 것이 허락되지 않는다. 그 결과 어보리진 사회에서는 질문한다는 행위는 굉장한 주의를 기울여야 하는 행위이다. 간접적으로 화제를 제시하는 일도 흔하며 질문하는 사람은 어디까지 지식을 공유할 의사가 있는가 하는 결단을 할 것을 맡겨져 있는 일도 자주 있다. 직접적인 질문은 아주 무례한 것이라 받아들여진다. 답은 의무가 아니다. 직접적인 답은 비밀 재료를 제공하거나, 질문하는 사람에게 노력하지 않고 지위를 부여할 가능성이 있기 때문이다. 침묵은 적절한 답변인 경우가 많다. 경찰 내지는 법정에서의 심문과 충돌하는 것은 당연한 일이다. 왜냐하면 경찰 취조나 재판은 질문을 할 권리와 답변할 의무에 기대하는 것이 크기 때문이다. Eades는 '모른다' 또는 '기억하고 있지 않다'라는 답을 빈번하게 하는 어보리진이 일으키는 문제를 언급하고 있는데 Eades(1994a:242)는 이에 대해서 '표준적인 영어로 번역하였을 때에는 '너에게 이러한 종류의 정보를 제공하는 것은 적절하지 않다'가 될 것이다.'라고 하고 있다.

침묵에 대해서 퀸즈랜드주 형사 공정 위원회 보고서(1996:24)는 다음의 질문과 코멘트를 제시하고 있다.

C: … I suggest the reason to you, because you don't want everyone to know the little criminal that you are, do you? That's the reason, isn't it? Isn't it? Isn't it? Your silence probably answers it, but I'll have an answer from you. That's the reason, isn't it?

W: (silence)

J: D … [witness's name], I am asking you to answer the question. Ask the question again, please, Mr X.

C: I'm suggesting to you that you don't want the court to know the little criminal that you are. Isn't that right?

W: Yes.

변호인: … 나는 그 이유를 당신에게 말하겠습니다, 당신은 모두에게 자신이 범죄자임을 알리고 싶지 않다, 맞습니까? 그것이 이유이지요, 틀립니까? 틀립니까? 틀립니까? 당신의 침묵은 아마도 그 답이겠지만, 당신으로부터 답을 얻죠, 그것이 이유이지요, 틀립니까?

증　인: (침묵)

판　사: D… (증인의 이름), 저는 당신이 질문에 답하도록 요청합니다. X 씨, 다시 한번 질문을 해 주십시오.

변호인: 제가 당신에게 말하고 싶은 것은 당신이 법정에서 자신이 범

죄자임을 알리고 싶지 않다는 것입니다. 그렇지 않습니까?

증 인: 네.

증인의 발언(질문에서 명제의 진실성에 대한 증거로써)은 의심스럽다. 침묵은 반대 의견을 포함하는 몇 가지 가능성을 시사하고 있다. 마지막의 '네'라는 대답은 무상의 동의의 결과일 수 있다. 답변이 지속적인 질문에 대한 대응으로서 드디어 이루어진 것(및 판사가 개입한 후에 이루어진 것)은 신빙성에 의문을 가지게 한다. 침묵 및 그 후의 동의 양쪽 다 증인에게는 불편함과 소외감을 드러내는 도구이다.

그리고 여기에서 고도로 강제적인 질문의 형태를 사용하고 있다는 것과 이 인물에 대해서 치욕적인 지위의 끌어내림이 있었다는 점은 더욱 증인을 대답하기 어렵게 하는 원인이 되고 있을 가능성을 추가해 두고 싶다. 보통법에서 침묵은 이런 상황의 선택지가 될 수 없다.

표준 영어와 어보리진식 영어에는 몇 가지 중요한 차이가 보인다. 북부 호주에서 어보리진식 영어는 피진으로, 크레올과 표준 영어 사이에 위치해 있다. Liberman(1981)은 어보리진이 법에 접촉하면 백인인 직원으로부터의 압력 또는 질문을 피하기 위해서 무엇이든 예스라고 대답하는 '무상의 동의'가 이루어지기 쉽다고 지적하고 있다. Eades(1994a:245)에 의하면 어보리진이 어보리진 이외의 사람으로부터 몇 가지 질문을 받았을 때 질문을 이해하건 이해하지 못하건, 질문을 받은 명제가 진실이건 허위이건 동의해 버린다. 이 현상은 아시아 태평양 지역에 공통적으로 나타난다. 당연한 것이지만 법률가 또는 경찰관으로부터 범죄 의혹을 받은 개인에게 이러한 결과는 파멸일 수 있다. Prince(1990:284)는 영어 모어화자조차도, '음..', '아하', '으응-', '그렇습니까', '그렇군요' 등의 말은 '알았다, 또는 이전 발화를 이해하였습니다, 계속해 주세요.'라는 의미라고 하였다. Eades는 교통사고의 증인으로서 법정에 나온 어보리진 남성이 '유죄입니다, 네'라고 말한 것을 기술하고 있다. Coldrey(1987:84-5)는 어보리진 남성과의 경찰의 면담 기록의 예를 들고 있다.

P: Right. Now Cedric. I want to ask you some questions about what happened at Jay Creek the other day. Do you understand that?
W: Yes.
P: Now it's in relation to the death of X. Do you understand that?
W: Yes.
P: Right. Now I want to ask you some questions about the trouble out there but I want you to understand that you don't have to answer any questions at all. Do you understand that?
W: Yes.
P: Do you have to tell me the story?
W: Yes.
P: Do you have to though?
W: Yes.
P: Do you, am I making you tell me the story?
W: Yes.
P: Or are you telling me because you want to?
W: Yes.
P: Now I want you to understand that you don't have to tell me, right?
W: Yes.
P: Now do you have to tell me?
W: Yes.

경찰관: 됐습니다. 자, 세드릭. 당신에게 그날 제이 크리크에서 무슨 일이 있었는지 몇 가지 질문하겠습니다. 알겠습니까?
중 인: 네.
경찰관: 자, 그것은 X 씨의 죽음과 관계가 있는 것입니다. 알겠습니까?
중 인: 네.

경찰관: 좋습니다. 자, 거기에서 일어난 문제에 대해서 몇 가지 질문을 하고 싶은데, 이해해 주셨으면 하는 것은 당신은 저의 질문에 대답하지 않아도 좋다는 것입니다. 알겠습니까?

증 인: 네.

경찰관: 당신은 저에게 그 이야기를 꼭 해야만 합니까?

증 인: 네.

경찰관: 그렇습니까? 저는 당신에게 얘기하도록 유도하고 있습니까?

증 인: 네.

경찰관: 아니면 당신은 저에게 이야기하고 싶어서 이야기하고 있는 것입니까?

증 인: 네.

경찰관: 그렇다면 당신은 말하고 싶지 않으면 말하지 않아도 좋다고 이해하고 있죠, 알겠습니까?

증 인: 네.

경찰관: 그렇다면 당신은 저에게 이야기를 꼭 해야 합니까?

증 인: 네.

경찰관이 증인의 이해를 확인하고 있기 때문에 이러한 문제가 나타나 있는 것인데 증인의 무상의 동의는 인지하지 못하는 경우가 많다. 이와 관련된 현상은 특히 심문과 경찰 취조에서 중요한 것인데, 부정 의문문에 동의하는 대답을 할 때 일부 화자는 '네'(라고 긍정적으로) 대답하고 있다(언어학 용어로 말하면 제안하고 있는 내용보다도 오히려 발화 행위의 힘에 동의를 나타내고 있다). 이것은 아시아 태평양 지역 전체에 공통적으로 나타나는 현상이다(Lane 1993 참조). Cooke(1995b:108-9)는 호주 북부 특별 지역에서의 검시 심문 중 어보리진 남성에게 부정 의문문이 사용된 예를 들고 있다.

C: But the old man didn't go in the boat, did he?

W: Yes.

C: I beg your pardon.
W: Yes.
Interpreter: Yes, he's affirming he didn't go in the boat.
Coroner: The old mad didn't go in the boat.
Other Counsel: He's answering you exactly on point.
Coroner: You ask these questions that way and that's what you get.

변호인: 그러나 노인은 배에 타지 않은 것이군요, 탔습니까?
증 인: 네.
변호인: 실례지만, 한 번 더 부탁합니다.
증 인: 네.
통역사: 네, 그는 배에 타지 않았다는 것을 긍정하고 있습니다.
검시관: 노인은 배에 타지 않았다.
다른 변호인: 그는 당신의 질문에 그렇게 대답하고 있습니다.
검시관: 질문을 이런 식으로 하면 이런 대답이 돌아옵니다.

아마도 여기에서 주목해야 하는 것은 문제가 쌍방에서 발생하고 있다는 것이다. 어보리진 측에서는 답변 방식으로서 또 법적인 측면에서는 질문의 방식으로서의 문제가 발생하는데 이것은 검시관의 코멘트에 나타나 있다(3장 참조).

또 하나의 예로, 법률가에 의한 것인데 어보리진 증인에 대한 변호인의 질문이다(퀸즈랜드주 형사 공정 위원회 1996:23).

S: All right then. So he was - he was pretty cranky about the door being opened and I'm just saying to you - suggesting that what happened; he was cranky, you'd made him coffee, you had this disagreement about the door being opened, he got up, grabbed his cup, lifted it off the table and as he was walking out just lost the grip on it and it came out of his hand and was flung across to you and cut you and actually hit your cup and smashes and caused your leg to be cut?

PC: Well perhaps that might be broken up a little bit Your Worship.

J: Yes.

PC: There's about twenty different things she could answer yes or no to in [that].

변호인: 그렇다면 좋습니다. 그는, -문이 열려 있던 것에 대해서 꽤나 기분이 상한 채로 제가 당신에게 말하고 있었듯이- 무엇이 일어났는지를 시사하고 있습니다. 그는 기분이 상해 있었다, 당신은 그에게 커피를 내주었다, 당신들은 문이 열린 것에 대해 의견 불일치가 있어 그가 일어나서 컵을 집어 테이블에서 컵을 집어 들어 그가 방에서 나오려고 할 때에 컵을 가지고 있던 손에서 힘이 빠져 컵이 그의 손을 떠나서 그것이 당신에게 부딪혔다, 당신에게 부상을 입혀 실제로는 당신의 컵에 맞아 그것이 깨져 당신의 발을 다치게 하였습니까?

검찰관: 저, 재판장님, 또는 그 질문을 조금 더 나누어서 말할 수 있지 않나 싶습니다.

판 사: 그렇게 하십시오.

검찰관: 그 질문 방식으로는 그녀가 '예' 또는 '아니요'라고 대답할 수 있는 사항이 20개 정도 있습니다.

2장 및 3장에서 논의되고 있는 특히 직접 및 간접 투사, 및 다중 절이라는 복잡한 질문의 특징이 몇 개나 나타나 있다는 것에 주목하고 싶다. 게다가 법률가가 확인을 위해서 '스토리'를 제시한 명백한 예이기도 하다 (4장 참조). 위에서 논의되고 있는 것이 전달이 온전히 되지 못하거나 오심으로 이어질 위험성도 명백히 존재한다. 이 문제를 (완전히 해결은 되지 않는다 해도) 완화할 가능성에 대해서는 다음 장에서 논의하겠다.

6.4. 제2 언어 화자

동법 제도의 언어를 모어 화자만큼 이해할 수 없는 사람은 법률과의 접촉에서 커뮤니케이션에서 어려움을 느낄 가능성이 있으며 그 결과, 불이익을 당하게 될 것은 명백하다. 따라서 이 절에서는 전달이 불충분하게 될 경우에 대해서 설명하는 것에 초점을 맞춘다. 이런 문제에 대해서 큰 구제책이 되는 것이 통역, 번역 업무의 제공인데 그들에 대해서는 다음 장에서 논의하겠다.

커뮤니케이션의 문제를 검토하는 경우에 우선 이들 문제를 나타내는 지표로서 어떠한 것이 있는가를 검토할 필요가 있으며 두 번째로 그 원인을 찾을 필요가 있다. 언어의 복잡성의 원인 및 어떠한 커뮤니케이션의 문제가 일어날 수 있는지는 3장에서 언급하였다. 상호 작용에서 발생하는 커뮤니케이션의 문제를 나타내는 지표에는 다음과 같은 것이 포함된다.

- 이해 불가능한 명시적 표현: 대화 분석의 용어로 말하면 '타자가 개시한 발화 수정의 움직임'의 형태가 보인다(Schegloff, Jefferson & Sacks 1977)
- 무엇을 말하면 좋을지, 묻는다.
- 사과의 언어로 대답한다. '실례지만?', '다시 한번 부탁드립니다'
- 명확화의 요청
- 반응이 없음, 또는 부적절한 답

이러한 문제는 법정에서의 대화에 나타나 있다. Lane(1985:201)은 뉴질랜드 법정에서의 다음과 같은 사모아인 남성의 예를 들고 있다. 남성은 변호인 측 증인인데 법정 변호인은 몇 번이고(변호인 자신은 명백하게 답을 알고 있는) 같은 질문을 반복하여 커뮤니케이션이 성립할 때까지 세 번이나 반복하기에 이르렀다.(유도 심문이 금지되어 있기 때문에 문제 해결이 더욱 어렵다는 것에 주의해야 한다.)

C: Did you go anywhere else with him?
W: My brother and my sister-in-law came with me on that night.
C: Did you decide to go somewhere else when you were in the car?
W: No
C: When you were in the car did you decide to go somewhere else?
W: Yes when we arrive home, I ask him because that time I have this dance ticket. I asked him please can he drive me down to the dance.

변호인: 그는 어딘가 다른 장소로 갔습니까?
증 인: 저의 형제와 처제들이 그날 밤 저와 함께 있었습니다.
변호인: 차 안에 있었을 때, 어딘가 다른 장소로 가자고 결정하였습니까?
증 인: 아니요.
변호인: 차 안에 있었을 때, 어딘가 다른 장소로 가자고 결정하였습니까?
증 인: 예, 집에 도착할 때 그에게 묻습니다.(*제2 언어 화자의 영어), 왜냐면 그때 댄스장 표를 가지고 있었기 때문입니다. 그에게 댄스장까지 차로 데려다 달라고 부탁하였습니다.

Gumperz(1982)는 미국 해군 병원 소속의 필리핀인 의사에 대해서 미국에서 이루어진 위증 재판에 대해서 논의하고 있다. 이 인물이 위증죄를 묻게 된 것은 FBI(연방 수사국) 직원에 대한 진술과 아동 학대 사건에서의 선서 증언이 다르기 때문이다. 의사는 아주 영어가 능숙하였으나 오해가 발생하였다. Gumperz(1982:176)은 의사가 나타내는 의미가 아니라 발화된 것에 대답하고 있는 예를 다음과 같이 두 개 들고 있다.(Q는 질문, A는 답변)

Q: It's the testimony by Lieutenant Commander Gilbert that you did not attend the briefing.
A: *Yes.*
Q: You did attend it?

A: No.

Q: 당신은 브리핑에 출석하지 않았다는 것은 길버트 소재의 증언에 있습니다.
A: *네.*
Q: 출석한 것입니까?
A: 아니요.

위에서 논의한 동의의 현상과 마찬가지로, '네'라는 것은 이 경우 길버트 증언에 대해서 동의하고 있는 것으로, 자신이 출석하였다는 것을 말하는 것이 아니다. 이것은 이어지는 추가 질문에서도 확실하다. 다음 예도 유사하다.

A: When the child came, I initially examined the patient and I noted the moistness of the tongue, sunken eyes, the skin color, and everything was okay.
Q: Are you suggesting that there were no sunken eyes?
A: *No*
Q: I think we better slow down a little bit more and make sure the record ⋯ did you observe sunken eyes?
A: No.

A: 아이들이 왔을 때, 저는 처음으로 환자를 진찰하여 혀의 습도, 움푹 들어간 눈, 피부색을 눈치챘지만, 모두 이상이 없었습니다.
Q: 움푹 들어간 눈은 아니었다고 말하려는 것이로군요.
A: *아니요.*
Q: 여기에서 시간을 좀 들여서 기록을 제대로 확인하는 것이……움푹 들어간 눈을 보았습니까?
A: 아니요.

Gumperz(1982:179)는 예를 들어 '아니요'는 '아니요, 그렇게 말하려는 것이 아닙니다.'라고도 이해할 수도 있고, '아니요, 움푹 들어간 눈 증상은 없었습니다.'라고 말하는 것으로도 이해할 수 있다는 점에 주목해야 한다고 언급하고 있다. 이렇게 내재하고 있는 모호함은 문화 고유의 담화에 비추어서 해결 가능한 것이 많은데, 인종이 섞여 있는 장면에서는 오해로 이어질 수 있다. 이 '모두 이상이 없었습니다'라는 것은 환자가 '움푹 들어간 눈'을 하고 있지 않았음을 나타내며 따라서 '눈치 챘습니까'라는 것은 증상이 있는 것을 전제로 하기 때문에 여기에서 사용하기에는 적절한 동사가 아니다 - 예를 들면 '확인하였습니다'라는 동사로 표현해야 한다. 양쪽 질문은 간접 화법 또는 투사 형태를 취하기 때문에 앞 절에서 검시관이 원주민에 대해서 말한 코멘트와 같이 모호함을 남기는 결과가 된다.

Gumperz는 대명사가 명쾌하지 않은 형태로 쓰이는 필리핀 언어군에 대해 논의하고 있다. 필리핀 언어군에서는 보다 다양한 대명사가 있으며, 영어의 대명사에서는 그 지시하는 것이 불명확한 상황에서도 사용 가능한 것들이 존재한다. Gumperz는 필리핀의 언어군의 억양 패턴이 영어로 전이되어 야기되는 문제들을 지적하고, 이것이 정보의 주요점을 영어 화자에게 불명확하게 만들고 있다는 것을 나타냈다. 또한 다른 가족 사정에 개입하는 것에 대한 사회 규범이, 얼마나 이 의사를 화상 피해자의 상태에 무관심한가를 보이고 있는가에 대해서 기록하고 있다. 이 근거에 기초하여 Gumperz는 의사의 FBI에 의한 사정 청취와 법원에서의 증언에 언뜻 모순이 있는 것처럼 보이는 것은 FBI가 사정을 청취할 때 오해가 발생한 것으로, 이는 위증이 아니라고 주장하였다. FBI의 증거는 결국 받아들여지지 않아 기소가 철회되었다.

Pauwels, D 'Argaville and Eades(1992)는 경찰 심문이나 법정에서의 발화와 유사한 변호인과 의뢰인 간의 법률 상담의 커뮤니케이션의 어려움을 설명하고 있다.

교도소에서 제2 언어 화자는 다음 절에서 설명하는 청각 장애 수감자와 마찬가지로 교도소 내의 절차에 노출되어도 거의 이해를 못할 가능성이 있다. 뉴 사우스 웨일스주의 교정국은 1977년부터 교도소 내의 '소수 민족 수감자'를 어떻게 대우하고 있는가를 점검하였다. Maker 외(1998)의 연구는 18명의 여성들로 구성된 포커스 집단의 대화 녹음에 기초하고 있다. 안타깝게도 일부 여성은 영어를 완전히 모르거나, 조금밖에 이해하지 못하였는데도 교도소는 통역을 제공하라는 요구에 응하지 못하고 있었다. 커뮤니케이션이 불가능하였던 사람들은 교도소에 들어갔을 때의 상황을 다음과 같이 보고하였다.

> I didn't understand anything. They never rang an interpreter. I spoke no English. I didn't understand. They asked you to sign and rush through and you have to sign it [papers] and rush in reception.
>
> 아무것도 몰랐습니다. 통역사를 전화로 수배한 적은 한 번도 없었습니다. 저는 영어를 할 수 없습니다. 이해할 수 없습니다. 서명을 요구받아서 빨리 하라고 명령받아 서명해야 했고 입소가 서둘러졌습니다.

16개의 언어에 의한 긴급 절차의 표시(이것은 뉴 사우스 웨일스주의 교도소에서의 언어 다양성을 시사하고 있다고도 할 수 있다)를 제외하고, 교도소에서의 모든 정보는 영어뿐이었다. 많은 수감자는 구두로 어느 정도 커뮤니케이션을 취할 수 있지만, 공적 문서에 대한 대응은 훨씬 어렵다고 느꼈다.

> They just read this and sign it. You might understand if they speak it to you, but not written.
>
> 그저 읽고 서명하도록 명령을 받았습니다. 말로 설명을 받았으면 이해하였을지도 모르지만 글로 된 것은 모릅니다.

공인받은 통역사가 아닌데도 수감자가 다른 수감자에게 통역하도록 요구받는 경우가 많았다.

> If someone can't speak English they call an inmate to interpret.
>
> 영어를 말할 수 있는 수감자가 있으면 통역을 시키려고 다른 수감자를 데리고 왔습니다.

문제는 수용 단계만이 아니었다. Maher 외(1998:5)에 따르면 언어에 대한 난관과 통역 서비스의 제공이 어렵다는 것은 수용 단계만의 문제가 아닌 것은 명백하다. 실제로, 여성은 매일 교도관, 교정 교육 보험국, 복지부, 심리 업무부, 교육부, 산업부, 법무부나 구분 위원회에 대한 대응으로 끊임없는 문제를 안고 있었다고 기록하고 있다. 청각 장애인의 문제와 제2 언어 화자의 문제는 유사하다. 이러한 언어 문제의 해결책은 원주민 소수 집단의 대응과 유사하게 된다. 그러나 여기에서 큰 도움이 될 수 있는 것은 통역사와 번역가이다. 사법 통역과 번역은 다음 장에서 언급하겠다.

6.5. 청각 장애인

'청각 장애인(deaf)'이라는 용어는 신체적인 증상 -청각 능력의 결여-와 청각 장애인의 커뮤니티의 일원임을 의미한다. 이 책에서는 전자의 의미로 사용한다. 이 절에서 논의하는 것의 대부분은 Brennan & Brown (1997)의 중요한 업적에 근거한다. 충분한 기회가 주어진다면 대부분의 청각 장애 사람들은 모어로서 수화를 습득한다. 수화는 음성 언어의 수화 버전이 아니라, 독자적인 언어이며 지역적인 변종도 존재한다. 어휘, 통사, 형태는 주변에서 말해지는 음성 언어와는 크게 다르다. 청각 장애인은 추가적으로 자신을 다른 청자와는 다른 문화를 가지는 별개의 커뮤니티에 속한다고 생각한다.

청각 장애인은 제2 언어 화자의 특수한 사례이며 날 때부터 청각 장애가 있는 사람이 완전히 발화할 수 있게 되는 것은 드문 일이며 음성 언어의 문법, 어휘와 담화를 완전히 습득할 여지는 적다는 점에서 다르다. Brennan & Brown(1997:12)는 청각 장애인 커뮤니티는 (중략) 결코 음성 언어에 대해서 완전하고 동등한 액세스를 가질 수는 없다고 언급하였다. 게다가 청각 장애인의 문화는 현재로는 우선 문식성이 없는 상태에 놓이게 된다. 수화의 서기 체계는 드디어 최근에 이르러서야 발달을 하게 되었는데, 청각 장애인 간의 문식성이란 거의 습득이 불가능한, 수화가 아닌 언어의 문식성을 가리키는 것이 된다.

Brennan & Brown(1997:92)는 많은 청각 장애인은 우선 읽고 쓰기가 서툴다고 언급한다. 청각 장애인과 지배적인 일반 청자와의 사회 커뮤니케이션 장벽은 일반 청자 사회가 청각 장애인에 대한 지식과 이해가 결여되어 있는 것에서부터 역사를 통해서 강화되어 있으며 따라서, 부정적인 전형화가 이루어져 있다. 그 결과 문화적 태도상에서의 장벽이 양자 모두에게 유지되고 있다.

지금까지의 장에서 논의해 온 법의 언어의 특징을 한 번 더 살펴보면 언제나 사용되고 있다고는 장담할 수 없지만 수화 통역사가 고용된 경우조차도 문제가 있다는 것을 금방 알 수 있다. 전문 용어에 관해서는 수화의 법률 체계가 없기 때문에 특정 용어는 수화가 존재하지 않는다. 그런 경우 청각 장애인은 음성 언어에서 용어를 '착용하여' 손가락 문자를 사용하거나 용어를 '입 모양으로' 나타내는 방법을 쓴다. 때로는 이것이 과하여 '수화'로 영어 또는 프랑스어 등을 나타내는 것이 되는, 즉 음성 언어를 '수화로 나타낸' 형태가 된다. 음성 언어의 이해가 한정되어 있는 청각 장애인에게 이러한 것은 대부분이 이해가 불가능한 것이다. 문식성에 대해서는 문식성이 낮다는 것보다는 청각 장애인은 법적 구속력이 있는 문서에 전형적으로 보이는 문어 레지스터를 습득할 가능성이 낮으며 수화 통역은 한정적으로밖에 도움이 되지 않는다. 게다가 흥미롭게도 Brennan & Brown(1997)에 의하면, 영국 수화는 경어의 대부분 또는 다른 파워 관계를 나타내는 요소가 누락되어 있기 때문에 '재판장님(Your Honour)' 등의 호칭을 나타내는 것이 어려워 청각 장애인의 수화에 의한 증언이 적절한 경의를 표하는 것이 제한되어 있음을 알 수 있다. 이것은 1장에서 3장까지 설명한 법의 언어의 주된 특징인 전문 용어, 문어, 파워가 다양한 법적 문맥에서 청각 장애인에게 중대한 커뮤니케이션 문제를 야기한다는 것을 의미한다.

청각 장애인은 법체계와 접촉할 때에 입을 수 있는 불이익에 의해서 다른 제2 언어 화자와 유사한 예상이 가능한 문제, 또는 전혀 다른 문제 양쪽 다 일어날 가능성이 있다. 예를 들면 경찰과의 대화에서 수갑을 채웠을 때 수화의 사용은 이른바 입을 틀어막은 것과 마찬가지이다. 구속되어 있으면서 수화를 하려고 하면 마치 '버둥거리는' 것으로 오해받아 그 결과 어떻게 될지는 쉽게 상상이 가능하다. 경찰이 문자가 가능한 전화를 제공하지 않는 한 청각 장애인들은 그들이 구속될 때에 언급된 (변호인이나 다른 가족들의 도움을 받을 수 있는) 권리를 행사할 수 없게 된다. 교도소 안에서 가족들에게 전화를 걸 수 있는 다른 수감자들에 비해서 문자로 의사소통을 할 수 있는 전화가 제공되지 않기 때문에 청각 장애가 있는 수감자는 가족들에게 전화를 걸 수 없게 되는 것이다. 다른 청각 장애가 있는 수감자가 없는 경우에는 완전한 커뮤니케이션을 취할 수 있는 상대는 아무도 없으며 독방에서 감금되어 있는 것과 마찬가지인 상태가 된다. 형무에서의 교육과 훈련의 기회는 청각 장애인에게는 거의 없다. 라디오를 듣는 것도 안 되며 TV는 보통 자막 장치가 없기 때문에 고립과 지루함에 놓이게 된다. 시간을 발광 신호로 알리는 시계 벨의 시각판, 또는 발광 신호가 붙어 있는 화재 통지가 마련되어 있지 않을 가능성도 있다. 처음 수감될 때 교도소 간부와의 접견, 보석 위원회, 정신 감정,

형량 심사 시에 통역사가 붙는 일은 드물며 수형 시간이 보다 장기화될 가능성이 있다. 영국의 원 교도소 주임 책임자인 스티븐 투밍 판사는 (Brennan and Brown 1997:109에 기록된) TV 인터뷰 중에서 다음과 같이 말한다. '교도소 내의 청각 장애인의 대응은 아주 불충분하다. 청각 장애인을 위한 정해진 대응책이나 규칙, 방침은 전혀 존재하지 않는다.' 실제로 청각 장애가 있는 수감자는 건강한 수감자보다 괴로움이 크며 이 장의 서두에서 소개한 코멘트에 있는 것과 같은 상태가 현실이다.

여기에서 논한 법률 레지스터 문제 이외에도 법정에서의 주된 문제점으로서 통역 시간이 있다. 이에 대해서는 다음 장에서 논의하겠지만 여기에서 언어의 문제에 더하여 청각 장애인을 살펴보지 않으면 안 되기 때문에 많은 비언어적인 증거가 원래 발화자로부터 나오는 것을 놓치는 경우가 많다는 점과 일반 방청석에 앉는 청각 장애인이 너무 먼 자리에 있거나, 수화 통역을 보기에 적절하지 못한 각도에 앉아 있는 것도 언급해 둘 필요가 있다.

6.6. 사회 계층

사회 계층 범위를 어떻게 나눌지는 이론에 따라 달라지는 부분이다. 직무상 범위를 가리킬 때 사용한다. - 미숙련 수공업 노동자, 숙련 수공업 노동자, 화이트칼라, 전문직 및 관리직이다. 이러한 고용 범위에 의해서 언어가 어떻게 쓰이는가는 특히 문어의 관습상 및 직무상, 높은 레지스터의 사용이 어느 정도 필요해지는가에 의해서이다. 고용 유형, 교육 정도와 고도의 레지스터의 사용 간에는 밀접한(그러나 절대적이지는 않은) 관련성이 있다. 이미 배심원의 설시를 설명하는 부분에서 교육 수준이 보다 낮은 사람에게 설시에 쓰이는 언어에 관한 커뮤니케이션의 문제가 크다고 하였다. 노동자 계층의 사람은 일반적으로 사법 절차에 관여할 때 고도의 레지스터의 이해가 보다 낮은 수준에 머물러 있기 때문에 사법 절차를 이해하여 자신의 견해나 스토리를 제시하는 데에 보다 어려움을 느끼는 경우가 많다.

사회에서의 전형화된 사법 제도상의 불평등한 취급에 영향을 미치는 경우가 있다. Cicourel(1976)은 교사, 경관, 보호 감찰관이 노동자 계층의 청소년의 반사회적 행동이나 위법 행위를 '품행 불량'에 기인한다고 판단하여 '징벌 프레임'으로 이어지는 경향이 있는데 반하여 중산 계급의 청소년이 같은 행동을 취하였을 때에는 '우울증'에 기인한다고 판단하여 '치료 프레임'으로 이어지는 경향이 있는 예를 들고 있다. 특히, 유사한 경험을 한두 명의 청년의 예를 대비시켜 중산 계급의 청년에게는 재생의 기회가 매번 부여되는데 비하여 노동자 계급의 청년에게는 부여되지 않고 있다고 한다.

Wodak-Engel(1984:98-100)은 호주의 교통 법원에서 같은 판사가 다룬 중산 계급 남성과 노동자 계급 여성의 두 사례를 들고 있다(젠더의 문제가 관계하고 있을 가능성이 있다). (통역된) 기록에는 나와 있지 않은 두 발화자 간에 보이는 언어의 차이로는 판사가 노동자 계급 여성과의 커뮤니케이션을 취하는 데에 방언으로 바꿀 수밖에 없어 불쾌감을 나타내는 것을 들 수 있다. 아마도 방언으로 바꾸어 의사소통하는 것은 사법 맥락상에서 판사로서의 지위에서 부적절하다고 간주하였기 때문이라고 생각된다.

기록의 차이는 여러 의미에서 흥미롭다. 우선 두 명의 피고인의 언어를 살펴보면, 중간 계급의 화자는 문법적 비유를 포함하는 고도의 레지스터를 사용하고 있다. 예를 들면 '나는 생각하였다'가 아니라 '나는 주관적인 인상을 받았다'로, '나는 어디에 가는지 알고 있다'가 아니라 '나의 방향성을 결정하는 것이 가능하다'라고 발언하고 있다. 이 피고는 자신에게는 책임이 없다는 식으로, 잘 구축된 '스토리'를 말하였다. 한편, 노동자 계급의 여성의 표현은 직설적이며 판사의 개입으로 인해서 그 여성은 자신의 일관성 있는 '스토리'를 구축할 기회를 부여받지 못하였다.

아무래도 판사의 사회적 편견이 이들 차이에 여실히 나와 있다고 생각된다. 판사는 남성과의 사이에서는 '지위의 지원'을 직업상의 높은 지위 및 급여를 말하는 것으로 명확히 하고, 그러나 여성에 대해서는 특히 '어느 차에도 핸들이 있다'는 정보를 주어 상대를 깔보고, 지위를 낮추는 발언을 하고 있다. 급하게 핸들을 꺾었느냐는 질문에 '아니요'라고 대답한 후 여성 피고는 '급핸들을 꺾다'의 의미에 대해서 일상 대화의 표현으로서 납득 가능한 정의를 제공하였으나, 그 이상 설명하지 않아 판사는 여성 피고가 그 말을 이해하지 못하였다고 생각하였다. 두 피고에게 쓰인 심문 방식은 공손성의 관점에서 보아도 현저한 차이가 있다. 판사는 '당신은 박사시죠?'이고 남성의 학력에 대해서 물은 것과, 여성에게 '다음은 학력 정보입니다'라고 '서류 기입식'의 질문을 한 것이 대조적이다. 무엇이 일어났는가를 조사하는 데 남성에게는 '자, 무슨 일이 일어났습니까?'라고 묻고 있는데, 여성에게는 '그 외에 무언가?'라고 하고 있다. 박사 호칭에 대해서의 판사의 질문에 대해서는 Philips(1998:61)에서 '학력에 관한 특성은 때로는 계층과 인종에 관한 특성의 '규범'으로서 기능한다.'는 논의를 참조하라.

중산 계급의 피고는 살인으로 유죄였음에도 불구하고 작은 액수의 벌금형으로 끝났다. 이에 비해서 노동자 계급 피고는 중산 계급 피고보다도 사고에 관한 책임 정도가 낮았음에도 불구하고 3개월의 금고형을 받았다.

6.7. 성폭행 사건의 여성 피해자

Liebes-Plesner(1984)와 Matoesian(1993, 1997)은 성폭행 사건의 법정에서의 심문 방식에 의해서 여성은 불이익을 입을 뿐만이 아니라 마음에 상처를 받을 수밖에 없다는 것을 아주 자세하게 나타내고 있다. Matoesian (1993:ch.5)에서는 강간 피해자의 반대 심문에서의 기록을 나타내는데 3장에서 말한 파워 있는 언어의 특색이 내포되어 있으며 증인이 완전히 합의하고 있지 않은 형태로 사건을 말하도록 압력을 가할 의도라는 것을 알 수 있다. Matoesian은 법률가는 증인이 일관성 있는(복합적) 설명을 하는 것을 다음과 같은 방법을 사용하여 방해하고 있다고 설명하고 있다. (1) 중단 및 증인이 증언하는 발화 순서를 빼앗는다, (2) 법률가가 침묵을 사용하여 특정 발언을 강조한다, 또는 증인의 신빙성에 대한 의문을 발생시킨다, (3) 고압적인 질문 형태를 사용한다, (4) 화제와 정보를 컨트롤한다. Matoesian이 나타내고 있는 예 중 이러한 방식은 여성이 때로는 약물이나 알코올의 영향 아래에서 자의로 성교에 응하였다는 식으로 몰아가는 데에 이용되고 있다. 한 가지 예를 보자. 다음은 Matoesian(1993:161)에서 가져온 예로 변호인이 앞 공판에서 partying(파티에 참가하다)라는 언어를 약물과 알코올의 사용이나 성교도 가능하다는 것을 의미하는 것으로 설정하려고 시도하였다.(기호 ‘ [’는 여기에서는 변호인과 증인이 동시에 발화하려는 것, 발화의 중첩을 나타낸다. 또 괄호 안의 숫자는 발화 간의 초를 나타낸다).

CD: O.K. you went outside and you waited for at least ten minutes for one of these friends to emerge, is that correct?
(1.2)
W: Mmhmm
CD: Who were you waiting for?
(3.9)
W: I don't remember who it was.
CD: Aren'tchu just trying tuh come up with an excuse for why you had to wait outside there?
(0.6)
W: No

[[
CD: Weren't you in fact waiting outside for somebody to go pardying with (.) anybody
CP: Objection yer honour
J: Overruled
W: No

변호인: 좋습니다, 당신은 밖에 나와 적어도 친구들 중 한 명이 나타나기를 기다렸습니다, 그렇습니까?
(1.2)
증 인: 예.
변호인: 누구를 기다린 것입니까?
(3.9)
증 인: 누구였는지 기억하지 못합니다.
변호인: 당신은 그저, 왜 밖에서 기다렸어야 하는지, 그 변명을 만들려고 하고 있는 것이 아닙니까?
(0.6)
증 인: 아뇨.
[[
변호인: 당신은 그저 밖에서 누군가와 파티를 벌인다, 누구하고든? 아무나 기다린 것은?
검찰관: 이의 있습니다, 재판장님.
판 사: 이의를 기각합니다.
증 인: 아니요.

여기에서 예상되는 답변이 '네'인 질문의 이용이나 여성의 '아니요'라는 답변을 무효화하는 발화의 순서 교대 위반, 증인이 성적으로 문란한 것처럼 보이려는 간접적인 구축에 주목할 필요가 있다.

성폭행으로 고발된 남성을 변호하는 변호인이 잘 쓰는 수법은 피해자 여성에게 이전의 성적 체험을 묻는 일이다. 이 전략에는 몇 가지 목적이 있다. 우선, 여성이 이전에도 그랬던 것처럼 자신의 의사로 성관계를 하였다고 보이게 하려는 의도가 있다. 다음으로, 복수의 성 교섭 상대를 가지는 여성에 대한 사회적 편견을 조장하려는 목적이 있다. 이미 폭행으로 마음에 상처를 입은 여성에게 프라이버시를 침해하는 것은 유효한 전략일 수 있다. 보다 강한 감정적인 반응을 유도함으로써 여성 측의 증거를 설득력이 낮게 만들거나 또는 협력 거부로도 이어질 수 있을 것이다. 협력 거부는 여성 측의 주장에는 강한 마이너스 효과가 될 수 있으며, 이것은 실제로 위법한 행위이다. 이 전략으로 얻어진 정보가 여성의 마음의 상처와 치욕에 비추어 보면 정당화될 수 있을지는 의문이다.

성폭행을 당했을 당시의 세부를 자세하게 법률가가 질문하는 것도 필수 정보를 진실로 추구한다기보다는 여성을 치욕적으로 느끼게 만들어 마음에 상처를 입히려는 대인적 전략으로서 똑같이 사용할 수 있다. 여성 단체는 반대 심문에서의 이들 문제에 대해서 강력하게 정부에 진정 중이다. 호주에서는 일부 판사들에게 나타나는 성폭행 사건 대응에 관해서 발언의 무신경함, 남성 피고에게 유리하게 하려는 편견을 드러내는 것, 특히 신체적인 폭행을 입은 여성으로의 위압적 태도나 치욕감을 방지하기 위해서 개입을 하지 않는 등의 문제로 인해 비판의 대상이 되고 있다.

6.8. 마무리

이 장에서 충분한 증거가 제시된 연구 사례를 제시하여 논의해 왔듯이 논리적인 결론으로서 사법 제도의 언어의 사용 방법은 전통적으로 힘이 약하거나, 또는 이미 다른 의미에서 불이익을 입고 있는 사람들, 즉 아이, 원주민을 포함한 소수 민족 집단, 교육 수준이 낮은 사람, 또는 사회 경제적 지위가 낮은 사람, 청각 장애인 및 성폭행당한 여성 피해자 등에게 불리하게 작용하는 경우가 있다. 이러한 상황은 불공평한 것은 자명하며 공정하지 않은 법은 단지 제압 도구일 뿐이다. 이런 종류의 불이익은 깊은 사회적 뿌리를 가지며 언어적인 수단만으로는 개선되지 않는다. 그러나 이 상황을 개선하기 위해서 취하는 것이 가능한 방법은 있다. 필자는 Gibbons(1994:195)에서 동등한 대우는 공평한 취급을 의미하는 것이 아니라, 오히려 차이를 인식하고 차이를 대처하기 위한 책략을 발전시키는 것에 있다고 하고 있다. 이들 책략의 일부는 다음 장에서 다루겠다.

제7장 격차 메우기

의뢰인은 어눌한 영어로, 자신이 잘 말하지도 못하고 이해하지도 못하다는 것을 판사에게 전하려 하였다. 판사는 그녀에게 조용히 이야기를 들으라고 말하였다. 그리고 질문을 하였지만 그녀는 불안한 상태로 그것이 이해가 되지 않았다.(…중략…) 결국 판사는 마지막 해결책으로서 피진과 같은 영어를 사용하였고 판사는 어찌어찌 의미를 이해하였다. 판사는 아주 만족하며 이렇게 말하였다. '거봐요, 말하고 싶다고 생각하면 영어도 할 수 있지 않습니까.'

- 호주 연방 정부법무장관에게 보낸
전국 이탈리아계 호주인 여성 협회의 제안에 의한 연방 정부 법무 장관실 보고서(1991)

7.1. 들어가며

6장에서는 사법 제도를 담당하는 법률가와 사법 제도의 언어를 충분히 숙지하고 있지 않은 사람들 간의 커뮤니케이션에서 발생 가능한 문제가 확실하게 드러나는 사례, 그리고 때로는 가슴 아픈 사례에 대해서 살펴보았다. 이들 자료에서는 세 가지 문제가 보인다. 우선, 개념을 전달하는 과정에서 일어나는 문제로, 개념이 부정확하거나 불완전하게 전달될 가능성이 있다는 것이다. 다음으로 발언의 강제성 문제로, 약한 지위에 있는 사람들은 자신이 진실이라고 믿는 것과는 다른 것을 말하도록 압력을 받거나 조종될 가능성이 있다. 마지막으로 정신적 피해의 문제가 있다. 사법 절차는 대부분의 사람들에게 괴로운 것이다. 약한 지위에 있는 사람들은 특히 심문 과정에서 강한 압력을 받거나 감정 면에서 스트레스를 느끼는 경험을 하는 등 노출될 필요가 없는 부당한 고초를 겪기도 한다. Brennan(1994)가 지적하듯이, 아이들이 '두 번 학대를 받는' 일도 있을 수 있다.

이러한 것은 사법 제도의 부당한 대우와 그것을 경감하기 위한 대책에 관한 문제로 직결된다. 완벽하게는 할 수 없어도 부당한 대우를 받을 가능성을 가능한 한 낮추기 위해서 경계와 노력을 지속할 필요가 있다. 이 장의 주요 부분은 사법 통역과 법무 통역에 관한 것이지만 그 외 소수 약자에 관한 문제에 대해서도 이 절의 서두에서 서술한 세 가지 문제를 예방하기 위한 대책에 관해서 논의해 가겠다.

7.2. 커뮤니케이션 문제를 줄이기 위한 대책

6장에서는 사회의 다양한 집단에서 일어나기 쉬운 다양한 문제에 대해서 논의하였다. 그러한 문제를 해결하기 위한 방법에는 다양한 것이 있는데 그들 모두가 다양한 상황에서 도움이 된다고 할 수 있다.

7.2.1. 정보의 제공

맨 처음에 커뮤니케이션 양식의 근본적인 차이나, 거기에서 발생 가능한 문제나 논점을 모든 관계자에게 어떤 식으로 알릴지에 대해서 서술한다. 법률가는 선의를 가진 사람이 많으며, 일부러 혼란을 야기하려고 하는 것이 아니라, 커뮤니케이션에 어려움을 가져오는 원인이 문화적 또는 언어적인 것이라는 것을 알게 되면 오해를 수용하고, 그것을 해결하려고 노력하는 경우가 많다. 이러한 커뮤니케이션 문제를 보다 효율적으로 해결하는 방책으로서 경찰관, 판사, 변호사, 검찰관 그리고 법정 직원의 훈련이 자주 이루어진다. 그러한 훈련을 제공하기 위한 본격적인 노력은 호주, 캐나다, 미국을 포함하는 많은 나라에서 이루어지고 있다. 또한 질문의 이해도가 상담사의 경우와 법률가의 경우가 다르다는 점에서 많은 사법 관할구에서 법률가가 아이들과 적절한 방법으로 커뮤니케이션을 할 수 있도록 교육하려는 노력이 시작되었다.

사회 계층으로 인해 발생하는 불리한 지위에 놓인 사람들을 위한 대처는 어렵다. 외관상으로 보이는 소수 집단을 대상으로 한 차별이 아니라, 사회적, 경제적 구조와 관련되어 있기 때문이다. 원주민 소수 집단과 마찬가지로 이에 대해서도 사법 제도에 관련된 모든 사람들을 교육하고, 판사의 심사를 치밀하게 하여 그들의 판단이나 법적 절차가 사회 계층에 기초한 전형화에 영향을 주지 않도록 하는 것이 중요하다. 마찬가지로, 경찰관 채용을 신중하게 하고 이러한 문제에 대해서 교육하면 좋은 결과를 얻을 수 있을 것이다.

더욱 어려운 것은 사법 절차에 관여된 소수 집단의 사람들에게 상담을 제공하는 것은 큰 가치가 있다. 그렇게 함으로써 사법 제도와 그 기능에 대한 이해를 늘리는 것이 가능하기 때문이다.

7.2.2. 중개역의 도입

제2의 대책으로서는 양자를 이해하고 있는 사람들에 의한 중개와 지원 활동이 있다. 이러한 예로써 호주에서는 어보리진 법률 부조회가 설립되었는데 여기에는 어보리진 지역 조언가나 변호사, 또 비어보리진 변호사를 포함한 법률 전문가나 어보리진 문화 전문가들이 관련되어 있다. 또한 몇 개의 주에서는 어보리진 법원 연락관도 있다. 마찬가지로, 세계 각지의 경찰에서는 소수 집단에 속하는 사람들이 경찰과 접촉할 경우에 발생하는 문제를 해결하기 위해서 보좌하는 연락관을 두고 있다. 이러한 담당관은 관련된 소수 집단 중에서 채용되는 일이 많다.

아이들이 경찰이나 법률가에게 심문을 받을 때에는 아동 상담가가 동석하는 경우가 상당히 일반적이다. 아동 상담가는 아이들의 커뮤니케이션에 오차가 있거나 아이가 고통을 느끼고 있다고 판단될 때 개입할 권한이 있다. 성폭행 고발 사건에서 중개인을 두는 것을 허가하고 있는 사법 관할구도 있다. 경찰에는 특별히 아이들과 성폭행의 피해자를 배려

없이 대우하지 않도록 조치해야 하며 부주의로 인한 2차 가해를 하지 못하도록 규정하고 있다.

제2 언어 화자에 관한 문제에 대해서는 주로 통역의 절에서 다루겠지만 통역사는 언어뿐만이 아니라 문화의 중개인의 역할도 한다는 것을 기억할 필요가 있다.

7.2.3. 법적 절차의 수정

제3의 방법은 다른 문화를 가진 사람들에게는 낯설어서 이해하기 어려우며 또 공포감을 불러일으키는 사법 절차를 수정하는 일이다. 호주의 북부 준 주에서 제정된 아닌가 규칙(Anunga Rules)은 중요한 장치이다. 이것에는 경찰 취조 중 친구나 권리 보호자를 동석시키는 것이 가능하다는 아주 중요한 권리가 포함되어 있기 때문에 무상의 동의가 일어나는 것을 어느 정도 막을 수 있다. 이에 더하여 질문의 조합이나 이해의 확보를 위해서 구체적인 지침을 만들 수 있게 되었다. 그리고 다음 절에서 설명하겠지만 법정에서 사용되는 언어를 전혀 구사할 줄 모르는 사람뿐만이 아니라, 표준적 언어를 구사할 능력이 부족한 사람에게도 통역사의 조력을 받을 수 있도록 법정화하는 것도 시급한 일이다. 법정에서의 특정 절차에 관해서는 호주 퀸즈랜드주 형사 공정 위원회의 보고서(1996: 24)의 권고에 증인은 주심문에서의 증언은 내러티브 형식으로 할 것을 허가해야 하며 또 유도심문에 관해서는 판사가 더욱 통제해야 한다고 한다. 이문화의 배려는 법정에서의 심문을 다른 의미로 인정할 가능성은 없는 것일까?

사법 제도에서의 아이들에 관한 문제에 대해서는 널리 이해되고 있는 추세로 재판, 특히 성폭행 사건에서의 아이들에 관한 문제의 해결을 위한 다양한 대책이 세워지고 있다. 아마도 이들 중 가장 중요한 것은 상담사에 의해 이루어진 아이들의 심문 비디오 녹화를 증거로서 인정하는 것일 것이다. 법률가는 이러한 심문을 선호하지 않는데 이것은 상담사에 의해 증거가 치우쳐 이를 검증하는 것이 불가능하다고 믿고 있기 때문이다. 법정에 발생할 정신적 고통을 경감하는 또 하나의 방법으로는 비디오 링크를 사용하여 아이들이 공포감이 없는 환경에서 TV의 화면에 나오는 사람들에 게서 받은 질문에 대답하도록 하는 것이다. 이러한 문제에서 취해져야 하는 대책은 법률가를 훈련시켜 자신이 사용하는 언어가 미치는 영향에 대해서 의식을 고양시키는 것, 그리고 판사가 공격적인 심문을 제지하기 위해 좀 더 개입해야 하는 것이다. 아이들이 폭행을 구두로 설명하는 것이 불가능하거나 하고 싶어 하지도 않는다는 문제를 해결하기 위해서 인형 등을 사용하는 것도 유익하다. 이러한 인형, 특히 해부학 모형은 때로는 심문 상대로서 사용되며, 때로는 아이들이 신체적 폭행이나 성폭행을 묘사할 때에 비언어적 커뮤니케이션으로도 그 내용을 전달할 수 있기 때문에 자주 사용된다. 별개의 비언어 커뮤니케이션의 기법으로서는, 아이들이 사건과 관련된 신체 부분을 지시하도록 인체도를 사용하기도 한다. 아이들이 얼마나 유도당하기 쉬운가, 어떠한 형태로든 평가하는 것도 필요한 것일지도 모른다. 심리학 문헌(예를 들면 Raskin and Yuille 1989:196)에서는 약한 지위에 있거나 상대에 의해 영향을 받기 쉬운 아이들이나 그 외의 사람들에 대한 비디오 녹화 심문의 경우에는 4장에서 설명한 인지 인터뷰 형식으로 이루어져야 한다고 권고하고 있다.

성폭행을 당한 여성도 보호가 필요하리라 여겨지는 또 하나의 집단이다. 이 경우 특히 심문을 받고 있는 사이에 추가적인 정신적 피해를 받지 않도록 보호해야 한다. 이러한 지침이 도입된 사법 관할구도 있으며(예로 미국에서는 이를 '강간 피해자 보호법'이라 불린다) 여성의 명예를 실추시키지 않기 위한 책략으로서 상대 변호인이 피해 여성의 성 경험력에 대해 질문하는 것을 제지하거나 폭행의 상세 사항에 대해서 심문하는 것을 제지하고 그 대신 가능한 한 조서와 기타 보고서와 같은 다른 증거에 근거하도록 하고 있다. 선서에 기초한 진술 조서 등, 정보를 얻기 위해 보다 간접적인 방법에 대해서는 반대 심문을 통해서 '검증'하는 것이 불가능하다고 변호인으로부터 저항이 있다. 실제로 증인을 보호하는 한편, 엄격하게 증거를 검증하여 피고인을 보호하는 것과의 균형을 어떻게 지킬 것인가에 대해 현재 논의가 진행 중이다.

7.3. 사법 통역, 법무 번역

7.3.1. 들어가며

통역 · 번역의 분야에서는 주로 두 개의 논쟁이 있다. 첫째로는 어떠한 경우에(그리고 그것이야말로 실제로) 통역사와 번역가가 법적 목적을 위해서 필요로 될 경우, 통역, 번역의 적절한 수준은 어느 정도 확보가 가능한가 하는 것이다. 둘째로는 사법 통역, 번역의 과정이란 어떤 것인가 하는 것이다.

번역, 통역이라는 분야에서 양자의 일반적인 구별은 번역(translation)이 출발 언어로 쓰인 문서를 도착 언어인 문서로 변환하는 과정인 것에 비해, 통역(interpreting)은 그와 같은 과정이 구두로 이루어진다. 이러한 두 활동에는 상당히 공통적인 부분이 많이 존재하는데 영어에서는 양자를 합친 것을 나타내는 단일 단어는 없다. 사법의 장에서 해석(interpretation)라는 용어는 일반적으로 '효력 있는 문서'에서 단일 언어로 의미를 해석하는 과정에 한해 사용된다(2장 참조). 즉, 통역(interpreting)은 통역사에 의해서 이루어지고 해석(interpretation)은 법률가에 의해서 이루어진다.

7.3.2. 통역사와 번역가의 필요성

사법 제도에 사용되는 언어를 전혀 모르는 사람이 사법 제도에 접촉할 때, 그 사람을 위해서 통역사나 번역가를 제공하지 않는다는 것은 이치에 맞지 않는 이야기다. 그러한 중개가 개입되지 않게 되면 다음과 같은 두 가지 문제가 발생한다. 첫째로, 제2 언어 화자와 경찰 또는 법률가 간의 커뮤니케이션이 잘 이루어지지 않으며 사건에 관련된 사실을 충분히 발견할 수 없게 될 가능성이 있다. 그리고 둘째로 제2 언어 화자는 자신의 입으로 사건의 경위를 충분히 전달하고 사법 절차에 대해 이해하고 이에 참여할 권리가 보장되지 않다는 것이다. 이 두 요소가 부당한 결과를 야기할 위험 요소가 되는 것은 명백한 일이다. 그렇기 때문에 국제적으로도 국가 수준에서도 통역사, 번역가의 조력을 받을 권리에 관한 법률 제정이 이루어져 왔다(다음 항 참조). 그리고 이 책에서 이미 언급했듯이 사법 절차에서는 일상 대화에서 필요로 하는 것 이상의 수준의 언어 능력이 필요하다. 보다 복잡한 문법이나 '고도의' 레지스터를 다루는 능력이 필요하다. 이 점에서 법적 목적으로 쓰이는 언어의 운용 능력이 전혀 없는 사람에게도 통역사가 필요하다는 것을 알 수 있다. 어느 수준의 언어 능력이 되어야 통역사가 필요 없다고 판단할 수 있는가는 통역사 사용에 관한 논의와 실제 판단에서 고민의 씨앗이 되고 있다.

사법 통역과 법무 번역이 필요하다고 생각되는 경우에도 법정, 경찰서나 교도소에서 이용되지 않는 경우가 자주 있다. Carroll(1995)는 호주의 법정에서 통역 사용이 극단적으로 억압받고 있는 상황에 대해서 보고하고 있다. 또한 Jacquemet(1996:169-76)는 이탈리아어의 지역 언어를 모어로 하는 사람들의 대다수가 구사 능력을 가지고 있지 않은 이탈리아어 표준어로 말하는 '이탈리아어만을 사용하는 규칙'에 따라야 하는 것으로 의무화되어 있기 때문에 법정에서 언어 문제에 직면하고 있는 상황에 대해 논의하고 있다. 판사들은 통역의 조력을 받아 증인들이 그들 자신의 언어를 최대한으로 사용하여 증언할 기회를 부여함으로써, 이러한 허용하기 어려운 상황을 허용 가능한 상황으로 바꾸려는 시도나 노력을 (Jacquemet 자신조차도) 하는 흔적을 찾아보기 힘들다.

호주 연방 정부 법무장관실은 1991년에 '호주의 사법 제도의 통역사의 확보'에 관한 보고서를 발표하였는데 판사나 법률가에게 법정에서 통역사나 번역가를 이용하지 않는 이유를 조사한 결과를 논의하고 있다 (Commonwealth Attorney Genera'ls Department 1991, 3장). 거기에서는 다음과 같은 이유가 있다.

1. 제2 언어 화자가 사법 제도에서 사용되고 있는 언어에 대해서 어느 정도의 지식을 가지고 있는 경우 통역을 하는 과정에 소요되는 시간이 생각하거나 대답을 하기 위한 시간으로 이용된다는 의미에서 유리하게 작용한다.
2. 통역을 사용하는 것에 의해서, 얼굴 표정, 시선 맞춤, 목소리 상태나 말더듬 등의 비언어에 의해서 전달되는 정보가 통역을 통해서 변질되기 때문에 증인의 신빙성을 판단하는 것이 어려워진다.
3. 통역사가 발언 내용을 수정하여 '원래의 의미대로의 통역'을 하는 단순한 파이프로서의 행동을 하지 않을 가능성이 있다(통역 과정에 대한 항을 참조).
4. 통역사가 법률가와 증인과의 대화에 개입하여 법정에서 적극적인 역할을 취할 가능성이 있다(Berk-Seligson 1990, 5장에서 통역사가 개입하고 있는 예를 다수 들어, 정당하게 커뮤니케이션을 지원하고 있는 예도 소개하고 있다).
5. 통역사의 조력을 받을 권리를 부여하면 통역이 필요한지 어떤지를 결정할 사법 재량 권한에 영향이 미치게 된다.

보고서의 의견은 기본적으로 사실이기는 하나 통역이 미치는 영향에 대해서는 그다지 심각하게 생각할 필요가 없다고 하고 있다. 1의 이유에 대해서는 그러한 일이 일어나고 있다는 증거는 거의 없으며 통역사의 조력을 받는 대부분은 교육 수준이 낮은 증인으로, 그 이익은 크지 않다. 2에 대해서는 경험이 있는 법정 변호사는 보통 통역을 통한 중개에 대한 대응 방식을 터득하고 있다. 3에 대해서는 통역 과정의 본질에 대해서 오해하고 있으며 게다가 높은 수준의 통역 능력을 가진 통역사라면 극복이 가능할 것이다. 제대로 습득되어 있지 않은 제2 언어 화자에 의해 발생하는 문제보다도 통역사에 의해 일어나는 커뮤니케이션 문제가 작을 것이다. 4에 대해서는 통역 과정에서 직업윤리에 대해 준수하도록 통역사를 교육한다면 예방할 수 있다. 5에서는 판사의 제2 언어 능력을 평가하는 힘을 과신하고 있다. 연방 정부 법무장관실의 보고서(1991:45)는 '정의가 실현되지 못할 위험이 있다고 한다면 제대로 커뮤니케이션하는 데 필요한 영어를 말하거나 이해하거나 할 수 없는 증인에게 통역사의 조력을 제공하는 것을 법정이 거부하여 부정의가 일어나는 것보다도 통역을 그다지 필요로 하지 않는 증인에게 통역사를 제공한 후에 부정의가 일어나는 편이 훨씬 낫다'고 하고 있다. 그러나 아직까지도 통역사를 쓰는 것에 대해서 저항감을 가지고 있는 법률가도 있다.

사법 관할구에 따라서는 경찰이 통역사를 사용하는 것에 대해서 저항감을 가지고 있다는 것을 나타내는 자료가 있다. 호주의 사우스 뉴 웨일스주에서는 경찰의 통역사 이용이나 취조, 사정 청취를 받은 제2 언어 화자의 수에 관해 모은 기록이 없기 때문에 정확한 정보는 얻을 수 없지만, 다른 정보원으로 대체적인 양상을 파악할 수 있다. 전화 통역 서비스와 민족 문제 위원회(Ethnic Affairs Commission)의 1994년과 1995년의 기록에 의하면, 통역이 1년간 쓰인 회수는 5000회 이하였다고 한다. 뉴 사우스 웨일스주 범죄 통계 조사국의 최근 기록에 따르면 약 14만 5천명의 사람들이 매년 고발되고 있다. 이를 근거로 하면 통역사의 사용률은 3%가 된다. 그러나 모든 취조가 고발로 이어지는 것도 아닌데다가, 피의자만이 아니라 증인에게도 사정 청취를 받고 있다. 게다가 대부분의 피의자는 1회로 취조가 끝나지 않기 때문에, 취조, 사정 청취 횟수는 고발되는 사람의 수보다 몇 배나 많을 것이다. 따라서 실제로 통역을 사용하고 있는 비율은 아마도 훨씬 낮을 것이다. 모든 취조, 사정 청취의 1~1.5% 정도일 것이다. 여기에서 떠올려야 할 것은 시드니에 사는 인구의 약 절반이 영어를 제2 언어로 하는 화자라는 것이다. 이와는 반대로, Caroll (1995:66)은 통역이 충분히 사용되었다고 보고하였다. 호주 연방 법원에서의 통역 사용률은 약 25%이며, 이는 통역사의 필요성을 나타내고 있다고 보고하고 있다. 이 비율은 다소 의심스럽기는 하지만 뉴 사우스 웨일스주 경찰의 통역 사용이 얼마나 불충분한 것인가에 대해서는 의문의 여지가 없을 듯하다. Mildren(1999:141)은 호주의 준주(州)와 같은 상황에 대해서 논의하고 있다.

필자가 이 문제에 관해서 경찰관에게 인터뷰를 하였는데 통역을 사용하는 것에 대해서 경찰은 큰 저항이 있었다. 이러한 저항에는 몇 가지 이유가 있다. 첫 번째 이유는 현실적인 문제이다. 취조는 아침 일찍 이루어지는 일이 많으며 이러한 시간대에는 통역사를 찾는 것이 어려운 경우가 있거나 통역사가 경찰서에 도착하기까지 몇 시간이나 걸리는 경우도 있다. 경찰의 입장에서는 그러한 지체는 명백하게 바람직하지 못하다. 두 번째 문제는 '사용자 부담'의 원칙에 따라서 통역 비용을 지구 예산으로 부담해야 하는 것으로 되어 있기 때문에 이것은 통역 사용의 큰 방해 요인으로서 작용한다. 세 번째 이유는 법원의 경우와 마찬가지로, 취조의 과정 자체에서 통역사가 맡는 역할 때문이다. 경찰 취조에서 중요한 요소는 취조를 받는 사람으로부터 비언어 메시지를 읽어 내어 거기에서 말하고 있는 것의 진실성이나 그 사람의 정서 상태 등에 대한 증거를 얻는 것이다. 통역사란 경찰관과 취조를 받는 사람 간에 필요성이 절실해진 결과 중개하기 위해 들어간 인물로, 취조를 받는 사람이 아닌 다른 사람의 언어로 취조를 받는 사람의 목소리 질을 판단하는 데에는 어려움이 따르며, 얼굴의 표정이나 시선 맞춤이나 몸의 움직임 등의 비언어 메시지에 대한 경찰관의 인상을 일그러뜨릴지도 모른다.

법정의 경우와 마찬가지로, 통역사의 중개에 의해서 통역이 이루어지고 있는 사이 취조를 받은 사람은 추가적으로 생각할 시간이 더 주어지기도 한다. 이것은 특히 경찰이 어떤 내용에 대해서 반복하여 압박을 주고자 할 때에 문제가 된다. 즉, 심문에서 타이밍을 통제하지 못하게 되면 어떤 의미에서 통역사는 취조를 받는 사람과 '같은 편' 또는 보호자라고 경찰관의 대다수가 느끼는 한편, 통역사들 사이에서는 그렇지 않다는 반론도 있다. 이러한 경찰의 의식은 특히 통역사가 취조를 받는 사람과 민족적 또는 문화적으로 같은 집단에 속해 있는 경우에 볼 수 있다.

한편 온타리오주의 경찰은 이와는 다른 접근을 하고 있으며 적극적으로 소수 집단의 언어 사회로부터 경찰관을 채용하여 이들 경찰관은 통역으로서 중개를 하는 것이 아니라 증인이나 피의자의 모어로 직접 취조나 대화를 진행한다. 이 방법을 통해 위에서 언급한 통역사 사용에 관한 문제의 많은 부분을 피할 수 있게 된다.

필자는 교도소의 통역사 사용에 대해서는 거의 정보를 얻을 수 없었다. 정식적인 통역 서비스 제공은 그다지 이루어지지 않고 있다. 다만, 캘리포니아주의 일부에서 볼 수 있는 히스패닉계 수감자처럼 동일한 모어를 말하는 사람들이 많은 경우는 별개의 문제이다.

가장 흔한 유형은 통역에 대한 아무런 대책이 없거나 또는 수감자가 비공식적으로 통역을 하는 경우이다. 예를 들면 6장에서 언급한 뉴 사우스 웨일스주의 교도소에서의 수감자 대우에 대한 보고서를 보면 때로는 다른 복역수가 임시 통역사로서 역할을 하고 있거나 하여 기본적으로 제2 언어 화자는 통역 서비스를 제공받지 못하고 있다고 한다.

영국을 살펴보자. 1999년에 교도소 감사장관인 데이빗 램즈보섬에 의해서 정리된 로체스터 교도소에 대한 보고서에 의하면 같은 교도소의 수감자들 거의 반 이상이 제2 언어 화자이며 그 대다수가 영어를 거의 또는 전혀 구사하지 못하는 사람들이었다. 그러나 그들은 적절한 번역 지원이 없기 때문에 이해할 수도 없는 서류에 서명하도록 강요받았다. 또 같은 보고서의 지적에 의하면 새롭게 도착한 알바니아인 수감자가 '두 사람 다 이름이 i로 끝난다'는 이유로 폴란드인과 같은 방에 수감되어 그 폴란드인 수감자는 언어가 통하지 않음에도 불구하고 교도소 규칙을 알바니아인 수감자에게 전달하도록 명령받은 일도 있다.(http://www.ncadc.demon.co.uk/)

앞서 말하였듯이 통역사, 번역가 사용에 대해 저항이 있음을 생각해 보면, 사용하지 않는 경우에는 어떻게 되는가 하는 의문이 생긴다. 그러나 이 문제에 관해서도 자세한 자료는 얻을 수 없다. Jacquemet(1996)은 이탈리아 재판에서 통역사가 사용되지 않았을 때에 일어난 일련의 문제에 대해서 서술하고 있다. 이 장의 서두에서 인용하였듯이 호주 연방 정부 법무장관실의 보고서(1991)에서는 전국 이탈리아계 호주인 여성 연합의 기소가 보고되어 있다. 여기에서는 이혼을 요구한 여성 수감자에 대해서 법원 직원이 통역사 제공을 거부한 것이 지적되고 있다. 통역사, 번역가 사용에 관해서 커뮤니케이션과 사법 재량의 문제를 여실히 보여 주는 예라고 할 수 있다.

경찰에 관해서는 Gibbons(1995)에서 레바논에서 호주로 이민을 왔지만 영어가 제2 언어로 그 능력이 한정적인 남성에 대해서 언급하고 있다. 그는 친구와 친척이 자신의 집에서 마약을 거래한 사건과 관련하여 경찰에 체포되어 기소되었다. 이 사건에서는 세 가지 유형의 문서가 등장한다. 남성은 경찰 취조를 받았는데 이때 '취조 기록'은 타이핑된 형태로 남아 있다. 비교 대조를 위한 데이터를 수집할 목적으로 필자는 두 개의 취조를 녹음하여 기록하고 두 개의 전사 기록을 만들었다. 그 후 얼마 안 있어 세 번째로 만들어진 문서는 변호인 측이 통역사의 조력으로 작성한 '진술서'이다. 이 진술서를 다른 두 문서와 비교하였는데 같은 사건에서 통역사를 통해서 얻은 설명과 그러한 지원 없이 얻은 설명을 비교하는 것이 가능해진 것이다.

진술서와 그 외 두 개의 설명에서 세 가지 차이를 발견할 수 있었다. 우선 통역사의 도움으로 인해서 마약 거래에 대해서 보다 상세한 정보를 얻을 수 있었다. 진술서가 더 자세한 정보를 제공하였다. 두 번째로 통역사를 통한 설명이 월등히 알기 쉬웠다. 취조 기록으로는 무엇이 일어났는가를 파악하기가 어려웠는데 진술서에서는 상당히 명확하였다. 세 번째로 증인의 인상이 달랐다. 그가 언어 수준이 낮은 제2 언어 구사자라는 점에서 그의 언어는 유아의 언어와 유사하며(Larsen-Freeman and Long 1991 참조) 그렇기 때문에 통역을 통하지 않고서는 그의 이야기는 유치하게 들린다. 그러나 통역이 개입하면 그는 당당하고 성인답고 자신의 모어인 레바논 아랍어에 숙달된 화자였다. 마약 거래에 대해서는 상당히 많은 양의 중요한 정보를 스스로 명확한 형태로 진술했기 때문에 통역사를 사용하지 않았던 것이 경찰에게 불리하게 작용하였다. 또 피의자에게도 자신만의 설명이나 성인인 인간으로서의 자신을 충분히 전달할 기회가 부여되지 않았기 때문에 부당하였다.

여기에서 언급된 예가 반드시 제2 언어 화자의 경우에는 통역사를 붙여야만 한다는 것을 증명하는 것은 아니다. 그러나 커뮤니케이션 문제가 일어날 가능성이 있는 경우는 통역 서비스를 제공해야 한다는 것이다.

7.3.3. 통역사, 번역가를 지원받을 권리

통역사를 지원받을 권리에 대한 역사와 보통법의 사법 제도에서의 통역에 대해서는 Morris(1995)가 개관하였다.

국제법

국제 규약 - 시민법 및 정치적 권리

대부분의 국가가 서명하고 있는 국제 인권 규약 제14조 (3)에서는 아래와 같이 논의하고 있다.

> In the determination of any criminal charge against him, everyone shall be entitled to the following minimum guarantees, in full equality:
>
> (a) To be informed promptly and in detail in a language which he understands of the nature and cause of the charge against him;
>
> …
>
> (f) To have the free assistance of an interpreter if he cannot understand or speak the language used in court

> 모든 사람들은 형사상의 죄의 결정에 대해서 충분히 평등하게, 적어도 다음과 같은 보장을 받을 권리를 가진다.
>
> (a) 이해하는 언어로 빠르면서도 상세하게 그 죄의 성질 및 이유에 대한 정보가 제공될 것.
>
> (f) 법원에서 사용되는 언어를 이해하는 것 또는 말하는 것이 불가능할 경우에는 무료로 통역 지원을 받을 것.

(a)는 경찰과 판사와 관련된 조항이며 (f)는 법정 통역에 관련된 조항이다. 그리고 수감자의 권리에 대한 규약에는 통역을 지원받을 권리는 포함되어 있지 않다.

이 규약은 후에 Luedicke, Belcacem and Koc v. Federal Republic of Germany(2EHRR 149)에서 실제로 시도되었을 때, (f)항의 '무료'가 완전히 무료임을 확인하고 여기에서의 정의가 예비 심리나 법정 절차에서 쓰이는 모든 문서의 번역을 포함하는 부분까지 확대되었다. 그러나 법정에서 사용되는 언어를 어느 정도 이해 가능할 경우, 통역의 지원을 받겠다는 의사를 표현하더라도 통역을 지원받을 권리가 누구에게나 인정되는 것은 아니다. 또 기타 조항에서는 피고인뿐만이 아니라 법정 절차가 진행되는 동안 모든 사람들이 통역사의 지원을 받을 권리가 있다고 해석한 경우도 있다. 제26조는 '모든 사람은 법률 앞에 평등하며 어떠한 차별도 없이 법률에 의한 평등한 보호를 받을 권리를 가진다'고 하였다. 그러나 국제 인권 규약에서는 말하거나 이해하는 수준이 어느 정도 이하여야 통역사의 사용이 필요하다고 명확하게 규정하고 있지는 않다.

보통법

보통법의 기본적 원칙에서는 통역사의 조력을 받을 권리라고 하는 것은 없지만 치안 판사나 판사 또는 서기관의 재량에 의해서 통역사를 지원하는 경우가 있다.

Wigmore on Evidence*에 의하면, '증인이 자연스럽게 충분히 표현할 때, 사용하는 수단이 법정에서 이해할 수 있는 것이 아닐 경우에는 반드시 통역이 필요하게 된다. 필요한지 아닌지는 재판을 하는 법정에 의해서 결정된다.'고 되어 있다. 이것은 일반적으로 사법 재량이라고 불리는 것이다. 경찰의 경우에는 대부분의 사법 관할구에서 통역사 사용은 경찰관의 재량에 맡겨져 있다. 마찬가지로 교도소의 사정도 크게 다르지 않은데, 대부분의 국가에서 교도소에서 통역사를 지원받을 권리를 부여하고 있지 않다.

이러한 상황이기 때문에 실제로는 보통법의 국가들은 법정, 교도소, 경찰에서 통역사의 조력을 받을 권리에 대해서는 사법 관할구에 따라 상당한 차이가 있다. 필자가 조사한 최근 정보에 따르면 영국에서는 보통법의 기본적인 권리는 변하지 않는다. 즉, 통역사를 지원받을 권리는 없으며, 판사가 필요하다고 판단할 경우에만 제공된다. 호주의 연방 수준에서는 1995년의 연방 증거법(Federal Evidence Act)에서의 진전이 흥미롭다. 통역사를 지원받을 권리는 기본적으로는 아직 규정되지는 않았지만 제2 언어 화자에게 통역사를 제공하지 않을 경우, 그 정당한 이유를 설명할 책임을(통역이 필요하다는 것을 증명할 의무를 증인에게 가하는 것이 아니라) 판사에게 부여한다. 즉, 책임을 지는 쪽이 반대인 것이다. 호주에

* 번역자 주: 미국에서 발행된 증거에 대한 지침서의 일종.

서는 이와 같은 조항을 적용하고 있는 주도 있는가 하면 기본적인 보통법의 권리만 제정되어 있는 주도 있고 또 다른 주는 증인에게 유리한 조항이 있는 주도 있다. 다음은 사우스 오스트레일리아주의 법률(증거법 개정법 Evidence Act Amendment Act 1986)의 예이다.

> 14 (1) Where -
> (a) the native language of a witness who is to give oral evidence in any proceeding is not English: and
> (b) the witness is not reasonably fluent in English,
>
> 제14조 1항
> 이하의 경우, 증인은 통역을 통해서 증언을 할 권리가 인정된다.
> (a) 구두로 증언하는 증인의 모어가 영어가 아니며
> (b) 증인의 영어가 그다지 유창하지 않은 경우

이것은 제2 언어 화자가 법률로 통역사를 붙일 권리를 인정하고 있는 예이며, '권리가 인정된다(entitled)'라는 표현법에 주목해 주길 바란다. 다만, 물론 '영어가 그다지 유창하지 않다'가 무엇을 의미하는지-누가, 어떻게 그것을 결정하는가-가 문제가 된다. 실제로, 제2 언어 화자가 직면하는 이해의 문제에 대해서 거의 지식이 없는 단일어 사용자인 판사가 판단하는 경우가 많다. 이것은 세계의 사법 제도에서 흔히 문제가 되는 일이다.

뉴질랜드에서는 원주민 마오리 사람들은 재판에서 사용되는 문서의 마오리어 번역과 마오리어 통역 모두를 제공받을 권리가 인정되고 있다 (Lane, MacKenzie-Bridel and Curtis 1999). Lane 외(1999)는 다른 소수 언어 화자에게도 같은 권리를 인정하는 움직임이 시작되고 있다고 말하고 있다.

캐나다에서는 공용어법(Official Languages Act 1998) 제16부에 의해

서 연방 판사 법원에서는 공용어(프랑스어 또는 영어) 중 어느 것이든 선택해 사용할 권리가 보장되어 있다. 그리고 당사자의 요청이 있다면 통역사를 제공할 의무가 연방 법원에 있다고 명시되어 있다. 자세한 논의는 Steele(1992)를 참조하길 바란다.

미국에서는 Benmaman(1999:110)이 말하듯이, 미국 헌법 수정 제5, 6, 14조는 법 아래 모든 거주자가 적당한 절차와 평등한 보호를 받을 권리를 보장하고 있다. 이것은 자격을 가진 통역사가 법정에 없는 한, 영어를 구사하지 못하는 사람에게는 이 권리는 부여되지 않는다. Benmaman이 여기에서 주장하고 있는 것은 단순한 통역사가 아니라, 자격이 있는 즉, '인정을 받은' 통역사라는 점이다. 미국의 연방 법원에서는 이러한 규정이 연방 정부 통역법(Federal Court Interpreters Act/미국 법전일반법 제8편[1978] · 제7편[1988])에 포함되어 있다. 각 주의 사법 제도에서 각각 상황은 다르지만 통역사를 지원받을 권리는 헌법에 정해져 있으며 Benmaman(1999:110)은 '통역사 인증도 16개 주에서 의무로 되어 있다'고 언급하고 있다.

통역사를 제공받을 권리의 판단에 대해서 명확하게 설명이 되어 있는 곳은 캘리포니아주이다. 다음은 캘리포니아주 법원 규칙(California Rules of Court) 제18항의 일부이다.

> 제18부 법정 통역사의 필요성을 판단하기 위한 기준
>
> (a) 법정이 심사한 후에 당사자 또는 증인이 변호인 측, 법정, 배심원에게 말하였을 때 그 자체로는 이해가 불가능한 수준의 영어인 경우, 또는 당사자가 법정에서의 절차를 이해할 수 없는 경우, 또는 변호인 측이 사건의 절차를 하는 데 도움을 받기에 충분한 정도로 영어를 구사하거나 이해하거나 할 수 없는 경우는 통역사가 필요하다고 간주된다.(중략)
>
> (c) 통역사의 필요성을 판단하기 위해서 당사자나 증인을 심문할 경우 일반적으로는 아래와 같은 사항을 질문해야 한다.

1. 인정 질문(예 성명, 주소, 생년월일, 출생지)
2. 구두 영어 동작을 나타내는 어구를 사용한 질문(예 '오늘은 어떻게 법원에 왔습니까?', '어떤 일을 하고 계십니까?', '어느 학교에 다녔습니까?', '최종 학력은 무엇입니까?', '법정 안에 무엇이 있는지 설명해 주십시오.', '오늘은 무엇을 먹었습니까?'). 질문은 '네'나 '아니요'로 대답을 유도하지 않는 형식이어야 한다.
3. 법적 절차에 관한 질문(고소 내용이나 법정에서 다루어지는 사건 분류, 절차 목적이나 법원의 역할, 당사자나 형사 피고인의 권리, 또 증인의 책임)

위의 1과 2는 제2 언어로 사회적 생활을 영위하기 위해서 최소한으로 필요한 능력을 측정하기 위한 기준이다. 이민자 중 대부분이 이러한 질문을 받았을 때 질문에 대답하지 못하는 경우에는 법정에서 사용되는 언어는 훨씬 더 높은 수준이 요구되기 때문에 통역의 보조가 필요하다는 것을 의심할 여지가 없다. 그러나 1과 2와 같은 기준에서 측정하는 수준의 언어 능력이 법정에서의 커뮤니케이션이 가능한지 여부를 판단하기 위한 의미 있는 질문인지는 의심스럽다. 3에서는 법정에서 사용되는 언어의 수준에 관련한 적절한 심사가 가능할 것이다. 그러나 이 심사가 실제로 어떻게 이루어지는가에 대해서는 앞선 두 개의 항목만큼 명확하게 나와 있지 않다. 이들 규정에는 전문가의 감정을 배제하고 있다. 응용언어학자의 입장으로서는 역시 전문가에게 의견을 구하는 것이 바람직하다. 뉴저지주의 규정과 비교하면 다음과 같다.

(3:6) 통역사의 필요성에 대한 판단

(3:6.1) 이하의 경우에는 관련된 주요 당사자는 누구라도 진정으로 통역사를 필요로 한다고 간주한다.

(A) 당사자의 영어 능력이 한정된 것이거나 전무하다는 신청이 변호인 또는 본인 소송을 하는 당사자에 의해서 이루어진 경우

(B) 법정이 자체적인 판단에 의해서 관련된 주요 당사자가 청각, 발화 또는 언어 장애를 가지거나 영어 능력이 제한적이거나 전무하다고 판단하였을 경우

(3:6.2) 3:6.1에서 한 신청에 대해서 법정이 거부할 수 있는 것은 신뢰가 있으며 유효한 커뮤니케이션 능력 검증이 전문적 훈련을 받은 심사관에 의해서 이루어지고, 신청자가 영어에 충분한 커뮤니케이션 능력을 가지고 있다고 볼 경우에 한정된다.

여기에서는 당사자의 요구에 따라 통역사를 제공받을 권리를 인정하고 있으며 명백하게 필요한 경우에 통역사의 조력을 받도록 하고 있다. 이것은 아마도 보통법 국가들 중에서 가장 진보적인 규정일 것이다. 보통법은 의심스러운 경우는 통역사를 붙이지 않는 근거를 제시해야 하며, 또 그러한 근거는 전문적인 훈련을 받은 심사관에 의해서 이루어지는 신뢰할 만한 유효한 (…중략…) 검증에 의해 제시되어야 한다. 응용언어학자들 중에는 아마도 이것을 수긍이 가는 조건으로 생각하는 사람이 많을 것이다. 그러나 한편으로는 검증에 관해서 새로운 문제가 생길 가능성도 배제할 수 없다. 이러한 제도를 악용하는 사람이 나오는 것은 아닌가 하고 생각하는 법률가도 있는 것이다.

7.3.4. 통역사, 번역가의 수급

통역사, 번역가의 수급에 대해서는 두 가지 문제가 있다. 첫째는 법정 통역사로서의 역할을 맡을 능력을 가지는 2개 국어 구사자를 얼마나 확보할 수 있는가 하는 것이다. 둘째는 통역사, 번역가의 질을 보장할 수 있는가 하는 것이다. 법정 통역사에게는 다음과 같은 특수한 지식과 능력이 요구된다.

1) 두 언어에 대한 높은 수준의 구사 능력

2) 해당 언어권에서 사용되는 언어 변이형에 대한 지식
3) 높은 수준의 일반 상식
4) 다음과 같은 지식
   (a) 업무 윤리
   (b) 법적 절차와 법률 용어
   (c) 법정 및 경찰에서 자주 쓰이는 담화적 특징

이러한 이유로 통역 교육과 인증 제도가 필요해지는 것이다. 우선 통역사가 필요한 만큼 있는가하는 문제에 대해서 사법 제도에서 쓰이는 언어 이외의 언어를 말하는 사람들(예를 들면 미국의 몇 개 지역에서의 스페인어 화자나 캐나다의 프랑스어, 영어 화자 등)이 많은 사회에서는 통역사, 번역가가 될 잠재 능력을 가진 2개 국어 구사자의 수가 충분하다고 판단된다. 그러나 소수 언어 화자가 적은 지역, 그리고 특히 교육 수준이 낮은 커뮤니티에서는 반드시 그렇지는 않다.

전형적인 예로 호주의 어보리진 커뮤니티에서는 사법 제도와의 중립이 긴급하게 필요하게 되는 장면이 있음에도 불구하고 수준이 높은 2개 국어 구사자가 거의 없기 때문에 교육 수준도 번역가, 통역사로서 인증을 받기 위해서 요구되는 수준보다 낮다. 그 결과 사법 제도에서는 심각한 문제가 일어나 어보리진 사람들은 수준이 낮은 법정 절차에 노출되게 된다. Lascar(1997:130)은 호주 뉴 사우스 웨일스주의 '비교적 수요가 낮은 언어'를 담당하는 통역사의 수를 공인과 비공인 통역사로 분류하여 제시하고 있다. 예를 들면 페루쟈어는 공인이 7명, 비공인이 3명이다. 그 외 언어에서의 공인/비공인 통역사의 수는 각각 빌마어 0/5, 피지어 0/4, 핀란드어 3/0이다. 이러한 상황은 자격을 갖춘 통역사를 확보하는 일이 얼마나 어려운 일인지를 명백히 보여 준다. 세계의 많은 지역, 특히 최근 이민자를 받아들이고 있는 국가들에서는 소수 집단이 이와 같은 상황에 처하게 된다.

Ibrahim and Bell(2002)는 다문화 국가인 말레이시아에서 법정 통역의 실태에 관해 전국적으로 조사하였다. 사법 제도에서 사용되는 언어는 영어 또는 말레이어로, 영어, 말레이어와 그 외 언어와의 사이에서 통역을 필요로 하는 사람이 많다. 이 조사에 따르면, 법정 통역사로서 훈련을 받은 사람은 절반에도 미치지 못하여 전문가로서의 자격을 갖춘 통역사는 실제로 적다는 것을 알 수 있다. 또 대부분의 통역사는 의무적인 인증 제도와 전문적 지위의 부여를 지지하였다.

통역사나 번역의 인증 제도가 존재하지 않는 것은 아니다. 예를 들면 영국 언어학회(the Institute of Linguists)나 호주 전국 통역 번역 자격 인증 협회(National Accreditation Authority for Translators and Interpreters) 등은 종합적인 목적으로 통역, 번역가의 인증 제도를 실시하고 있다. 미국에서는 주에 따라서 다소 차이가 있지만 사법 통역사의 인증에 관해서 아주 진보적인 제도가 존재한다.(종합적이지 않고 전문화된) 법무 번역과 사법 통역의 특별한 훈련과 인증이 법정에서 필요한 모든 언어에 대해 이루어지지 않고 있는 국가들이 많다. 호주는 대부분의 언어에 대해 이러한 장치가 마련되어 있지 않고 있으며 영국에서도 부분적으로밖에 제공되지 않는다. 미국, 뉴질랜드, 캐나다와 같이 영어 이외로 널리 사용되고 있는 언어(예를 들어 스페인어, 마오리어, 프랑스어)가 있는 국가들에서는 각 언어의 훈련과 인증을 보다 효율적으로 진행하고 있다.

통역사/번역가의 공급과 질의 문제에 대처하는 하나의 방법은 교육이다. 이것은 일반 시민의 지갑에 큰 부담을 지게 하는 것이나 그 투자의 보상은 계산상 바로 명확해지는 것이 아니다. 종합적인 분야의 통역사, 번역가의 양성 코스는 상당수 존재하지만 사법 제도의 특별한 수요에 부응하는 과정은 아직 많지 않다. 예를 들면 미국에서 Benmaman(1999:109)는 대학 학부 수준에서 소수의 한정된 사법 통역 프로그램이 있지만 대학원 수준에서의 포괄적인 프로그램을 제공하고 있는 곳은 한 학교뿐이라고 한다. 호주에서도 마찬가지로 소수 기관에서 소수의 언어에 한해서 사법 통역 훈련이 이루어지고 있다.

마지막으로 사법 통역사, 법무 번역가의 충분한 확보에 관한 문제로서 사법 통역사의 보수와 노동 조건에 대해 언급하고 싶다. 호주에서는 법정이나 경찰의 통역사는 대부분 시급으로 보수를 받고 있으며, 전문성을 보장하는 제도는 없고, 보수는 전문 기술을 필요로 하지 않는 수작업 노동자에 비해서 시급이 그다지 높지 않다. Ibrahimand Bell(2002)도 호주와 유사한 말레이시아의 상황을 보고하고 있다. 이러한 상황에서는 사법 통역 서비스를 전문 직업화하는 것은 어려운 일이다.

7.3.5. 사법 통역과 법무 번역의 과정

4장에서 고찰한 거의 대부분의 장르에 대해서 통역과 번역이 필요하다. 번역해야 하는 문서나 담화의 범위는 상당히 다양하며 그 자체가 통역사, 번역가에게 큰 도전이 된다. 여기에서 '가장' 법적 특색이 강한 장르인 법적 효력이 있는 문서의 번역과 법정 통역을 중심으로 고찰하겠다.

법무 번역

법무 번역 특유의 문제는 이 책의 처음 네 개의 장에서 고찰한 언어적 원인에서 오는 것으로 대다수가 통역 문제와 겹친다. 여기에서 특히 중요한 것은 전문성의 문제이다. 법률 용어의 의미는 사법 제도 자체에서 파생되었으며 제도의 특정 부분을 언급하기 때문에 생긴 명칭인 경우가 많다. 목표 언어의 사법 제도의 개념이나 용어가 단순히 존재하지 않는 경우도 있으며, 해당 용어가 사용되는 사법 제도에서는 무엇인가 다른 법률 개념을 나타내는 경우도 있다. 게다가 일상적으로 사용되지 않는 용어이면서도 전문적인 의미를 가지는 단어인 경우 번역가는 자주 덫에 걸리기 쉽다. Vlachopoulos(2004)는 'in consideration of'(~의 대가로)라는 그리스어 번역의 차이를 예로 들고 있다(2장 참조). 법 언어를 특징짓는 여타 언어적 요소에 의해서 발생하는 난관은 복잡한 담화 구성과 극단적으로 복잡한 문장에서 나타나는 인지적으로 복잡한 구조, 복잡한 구 구성과 문법적 비유의 조합, 그리고 형식적인 어휘 등이다. 그리고 마지막으로 언어 간의 차이라는 문제가 있다. 예를 들면 스페인어에는 'Judge of the High Court'(고등 법원 판사)에 해당하는 용어가 없다. 이것은 복잡한 구 구성을 영어에서 스페인어로 번역할 경우 문제가 된다. 다음은 Pardo(1996:114)에서 인용한 법률문으로, 스페인어에는 전문적인 형용사나 부사가 아주 많이 있다는 것을 알 수 있다.

> ... en los casos de trauma existente en el lugar de trabajo provocado por las máquinas **patronales**, éstas son la cosa **riesgosa** a que alude el art. 1113 del Código Civil por cuyas consecuencias dañosas debe responder la empleadora ...
>
> [... in cases of trauma occurring in the work place produced by the **employer's** machines, these are the **risk** factor alluded to in art. 1113 of the Civil Code for whose harmful consequences the employer is responsible ...]
>
> [... 직장에서 **고용자가** 소유하는 기계로 인해 생긴 외상에 대해서 그들은 민법 1113조에 있는 **위험 요소**이며, 그로 인해서 생긴 피해에 대해서는 고용자에게 책임이 있다고 간주되어 ...]

영어 번역에서 볼드체인 두 개의 명사는 스페인어 원문에서 볼드로 되어 있는 것에 대응하는 것이다. 영어에는 employer(고용주)의 형용사에 해당하는 단어가 없으며, 스페인어 원문의 형용사형을 그대로 번역한 risky(위험한)은 영어 문맥에서는 적절하지 않다. 다만, 위의 예에서 알 수 있듯이, 목표 언어에는 대응하는 의미를 구축하기 위한 다른 언어 수단이 존재한다(위의 번역에서 알 수 있듯이 스페인어에서는 형용사가 쓰이고 있는 곳에 영어로는 명사가 쓰이고 있다).

법무 문서는 정밀성이 극도로 요구되며 특히 형세를 불리하게 할 법한 해석을 막을 필요가 있기 때문에 이러한 언어 간의 차이로 인해서 의미 변화가 발생하는 경우는 이것이 법적인 문제로 직결되는 경우도 있을 수 있다. 실제로 최근 유럽 연합에서는 그러한 문제가 일어나고 있다.

이러한 문제에 대처하기 위해서 번역가들은 일반적으로 번역의 목적과 사용되는 맥락을 고려하고 있다. 예를 들면, 번역의 목적이 해당 문서가 임대 계약서이고 유언장이 아니라면 그 문서를 부분적으로는 대략적으로 번역한 것이 충분할 때도 있다. 만약 해당 문서가 증거로서 법정에 제출될 협박 편지라면 주의 깊게 번역할 필요성이 상당히 높아진다. 임대 계약은 법률 등 법적 효력이 있는 문서를 번역할 경우, 목표 언어의 맥락에서의 법적 효력이 있는 문서로써 사용된다면 더욱 주의를 기울일 필요가 있다. 번역 이론에 따르면 모든 목적이나 상황에 맞는 완벽한 번역을 하는 것은 불가능하다. Vlachopoulos(2004:105)는 '번역된 문서는 번역되는 목적에 맞게 된 것이라면 의미 전달의 기능이 뛰어난 것이라 간주할 수 있다. (…) 실제 커뮤니케이션의 장면에서 제대로 기능하는 것이라면 문장이 반드시 통사적으로 완벽하거나 문법적으로 뛰어난 형태가 아니더라도 충분하다. 용서할 수 없는 번역은 작성자의 목적으로부터 벗어나 그 의미와 의도가 퇴색된 것이다.'라고 하였다.

문어의 특징(1장 참조)으로 마침표가 쓰이지 않은 법무 문서인 원문을 번역할 때에 번역가는 목표 언어에서 그러한 특징을 남겨 놓을지, 또는 목표 언어로 사용되고 있는 마침표 관습에 따를지 고민하게 된다. 목표 언어로 번역된 문서가 법적 해석을 바꾸는 것이 아니라면 마침표를 추가하는 것이 적절할지도 모른다. 다른 예로써, 영어의 법무 문서에 나타나는 단어 중에는 특별한 용법을 나타내기 위해서 대문자로 시작할 때가 있다(1장에서 인용한 '현대의 유언장'에 이러한 예가 포함되어 있다). 독일어에서는 모든 명사가 대문자로 시작하기 때문에 독일어 번역에서는 이 요소를 번역하기 위한 별도의 표기법(밑줄 사용 등)을 설정할 필요가 있다. 그 외에 번역가의 판단이 요구되는 요소로써, 법무 문서에서의 정의(2장 참조)를 나타내기 위해서는 어떤 방법을 쓰는가 하는 것이 있다. 번역가에게는 원문 용어의 정의를 제시할지, 목표 언어의 텍스트에서 쓰이고 있는 그 번역어의 정의를 제시할지, 두 개의 선택지를 생각할 수 있다.

번역가가 통역사보다 유리한 점은 가능한 번역을 고려하면서 검토할 시간, 그리고 참고서나 그 외에 문서를 조사할 시간이 있다는 것이다. 이것이 불가능한 경우도 있는데 통역사가 법정에서 처음 보는 문서를 번역하도록 요구받는 경우가 그렇다. 이것은 사이트 트랜스레이션이라고 불리는데 통역할 때 시간의 문제와 겹치는 부분이 많다.

사법 통역

① 통역이 이루어는 상황

사법 통역이 필요한 상황은 다양하며 법률가의 사무소, 경찰서, 법정 등이 포함되는데 그중에서 가장 문헌이 많은 것은 법정 통역이다. 사법 통역에서는 동시통역과 순차통역 두 개의 형태가 있다. 순차통역에서는 통역사는 화자가 일련의 발화(보통 2, 3 문장)을 끝낼 때까지 기다리고 화자가 쉬고 있을 때에 통역을 한다. 이러한 통역에서는 이야기의 내용을 기억하는 것이 상당히 중요하다. 동시통역은 고도로 전문적인 기능으로 통역사는 화자가 말하고 있는 것과 거의 동시에 보통은 두세 단어 뒤에 통역을 하는 것이다. 이 방법은 예를 들면 헤이그(Hague)의 국제 법정에서와 같이, 법정에서 헤드폰을 사용하여 이루어지는 경우도 있으며 당사자가 절차를 이해할 수 있도록 귓속말로 통역사가 당사자를 위한 통역을 하는 경우도 있다.

통역사가 처하는 물리적 상황은 사법 관할구마다 상당한 차이가 있다. 호주의 뉴 사우스 웨일스주에서도 여러 문제가 있다. 통역사가 피고인석에 피고인과 함께 들어가는 일도 다수 있으며 어떤 피고인의 경우는 통역사에게 위협까지는 아니더라도 공포감을 주는 경우도 있다. 피고인석이 판사석이나 변호인석, 검찰석에서 멀리 떨어져 있어 마이크를 사용하지 않을 경우 음향 상태가 좋지 못할 수도 있다. 통역사에게 잘 들리지 않으면 통역에 문제가 발생하거나 통역사에게 스트레스가 될 수 있다. 또한 때로는 통역사를 위한 의자가 준비되지 않아 긴 시간 동안 선 채로 정확한 통역에 필요한 높은 수준의 주의력을 지속시켜야만 하는 경우도 있는데 이것은 명백하게 힘든 일이다. 음식이나 마실 것(예를 들면 물) 등이 제공되지 않는 경우도 있다. 또 일반적으로 통역사의 노동 조건 중에는 휴식이 들어가 있지 않다. 통역사는 법정에 있는 법률가와 의뢰인 양쪽의 발화를 통역해야만 하기 때문에 법정에 있는 다른 사람들에 비해 적어도 두 배로 많이 발언하게 된다. 따라서 음료나 음식물 제공이 의무는 아니지만 제공하는 것이 바람직하다. 통역 과정에서 요구되는 집중력이나 기타 통역 기술을 생각하면 장시간, 예를 들면 1시간 이상 통역을 지속하는 것은 아주 가혹한 일이다. 회의 통역에서는 일반적으로 1회 당 20분 정도 통역하는 것이 기본이다.

위에서 서술한 법무 번역에 내재하는 문제에 더하여 통역은 구두로 이루어지기 때문에 1장에서 논의한 구두 표현 능력의 특성도 같이 가지고 있다. 미리 작성된 원고를 사용하지 않는 한(사용하는 경우는 문서의 번역을 구두로 서술하는 것이 된다), 통역사는 즉문즉답이라는 시간적으로 제한된 상황 속에서 언어를 조작해야만 한다. 통역사의 대부분은 시간을 두고 자신의 통역을 곱씹어보면 더 좋은 통역을 할 수 있었다고 느끼는 사람도 있지만 실시간으로 압박감 속에서 법정 통역사는 처음으로 머리에 떠오른 통역을 사용해야만 하는 경우가 많다. 또한 Hale and Gibbons(1999)에 의하면 2개 국어로 이루어지는 재판은 필연적으로 단일 국어 재판의 두 배의 시간이 걸리기 때문에 통역이 어떠한 절차를 중단시키면 추가적으로 그 시간이 늘어나게 되어 비난의 시선을 받기도 한다. 어느 검찰관은(통역이 포함된 재판에 대해서) '통역사가 들어가는 재판은 법정 절차를 길어지게 하는 것은 두말할 필요도 없다. 두 배의 시간이 걸리기 때문이다.'라고 말하기도 한다. 통역사는 이러한 생각이 있다는 것을 알기 때문에 시간의 압박을 강하게 느낀다. 신속히 통역이 이루어져야 한다는 압박이 들게 되기 때문이다. 보다 높은 기능과 경험을 동시에 가진 통역사라면 이러한 압박 속에서도 뛰어난 통역이 가능하지만 법적인 정확성을 완벽하게 달성하는 것은 어려운 일일 것이다. 때로는 시간을 절약하기 위해 통역사는 여과기와 같은 역할이 되어 질문과 대답 양쪽에서 필요 없거나 관계없다고 생각되는 정보를 생략하고 발화의 명제가 되는 내용만을 통역하는 경우도 있다. 아래의 Hale(1997)에서의 예는 답변의 맨 처음 부분이 질문 중에 있던 '왜 당신은 그녀를 나가게 하는 수단을 취하지 않았습니까?'의 반복이기 때문에 통역사가 그것을 생략한 경우이다(생략 부분은 밑줄로 표시).

원버전	통역 버전
W: Ahora, si yo no tomé ningún acto de echarla, porque yo le prometí que no la iba a echas [Now, if I didn't take any act to throw her out, because I promised her that I wouldn't throw her out.]	I: And also I had promised her that I wouldn't evict her

통역 과정에 내재하는 난관이 많은데 자주 일어나기 쉬운 문제는 다음과 같은 것들이 있다. (1) 법의 세계가 번역 과정의 복잡성을 이해하고 있지 않으며 그 결과로서 통역에 비현실적인 요구를 한다. (2) 통역사의 지식이 법의 언어, 법정에서의 담화의 특징, 법에서 무엇이 중요한 것인지에 대해 결여되어 있다.

지속적인 문제 중 하나는 이미 조금 언급하였지만 통역을 '파이프'로 간주하는 것으로, 통역이라는 것이 문자 그대로 하나하나 통역을 통해 옮겨 놓는 것이라는 생각이다. 호주 최고 법원의 판사는 다음과 같이 주장하고 있다.

> 통역사는 하나하나 증인의 입에서 나오는 모든 단어를 그대로 정확하게 발언한 그대로 통역해야 하는 것은 말할 필요도 없다. 증인이 발언이 의미를 이루고 있건 명확하게 의미를 가지고 있지 않건 말이다. 증인이 들리지 않은 것이 확실하더라도 그리고 들렸으나 이해가 안 갔다고 할지라도 하나하나 통역해야만 한다. 통역사는 오히려 스스로를 전기의 변압기라고 생각하고 자신에게 송신되어 온 것을 무엇이건 적절하게 변환하여 통역해 내야만 한다.
>
> (Wells 1991:329)

반면 Colin and Morris(1996:99)에서는 아래와 같이 통역사에 대해 언급하고 있다.

> 법률가들은 흔히, 법정 통역사에게 증인이 말한 것을 그대로 정확하게 전달하여 '문자 그대로 통역하라'고 지시한다. 그것이 '발언자가 말한 것을 추가나 생략 없이 전달하여야 한다'는 의미라면 요구되어도 전혀 문제가 없다. 그러나 '발언자가 말한 것을 하나하나 변환하여 통역하라'는 의미의 요구라면 그것은 틀린 것이다.

통역사에게 '변압기'라는 비유를 하는 경우가 있는데, 이것은 통역이라는 일이 얼마나 복잡하면서도 중요한 것인가에 대한 인지가 부족한 것이며 통역사의 일은 두 개의 언어를 말할 수 있는 사람이라면 누구나 할 수 있는, 단순히 단어와 단어를 치환하는 작업이라는 견해이다. 이러한 사고방식을 가지고 있으면 통역이 얼마나 어렵고 전문성이 요구되는 분야인지를 이해하지 못하게 되며 통역사가 만족스럽게 일을 하기 위해서 무엇이 필요한가를 배려할 수 없게 된다. 통역사는 법정에서 일어나는 모든 일을 완벽히 통역하는 것을 요구받는 한편, 그러한 일을 달성하기 위해서 필요한 조건을 제공받지 못하게 된다. 예를 들면, 통역사가 메모를 하거나, 통역사가 의미를 확인하거나 사전을 찾기 위해 그 자리를 벗어나도록 허가를 받으려고 하면 짜증을 내는 판사도 있다. 또 변호인이나 검찰관 중에는 통역사가 대화를 아직 통역하고 있는 도중인데도 불구하고 다음 질문으로 넘어가는 사람도 있다. Niska(1995:307)는 검찰관이 스페인어 통역을 무시하고 발화하고 있는 다음의 예를 들고 있다(화살표는 끼어듦).

I: Um, and then I don't know what happened when I caught sight of a policeman. I had this thing that you have for your bike.
PC: Mm a lock, was it, a lock?
I: ¿Una cerradura?
[a lock]
W: Como candau
[a sort of padlock]
→ PC: Did this policeman approach you?
I: With a lo-a padlock

통 역: 음, 그로부터 경찰관이 눈에 들어왔을 때, 무엇이 일어났는지 모릅니다. 저는 저 자전거에 쓸 것을 가지고 있었던 것입니다.
검찰관: 저, 열쇠, 열쇠입니까?
통 역: 열쇠입니까?
증 인: 자물쇠 같은 거야.
→ 검찰관: 그 경찰관이 당신에게 접근하였습니까?
통 역: 자, 자물쇠입니다.

Hale and Gibbons(1999)에 따르면 통역사는 두 언어를 사용하는 재판에서 없어서는 안 되는 존재이지만 법정에 있는 누구에게도 그다지 선호되는 존재가 아니며 환영받는다기보다는 오히려 필요한 장애물로서 받아들일 수밖에 없다는 것이 일반적인 견해라고 하였다.

② 통역사의 역할

Niska(1995)에 따르면 통역사가 법정에서 하는 역할은 다양하고 복잡하다. 다음의 몇 가지를 들겠다.

1. 법정에서의 통역사의 기본적인 역할은 위에서 논하였듯이 중립적인 파이프, 또는 기계라고 간주되고 있다(이것은 통역사의 일부 집단에서도 지지받고 있다). 통역사는 실제로는 이 이상의 역할을 하고 있는 경우가 많다.
2. 실제로 통역사의 불가결한 역할은 이문화 간의 다리로 일련의 사회적 및 문화적 규범이나 통념을 전환하는 것이다.
3. 이 이문화 간의 다리로써의 역할은 법정 자체에 특유의 문화나 통념에까지 퍼져 있는데 때로는 법정에서 절차나 배경 지식 등과 같은 것도 포함된다. Berk-Seligson(1990:62)는 다음 예에서 피고인이 culpable '(스페인어로) 죄를 인정한다'라는 말을 해야 할 때에 통역사가 이러한 다리로써의 역할을 하고 있다.

I: ¿Podría yo decirle? [addressing defendant] Parece, tiene usted que decirle al juez que es usted culpable o que no es culpable. [May I tell her? It seems that you have to tell the judge either than you're guilty or that you're not guilty.]

W: Sí.
[yes]

I: Yes

DC: [addressing interpreter] So she's gotta say it, tell her to say it.

I: O sea que tiene usted que decirlo. ¡Dígalo! ¿Qué es?

통　역: 그녀에게 말해도 좋습니까? (피고인을 향하여) 판사님께 죄를 인정하는지 아닌지 말해야만 하는 것 같습니다.

피　고: 네.

통　역: 네.

변호인: (통역을 향해서) 그러니까 그녀는 말해야지, 그녀에게 말하도록 말하세요.

통　역: 말해야 합니다. 말하세요! 뭐 하고 있는 겁니까?

4. 당사자 중 어느 쪽이 한 쪽의 지원자나 보호자의 역할을 하는 경우도 있다. 공식적으로는 있어서는 안 되지만 필요성이 절실하거나 압력을 받았거나 통역사 자신이 그러한 역할을 해야 한다고 생각하는 신념에서 그런 역할을 할 때도 있다. 이에 관련해서 Cooke(1995a: 73-6)는 '방패로서의 통역사'의 역할에 대해서 논의하고 있다.
5. 통역사는 이문화 간의 문제에 관한 전문가, 정보원인 경우도 있다. Niska(1995)는 이에 대해서 통역사가 받은 '이탈리아에서는 고살일 경우 법률상 어떤 취급을 받고 있습니까?'라는 질문의 예를 들고 있다.
6. 법정에서 담화를 통제하는 역할을 하기도 한다. 위의 예에서 통역사가 담화의 주도권을 쥐고 있는 점에 주목하고 싶다. 또, 통역사가 법률가에게 통역이 끊겼을 때에 통역사가 법률가에게 그 질문을 반복하였으면 좋다고 말하였을 경우, 통역사는 사실상 발화의 순번에 대한 주도권을 가지며, 누가 발화할지를 정하게 된다.

③ 통역 과정에서 왜곡되기 쉬운 요소

통역 과정에서 왜곡되기 쉬운 요소가 있다. 문헌에 기록되어 있는 것 중에는 일차적 맥락의 언급이 변하기 쉽다고들 한다. 바꿔 말하면 법정이라는 현실에 대한 언급에 대해서는 변화가 있지만 통역사가 'meat and potatoes'(고기와 감자)(Berk-Seligson 1990:142)와 같이 가장 기본적인 요소라고 간주하고 있는 것, 즉 재판의 대상이 되고 있는 내용인 이차적 맥락에 대해서는 변화가 적은 것이다. 일차적 맥락-예를 들면 법정이나 경찰서 자체에서 이루어지고 있는 것-에 대한 발화 부분에 주의를 기울이지 않으면, 이에 대한 언급에 관련된 다양한 면에서 원 발언과의 차이가 발생하게 된다. 의미 내용의 등가성이 유지되고 있어도 사회적 의미가 유지되고 있지 않은 경우가 많으며 통역 과정에서 언어의 미묘한 의미가 손실되는 경우도 자주 있다. 예를 들면 레지스터의 변화는 질문과 증언의 통역에서 잘 보이지만(Berk-Seligson 1990; Hale 1997) 그러한 경우, 통역사는 양자의 이해를 장려하기 위해서 레지스터를 바꾸는 것이다. 변화가 일어나는 것에는 질문의 형태나 담화 표지(예를 들어, 그리고, 게다가 등) 등이 있다.

통역에서 생략할 수 있는 요소는 아래와 같이 법정에서 일어나는 담화를 통역할 때이다(이하, 통역의 예에서 변화나 생략이 있는 부분은 밑줄로 나타내고 있다).

원버전	통역 버전
C: Can you tell the court what happened?	I: ¿Y luego qué pasó? [And then what happened?]
C: Well, wasn't the evidence you gave the court a minute ago, that he never touched the fence?	I: ¿Pero usted no dice hace un minuto que él no tocó la reja en ningún momento? [But don't*(sic)* you say a minute ago that he did not touch the railing at any time?]

이들 예에서는 법정에 관한 묘사가 생략되어 있지만 생략되어 있는 것은 법정으로의 언급만이 아니다. 위의 예에서는 'can you tell'이라는 투사의 부분이 삭제되는 변화가 일어났기 때문에 '사건은 시점에 의해서 다른 설명이 있다', 즉 이차적 현실이 지금 여기에서 일어나고 있는 법정의 일차적 현실을 통해서 투사되고 있는 것이라는 생각 자체가 배제되어 있

는 것이다. 원 발언에서는 증인은 그저 이야기를 하도록 명령받은 것만이 아니라, 증거 법칙에 기초하여 법정에 자신의 입장에서 본 설명을 하도록 명확하게 요구받고 있는 것이다. 이 계층 구조는 통역 과정에서 완전히 손실되고 있다. 이러한 진술이 증거로서 취급되고 있는 것은 위의 두 번째 원 발언에서의 표현법을 보면 명확하게 알 수 있지만, 통역 과정에서 그것이 배제되어 버린 것이다. Hale and Gibbons(1999)는 다음 예를 들어, 투사나 간접 화법이 번역되어 있지 않은 것, 증인이 자신의 증언이 특정 방법으로 구축되어 있다는 것을 알아차리지 못하는 것을 나타내고 있다. 게다가 번역되어 있지 않은 이러한 부분에서 증인의 증언에 신빙성이 없는 듯한 인상을 주는 말투가 많다. 법 분야에서 사용되는 특정 표현으로 예를 들면 'I put it to you that...'(나는 …라고 주장하겠는데, 당신은 이에 어떻게 대답하겠습니까?'와 같은 것은 특히 통역 과정에서 바뀌기 쉽다. 그러나 그러한 표현은 법정으로 무거운 의미를 가지고 있는 유도심문(제3장)의 특징적인 표현으로서 정착하였다.

일차적 맥락의 요소에서 정중함 또는 테너도 통역 과정에서 유지되지 못할 가능성이 있다. Berk-Seligson(1990:151-4)는 sir이나 senora라는 경칭의 사용이 통역 과정에서 어떻게 변화하였는지를 보여 주고 있다. 이하는 Berk-Seligson(1990:133)에서의 예이다.

원버전	통역 버전
C: How about a moustache?	I: ¿Y bigote tenía señora? [And did he have a moustache, madam?]

또한 Hale and Gibbons(1999)에서는 인명, 대명사, 완곡 표현이나 please의 사용에 관한 변화에 대해서 논의하고 있다.

법정과 경찰의 언어에서 통역 과정에서 변화하기 쉬운 것 중 하나는 심문이다. 제3장에서는 법의 언어의 심문에서 미묘한 조정이 있으며 어느 정도 강제적으로 답변하게 만드는가, 그 정도에서 세세한 차이가 발생하는 것을 나타냈다. 이것은 통역사에게는 아주 큰 난제이다. 다른 언어에서는 질문 형식도 달라서 예를 들면 대부분의 언어에서는 영어에서 보이는 복잡한 추가 의문문 시스템이 없으며 기능적으로 동등한 표현을 사용해도 똑같이 미묘한 의미를 정확하게 전달하는 것은 불가능하다. 질문 형식의 변화는 Berk-Seligson(1999), Rigney(1999), Hale and Gibbons (1999)에서 보고되고 있지만 이들 변화는 질문이 사법 절차에서 중심이 되는 가장 기본적인 것이기 때문에 지극히 중요한 의미를 가진다. 그러나 Cooke(1995a)에서는 이러한 변화는 바람직한 면도 있다고 생각한다. 그가 논의하는 것에서는(Cooke1995a:73), 통역사가 그러한(적의로 가득한 심문의) 공격의 페이스를 늦추거나, 심문을 보다 분별 있는(즉 보다 위협적이지 않은) 상태로 전달하는 것은 바람직하다. 또한 변호인이나 검사가 놓으려고 하는 언어적 덫도 종종 필연적으로 통역 과정에서 배제되기도 한다고 하였다.

재판 절차의 언어에서 변화를 입기 쉬운 요소(Berk-Seligson 1990: 140-2)로서 더욱 '담화 표지'(Schiffrin 1987)이 있다. 이들은 '작은 말'로 well, oh, but, now나 though와 같이 문두나 문말에서 자주 나타나는 것을 가리킨다. 언뜻 보면 중요하지 않아 보이지만 예를 들어 발언자의 발언에 대해 감정을 강하게 하거나 약하게 하는 역할을 하여, 이들 표지는 발언자의 자기 발언에 대한 태도나 자세에 관한 정보를 맡고 있다고 할 수 있다. Berk-Seligson(1999:141)은 다음과 같은 예를 들어 설명하고 있다.

원버전	통역 버전
W: Es una casa chica	I: Well, it's a small house.
*피고인의 답변은 명확한 진술이다. 그러나 통역사의 번역은 정보 제공의 방식이 모호하다.	

Hale(1999)도 담화 표지가 심문의 위압적 수단으로서 기능하는 일도

있다고 시사하며, 게다가 이들 표지는 눈에 띄는 요소가 아니기 때문에 통역 과정에서 대부분 생략된다고 하였다.

또한 Berk-Seligson(1990)가 상세하게 논의하고 있는 점이 하나 있는데 그것을 필자는 '과잉 정확성'이라고 부르도록 하겠다. 이것이 뭐냐 하면, 과도하게 정보를 제공하여 의미에 대해서 논의가 일어나지 않도록 하는 것이다. 설명을 지나치게 하는 것과도 관련되는데, 완전히 같은 것은 아니다. 대부분 과도하게 정보를 제공하는 것을 가리키며 때로는 통역사가 이렇게 하는 경우도 있다. Berk-Seligson(1990:133)은 다음과 같은 예를 제시하고 있다.

C: All right, do you remember whether or not he had a beard at that time?
I: ?Se ac–, se acuerda usted, eh, señora, si entonces en ese tiempo tenía él barba?
W: Si tenía
I: He did have a beard
C: How about a moustache?
I: ¿Y bigote tenía, señora?
W: No me fijé si tenía bigote pero barba si tenía.
I: I did not, did not notice if he had a moustache, but I noticed though that he had a beard.

변호인: 그렇다면 그때 당신은 턱수염이 있었는지, 없었는지 기억하고 있습니까?
통 역: 그, 그때 세뇨라. 그는 턱수염이 있었는지, 없었는지 기억하고 있습니까?
증 인: 예, 있었습니다.
통 역: 예, 그는 턱수염이 있었습니다.
변호인: 콧수염은 어떻습니까?
통역인: 그리고 콧수염이 있었나요, 세뇨라?

증　인: 콧수염이 있었는지는 알 수 없었지만 턱수염은 있었습니다.
통　역: 저는 콧수염이 있었는지는 알 수 없었지만 그러나 턱수염이 있었던 것은 인지하고 있었습니다.

주목할 점은 여기에서 과도한 정보는 이미 맥락에서 알 수 있었던 정보라는 것이다. 통역은 상세한 정보를 스페인어와 영어, 양 방향으로 전개하고 있다. 또한 마지막 문장에서는 과도한 정보는 투사의 형태를 취하고 있다. Berk-Seligon(1990:176)는 과잉 정확성은 긍정적으로 평가되고 있는 것이 명백하다. 통역되기 전에 이미 영어 발화에서 알고 있었던 히스패닉계 사람들조차도 같다고 느끼고 있었다.

그 외에 통역 과정에서의 변화에는 보다 직접적으로 언어의 차이가 원인이 되는 경우가 있다. 다음은 스페인어 - 영어 통역의 예이다.

[표 7-1] 스페인어에서의 타동성과 책임

high transitivity (more blameworthy)		
	rompi un vaso [I broke a glass]	(active)
	Un vaso fue roto [a glass was broken – implied by someone]	(true passive)
	rompieron un vaso [literally: they broke a glass but also: a glass was broken]	(3rd plural impersonal)
	se me rompió un vaso [a glass got broken around me]	(reflexive pseudo-passive with dative of interest)
	se rompió un vaso [a glass got broken – no implied agent]	(reflexive pseudo-passive)
low transitivity (less blameworthy)		

스페인어와 영어는 수동태 사용에서 큰 차이가 있기 때문에 통역 과정에서 문제가 일어나기 쉽다. 스페인어에서는 특히 구어에서는 수동태를 거의 사용하지 않는다. 능동태는 발생한 행위에 대한 책임을 행위자에게 부과하는 것에 비해, 수동태는 행위에 대한 책임을 물을 필요가 없기 때문에 능동태와 수동태와의 변화는 법률 실무에서 중요한 의미를 가지게 된다.

예를 들면 'Fred broke Jim's glasses'(프레드는 짐의 안경을 망가뜨렸다.) 와 'Jim's glasses were/got broken'(짐의 안경이 망가졌다.)를 비교해 보자.

전자에서는 프레드가 행위에 대한 책임이 있는데 반해, 후자에서는 누구도 그 행위에 대한 책임이 없다. Berk-Seligson은 이러한 '책임의 축소화'를 'defocusing'(초점의 흐리게 함)이라 부르고 있다. 1장 2절에서 능격이 사고성과 대치하여 책임을 나타내는 역할을 가진다는 것을 나타낸 Goldman의 연구에 대해서 논의하였데 이를 참조해 주길 바란다.

통역 과정에서 발생하는 또 다른 언어 문제는 Cooke(1995a, 1995b, 1995c)가 들고 있는 어보리진 언어와 영어 사이의 통역 문제이다.

영어에서는 [표 7-2]와 같이 세 층위를 갖는다.

[표 7-2] 영어에서의 타동성과 책임

high transitivity
(more blameworthy)

I broke a glass

A glass was broken

A glass got broken

low transitivity
(less blameworthy)

7.4. 마무리

통역 과정에서의 문제는 통역 훈련을 통해 부분적으로 해결할 수 있다. 위에서 말한 언어 요소나 그것을 바꾸면 일어나는 의미 변화의 결과를 통역사가 인지하고 있으면 원발화를 생략하거나 바꾸거나 하는 일은 적어질 것이다. 그리고 통역사를 양성할 때 문제가 되는 언어 요소에 대응하는 타 언어 요소에 대해서도 의논하는 것도 가능해질 것이다. 이것은 특히, 법정에서 사용되는 독특한 표현법에 대한 것이다. 이러한 접근을 통해 사법 통역이라는 전문 직업도 발전할 것이다. 많은 사법 제도에서 통역사의 지위나 보수가 개선되어 가기는 하지만 전문가로서 그 지위를 확실하게 인정받고 그에 걸맞은 보수가 주어진 일은 거의 없다. 그러나 지금까지 살펴봤듯이, 번역가나 통역사의 일은 정의를 지키는 데에 불가결한 것임과 동시에 번역, 통역의 높은 수준을 유지하는 것은 지극히 어려운 일이다.

사법 통역이나 번역에 요구되는 업무의 수준이 얼마나 높고 또 그 일이 얼마나 힘든 것인가에 대해서 변호사, 검찰관, 판사나 그 여타 법률 전문가에게 이해시키기 위한 움직임이 시작되고 있는 국가들도 있다. 이러한 움직임을 통해 노동 조건이 개선되고 지위가 향상되기를 기대한다. 또 하나 남겨진 길은 관계자가 모두 통역을 불완전한 세계의 불완전한 과정이라는 낮은 인식 아래 행동한다는 것이다. 그러나 그러한 행동은 사법 제도에서 정의의 수준을 끌어내리는 대가를 치르게 된다(Hale & Gibbons 1999).

제8장 언어에 관한 법

범죄의 수단으로써 언어가 사용되는 경우가 꾸준히 증가하고 있다.
- Kunzel(1994)

사람들은 자기 자신과 타인에게 살인 행위를 하도록 설득한다.
- Blain(1995)

8.1. 들어가며

7장에서는 법률과 언어의 다양한 관계에 대해서 논의하였다. 언어에 대한 법률도 이 관계의 중요한 분야이다. 언어에 관한 법률의 폭은 넓으며, 그중 하나는 언어 정책에 관련된 것으로, 은행 업무나 교육이라는 공적인 목적을 위해서, 또는 법정에서 특정 언어를 사용할 권리와 관계된다. O Riagain and Nic Shuibhne(1997)이나 다른 많은 학자들은 이 분야를 '언어권'이라 하는데 여기에서 다루도록 하겠다. 많은 법적 논의가 있는 또 하나의 분야는 보통법의 묵비권이다. 이 경우는 언어를 사용하는 것이 아니라 언어를 사용하지 않을 권리이다. 보다 작은 규모에서는 위증 등 다양한 종류의 위법적인 언어 행위가 있다. Shuy(1993)을 보면 이들은 언어 범죄라고 불린다. 이 장이 마지막에 논의하는 것은 비방, 그리고 개인이나 집단을 대상으로 한 험담이 불법 행위가 될 가능성에 대한 것이다. 이것은 많은 법률의 주제가 되어 왔다.

8.2. 언어권

세계에서 차별 방지와 자신들의 언어를 사용할 권리라는 두 측면에서 법 아래에서의 권리를 언어 소수자들에게 부여하기 위한 노력이 있어 왔다(O Riagain and Nic Shuibhne 1997). 멜카톨(Mercator) 네트워크의 웹 사이트 http://www.mercator-research.eujhome는 카탈루냐인, 바스크인, 브루타뉴인, 웨일스인과 같은 유럽 언어 소수자가 자신들의 언어에 어떤 형태건 공식적인 법적 지휘를 획득하고자 하여 크게 성공한 일에 대해 알 수 있는 자료를 소개하고 있다. 예를 들면 웨일스어는 사법과 지방 자치체에서 사용되는 공식 언어의 지위를 획득하였다. 그것과는 대조적으로 로마니(Romany)(유럽에서 롬인(유럽 집시)이 구사하는 '영토에 기반하지 않은 토착 언어'이다)는 이를 구사하는 사람이 부분적으로 확산되고 있기는 하나 유럽에서 웨일즈어와 같은 지위를 획득하지는 못하였다.

소수 언어의 권리에 관한 유럽 헌장은 세 개의 주요 문제를 다루고 있다. 일련의 소수 언어의 미디어 설립, 소수 언어 교육의 중요성, 그리고 아마도 언어와 법이라는 관점에서 가장 흥미로운 것이 사법 제도를 포함한 정부 기관과의 상호 작용을 소수 언어로 실시할 권리를 규정하고 있는 것이다(아래의 마지막 단락 참조). 1981년 10월 16일에 유럽 의회에서 채택된 결의는 아래와 같다.

> 1. Requests National Governments and regional and local authorities, despite the wide differences in their situations and having due regard for the degree of independence which they enjoy, to implement a policy in this field inspired by and designed to achieve the same objectives, and calls on them:
>
> (a) in the field of education:
> to allow and promote the teaching of regional languages and

cultures in the official curricula right through from nursery school to university;

to allow and provide for, in response to needs expressed by the population teaching in schools of all levels and grades to be carried out in regional languages, with particular emphasis being placed on nursery schools teaching so as to ensure that the child is able to speak its mother tongue;

to allow teaching of the literature and history of the communities concerned to be included in all curricula;

(b) in the field of mass communications:
to allow and take steps to ensure access to local radio and television in a way that guarantees consistent and effective community communication and to encourage the training of specialist regional presenters;

to ensure that minority groups receive organizational and financial assistance for their cultural events equivalent to that received by the majority groups;

(c) in the field of public life and social affairs:
to assign in accordance with the Bordeaux declaration of the Council of Europe Conference of Local Authorities, a direct responsibility to the local authorities in this matter;

to promote as far as possible a correspondence between cultural regions and the geographical boundaries of the local authorities;

to ensure that individuals are allowed to use their own language in the field of public life and social affairs in their dealings with official bodies and in the courts;

1. 유럽 의회는 국가 정부나 지방 자치체의 개별적인 상황의 차이에도 불구하고 자주 독립의 정도를 존중하면서도 같은 목적을 달성하

기 위해서 만들어진, 이 분야의 정책을 실시할 것을 요구한다. 요구하는 내용은 아래와 같다.

(a) 교육 분야에서:

어린이집에서 대학에 걸쳐서 공식적인 교육 과정에 지역 언어와 지역 문화의 교수를 허가하고 촉진할 것

주민으로부터 표명된 필요성에 따른 모든 수준과 학년에서의 학교 교육을 지역 언어로 하는 것을 허가하며 이에 대해서 규정할 것. 특히 아이들의 모어 구사를 보장하기 위해서 어린이집 교육에서 모국어 교육에 힘을 쏟을 것

해당 지역 사회의 문학이나 역사 교수가 모든 교육 과정에 포함되도록 허가할 것

(b) 매스컴 분야에서:

지속적이고 유효한 지역 사회의 커뮤니케이션을 보장하는 방법으로, 지방의 라디오나 TV의 접근을 보장하고 전문적인 지역 방송자의 양성을 장려하는 것을 허가하며 그에 상응하는 조치를 취할 것

소수 언어 집단이 그들의 문화 행사에서 다수 언어 집단이 지원받고 있는 것과 동등하게 조직적 및 재정적인 지원을 보장할 것

(c) 공적 생활과 사회적 활동 분야에서:

유럽 지방 자치체 회의의 폴드 선언에 따라서, 이 문제에 대한 직접적인 책임을 지방 행정 당국자에게 위임할 것

문화적 지역과 지방 행정 당국의 지리적 경계가 가능한 한 일치하도록 노력할 것

개인이 공적 기관과의 관계에서 그리고 법정에서 공적 생활이나 사회적 활동 분야에서 자기 자신의 언어를 사용하도록 보장할 것

그리고 유럽 의회는 1994년 2월 9일(A3-0042/94)에 다음과 같이 결의하고 있다.

3 Believes, furthermore, that all minority languages and cultures should also be protected by appropriate legal statute in the Member States;

4 Considers that this legal statute should at least cover the use and encouragement of such languages and cultures in the spheres of education, justice and public administration, the media, toponymics and other sectors of public and cultural life without prejudice to the use of the most widespread languages, when required to ensure ease of communication within each of the Member States or in the Union as a whole;

5 Points out that the fact that a proportion of the citizens of a state use a language or have a culture which is different from the dominant one in that state or from the dominant one in a part or region of that state should not give rise to discrimination of any kind or, in particular, to any form of social marginalization that would impede their access to, or continuance in, employment;

유럽 의회는

3. 그리고 모든 소수 언어와 소수 문화는 회원국의 적절한 법령에 의해서 보장받아야 마땅하다고 믿는다.
4. 개개의 회원국에서 또는 유럽 연합 전체에서 커뮤니케이션의 용이함을 보장하는 것이 요구되었을 때 교육, 사법과 행정, 미디어, 지명 연구, 그리고 그 외 공적 및 문화적 생활의 영역에서 적어도 가장 널리 사용되고 있는 언어의 사용으로의 편중을 없애고, 소수 언어와 소수 문화의 사용을 장려할 것을 이 법령에 포함하도록 기대한다.
5. 국가의 시민의 일부가 사용하는 언어 또는 문화가, 그 국가의 가장

우세한 것과는 다른, 또는 그 국가의 일부분 또는 한 지역의 가장 우세한 것과는 다르다는 사실이, 그들의 고용으로의 접근, 또는 고용의 지속을 방해하는 어떠한 종류의 차별도, 어떠한 형태의 사회적 주변화를 일어나서는 안 된다는 것을 언급한다.

새로운 회원국은 이러한 조항에 동의할 것을 요구받는다. 실제로 성과가 오른 좋은 예(특히 Gal(1979)의 언어 이행의 고전적 연구에 친숙한 사람들에게)로써, 호주가 유럽 연합에 가입했을 때의 일이 포함되어 있다. 2000년 7월 20일 자로 호주 정부 공보 'Bundesgesetzblatt'에서 민족 집단에 대한 법률에 대한 수정이라는 형태로 공표되어, 2000년 10월 1일에 법률로 제정되었다. 이에는 독일어에 이어 헝가리어가 오버플렌돌프 지역과 오버발트 지역에서는 행정의 공식 언어이며 시민은 경찰서나 법정, 지방 자치체와의 접촉, 우체국, 철도 그리고 군대에서 헝가리어를 사용할 권리가 있다고 하고 있다. 이러한 유형의 규정에 대한 또 하나의 예로 스페인에서는 소수 언어의 지역을 총괄하는 판사는 소수 언어를 배우거나 자신의 비용으로 번역을 준비해야 한다는 것을 들 수 있다.

캐나다에서도 최근 수십 년에 걸쳐서 프랑스어의 지위는 특히 퀘벡주와 뉴블랑즈윅주에서 강화되었다. Bourhis(1984)는 퀘벡주에서 시행된 사실상 프랑스어를 주의 주류 언어로서 인정하는 법률에 대해서 설명하고 있다. 뉴블랑즈윅은 공식적으로 두 언어를 사용하는 캐나다 유일의 주이며 여기에서 불어와 영어 양쪽을 교육, 의료, 그리고 법률을 포함하는 모든 공적인 목적을 위해 사용하는 것이 가능하다고 법률로 정해져 있다. 다른 국가들에서는 예를 들면 터키의 쿠르드어, 그리고 코소보의 알바니아어의 경우와 같이 소수 집단의 언어권에 대한 보장 요구가 때로는 유혈사태로 이어지기도 한다.

Kaplan & Baldauf(2001)은 미국은 대부분의 서양 국가들과는 반대 방향으로 움직이는 듯하다고 논의하고 있다. 영어 공용어 운동의 영향 아래, 미국은 다양한 기관에서 소수 언어를 사용하는 것을 비합법화하는 경향이 있었다. 그리고 이 취지의 법률이 미국의 주 대다수에서 실시되어 왔다. Edwards(1994:166-70)는 이 논의에 대해서 편견 없는 설명을 하고 있다. 오직 영어만 사용하는 법률은 주로 다양한 민족으로 이루어진 국가에서 사회적인 구속을 유지할 필요성과 관련된 것으로, 인종의 도가니라는 이데올로기의 틀 안에서 이러한 정책이 실시된다. 이 정책은 소수 언어 집단이 그들의 민족적 정체성의 언어적 요소를 유지하고자 할 때에 불리하게 기능한다. Edwards(1994)와 Kaplan & Baldauf(2001)은 미국에서의 영어의 우위는 다른 언어에 의해 위협받지 않고 있으며 그러한 법률로부터 얻을 수 있는 실효적인 이익도 없다고 하였다. 반면 이러한 법률은 영어 능력이 제한적인 성인 이민자가 공적인 서비스에 접근하는 데에 어려움이 따를 수밖에 없기 때문에 사회 정의라는 측면에서 오히려 불리한 결과를 초래하게 된다는 인식도 있다.

8.3. 묵비권

3장의 발화 순서 교대의 논의에서 상호 작용에서의 침묵에는 대화의 규칙이 적용되는 것이 나타났다. 이것은 침묵은 의미를 가지는 경우가 있다는 것을 의미하며 사회 언어학자(Jaworski 1993; Tannen & Saville-Troike 1985)에 의해서 강조된 점이기도 하다. Kurzon(1998)은 침묵에는 많은 유형이 있을 수 있다고 논의하고 있다. 예를 들면, 의도적이지 않은 침묵, 즉 심리적 또는 감정적인 이유로 또는 지식의 결여로 말하는 것이 불가능한 경우나 말하는 것을 의도적으로 원하지 않는 경우, 그리고 타인으로부터 강요된 침묵도 있다. 예를 들면 법정에서의 질문에서 증인은 특정 문제에 관해서 입 다물고 있어야만 한다고 요구받는 경우가 종종 있다. 그리고 보다 넓은 커뮤니티 차원에서는 공적인 비밀에 관한 법률에 의해서 어느 특정 문제에 대해서 발언하거나 쓰거나 해서는 안 된다는 것이 법적 의무인 경우도 있다. 한편, 피의자가 아닌 증인은 일반적으로 침묵하지 않고 말할 것을 의무로 하고 있다. 경찰이나 법정에서의 질문에 대답하는 것을 거부하면 법으로 처벌받기 때문이다.

일상생활에서 사람이 비난 받을 때, 침묵은 일종의 동의로 죄를 인정한다는 의미로 받아들여지는 경우가 많다. Kurzon(1998:58)은 의도적인 침묵의 경우에 침묵하고 있는 사람은 무언가 숨기고 있다고 여겨질 것이라고 한다. 그러나 보통법에서는 이것은 일반적으로 적합하지 않는다. 묵비권은 보통법의 권리이며 피의자나 고발된 사람이 침묵하였다는 것을 바탕으로 그가 유죄라고 추측하는 것은 인정되지 않는다(제5장에서 언급한 배심원 설시에 대한 저항을 고려하면 배심원이 언제나 이것을 제대로 지키는지에 대해서는 다소 의문이 있다). 묵비권의 근거는 사람은 자신에게 불리한 증언을 할 것을 기대하지는 않는다는 개념이다. 그리고 이 일은 미국의 헌법에도 포함되어 있다. 이 권리는 caution(주의 또는 경고)라는 형태로 또는 미국에서는 warning(경고)라는 형태로 피의자에게 확실하고도 상세하게 설명된다(이들 문언에 대한 논의는 5장 참조). Kurzon (1998:51-7)은 재판 전이나 공판 중 어느 쪽인가에서 피의자가 말을 하지 않았다는 미국의 사례를 세 개, 자메이카의 사례를 하나 소개하고 있다. 모든 사례에서 침묵에 기초하는 어떠한 유죄추정도 기각되었다.

호주 등에서는 묵비권에 대한 이의가 있었다. 또한 영국에서 1972년의 형사법 재검토 위원회(CriminalLaw Review Committee)의 제11회 보고서는 일상적인 장소에서와 마찬가지 방식으로 침묵을 해석하는 것을 강하게 주장하고 있다. 왜냐하면 피의자에게 침묵을 인정하면 경찰의 취조가 원활하게 이루어지지 않게 되며 '현재 법과 관행은 피고 측의 입장에 너무 유리하다'(p.21)는 이유 때문이다. 그러나 IRA(아일랜드 공화군)의 피의자가 자신들의 묵비권을 언제든 이용할 수 있도록 된 후부터 1988년에 북 아일랜드에서 후에 잉글랜드와 웨일스에서, 재판에서 침묵을 고려 대상으로 삼는 것을 인정하는 쪽으로 법이 개정되었다. 이들 변화로 인해서 판사, 검찰관이나 변호인은 경찰이나 법정에서의 질문에 대한 침묵에 대해서 의견을 말하거나 해석하거나 하는 것이 가능해졌다. 그리고 경찰의 경고 내용은 수정되었고, 피의자에게 경찰 취조에서의 묵비권의 행사가 방어권의 장애가 될지도 모른다는 것을 경고하게 되었다. '자, 경찰의 질문에 답하는 것을 거부한다면 재판에서 판결이 내려질 때에 그러한 묵비권의 행사가 고려 대상이 될지도 모릅니다'(Kurzon 1998:60). 호주에서는 상습범이 묵비권을 자주 이용(또는 남용)하는 일이 있어서, 답답함을 느끼는 경찰관에 의해서 범인의 묵비권 남용이 자주 문제로 제기된다. 그러나 지금까지는 법률이 바뀌지 않았으며, 이와는 반대 견해가 Baldwin(1994)에 의해서 강하게 제기되고 있다. 그에 의하면 강제적 또는 위력을 느끼는 심문에서 자신들을 지키는 것이 불가능한 사람들, 즉, 최소한의 교육밖에 받지 못한 약자들이나 지적 장애인에게 묵비권은 자신을 지키는 중요한 수단이라고 여겨지고 있다.

로마법 국가들에서는 묵비권은 이것과 같은 형태는 아니다. 예를 들면, 프랑스의 형사법에서는 피의자는 묵비권을 행사하며 대답할 필요는 없으며 법정에서도 역시 이러한 묵비권 행사에 대해 자유롭게 추측하는 것도 허용된다.

lreland(1993)은 관습법에서의 아동 살인 사건의 수사에 대해서 논의하고 있는데 여기에서 묵비권이 부족의 추장의 견해를 나타내는 아주 중요한 지표라고 간주되고 있다. 앞서 말한 보통법에서의 묵비권의 해석에 가해진 한계와는 대조적이다.

8.4. 언어 범죄

이 절에서는 법적 행위의 대상이 될 수 있는 놀랍도록 많은 언어 행위에 대해서 논의할 것이다. 위법일지도 모르는 언어 행위가 많이 존재한다. 바꿔 말하면, 뇌물 수수, 공갈, 협박, 위증 교사, 위법 행위의 권유(예를 들면 청부살인업자를 고용), 문란한 언어 사용 등과 같은 어떤 발화 행위를 하는 것으로 인해서 저질러지는 죄가 있다. 여기에서는 가능한 범죄를 모두 논의하기에는 지면이 부족하기 때문에 이 절에서는 Shuy(1993)의 내용에 상당 부분 의존하고 있다.

소송의 대상인 발화 행위가 모두 위법이라고 간주되는 것은 아니다. 많은 민사 소송은 계약 위반에 관련된 것으로 본질적으로는 약속이 깨졌거나, 그러지 않았거나 하는 것이다. 이들은 범죄라고 하기보다는 당사자 간의 분쟁으로서 취급된다. 또 법률이라고 하기보다는 규제 대상이 되는 언어 행위도 있을 수 있기 때문에 이것은 엄밀하게는 언어 범죄는 아니다. 예를 들면, Woolls & Coulthard(1998)은 학생들이 논문을 공동으로 작성하였다는 의심이 드는 표절 사례에 대해서 논의하고 있다. 이것은 저작권에 관련되기 때문에 다음 장에서 상세하게 논의하겠다. 언어 범죄에 대한 증언은 언어 증거 중 하나의 형태이기 때문에 이것은 다음 장으로 이어가겠다.

8.4.1. 방법론

어느 특정 언어 행위의 예가 법의 규제 하에 있는가를 이해하기 위해서는 언어학자에 의한 조사가 필요해질 것으로 판단되는 몇 개의 예가 있다. 이들 중 가장 중요한 것은 그 사례에 해당하는 법률이나 규제이다. 법률이나 규제가 어떻게 언어 범죄를 정의하고 있는가를 알기 위해서는 그것을 주의 깊게 조사할 필요가 있는 것이다. 그러나 우리들도 알 수 있는 것이지만, 법률이나 규제는 그러한 문제를 충분히 정의하지 않은 경우이다. 따라서 언어학자는 특정 커뮤니케이션 행위의 성질, 예를 들면 무엇이 난폭한 언어인가 등에 관한 상식적 해석이나 사회적 합의에 대해서 조사할 필요도 있다. 또한 언어학자는 어느 특정 범죄에 해당한다고 간주되는 언어 행위의 다른 예에 대해서도 그 특징을 찾기 위해서 조사하고 싶어 할지도 모른다. 그렇다면 그 분석에는 논쟁의 근거가 되는 언어 그 자체의 분석, 그에 관련된 법률 분석, 그리고 그 특정 커뮤니케이션 행위의 보다 광범위한 사용에 대한 분석이 필요해질지도 모른다. 그것에는 또, 닮았지만 다른(때로는 적법한) 행위가 그 분쟁의 근거가 되는 언어와 어떻게 다른가를 알기 위하여 그를 조사할 필요도 있다. 언어학자는 그 행위나 그 행위를 하기 위해 필요한 조건에 대해서 그 의미상의 상세한 특징을 조사해야 할 수도 있다(발화 행위가 이루어지는 조건의 틀에 대해서는 Searle(1969) 참조).

그러나 발화 행위의 틀은 오해를 야기할 가능성이 있다. 왜냐하면 이것은 언어 행위를 문장 또는 발화 층위로밖에 취급하지 않는 경향이 있기 때문이다. 우리들이 매일 관련하고 있는 언어의 사건 대부분은 많은 연속하는 발화 행위에서 성립되어 있는데, 어느 특정 기능을 하기 위해서는 그들이 같이 존재할 필요가 있다(예를 들면 쇼핑을 한다는 기능에 대한 Hasan 1985에서의 기술 참조). 만약 그러한 발화 행위가 질서를 가지고 연속하여 일어나는 일이 특정 기능을 하기 위한 모두가 인정하는 방법이라면 이들은 4장에서 논의된 유형의 장르라고 할 수 있다. 개개의 발화 행위와 같이 장르의 조건이나 필수인 요소는 법률과 상식적 개념의 양쪽의 분석에 의해서 확정될 필요가 있는 것이다. 분석의 상세한 것으로 서장에서 제시한 커뮤니케이션 요소가 필요할 것이다. 즉, 법률에 의해서 상정되어 있는 지식의 스키마, 법의 지배를 받는 사람들의 지식의 스키마, 관련 있는 언어의 층위(문법, 단어, 그 외), 맥락이 있다.

법률로 기술되어 규정된 언어 행위의 정확한 본질이 일단 결정되어, 분쟁의 씨앗이 되는 언어에 대해서 조사하면 다음은 조합 과정이다. 이것은 분쟁의 근거가 되고 있는 언어의 법률로의 적합성의 정도를 아는 것, 예를 들면 분쟁의 근거가 되고 있는 언어가 법률로 정의되고 있는 발화 행위를 하였는지를 확인하는 것이다. 이에는 어휘나 문법이나 담화의 분석을 포함한 그 의미론, 그리고 만일 이것이 상대를 위법하는 발화 행위라면 그러한 발화 행위를 하기 위한 조건에 일치하는가 하는 그 화용론의 정밀한 음미가 또 한 번 포함될 것이다. 또 비언어 정보(예를 들면 코 아래에 겨눠진 총은, 그 당시의 발화 행위를 협박이었다는 주장을 강화한다)와 같은 커뮤니케이션의 다른 측면도 고려 대상에 넣는 것도 필요할지 모른다. 언어적 요소와 물리적 상황의 요소가 화용론적인 검토에 더하여 문화적 맥락이나 참여자의 어떠한 스키마가 활성화되어 있는가에 대한 이해가 어느 정도 필요하다고 여겨질지 모른다. 이들 사례를 아래와 같이 나타낼 수 있다. 많은 언어 범죄를 지금부터 살펴볼 것인데, 언어 행위에서 특정 요소가 어떻게 각각의 범주에 해당하는지 또는 해당하지 않는지에 대해 몇 가지 예를 들어 보겠다.

8.4.2. 위증

필자가 이 범주에서 시작하기로 한 것은 Tiersma(1990)가 이 언어 범죄 분석에서 전술한 문제의 몇 가지에 대해서 논의하고 있기 때문이다. 위증은 본질적으로는 법적 맥락의 증거를 제시할 때에 거짓말을 하는 것이다. Tiersma(1990)는 브론스톤 사건(Bronston v. United States, 409 US 352 [1973])에 대해 논의하였는데, 다음은 브론스톤이 법정에서 한 대화의 일부이다.

C: Do you have any bank accounts in Swiss banks, Mr Bronston?
B: No, sir.

C: Have you ever?
B: The company had an account there for about six months, in Zurich.

검찰관: 브론스톤 씨, 당신은 스위스 은행에 계좌를 가지고 있습니까?
브론스톤: 아니요.
검찰관: 단 한번도?
브론스톤: 회사는 약 6개월 전 거기에 계좌를 가지고 있었습니다, 취리히입니다.

실제로 브론스톤은 이전 스위스에서 5년간 대형 개인 은행 계좌를 가지고 있었다. 브론스톤의 답변은 진실이지만 명백하게 언어적 맥락에서의 오해를 일으키도록 의도하고 있다. 제1심의 평결은 유죄였지만 미국 최고 법원은 언어가 문자대로 진실이라는 이유로 이 판결을 파기하였다. 이 두 번째의 판결의 밑바닥에 있는 언어의 법적 모델은 언어학적으로 봐서 불확실한 정보에 기초한 것이다. 왜냐하면 그것은 언어의 화용론적 측면을 고려 대상에 넣고 있지 않기 때문이다. 의미는 맥락에 의존한다. 문제의 또 하나의 견해는 진실성은 언어 형태에만 존재하는 것이 아니라 문제가 되는 발화에 대해서 화자가 의도하는 청자 측의 해석에도 의존하고 있다는 것이다(2장의 해석에 대한 절 참조). 이 문제는 아직까지도 법정에서 논의가 전개되고 있다. 잘못 이해되기를 바랐다는 이유로 진실을 말하는 증인들을 억지로 고발하는 것을 피하기 위해서는 위증을 좁은 의미로 해석할 필요가 있다는 주장이 있기 때문이다.

8.4.3. 뇌물 수수

Shuy(1993)는 뇌물 수수란 두 언어 범죄가 포함될 수 있는 장르라고 하고 있다. 즉, 뇌물을 제공하는 것과 뇌물을 받는 것이다. 블랙 법률 사

[표 8-1] 뇌물 수수의 장르(Shuy 1993:24)

Genre stage	Bribe offerer		Bribe receiver	
	Speech function	Elements	Speech function	Elements
Problem	Request help		Respond to problem	
	Check	conditions control of receiver	Provide	conditions control of receiver
Proposal	Present offer	service products payment money discussed	Consider offer Negotiate	service products payment money discussed
	Re-check	conditions control details	Make conditions Re-check	conditions control details
	Establish trust	stories in-group language humour	Establish trust	stories in-group language humour
Completion	Agreement	handshake written contract speech act (e.g. 'it's a deal')	Agreement or	handshake written contract speech act (e.g. 'It's a deal')
			Rejection or delay	
(If agreement) Extension	Plan other deals Offer contacts		Plan other deals Offer contacts	

전(Black's Law Dictionary 1990:191)은 뇌물에 대해서 이 범죄를 구성하기 위한 많은 기준을 설정하면서 '그 공적 직무 수행 시에 공무원의 행동에 영향을 미치려는 목적으로 무언가 가치가 있는 것을 제공, 부여, 수령 또는 요구하는 것이다.'라고 정의하고 있다. Shuy는 뇌물과 수수의 양쪽을 포함하는 뇌물 수수의 장르를 기술하고 있다. 그 기술에 대해서는 좀 더 확장하여 장르 내의 단계와 단계의 경계에 있는 또 다른 단계를 포함하는 것도 생각하여(이에 대해서는 Shuy는 기술 설명 부분에서는 언급하고 있지만), 또한 반복의 가능성, 즉, 장르의 일부 내지는 모든 단계의 반복되는 재순환의 가능성을 덧붙일 필요가 있다. Shuy의 기술은 뇌물이나 미수로 그친 뇌물 수수의 많은 예를 녹음한 FBI의 테이프 기록에 의거하고 있다.

Shuy는 [표 8-1]에서 나타낸 실제 뇌물 사건의 예를 제공하고 있다. 표 안의 '확장(Extension)'이라 불리는 단계는 뇌물 수수의 장르에 포함되는 경우도 있고, 아닌 경우도 있다. 또한 전 단계로의 재순환 가능성도 있다. 예를 들면 뇌물 수수가 이루어진 후에도 거래는 '제안(Proposal)'의 단계로 돌아가, 재교섭할지도 모른다. '합의(Agreement)', '거부(Rejection)', 그리고 '태도 보류(delay)'에 대해서는 그중 하나가 선택되는 것은 명백하다. Shuy는 이것이 비즈니스상의 거래와 같은 장르 구조라고 지적하였다.

따라서 제의의 문언에서 그 교섭의 내용이 위법이라고 입증하는 것이 불가결한 것이다. 뇌물을 받는 쪽이 유죄인 것을 입증하기 위해서는 뇌물을 받는 쪽이 그 거래가 뇌물이라고 이해하고 승낙하였다는 것(즉, 발화 매개의 힘이 뇌물이라는 것), 그리고 뇌물이 받아들여졌을 때를 나타내는 것도 중요하다. 이러한 것을 밝히기 위해서는 대화 현상과 상황의 정밀한 분석이 필요하다.

8.4.4. 협박

협박은 뭐라 말하기 어려운 발화 행위이다. 명백한 협박이 이루어지기 위해서는 구체적인 장래의 행동과 참여자가 특정되어야 한다. 예를 들면 '너를 때리겠다.'와 같은 발화이다. 그러나 많은 협박은 훨씬 모호하다. Storey(1995)에서 인용한 아래의 예와 같이 간접적일 때도 있다.

- I'll get you(해치워 버릴 것이다).
- Your days are numbered(네가 살아 있는 날도 얼마 안 남았다).
- I'm watching you(언제나 지켜보고 있다).
- I'll stop you(너도 끝이다).
- Touch that and you die(그걸 만지면 넌 죽는다).

마지막 것만이 명백하게 물리적 폭력을 나타내고 있는데 이것은 실제로는 학생들 사이에서 흔히 쓰이는 대사이다. 다른 것은 모두 확실한 협박이며 그중 하나는 그 후에 살인이 일어났다. 블랙 법률 사전에 있는 협박의 정의에 의하면 발화의 콘텍스트가 협박이 이루어졌는지를 결정하는 기초라는 것이 명백하다. Shuy는 협박이란 사람이나 재물로의 물리적인, 또는 다른 해를 가하겠다는 의도의 전달이며 언어가 협박으로 발화되었는가 아닌가를 결정할 때에는 발화된 맥락을 고려해야 한다고 하였다. Shuy(1993:108-9)는 '데이비드의 상태는 어때?'라는 표현이 심각한 협박이라고 간주된 사례에 대해서 논의하고 있다. 따라서 언어가 협박으로서의 역할을 하는가 안 하는가에 대해서 어떠한 인식을 얻기 위해서는 물리적 그리고 사회적인 맥락, 참여자의 마음 속 배경(참여자에게 어떠한 스키마가 떠올랐는가) 그리고 받은 입장의 해석(즉 발화 매개 행위의 힘)을 고려해야 한다. 예를 들면 '불법적인 마약을 운반하지 마. 형벌은 엄격하다.'(호주의 세관 전단지로부터)는 협박일 수도 있으며 경고일 수도 있다(실제로 이전에 수행문 '조심해라(Be warned)'가 있었다).

[표 8-2] 약속, 경고, 충고를 협박과 구별하는 수단

	청자에게 해악 혹은 이익인가?	누구의 관점인가?	누구의 통제인가?
위협(Threat)	해악	화자의 관점	화자의 통제 하에 있음
약속(Promise)	이익	화자의 관점	화자의 통제 하에 있음
경고(Warning)	?	화자의 관점	청자의 통제 하에 있음
충고(Advice)	이익	청자의 관점	청자의 통제 하에 있음

[표 8-2]는 Shuy(1993)을 근거로 한 것으로 약속이나 경고, 충고를 협박과 구별하는 방법을 나타내고 있다. 이것이 각각을 구별하기 위한 근본 원리를 제공하고 있다고 하더라도 역시 다음과 같은 사례에서는 결정을 내리기 어려울지도 모른다. '저것을 조심해(영화 '아담즈 패밀리'에서)', '그건 네가 결정할 일이다. 그러나 네가 경찰한테 연락한다면 너의 남편은 죽을 것이다.'에서 전자의 예에서는 이익 또는 손해, 그리고 지배의 문제가 명백하지 않다. 후자의 경우에서는 남편이 죽는 것을 바라는 아내가 결과를 결정하는 상황에 있다. 이것은 화자의 의도(발화 내 행위)는 협박(화자의 지배, 받는 측의 손해)이지만 청자에 의한 해석(발화 매개 행위)는 그렇지 않다(받는 측의 이익과 지배)는 예를 들고 있다. 법적 문제에서는 중요한 것은 주로 발화 내 행위이다. Yamanaka(1995)는 협박이 어떤 식으로 결정될 수 있는가에 대해서 아주 상세하게 기술하고 있다. 그는 예를 들면 '8월 27일이 다가오고 있다.'는 그 일자에 관련된 그 이전 발화 맥락에서만 듣는 쪽의 손해에 대해서 언급하고 있다(그러나 협박이다)라고 받아들이고 있다고 서술한다(Yamanaka 1995:46).

[표 8-3]의 예는 아이들의 싸움 같은 고성의 일부이다. 여기에서는 두 명의 성인 남성이 서로에게 '상대를 때려 눕히자'라고 하였다. 문제는 협박이 이루어졌는가 하는 것이다. 이에 대해서 Shuy가 증언하였다. 우선

[표 8-3] 타이너에 의한 협박의 가능성(Shuy 1993:106-7)

	Blackburn's complaints	Tyner's responses
1	I was under duress.	I don't care what Vernon told you.
2	I don't appreciate you settin' me up like that	O
3	I don't know why ya'll trying to pull these games.	It ain't games.
4	You'd have one hurt over just one little ol' share.	I wouldn't have you hurt, Michael.
5	You were gonna have me killed over one share.	Why don't you just leave?
6	I signed under duress	No, I don't think were as any duress.
7	You just want to fuck me out of this money don't you.	Nope.
8	If I have to hire me a body guard to take care of me, I'll do it.	You can't hire enough body guards to take care of you Blackburn.
9	Well you were gonna sell it under the table.	NO, no, no, no, no.
10	I've seen too many done that way.	You haven't seen shit, man.
11	Don't send David over to set me up.	Just leave.
12	You accosted me in my own home.	No I didn't accost you.
13	You made it appear that you would if I didn't do what you told me to do.	No.
14	If you'd treat people the way they ought to be treated.	Oh, have I mistreated you, poor little baby.
15	Well I can hide where he can't find me.	You can't hide forever.
16	You don't scare me Don Tyner.	Well then just leave, baby.

처음으로 4와 6과 12에 대해서 강박과 협박에 대해서 타이너가 명확하게 부정하고 있는 것에 근거하여 이들은 협박이 아니라는 것이다. 대화의 8과 15에 대한 문제가 남는다. '서로 때려 눕힌다'라는 행동에 대한 선행 분석으로부터의 증거를 이용하면서 Shuy는 이들이 타이너가 블랙 밴을 '때려눕히고 있는' 예라고 배심원을 납득시켰다. 따라서 이것은 다른 언어 행동을 검토하여 비교하여 그리고 대환적 해석을 찾는다는 과정의 일례인 것이다. Shuy는 구체적인 행동주와 동작주 어느 쪽도 시사되어 있지 않아서 그들은 명백한 협박이 아니라고 진술하고 타이너에 의해 또 하나의 협박이라 가정되어 있는 것에 대해서도 너무나도 간접적이라고 증언하여 타이너는 무죄로 풀려났다.

8.5. 비방

옥스퍼드 영어 사전(OED)에 의하면, 비방은 '악담을 하다, 명예 훼손하다'라고 정의되어 있다. 필자는 여기에서 모욕적인 언어, 그리고 보통 구두 비방, 문서 비방, 또는 명예 훼손이라 불리는 두개의 형태의 명예 훼손, 즉 집단을 표적으로 한 명예 훼손과 개인이나 단체를 표적으로 한 명예 훼손을 포괄하는 표제어로서 비방을 사용한다. 이들 유형의 비방 모두는 '의도적으로 감정적인 고통을 준다.'는 불법 행위를 동반할 가능성이 있다.

8.5.1. 모욕적인 언어

호주의 상황은 흥미롭게도 이 문제에 관해서는 충분한 기록이 있다. 뉴사우스 웨일스주의 1988년의 경범죄법은 아래와 같이 규정하고 있다.

(1) A person shall not - ··· (b) use offensive language in or near, or within hearing from, a public place or school.
(2) It is sufficient defence to a prosecution for an offence under this section if the defendant satisfies the court that the defendant had a reasonable excuse for conducting himself or herself in the manner alleged in the information for the offence.

(1) 사람은 ··· (b) 공공의 장소나 학교 안이나 가까이, 또는 그곳에서 들리는 범위의 장소에서 모욕적인 언어를 사용해서는 안 된다.
(2) 만약 피고인이 이 범죄의 통보할 때에 제기될 법한 행동을 한 것에 대한 합리적인 이유가 있다는 것을 법정에서 납득시킨다면 이 절에서 다루는 범죄에 대한 소송에 대한 충분한 방어가 된다.

이 범죄의 최고형은 3개월 구금형이었다. 그러나 1993년에 벌금형으로 변경되었다. Walsh(1995)에 의해서 던져진 의문은 '모욕적인(offensive)이란 무엇인가'이다. 법원에서 제시한 판단 기준은 '상식인이 해당 장소와 해당 시각에서 그리고 그 장소에 그때에 일어나고 있는 상황에서 심각하게 동요시키거나 심각하게 모욕당했을 가능성이 높은지 그렇지 않은지'이다. 이 판단 기준이 참여자와 그 스키마를 포함한 직접적인 맥락에 의존하고 있는 것에 주목할 만하다. 이것은 실질적인 정보는 거의 제공하지 않고 누가 상식적인 사람인지, 무엇이 그를 동요시키거나 모욕받을 가능성이 높은가 하는 것에 관해서는 그 결정을 판사의 판단에 위임하고 있다. 또한 '합리적인 이유'는 법정에서 방어가 된다. 예를 들면 가령 누군가가 그들의 발에 망치를 떨어뜨렸다고 가정해 볼 수 있다.

이 법률에 관한 극단적인 재량은 위험하다. 왜냐하면 어보리진의 사람들을 투옥하거나 그들에게 벌금을 과하거나 하기 위해 극도로 재량이 행사되기 때문에 다른 호주인들과 비교해서 교도소에 갈 가능성이 27배나 높다고 하는 1993년 앰너스티 인터내셔널에 의한 보고서가 있었기 때문이다. 이 정도로 심하지는 않지만 젊은 사람이나 노동자 계급에게도 유사하다고 말할 수 있다. 1990년대 중반에는 연간 약 5,000명이 이 범죄를 저질러 유죄로 기소되었다. 부분적으로는 이러한 모욕적인 언어 사용은 이에 관한 문화적 차이에서 생긴 것이다(Cowlishaw 1988:173, 194-5). 또한 (호주나 다른 지역에서) 모욕적인 언어는 일련의 금지 용어 사용과 마찬가지로, 제2 언어에서는 심각성이 줄어들 가능성도 있다. 영어에서 성기를 표현할 때(본래는 공격적이지 않았던) 앵글로 · 색슨 어휘가 아니라 라틴어에서 유래한 영어를 사용하는 것이 그 일례이다.

Taylor(1995)는 호주 영어에서 모욕적인 언어 사용에 대해서 그것이 발현되는 조건을 포함하여, 상세하게 기술하고 있다. 그는 범죄에 관련한 욕설에 대해서도 논의하고 있으며, 아래와 같은 예를 들고 있다. 의원 그리고 고위 정치가들은 우익도 좌익도 모두 (미국의 Lyndon. B. Johnson 대통령이 그런 것처럼 때로는 공공장소에서) 더 공격적이고 모욕적인 언어를 사용하였지만 면책된다. 법 집행관, 즉 경찰은 사람들에게 모욕적인 언어를 사용하였고 사람들이 자신들에게 그러한 언어를 사용하였다고 그 사람들을 체포하였다. 예를 들면 한 명의 어보리진 남성이 경찰에게 '나에게 'get fucked'라고 하지 마.'라고 말해서 고발되었으나 명백하게 이것은 경찰이 사용한 발화에 대한 반응으로서 다시 발화한 것이다. Langton(1988)에서는 다른 몇 개의 예를 더 소개하고 있다.

8.5.2. 명예 훼손: 구두 비방와 문서 비방

구두 비방과 문서 비방은 둘 다 명예 훼손의 형태이다. 광의의 용어로서, 이들의 차이는 구두 비방이 보통의 구어와 관계되는 것임에 비해서 문서 비방은 그 대다수가 문서의 형태로 공표되는 것이다. 옥스퍼드 영어 사전(OED)은 구두 비방(slander)을 '악의를 가지고 말한 잘못된 보고가 사람에게 상처를 입히는 것'이라고 정의하고 있다. 그리고 블랙 법률 사전은 명예 훼손(defamation)을 '(문서로) 공표된, 또는 공공장소에서 발언된 타인의 평판이나 명예를 훼손할 의도로 잘못된 정보를 전달하는 것'이라고 정의하고 있다. 이들 정의는 세 가지의 논점을 포함하고 있다. (1) 전달하는 내용이 진실인지 아닌지, (2) 전달되는 내용에 악의가 있는지 없는지, (3) 전달되는 내용이 타인의 평판에 상처를 입히는지 아닌지와 관련되어 있다. 원칙으로서는 그 행위가 이루어지기 위해서는 이들 세 조건 모두가 만족되어야 한다. 그리고 배상금도 주로 손해 정도에 따라서 정해진다. 영국법의 적용을 보면 진실이라는 것에 관해서 말해진 것이 진실 또는 허위인지 그것을 증명하는 데에는 정보 전달의 언어에 대한 세심한 주의가 요구된다는 것을 알 수 있다. 그러나 영국법의 또 하나의 요소는 명예 훼손은 합의 또는 풍자적 언설에 의해서 이루어진다는 것이다. 그러한 풍자적 언설은 해석에 관해서 법적 견해의 어느 것과도 일치하지 않아도 된다(Gatley 1998). 공표된 사실이 진실이라는 견해에 기초하는 방어는 위험하다. 왜냐하면 만약 그 소송이 공표자가 패소한 경우, 명예 훼손을 반복함으로써 손해 배상의 결정액이 더 증가하게 되기 때문이다.

보통법은 의도라는 두 번째 문제에 대한 OED와 같은 생각은 아니다. 필자의(한정된) 견해로는 명예 훼손이 일어나는 데에는 의도는 반드시 필요한 것은 아니다. 예를 들면 Cassidy v. Daily Mirror Newspaper (1929) 2KB 331에서는 354쪽에서 라셀 항소원 판사가 '문서 비방의 책임은 명예 훼손의 의도에 의한 것이 아니라, 명예 훼손 사실에 의한 것이다.'라는 판결을 내리고 있다. 실제로 공표자는 가령 공표한 내용의 명예 훼손적 성질을 인식하고 있지 않더라도 책임을 져야 하는 경우가 있다. Lee v.Wilson and MacKinnon(1934) 51 CLR에서도 288쪽에서 '따라서 어떻든 간에 이것은 공표자의 실제 의도에 대한 어떠한 조사를 하는 것을 인정하였거나 조사를 요구하였다고 생각할 수 있을지도 모른다. 그러나 그의 책임은 단순히 명예 훼손이 되는 내용을 제3자에게 전달하는 것으로 인해서 발생한다. 정보 전달은 전혀 의도적이 아닐지도 모르며, 공표자는 그 명예 훼손적 성질을 인식하고 있지 않을지도 모른다.'고 되어 있다. 결국 사람의 평판에 해를 입혔다는 것을 증명하는 것은 상당히 어렵다. 그러나 그러한 증명이 반드시 요구되는 것은 아니다. 상식에 비추어 봤을 때, 그렇게 상정되는 경우가 많으며 또는 그 텍스트가 그 사람의 평판을 해하는 것일지도 모른다는 것으로 충분하다고 간주된다. 흥미롭게도 칠레 등의 로마법이 지배하는 지역에서는 이것과 완전히 같은 입장이 취하는 곳이 몇 군데 있다(Montero Brunner 1996).

미국에서는 언론의 자유에 대한 헌법상의 권리가 다른 것보다 우선한다고 생각되는 경우가 많아서 구두 비방으로 사람을 고소하여도 그 주장이 통하지 않는 경우가 많다. 영국에서 유래하는 보통법의 또 하나의 주요한 흐름에서는 구두 비방과 문서 비방은 지금도 법정에서 활발하게 일어나고 있다. 최근의 유명한 예는 이른바 McLibel(맥라이벨) 소송이다. 이 소송에서는 맥도날드의 음식과 그 제조 과정을 배경으로 한 팸플릿을 둘러싸고 맥도날드사가 두 명의 영국인의 환경 운동가를 고소하였다. 소송은 매스컴의 과열 보고라는 사태를 일으켰다. 몇 가지 쟁점에 대해서 그들은 책임을 면하였으나 다른 쟁점에서는 책임을 져야만 하였다.

8.6. 집단의 명예 훼손

명예 훼손과 그를 법정으로 제지해야 하는 정도에 관한 논쟁은 결코 단순한 것이 아니다. 명예 훼손을 증명하는 것의 어려움과는 별개로 그것은 문명사회에서 대립하는 두 개의 중요한 가치 간의 균형을 필요로 한다. 즉, 언론의 자유와 비방 및 그 고통으로부터의 자유이다.

이 서로 대립하는 두 가치에 대해서 간단히 설명하겠다. 우선 언론의 자유에 대해서 생각하면 Freedman & Freedman(1995)는 그 서장에서 미국에서 '평등 보호 조항과 함께 이 나라의 소수파의 권리를 보호하는 수단으로써 가장 훌륭한 것은 헌법의 제1 수정 조항에서의 언론과 결사의 자유 보장이다. 그것은 모든 소수파에 대해 그 의사를 강요하는 다수파의 힘에 대한 필요 불가결한 제한이다.'라고 서술하고 있다. 민주주의를 지지하는 사람들은 언론의 자유, 특히 공적인 비판은 필수적이라는 인식은 중요한 것이라 여겼다. 독재적이면서도 부패한 지배자들의 공통적인 행동은 언론의 자유를 제한하는 것이다. 언론의 자유의 제한이란 발언자의 의견을 틀리다고 비난하는 것이기 때문에 격한 분노의 표적이 된다. 그것은 소수파 집단에게 이익보다도 손해를 가져오는 일이 될지도 모른다. Smolla(1993)은 증오의 언어의 싸움은 형벌이나 강제를 통해서 보다 관대함, 예의, 사람에 대한 존경이라는 가치관에 대한 납득과 교육을 통해서 보다 효과적으로 이루어질 수 있다고 주장하한다. 또한 Leets & Giles(1997)은 '사람을 무시하는 언어는 인간의 존엄을 침해하는 것으로 강력히 대처해야 하지만, 법률에서 강제로 제지하는 것이 아닐지도 모른다.'고 쓰고 있다. 언론의 자유의 제한은 더한 제한을 향해서 그리고 대상이 된 행동 이외의 행동도 제한하기 위해서 그것을 확대시켜 남용하는 것으로 문을 여는 것이다. 언론의 자유의 억압, 편견이나 허위 사실이 공표된 공공장소에서 그것이 부정할 가능성을 부여하지 않는 것과 동반하는 위험, 그들을 강제적으로 잠행시켜 더욱 노출시키는 것의 위험, 그러한 것에서 발생할 수 있는 결과를 고려 대상에 넣는 것은 중요한 일이다.

이에 반대하는 견해는 비방은 지극히 바람직하지 못한 결과를 야기할 가능성이 있다는 것이다. 그들은 비방의 표적이 된 사람들 간에 감정적인 아픔을 일으킬지도 모르며, 미움으로 가득 찬 언어는 미움으로 가득 찬 행동으로 이어진다고 주장한다. 따라서 비방에 대한 법률을 정당화시키기 위해서는 언어는 상처 주는 것이 가능하다는 것, 그리고 미움의 언어는 미움의 행동으로 이어지는 것이라는 증거를 제공하는 것이 필요하다.

8.6.1. 미움의 언어는 미움의 행동으로 직결되는가

Blain(1995)의 말처럼 '사람들은 자기 자신이나 타인을 교사해서 살인 행위를 하게 한다.'는 것은 가능할까? 그 답변은 역사 속에 있다. Blain은 유럽에서 유대인을 부정적으로 인식해 온 긴 역사에 대해서 상술하고 있다. 오스트리아에서 비교적 이른 시기인 15세기에 유대인은 아리아인의 아이들을 잡아먹는다는 묘사가 있다. 또한 겟트라는 유대인이 정착하였는데 19세기의 부정적인 전형도 있었다. 나치 시대의 성인과 아동을 위한 문학의 대다수에는 민족 집단은 독일의 신화에 비추어서 묘사되었다. 즉, 독일인은 'Ubermensch'(초인) 그리고 아리아인의 기사로서 그려지는 한편, 유대인은 '잔머리가 좋다', '자기중심적이다', '노골적이다' 등으로 묘사되어 있다. 이것이 유대인을 'Untermensch'(하등 인종), 그리고 '인종적 괴물'로서 묘사하는 것으로 발전된다. 그 외에 사용된 용어로서 '범죄자', '기생충', '세균', '벌어진 상처 위의 벌레' 그리고 '그리스도의 적'이다. 그들은 언어와 이미지의 양쪽에서 해충으로서 그려져 있는 것이다. 기생충이나 세균, 벌레, 해충에 대해 사람들은 통상적으로 그것들을 박멸해야 하는 대상으로 인식한다. 이것이 대량 학살의 토대를 만드는 것을 가능하게 하는 언어적 수단이다. 유대인이 부정적으로 그려져 그들의 대량 학살을 정당화하는 것이다. 정부 기관들은 홀로 코스트(유대인 대학살)를 하기 위해서 '살인'이라는 말을 결코 쓰지 않는다. 그 대신 '유대 문제의 최종적 해결(die Endlosung der Jud enfrage)'이라고 쓰고 있다. 관료들은 일관되게 수용소로의 '소개', '재거주'라는 용어를 사용한다. 화장장은 '빵굼터'였다(최근 쓰이는 언어에도 같은 것이 있다. 특히 '민족 정화'와 '부대적 피해'라는 용어이다). 이 언어적 수단으로 인해서 미움의 행동을 포함한 폭력 사용이 용인되어지고, 책임을 회피할 수 있게 된다. Fergenson(1995)는 언어와 사상과 폭력 사이의 관련성에 대한 심리적 증거를 제공하고 있다.

따라서 기본적인 선택은 두 개 중 어느 것이 유해하지 않은가 하는 것이다. 즉, 언론의 자유의 축소로 인해서 일어나는 민주주의로의 위험, 그리고 미움의 언어를 듣는 사람들의 고통과 혐오의 언어가 만드는 인종주의에 기초한 폭력, 두 가지이다. 많은 국가들에서는 후자의 문제가 보다 중대하다고 생각하여 혐오의 언어를 규제하는 법률이 제정되고 있다.

8.6.2. 법률 제정

지금까지 법률 제정의 토대가 될 수 있는 두 개의 기반을 살펴보았다. 인종주의에 기초한 폭력을 선동하고 혐오의 언어를 듣는 집단의 피해이다. '모든 형태의 인종 차별의 철폐에 관한 국제 조약(International Convention on the Elimination 01 All Forms 01 Racial Discrimination)' (1965) 제4조에는 대부분의 나라가 조인하고 있으며 다음과 같이 명시되어 있다.

> 협약 국가(조약 국가)는 어느 한 인종의 우열성 또는 하나의 피부색 또는 어느 한 인종 출신 집단의 우열성의 사상 또는 이론이 기초하는 어떠한 선전 및 단체 또는 인종적 증거 및 인종 차별(형태와 상관없이)을 정당화하거나 조장하는 것을 기획하는 어떠한 선전 및 단체를 비난하며 또 이러한 차별의 온갖 선동 및 행위를 근절할 것을 목적으로 하는 신속하면서도 적극적인 장치가 마련될 것을 약속한다. 그 때문에 협약국(조약국)은 세계인권선언에 구현된 원칙 및 다음 조에 명시적으로 정해진 권리를 충분히 고려하며 특히 다음을 실시한다.
>
> (a) 인종적 우열 또는 증오에 기초하는 사상의 모든 유포, 인종차별 선동, 어떠한 인종 또는 피부색 또는 인종 출신이 다른 집단에 대한 모든 폭력 행위 또는 그 행위의 선동 및 인종주의에 기초한 활동에 대한 자금 원조를 포함하는 모든 원조 제공도 법률로 처벌해야 하는 범죄라는 것을 선언할 것.

이 조항은 명백하게 인종에 기초한 주장이나 인종주의에 기초한 폭력으로의 선동을 금지하는 법률을 제정하도록, 협약국(조약국)에 의무를 부과하고 있다. 의도나 손해를 증명할 필요성에 대해서는 명백하게 언급되어 있지 않다. 이에 기초해서 법률이 어느 정도 제정되어 왔는지는 국가마다 다양하다. 인종주의에 의한 비방(모욕)에 대한 영국 초기 법률은 인종주의에 기초하는 폭력 선동에 초점을 맞추고 있다. 미국은 이 조항에는 조인하지 않았다. 호주도 언론의 자유가 중요하다고 하여 이 조항을 법률로 제정하지 않고 있다. 그러나 호주의 많은 주에서는 법률을 시행하고 있다. 예를 들면 뉴 사우스 웨일스주의 법률에서는 이하와 같이 정한 부분이 있다.

Racial vilification unlawful

20c.(1) It is unlawful for a person, by a public act, to incite hatred towards, serious contempt for, or severe ridicule of, a person or group of persons on the ground of the race of the person or members of the group.

인종주의에 기초한 비방이나 명예 훼손은 비합법

20c.(1) 사람이, 공적인 행동으로 인해서 개인 또는 집단에 대해서 그 개인 또는 그 집단 구성원의 인종에 기초하여 증오나 심각한 모욕이나 심한 조소를 선동하는 것은 비합법이다.

프랑스와 독일을 포함하여 많은 유럽 국가들에서는 이보다도 효력이 보다 강력한 법률이 존재한다.

8.7. 마무리

개인과 집단의 명예 훼손은 사회적, 언어적으로 중요한 현상이다. 어느 쪽이든 의도, 손해, 진실이 명백히 중요하며, 정의나 증명에 대해서 앞으로 더욱 연구할 필요가 있다. 한편으로는 언론의 자유가 있으며 다른 한편으로는 사람들의 감정적인 아픔이나 인종주의에 기초한 폭력의 위험성이 커지는 것을 막을 필요가 있다. 그 사이의 균형에 대한 논의는 끊이지 않고 있다.

제9장 언어 증거

언어학과 사회 언어학의 분석 방법은 과학적이라고 말해도 좋다.
(그러나) 법률가는 …… 우리들의 분석 방법을 비과학적이라고 생각한다.
그것은 우리의 분석 방법이 다른 과학적 방법처럼 독단적이지 않기 때문이다.
- Eades(1994b)

9.1. 들어가며

이 장에서는 언어에 관한 증거 제시에 대해서 논의하는데, 이것은 때로는 좁은 의미의 '법언어학'이라 불리기도 한다. 이러한 종류의 작업은 (1) 법정에서 (2) 언어학자가 하고 있는데, 반드시 이들 두 조건이 합치되지는 않는다. 예를 들면 필자는 어떤 인물이 협박 편지를 썼을 가능성을 배제하기 위해서 언어에 관한 증거를 경찰에게 제공한 적이 있는데, 실제 법정에서는 증거로 제시되지 않았다. 또한 전화 수리공이 언어에 관한 증거를 제공하는 일도 있는데, 보통 그들은 전문적인 훈련을 받은 언어학자는 아니다.

언어에 관한 증거는 대략 두 가지로 분류가 가능하다. 하나는 커뮤니케이션에 관한 증거이고, 또 하나는 작성자 및 화자의 감정에 관한 증거이다. 쌍방의 언어 증거에 대해서 지금까지 이 책에서 사용해 온 음성, 어휘, 문법, 담화, 레지스터, 장르, 사회 언어적 변이라는 언어 층위와 언어 변이로 나누는 것이 좋을 것이다. 이 장에서 들고 있는 예시는 필자를 포함한 언어학자의 경험을 정리한 것이다. 다만, 이 장의 목적은 언어 증거가 가지는 가능성에 대해 예를 들어 설명하는 것으로, 문헌에 있는 모든 사례를 보고하려는 것은 아니다.

여기에서는 언어 이외의 내용에 관한 법률 해석에 대해 언어학 전문가가 어떠한 역할을 하고 있는지 하는 것은 별개의 것으로 보고, 논의에 포함시키지 않았다. 그러한 감정이 의뢰되거나 적용되거나 하는 것은 거의 없기 때문에 여기에서 제외하였다. 법률 전문가는 일반적으로 언어학 전문가가 법률 해석에서 전문 지식을 가지고 있다는 것을 인정하지 않으며 법률 해석은 자신의 전문 분야 중 일부라고 간주하고 있다. 이미 언급하였듯이, 이 견해는 잘못된 것이다.

9.2. 언어 증거와 윤리성 및 허용성

언어학 전문가에 의한 감정은 세 가지 측면에서 그 증거의 허용성이 시험된다. 그것은 전문 지식, 유효성, 신뢰성이다. 전문 지식에서 언어학자는 충분한 지식을 가지고 있으며, 일반 상식을 넘어선 수준의 정보를 제시할 수 있어야 한다. 법적으로는 이것은 '일반 상식의 법칙'이라고 불리는 것이다. 그리고 언어학자가 제시하는 증거는 두 가지의 일반적인 과학적 기준을 적용할 것이 요구된다. 하나는 유효성인데, 해당 언어학자가 정보를 제공할 때 재판에서 논쟁되는 문제에 초점을 정확하게 맞추는가 하는 것이다. 바꿔 말하면, 언어학자가 언어학으로 답을 제시할 수 있는가 하는 것이다. 사법 제도에서 이것은 '궁극적인 문제의 법칙'이라는 표현을 사용한다. 그리고 또 하나의 기준은 신뢰성인데, 정보가 과학적 방법에 기초한 것이며 신뢰 가능한 것인가 하는 것이다. 이것은 가시험성, 재현성, 반증 가능성이라는 과학적인 개념과 관련되는 경우가 있다. 신뢰성은 감정 방법에 영향을 받는 경우가 많다. 전문 지식, 유효성, 신뢰성 세 가지는 직업 윤리와 언어에 관한 증거 능력의 핵심이 되는 것이다. Green(1990:261-74)는 언어학 전문가가 어떻게, 그리고 어떤 이유로 이들 기준을 만족시키는지 상세한 설명을 제공하고 언어학자가 일반적인 수준을 넘어선 귀중한 지식과 전문가로서의 능력을 가지고 있으며 목적에 맞는 공헌을 하며, 신뢰성 있는 감정 방법을 사용하고 있는가 하는 것에 기초한 논의를 하고 있다.

Bowe & Storey(1995:188-9)는 다음과 같이 지적하고 있다. '증인으로 용의자들의 목소리를 듣고 범인의 목소리를 찾아낼 수 있는 사람은 많지만 일반적으로 그런 사람들은 그 이유를 설명해 낼 수는 없다. …… 전문가인 언어 분석가는 두 개의 목소리 샘플이 어떤 부분이 닮았고 어떤 부분이 다른지, 그리고 어떤 식으로 그 차이점이 발생하는지 상세하게 설명이 가능하다.' 그러나 언어학 전문가가 특별한 통찰력을 가지고 어떤 사건에 공헌할 수 있다는 것을 판사에게 확신시키는 것은 상당히 어렵다. 언어 연구는 고대 그리스, 인도, 중국을 뛰어넘는 긴 역사가 있음에도 불구하고 언어학이 비로소 독립된 온전한 학문으로 성립된 것은 20세기에 이르러서이다. 판사는 전통적인 교육을 받아 보수적인 성향이 있기 때문에 언어학 교육을 받은 경험은 거의 없으며, 언어학이 인문학 중에서도 그 엄밀성, 전문성, 그리고 객관성에서 특히 뛰어난 분야라는 것을 인식하고 있지도 않을 것이다. 언어학 전문가가 제시한 감정 증거가 인정되지 않은 사례도 아주 많은 문헌에 보고되어 있다. 예를 들면 Shuy(1993)은 유효성이 문제가 되어 감정이 증거로서 채택되지 않은 것을 언급하였고 Eades (1997)도 이 문제를 자세하게 논의하고 있다. Jenson(1995)는 법정에서 자신이 전문가로서 인정받기까지 얼마나 고생하였는지 상세하게 묘사하고 있어 흥미롭다. 또 그는 사건에서 쟁점이 되고 있는 문제가 언어학에 관한 것이라는 것을 입증해야만 하였다. 바꿔 말하면, 언어학 감정의 전문성, 유효성 그리고 신뢰성을 입증해야만 했던 것이다. 로마법 제도에서는 한 번 감정인으로서 인증받으면 두 번 다시 같은 과정을 밟지 않아도 되는 경우가 있다. 예를 들면 칠레에서 '법원 공인 감정인'을 인증하는 제도가 있어서 전문가의 자격이나 능력을 검증하고 이 심사를 통과한 사람이 감정 증인으로서 등록되게 된다. 보통법 제도에서는 경찰은 그러한 감정 증인의 명부를 보유하는 경우가 많지만 법원에서는 보통 그런 제도가 없다.

보통법 제도에서 칠레와 마찬가지로, 감정 증인의 전문 지식에 대해 우려하는 곳이 많은데, 감정 증인에 대해서 법률에서 어떻게 정해져 있는가, 또 전문가의 감정에 관한 문제를 어떻게 취급할지에 대해서는 다소 차이를 보인다. 미국에서는 연방 증거 규칙(Federal Rules of Evidence) 702조에 다음과 같이 명시되어 있다. '과학적, 전문적, 또 그 외의 특수한 전문적 지식이 증거를 이해하는 데에 도움이 되거나 또는 문제가 된다는 사실을 명백하게 하기 위해서 재판 진행에 도움이 된다면 지식, 능력, 경험, 훈련 또는 교육에 의해서 자격이 있다고 평가되는 증인이 의견 혹은 그 밖의 형식으로 증언을 하는 것이 허용된다.' 따라서 문제가 되는 것은 전문성과 유효성이다. 그러나 과학적 방법(신뢰성)도 증거에 이의를 제기하는 이유로서 빈번하게 사용되고 있다. 같은 규칙 403조는 너무나도 과학적 방법을 고수하고 있어서 이의를 허락하지 않는 증거는 제외하도록 요구하고 있다. 최근 다우버트(Daubert) 사건의 판결에서는 적절한 과학적 근거가 부족하다고 판단되는 전문가 증언을 제외할 수 있도록 판사의 권한이 확대되었다.

과거 10년간의 영국과 같이, 호주에서는 1990년대에 국가 및 대부분의 주의 사법 제도에서 개정이 이루어져 전문가의 감정이 보다 간단하게 제공되도록 바뀌었다. 호주 연방과 뉴 사우스 웨일스주의 증거법(Federaland NSW Evidence Acts)에서 전문가의 감정에 관한 규칙 부분이 개정되어 '교육이나 전문적 지식에 기초한 특수한 전문 지식'으로부터 얻은 증거는 인정되게 되었다. 이 기준에 의하면, 자격이 있는 언어학자로부터 제공받은 증거 능력은 의심의 여지가 없게 된다.

그러나 여기에서 문제가 되는 것은 '자격이 있는 언어학자'의 정의이다. 국제 법언어학회(International Association of Forensic Linguists)에서는 언어학에서 대학원 수준의 학위를 소유하는 것이 입회 기준이 된다.

국제 법음성학회(International Association for Forensic Phonetics and Acoustics)는 그 명칭에서 법에서의 음성학을 전문으로 하는 것을 알 수 있는데, 이 학회는 회원이 되기 위한 엄격한 기준이 있으며, 철저한 윤리 규칙(학회 웹사이트 http://www.iafpa.net/)이 정해져 있다. 다음 두 절에서는 언어학자가 전문 증거를 제공하는 것이 가능한 두 개의 주 분야-커뮤니케이션 문제와 작성자(필자) 및 화자의 감정-에 대해서 논의할 것이다. 어느 쪽이건, 언어에 대하여 무엇이 문제가 되고 있는가, 그리고 어떤 방법이 감정에 쓰이는가를 제시한 후 실제 사례를 통해 설명하도록 하겠다.

9.3. 커뮤니케이션의 증거

'언어 증거'라는 전문 분야를 '작성자(필자) 및 화자의 감정'으로만 한정하려는 논의도 있다. 그러나 이 절에서는 이것이 틀렸다는 것을 말하고 싶다. 예를 들면 5장에서 논의한 법의 언어가 난해하기 때문에 이해하기 어렵다는 것, 또 6장에서 논의한 사법 제도에서 언어적으로 부당하게 대우받는 것이나 제2 언어 화자의 언어 능력 등에 대해 언어학자가 증거를 제시하는 경우 등이 있다. 또한 커뮤니케이션에 관한 증거에는 언어 범죄(이전 장 참조)가 실제로 일어났는가 하는 것을 검증하기 위한 증거도 포함된다. Shuy(1993)은 언어학 전문가로서 감정에 참여한 많은 사례를 보고하고 있다.

9.3.1. 방법론

이미 서술하였듯이, 커뮤니케이션에는 세 개의 결정적 요소가 있다. 언어 형식, 커뮤니케이션이 이루어지는 상황, 그리고 참여자가 이미 가지고 있는 지식이나 정보가 그것이다. 커뮤니케이션이 원활하게 이루어지지 않을 경우, 언어가 그 원인일 수 있다. 기본적으로 알기 쉬운 표현이지만 부적절한 상황에서 사용되었기 때문에 의미를 파악하는 것이 어렵거나 불가능하기도 하고, 화자 · 작성자(필자)와 청자 · 독자 간의 지식의 차이가 발생하기도 한다. 어보리진, 법률가, 언어학자 간에서는 본인이 알기 쉽다고 생각하여 이야기해도 상대가 동일한 지식 기반을 가지지 않기 때문에 이해하지 못하거나 오해하거나 하는 등의 일이 자주 있다. 효과적인 커뮤니케이션이란 의도된 의미를 어느 특정 맥락에서 특정 참여자에게 가장 적절한 표현법을 사용하여 전달하는 것이며, 맥락에서 이탈하면 어떤 영향이 생기는지에 대해서 고려된 것이다(1장 '탈문맥화의 영향' 참조). 언어학자가 제공하는 증거는 일반적으로 어느 텍스트가 무엇을 의미하는지, 또한 어느 참여자 또는 참여 집단이 특정 텍스트를 이해할 수 있는지 등에 대한 것이 많다. 텍스트가 무엇을 의미하는지를 결정한다는 것은 불명료한 텍스트나 텍스트 중의 불명료한 부분을 해독하는 것도 포함하는 것이다. 이와 관계된 것에 상표명의 문제가 있는데 이것은 본질적으로는 상표명이 무엇을 전하고 있는가 하는 문제이다. 실제로 상표명을 둘러싼 분쟁에는 두 가지 유형이 있다. 하나는 어느 명칭이 상표명으로서 쓸 수 있는가 이고, 특정 브랜드를 나타내는 것이 아니라 상품의 유래나 성질, 종류, 가치, 질 등을 나타내는 일반적인 명칭을 사용하는가 하는 판단에 관계된 것이다. 오오가하라 마유미의 연구(오오가하라 2008 등을 참조)에 따르면 일본의 상표명의 브랜드명이 실질적으로 일반 명칭(고유 명사의 일반명사화)이 되는 경우가 있다. 두 번째 분쟁 유형은 상표명이 유사하여 혼란을 야기하거나 상표를 허가를 받은 사람 이외의 사람들에게 도용되는 경우이다.

커뮤니케이션에 관한 사건에서 이루어지는 언어학적 감정의 방법에서는 위에 든 네 가지 중 몇 가지, 또는 모두를 검증한다. 특히 언어학자가 검증하는 것의 대부분은 표현법, 즉 커뮤니케이션에 사용되는 언어적 요소이다. 여기에서는 보통 문제가 될 수 있는 커뮤니케이션의 언어적 요소에 대한 치밀한 분석이 이루어지는데 그 요소에는 음성, 단어, 문법, 담화 그리고 이들과 사회적 맥락와의 관계가 포함된다. 언어 구조의 복잡성 자체를 분석하는 경우도 있지만 구두로 이루어진 대화를 분석하는(대화 분석 등의 접근법을 사용하거나 하여) 일도 있다. 대화를 분석하는 경우에는 부적절한 반응이 커뮤니케이션의 단절을 야기하기도 한다. 또, 언어 형식이 어떤 의미를 나타내고 있는가 그렇지 않은가에 대해 분석을 의뢰받은 일도 있다. 또한 참여자의 언어 능력도 분석 대상 중 하나인데 문제가 발생한 커뮤니케이션에서는 언어 능력을 평가하는 일이 필요해진다. 언어 능력이 부족한 참여자가 있을 경우, 커뮤니케이션이 성립하지 않을 위험이 있다. 이를 해결하기 위해서는 (가능하다면) 관련된 텍스트를 참여자가 어느 정도 이해할 수 있는지를 검증하는 방법이 있다. 그리고 마지막으로 맥락을 검증하는 경우도 있다. 예로서는 배경음이 커뮤니케이션을 얼마나 방해하는지 조사하는 사례가 있다. 지금까지 언급한 것이 실제로는 어떤 것을 의미하는지, 사례를 살펴보는 것이 좋을 것이다.

9.3.2. 문자 표기와 음운

어느 재판에서는 유사하지만 동일하지 않은 상표명인 Alkeran과 Arclan이 문제가 되었다. 이들 상표명은 약 이름으로, 그중 하나는 호주 시장에 아직 출시되기 전이었다. 또 다른 약의 제약 회사는 만일 잘못 처방되었을 경우, 생명과 직결될 수 있기 때문에 두 개의 약품명이 혼란을 일으킬 것을 우려하였다. 이 제약 회사는 변호사를 통해 혼란의 가능성을 막기 위해서 상대 제약 회사에 약 이름을 바꾸도록 설득을 시도하였다. 여기에 필요한 증거는 두 개의 약품명을 혼동할 사람이 나올 가능성이 있는가 하는 것이다. 이들 약품이 혼동을 일으킬 것이 확실하다는 것이 아니라, 혼동이 일어날 가능성이 있음을 보이기만 하면 되는 것이다. 문자로 보면 상당히 다르지만 발음으로 인해 혼란으로 이어질 수 있다. 중요한 것은 상당히 많은 호주의 국민이 영어가 모어가 아닌 제2 언어이기 때문에 커뮤니케이션 '수용자(혹은 참여자)'의 언어 능력과 관련된 것이다.

이 Alkeran과 Arclan이라는 약품명의 발음 차이로서 우선 첫 번째 요소는 어두의 모음인데 이것은 호주 영어의 가장 표준적인 발음에서는 [ælkəræn]과 [ɑklæn]으로 꽤 다르게 보인다. 그러나 had와 hard의 [æ-ɑ] 모음은 호주 영어에서는 상당히 비슷하기 때문에 Alkeran이 [ɑlkəræn]이라고 발음될 가능성이 존재한다. 그 외에 Alkeran에는 [ə](banana [bənænə]의 처음과 마지막 음)이 포함되어 있다는 차이가 있는데, 영어에서는 [ə]는 자음과 연결될 때 자주 탈락하기도 한다. 예를 들면 secretary의 발음은 일정하지 않으며 [sekrətri]라고 하는 사람도 있는가 하면 [sekrətəri]나 [sekrəteri]라고 하는 사람도 있다. 즉, [ə] 음이 발음되지 않을 경우가 있기 때문에 Alkeran에는 [alkræn]이라는 발음도 가능해진다. 이제 남은 부분은 r과 l이다. r과 l은 세계의 여러 언어에서 가장 큰 폭으로 치환된다. 예를 들면 스페인어의 milagro, palabra는 라틴어의 miraculum, parabole로 치환되었다. 영어의 marble, turtle은 라틴어의 marmor, turtur가 어원으로, 양쪽 다 r이 l로 바뀌었고, 라틴어 peregrine에서 유래한 영어 pilgrim도 역시 같은 예이다. 그리고 호주 영어에서 almond와 Armand는 철자가 다른 단어이지만 단어의 l과 r은 발음되지 않기 때문에 발음이 같아지는 현상이 있다는 것에 주목해야 한다(위의 두 개의 약품명도 마찬가지이다). 또한 중국어, 일본어, 키쿠유어* 등의 화자는 이 두 개의 음을 혼동할 가능성이 있다. 음성적으로도 유사할 뿐만 아니라, 심리 언어학적으로도 혼동을 유발할 가능성이 있기 때문에 단어에서 사용 빈도가 낮은 것이다.

위의 약품명에는 유사점이 있고 그들을 구별할 음성적 차이는 불안정

---

* 번역자 주: 케냐 주변에 사는 키쿠유 족의 언어.

하며 게다가 일상에서 쓰이지 않는 단어라서 사용자에게 친숙하지 않다. 따라서 영어를 모어로 하는 화자는 두 약품명을 혼동할 가능성이 있다. 호주 시민의 대다수를 차지하는 영어를 제2 언어로 하는 화자라면 더욱 혼동할 위험이 높아진다. 두 개의 약품명을 혼동할 가능성이 낮다고 하더라도, 혼동할 가능성이 전혀 없는 것은 아니며, 만약 실수를 한다면 생명과 직결되는 것이다.

이것은 어느 음성이 비교적 불안정한가, 그들이 역사적으로 어떻게 변화되어 왔는가 하는 정보를 제공하였기 때문에 언어학자가 전문가로서 귀중한 증거를 제공한 예 중 하나이다. 또, 작성자(필자)나 화자의 감정 분야에서뿐만 아니라 커뮤니케이션의 문제에 관한 분석으로서 좋은 예이다. 발음에 관해서는 음성이 불명료하거나 잘못된 발음으로 인해 커뮤니케이션에 문제가 일어나는 사건에 대해서도 음성학자가 감정하기도 한다. 영어의 철자와 발음이 특히 모음에서 (대모음 추이의 결과로) 철자와 발음이 일치하지 않는다는 점에 대해 증언하는 일도 있다. 또한 일반인은 조음 위치나 방식을 포함하여 어떠한 조음 자질이 자음을 구별하는 데에 관계되는가를 의식하고 있지 않다.

문어에 관해서는 Oyanadel & Samaniego(1999)의 논의를 들 수 있는데, 상표명에 관해 소송에서 사용한 방법에 대해서 기록하고 있다. 이미 존재하는 상표명과 새로운 상표명의 분쟁에 대한 예로 'Sal de Fruta'와 'Sal Disfruta'을 들고 있다. 문자 표기-음운 층위에서 이들 두 상표명이 어떻게 발음될 수 있는가를 조사하고, 활자 자면, 색, 그리고 공간적 구성을 비교하였다.

쓰는 법이나 인쇄도 커뮤니케이션의 문제로 이어진다. 개개의 소송이나 사건에 대해서는 문헌을 읽지는 않았지만 법정에서 수기 문서의 해독이나 수기 문서나 활자, 인쇄된 활자나 문서의 읽기 용이함 등에 대해서 법정에서 전문가 감정이 이루어지고 있다. 예를 들어 말레이시아인 정치가와 관련된 사건에서는 말레이어로도 공지가 되어 있었다는 사실이 법정에서 증거로서 배제되었다. 말레이어판이 아주 작은 활자로 인쇄되어 발목 높이 정도에 기록되어 있었기 때문에 그 공지를 읽고 내용을 이해했을 가능성이 낮기 때문이다.

9.3.3. 전사 기록

커뮤니케이션의 문제는 문어와 구어의 중간-경찰 및 법원에서의 감청 자료나 증언의 기록-에서 발생하는 일도 있다. 이에 대해서 증언을 한 언어학자는 다수 있다. 필자도 녹음 테이프를 기초로 한 경찰 취조, 전사 기록을 정정한 적이 있다. Prince(1990:281-3)의 예에서는 이 문제가 선명하게 나타나 있으며 FBI의 감청 테이프의 전사 기록에 있는 기록의 일부분이 생략이나 오차로 인해서 무고한 사람을 죄인으로 만든 증거가 되고 있다. Prince(1990 : 283)은 다음과 같이 말한다.

> 지역의 도박꾼이 경찰서장에게 한 말이 'Do you know anything?'에서 'Do you need anything?'으로 바뀌어, 두 사람이 공모하여 무언가 특별히 '공유하는 지식'을 가지고 있는 것처럼 비춰졌다. 이 테이프와 기록은 첫 날 재판에서 배심원에게 제시되었다. 석간신문에서 이 말이 일면 기사로 인용되었는데 그 제목은 '테이프로 드러난 (도박꾼과) 경찰서장과의 관계'였다.

이것으로 알 수 있듯이 기록의 오차는 문제를 야기한다. Eades(1996)은 재판 기록에서 내용이 변하기 쉬운 측면에 대해 논의하는데 이것은 언어 변이의 변화(어보리진에서 표준 영어까지), 레지스터의 변화(일상대화의 영어에서 격식적인 영어까지), 발화가 일어난 순서대로 쓰여 있지 않으며 특히, 겹침이나 허가되어 있지 않은 발화(예로 방청석에서라던가), 담화 표지(7장 참조), 주저의 현상, 알아듣기 어려운 부분 등이 주로 생략된다. 특히 주목할 것은 다음 예에서는 밑줄 부분이 재판의 기록에서 생략되어 있다.

C: You went straight to your two-way radio.
P: Yes
C: Yes. And you made the call straight away to the other police officers?

검찰관: 바로 양방향 무선기로 향한 것이군요.
경찰관: 예.
검찰관: 그래요, 그리고 다른 경찰관에게 연락한 것이로군요.

이 생략으로 인해서 명제 내용이 바뀌는 것은 아니지만 보통 이러한 평가는 상대보다 권력이 있는 당사자가 나타내기 때문에 힘의 관계를 나타내는 부분이 생략되고 만 것이다. Eades는 반복된 부분의 생략도 언급하고 있다.

9.3.4. 어휘

이 분야는 단어와 그 사용, 빈도, 그리고 그 관련어(연어 관계)에 관한 것이다. 어휘에 대한 정보는 의미와 커뮤니케이션 영역에서 특히 중요하다. 다만 작성자(필자) 및 화자 감정으로 이어질 가능성도 잠재하고 있다. 언어학자가 법률 해석에서 어떠한 역할을 하는지 하는 것도 어휘의 분야와 관계되어 있으며 이것은 '워싱턴 법률 저널(Washington Law Journal)'(73-3, 이 책 2장 '해석'도 참조)에서 논의되고 있다. 과거에 언어학자가 재판에서 법률의 의미에 대한 의견을 서술한 적이 있는데 법률가는 이러한 언어학자의 개입을 반기지 않았다(Solan 1995 참조).

의미, 커뮤니케이션에 관한 재판의 예로서 McMenamin(1993)의 기록이 있다. 문제가 된 것은 보험 증서에서의 syndrome(증후군), accident

(사고), disease(질병)이라는 단어의 의미, 전달 의도이다. McMenamin (1993)은 생후 18개월인 영아 돌연사 증후군(SIDS)으로 죽은 아이의 부모를 위해 증언대에 섰다. 아이의 생명은 아버지의 생명 보험과 사고 보험에 의해서 보장되어 있었으며 보험 계약서에는 '어떤 종류의 사고로 발생한 사망에 대해서도 보험금이 지급됩니다 ….' 라는 문장이 포함되어 있었다. 보험 회사는 처음, 보험 계약은 병이나 질병에 의한 사망은 포함되지 않는다고 주장하면서 보험금 지급을 인정하지 않았다. McMenamin은 의학서를 읽고 사전에서 의미를 찾은 결과, syndrome과 disease의 의미 차이는 syndrome이 반복되는 문제를 합쳐서 가리키며 신체적인 기능 부전, 그중에도 박테리아나 바이러스 등에 의해서 일어나는 것 등에 대해서는 전혀 포함하지 않는데 반해, disease는 어느 특정 시기에 특정 사람에게 존재하며 건강과 죽음 사이에 일어나는 것이다(syndrome은 이러한 특성을 가지지 않음). McMenamin이 지적하는 대로 'disease는 건강한 상태와 죽음 사이에 있는 어느 일시적 상태이다. 병에 걸린 사람은 회복하지만 만성적으로 병을 앓으면 죽게 된다. SIDS는 건강한 영아에게 일어나느냐, 안 일어나느냐 중 하나밖에 존재하지 않는다. 결과적으로 가령 '니어 미스(near miss)'였다고 할지라도 건강하게 살 수 있느냐, 죽느냐 어느 한 쪽이지 그 중간은 없다'. 따라서 SIDS는 질병으로 분류할 수 없게 된다.

다음으로 accident의 정의에 대해서 이것은 돌연, 고의 없이 일어나는 바람직하지 않은 일이다. 또 외상이나 폭력을 동반하지 않아도 accident라고 할 수 있다. SIDS는 반드시 near miss라는 표현과 함께 쓰이기 때문에 SIDS는 illness나 disease가 아니라 accident의 성질과 공통하는 것이 있다. McMenamin이 이와 같은 분석을 제시하여 결국 보험 회사는 보험금을 지급하였다.

이러한 종류의 분석에서 적절한 방법으로서 Coulthard(1994a)는 코퍼스와 콩코던스의 사용을 추천하였다. 컴퓨터를 사용한 이러한 기법을 통해 대량의, 광범위한 텍스트 안에서 어느 특정 단어가 사용되는 양상을 짧은 시간에 찾아내는 것이 가능해져 해당 단어의 공기 관계나 일반적인 의미를 밝힐 수 있게 되었다. Coulthard에 의하면, Sinclair는 더 타임지(The Times)의 문장에서 추출한 500만 어절을 조사하여 visa(비자)라는 단어의 가장 일반적인 의미를 찾아내 증언을 할 수 있었다고 한다. 증언은 거기에 2800만 어절의 버밍엄 코퍼스(The Birmingham Corpus)에서의 언급에 의해 보완되었다. 이러한 방법으로 단어의 일반적이고 일상적 견해에 대한 충분한 객관적 증거를 제시하는 것이 가능해졌다.

또한 상표에 관한 분쟁에서 'hoover'*와 같은 단어가 고유 명사이냐 하는 분쟁이 발생한 경우나 명예 훼손의 재판에서 어느 말이 명예 훼손에 해당한다고 일반인들이 느끼는가(명예 훼손에서는 가장 기본적인 것)를 재판하는 경우 등에도 적용된다.

커뮤니케이션에 관한 또 하나의 예로서, 필자가 경찰의 경고를 분석한 사례도 있다. 예비 질문에서 필자는 영어 능력이 제한적인 제2 언어 화자에게 묵비권의 경고 중에 나오는 inducement(예비 진술)이라는 단어는 이해하기 어려운 것이라고 분석하여 경찰의 취조는 증거 능력이 없다고 기각되었다.

이러한 예에서 텍스트에 나오는 언어가 이해되는가를 조사하는 것도 중요하지만 이해하는 당사자가 가지는 지식과의 합치를 고려하는 것이 아주 중요하다. 이 합치를 조사하는 기법을 몸에 익히는 것이 필요하다.

또 하나의 예로서는 말레이시아의 유명 정치가가 불법으로 거액의 외국 통화를 호주에서 유출하려 하여 기소된 사건이 있었다. 사건 내용은 그는 집을 사기 위해서 호주로 자금을 가져왔지만 결국 쓰지 않아서 자금을 다시 말레이시아로 가지고 돌아간 것으로, 불법적인 의도나 자금 세탁은 아니었다.

---

* 번역자 주: 청소기 브랜드명. '청소기를 켜다 · 청소기'의 의미로도 사용된다.

이 정치가는 호주 세관 관계 서류인 여행자 신고서(B72 [7/95] Traveller's Statement) 두 통과 국제 통화 전송 보고서(International Currency Transfer Report)에 서명하였는데 가지고 있던 고액의 통화를 신고할 필요가 있는데도 불구하고 신고하지 않았다. 두 통의 서류에는 커뮤니케이션의 문제로 이어지는 다양한 요소가 있었다. 여행자 신고서에서 문제에 관계되는 부분의 처음 문장은 아래와 같다.

> You MUST file a currency report with Customs if you have $5000 or more Australian currency or foreign equivalent.
>
> 5000 호주 달러 이상 또는 그에 상당하는 외화를 가지고 있는 경우는 세관에 통화 보고서를 제출하여야만 합니다.

여기에서 foreign equivalent(상당한 외화)라는 표현은 equivalent sum in foreign currency('그에 상당한 외화의 합계액')을 줄인 감도 있어 알기 어렵다. '상당액은 외국의 것입니까?'라는 질문을 하면 위의 표현이 기묘하다는 것을 알 수 있다. 이에 더해서 equivalent(상당)은 기본적으로 형용사인데 여기에서는 (문법적 비유에서) 명사로서 쓰이고 있다. 같은 표현은 또 다른 서류에도 사용되고 있다. 제2 언어 화자로 모어 화자보다 언어 능력이 낮은 사람은 이 두 개의, 극히 중요한 말을 이해하는 것이 어렵다. 이 외에도 많은 문법적 비유가 사용되어 있는데 통화를 얼마나 소지하고 있는지를 쓰는 부분의 표현은 다음과 같았다.

> 'Total amount $A ---'
> '합계액 --- 호주 달러'

이것이 의도하는 것은 소지하고 있는 통화가 무엇이건 호주 달러로서는 얼마의 가치가 있느냐를 묻는 것인데 실제 해석으로서 가장 가능성이 높은 것은 '호주 달러의 합계액'으로, 오해를 불러일으킬 가능성이 있다. 이 정치가는 실제로 자신이 소지하고 있던 호주 달러의 금액을 기입하였다.

이 인물이 이들 세관 서류를 어떻게 해석하였는지를 직접 조사하는 것은 필자가 이 사건에 관여한 시점에서 그가 이미 서류의 의미를 모두 파악하고 있었기 때문에 어려웠다. 그러나 녹음된 어느 취조 중에서 문법적 또는 어휘적으로 표준적 영어에서 벗어난 다양한 특징을 그의 영어에서 볼 수 있었기 때문에 피고인의 어휘 층위를 조사하기 위해서 세계적으로 널리 사용되고 있는 일련의 테스트에서 발췌한 긴 어휘 독해 테스트 일부를 사용하였다. 이 부분은 사건의 신청서에 있는 것과 같은 종류의 문어로 쓰이는 격식적인 어휘를 시험하는 것이었다. 실제로 이 테스트는 문제가 된 서류의 수준보다도 다소 간단한 것이었지만 이 정치가는 합격하지 못하였다.

재판에서 첫째로는 서류에 있는 언어가 난해하며 오해를 불러일으킬 가능성이 있다는 것, 둘째로는 정치가의 영어 능력이 높지 않다는 것, 이 두 가지에 대한 증거가 제시되었다. 정치가의 영어 능력은 서류를 기입하는 데에 필요한 수준에 도달하지 못하였기 때문에 서류의 의미를 이해하지 못하였을 가능성이 있다는 것이 밝혀졌다. 결국 증거가 인정되어 무죄 판결로 이어졌다.

9.3.5. 문법

형태론

Lentine & Shuy(1990)은 맥슬립 인 사건(McSleep Inns case)에서의 감정 증인으로서의 역할에 대해서 논의하고 있다. McSleep Inns은 새로운 형태의 저렴한 모텔*로 Mc이라는 접두사는 스코틀랜드인에게서 연상되는 소박함과 청결함을 나타낼 의도로 사용되었다. 그러나 햄버거 체인 맥도날드사(社)는 Mc이라는 접두어에 대해서 Mcfries, Mcnuggets 등에 사용되기 때문에 그 소유권이 침해된다고 주장하였다. 바꿔 말하면 맥도날드사는 이것이 스코틀랜드인의 성으로 오랜 시간 사용되었음에도 불구하고 이 접두사를 독점적으로 이용할 소유권이 있다고 주장한 것이다. Lentine & Shuy는 수많은 잡지를 조사하여 아래와 같은 상업적 목적으로 이용되는 Mc 접두사를 찾아내었다. 이들은 '맥도날드'가 어원이 아닌 것도 있었다. 그러나 이 증거가 제시되었음에도 결국 패소하였다.

McThrift Motor Inn	스코틀랜드의 디자인이 들어간 저렴 호텔
McAuto	McDonnell-Douglas 주식회사의 계열사
McBooks	McCarthy와 McGovem라는 오너 이름에서 딴 서점
McTek	Macintosh(맥킨토시)제품의 디스카운트 전문점
McRides	자동차 카풀 프로그램의 MorrisCounty RIDES(모리스 군 RIDES)

통사론

Levi(1994)는 부양 아동 가족 부조(AFDC, Aid to Families with Dependent Children)의 수령인들이 일리노이주의 공적 원조부(IDPA, Illinois Department of Public Aid)를 상대로 제기한 집단 소송에 대해서 논의하고 있다. 수취인에게 보낸 통지가 이해 불가능한 것이었기 때문에 헌법에 명시된 의무인 수취인의 권리에 대한 통지를 게을리하였다는 것이었다. Levi(1994:8)은 이하의 두 가지의 예를 들어 이 통지에서 사용되고 있는 구문과 어휘가 얼마나 어려운 것인지를 보여 주고 있다.

* 번역자 주: 자동차 여행자용 모텔(여관).

1. 'If your AFDC financial assistance benefits are continued at the present level and the fair hearing decides your AFDC financial assistance reduction was correct, the amount of AFDC assistance received to which they were not entitled will be recouped from future AFDC assistance payments or must be paid back if the AFDC case is cancelled.'

1. AFDC부조금이 현재 시점에서 지속되고 있으며 공정한 사정 청취에서 AFDC부조금 삭감이 적절하다고 간주되었을 경우, 수급 권리가 없다고 여겨진 AFDC 부조금액으로 수령한 것이 이 이후의 AFDC부조금 지급으로부터 배제되거나 또는 AFDC가 삭감이 된 경우에 변제하지 않으면 안 된다.

위의 예문을 분석하면 다음과 같다.

If X happens and then Y happens, then either Z will happen [expressed in very complex terms including a negative and a relative clause] or - if R has also happened - then Q must happen.

X가 일어났을 경우 Y가 일어나 그 경우 Z가 일어나거나(지극히 복잡한 용어로 표기되어 부정절과 관계절을 포함하는), 또는 - 만약 R도 일어났을 경우에는 - Q도 일어나야 한다.

위에 언급한 예는 7개의 절이 극도로 복잡한 의미 관계의 연결 속에 나타나 있다. 6개의 수동태 동사가 동작주 없이 사용되고 있어 누가 누구에게 무엇을 하는지가 불명확하다. 예를 들면 '배제되는(recouping)'과 '변제되는(paying back)'은(아마도 다른 의미겠지만) 동일 인물인지가 명확하지 않다. 또, 'your AFDC financial assistance reduction'(AFDC 부조금 삭감)이나 'future AFDC assistance payments'(이 이후의 AFDC 부조금 지급)이라는 명사구의 복잡함에도 주목하자. 이것은 AFDC가 우선

'Aid to Families with Dependent Children'의 약자로, 이미 경제적 원조라는 개념을 포함하고 있는 것은 말할 것도 없다.

2. 'If you do not request a new hearing date and do not appear at the scheduled hearing date, yo ur appeal will be dismissed, unless you show good cause for failure to appear.'

2. 새로운 사정 청취의 일자를 신청하지 않고 또 사정 청취의 일자에 출석하지 않을 경우에는 출석을 태만한 정당한 이유를 제시하지 않는 한, 요청은 기각된다.

두 번째 예의 복잡함은 부정 표현이 중복되고 있는 것이 주요인이다. 명백한 부정 표현은 'not request', 'not appear'이지만 'dismissed'(기각되다), 'unless(=if not)(~하지 않는 한), 'failure to'(~을 태만하다)도 부정을 표현하고 있다. 대응하는 구문으로 'X도 아니고 Y도 아닌 경우에는 Q를 하지 않는 단 P가 되지 않을 경우 Z가 되지 않는다'라는 구문으로 고쳐 쓰는 것이 가능하나, 이렇게 하면 다섯 개나 부정 표현이 나오게 된다. 5장에서 언급하였듯이, 심리 언어학 연구에서 하나의 문장에 부정 표현이 많으면 많을수록 이해가 더욱 어려워진다는 것이 증명된 바 있다.

판결에서는 IPDA는 2000만 달러를 원고 측에 지불하고, 문제의 편지를 쉽게 이해할 수 있도록 고쳐 쓰도록 명령하였다. 이 사건에서는 독자의 언어 능력이 문제가 되지는 않았으나 이토록 구문이 복잡하다면 어떤 독자라도(아마도 법률가를 제외하고) 이해가 불가능하다는 전제가 있었기 때문에 승소할 수 있었다.

Labov & Harris(1994)에 보고되어 있는 US 스틸 사(社) 사건(US Steel case)에서는 이들 두 명의 저자가 전문가 감정을 하여 이 회사가 내놓은 자료의 언어 표현이 오해를 야기하기 쉬우며 전문적이었기 때문에 흑인 제철소 종업원이 고용주로부터 과거의 차별에 대한 배상금을 수령하지 못한 것으로 분석하였다. Labov는 우선 다른 두 명의 전문가와 함께 문법적 분석과 읽기 용이성의 다양한 기준을 근거로, 문제의 문서에 쓰인 언어가 복잡하며 어려운 것임을 밝혔다('표현법' 과 '의미'의 문제).

다음으로 '참여자'인 제철소 종원업에게 눈을 돌렸다. 그리고 문제가 되는 편지에서 한 부분을 발췌하여 다음과 같이 두 버전으로 나열하였다.

1. 'there was no question about his getting any back pay'
2. 'there was no question about his getting the back pay'

1. 그가 모든 미지급 급여를 지불받을 것에는 의심의 여지가 없다.
2. 그가 그 미지급 급여를 지불받는 것에는 의심의 여지가 없다.

Labov는 이어서 한 장면을 설정하여 그중 위의 문장을 포함하며 미지급 급여가 지불될 가능성이 있다고 생각하는지 어떤지, 같은 사회적 배경을 가진 사람들을 대상으로 테스트를 하였다(상세한 것은 Labov & Harris(1994)를 참조). 문제는 1과 2에서 대상자의 해석이 부정적(미지급 급여를 받을 수 없다)으로 되거나 긍정적(미지급 급여를 받을 수 있다)으로 되는가 하는 것이었다. 1과 2의 차이는 통계적으로 확실하게 나타났다. 'any'를 사용한 장면은 부정적인 해석으로 치우친 것이다. 실제로 쓰인 것은 이들 언어이며 Labov는 그 편지가 미지급 급여의 지불을 피하고 싶어 하는 회사 측에 유리한 결과(의도적이건 아니건)를 야기하는 것이라는 것을 증명할 수 있었다. 이 예에서 알 수 있듯이, 미묘한 차이를 언어적으로 분석하거나 테스트하는 것으로 특정 상황의 틀 안에서 특정 참여자에게 어느 언어의 형식이 어떤 의미를 가지는지를 조사할 수 있는 것이다. 소송은 패소로 끝났지만 판사는 언어적 증거를 의미 있게 받아들였다고 한다.

상표에 관한 어느 사건에서 Oyanadel & Samaniego(1999)가 유아용 크림 브랜드에 대한 증거를 제시하였다. 이미 잘 알려진 브랜드인

'Hipoglos'로, 어유(魚油)의 전문적 명칭에서 유래한 것이다. 새로 시장에 나온 브랜드는 'Fasaglos'로, 'FASA'가 제조 회사명의 머리 글자였다. Oyanadel & Samaniego는 '-glos'가 스페인어로는 조어력이 있는 형태소가 아니며 일반적으로 새로운 말을 만들 때에 마지막 부분에 쓰이는 것이 아니며, 그렇기 때문에 'Hipoglos'에서 직접 딴 것이라고 증언하였다. 이 증거가 인정되어 'Fasaglos'는 상표 등록이 반려되었다.

9.3.6. 담화

어느 남성의 참혹한 살인 사건에서 필자는 뉴 사우스 웨일스주 경찰의 요청으로 한 남성과 한 여성(이하 각각 M과 F라 하겠다.) 사이에서 이루어진 네 개의 대화 녹음을 듣고 여성이 때때로 쓰고 있는 암호화된 언어를 해독해 냈다. 이러한 암호화의 이유로 가장 가능성이 높은 것은 발화 내용을 알리고 싶지 않기 때문이다. 이 해석이 적절하다고 간주되는 것은 숨겨진 부분과 그 전후의 내용, 때때로 목소리가 긴장한 듯하게 되는 것, 또 어느 녹음에 있었던 '지금부터 할 말이 있다'라는 '서론' 등에서 알 수 있다. 경찰은 이 대화를 듣고 해독하여 법정에서 그 해독의 결과를 설명할 중립성 있는 증인을 필요로 하였다.

필자가 처음으로 들은 암호화된 언어는 언뜻 이해가 불가능한 것으로 아래와 같이 들렸다.

[bəpəkəpos əpin əp√ kəp√pəpɷ əpov məp√nθs]

확실한 의미를 중심으로 몇 번이고 반복하여 주의 깊게 들으니 암호의 의미를 알 수 있었다. 거기에는 아이들의 비밀 언어인 '피그 라틴'이라 불리는 것에 보이는 중립 모음과 'p'를 각 모음 앞에 삽입하는 방법이 쓰였다. 따라서 take는 [təpeik], inside는 [əpinsəpaid]가 된다. 이 방법을 사용하면 외부자가 대화를 엿듣는다고 해도 이해가 되지 않을 것이다. 그러나 한 번 암호가 풀리면 그 후의 발화 내용은 알기 쉬운 것이 된다. 이러한 해석이 맞는 것은 처음 암호를 사용하여 구사한 말이 반복될 때에 보통 영어로 된 것이 몇 개 있다는 것에서도 알 수 있었다. 이하에 암호가 쓰인 부분의 전사를 나타낸다. 보통의 영어는 통상적인 문자로 기록하고 있지만 암호는 볼드체, 암호 해석은 이탤릭체로 그 아래에 기록하였다. 알기 쉽도록 발음 기호가 아닌 보통의 영어 철자를 사용하여 기록하였다.

F: Yeah, um. Just be nice you know for a few months. Bite your tongue, do anything erm she wants, be really nice to her, let her not clean up and that, and erm

b(ep)ec(ep)ause (ep)in (ep)a c(ep)oup(ep)le (ep)of m(ep) onths
because in a couple of months
2개월만 있으면

y(ep)ou c(ep)an t(ep)ake (ep)off.
you can take off.
도망갈 수 있으니까.

(ep)and n(ep)ot t(ep)ell h(ep)er wh(ep)ere y(ep)ou (ep)are g(ep)o(ep)ing.
and not tell her where you are going.
그리고 어디에 갈지 그녀에게 말하지 마.

M: *(Belch)*
트림

F: … I'm just so nervous of
난 정말 걱정이야

g(ep)o(ep)ing(ep) ins(ep)ide
going inside

교도소에 들어가는 게.

M: Alright then
그렇다면,

F: You know, it's, it's worth it. Anything is better than going
저기, 이, 이게 더 좋아. 교도소에 들어가지 않아도 좋다면

(ep)ins(ep)ide
Inside
무엇보다 그쪽이 더 좋잖아.

이 경우에 흥미로운 것은 의도하지 않았는데 커뮤니케이션 장애가 생긴 것이 아니라, 의도적으로 장애를 만들고 있다는 것이다. 모르는 언어나 문자를 해독할 때와 마찬가지로, 분석 방법은 맥락(이 경우는 언어의 문맥)에서 의미를 알아내어 이해가 불가능한 언어가 어떻게 그 의미를 암호화하고 있는가, 특히 반복에서 보이는 부분에 주목하면서 살펴보는 것이다. 법정에서 필자는 해석이 불가능한 언어에 대해 자신이 한 해석이 옳다고 증명해야 한다. 이에 필자는 배심원에게 이 언어를 이해하는 방법을 가르쳐 주어 그들이 스스로 듣고 이해할 수 있도록 하는 방법을 취하였다.

또 마지막에 무엇을 생각하고 죽었는지를 알고 싶어 하는 유가족을 위해서 자살자가 남긴 편지를 해독하는 작업도 필자가 하기도 한다. 죽은 남성은 확실하게 정신적으로 질병을 앓아, 편지를 썼을 때에는 아마도 마약에 취한 상태에서 편지 안에 그림(예를 들면 'eye'의 그림이 나를 의미하는 'I'를 대신하기도 한다)이나 지면상의 위치에 의미를 부여하고 그려 놓은 그림이나 문자, 불명료한 기술이 혼재되어 있었다. 유가족에게는 위에서 서술한 해독 기법을 이용하여 생각해 낼 수 있는 해석을 전달하였다.

담화 층위에서 대명사의 지시 대상도 언어학자가 증언하는 일이 있다. Prince(1990)는 대명사 we가 표준 영어에서 모호하며 '당신(들)과 나'나 '다른 사람들과 나' 중 어느 의미로도 이해할 수 있는 것에 대해 논의하고 있다. 이를 기초로 그녀는 'We killed that X'(우리가 그 X를 죽였다)라는 타자의 발언에 대해서 동의한 경우 이것은 청자가 반드시 살인에 참여하였다는 의미는 아니라는 증언을 하였다.

9.3.7. 사회 언어학

처음에 여기에서 논한 것 대부분이 사회 언어학의 범주에 들어가는 것이다. 예를 들면, US 스틸 사(社) 사건(US Steel case)은 사회 방언 간에 보이는 차이가 문제의 일부였다. 이미 언급한 암호도 사회 언어학적 연구의 일부라 할 수 있다. 그러나 중요한 것은 사회 언어학자는 어떤 레지스터의 난해함에 대해서 증거를 제시할 때에 어떤 역할을 해야 하고 그것은 5장에서 설명한 것과 같은 법적 장면에서 사용되는 언어의 레지스터와 관련된 것이다.

Eades(1993, 1995b)는 어보리진 영어 화자와 사법 제도 간에 특히 화용론적인 차이가 원인이 되어 일어나는 커뮤니케이션 문제에 대해서 설득력 있는 논증을 하고 있다. 그리고 심각한 이문화 커뮤니케이션 문제가 일어나 그 때문에 무죄인 사람들이 경찰서에서의 취조나 법정에서의 증언을 근거로 오히려 구금된 예를 다수 들고 있다. Eades는 이 커뮤니케이션 문제에 대해서 언어학자로서 감정 증언을 하거나(다른 문제에 대해서도 하고 있지만), 6장에서 논한 두 문제-어보리진은 직접적인 질문에 익숙하지 않은 것, 그리고 '무상의 동의-에 대해서 증언하고 있다.

Oyanadel & Samaniego(1999)는 사회 언어학 문제인 '언어 정책'과 어구가 어느 언어에 속하는 것인지에 관해서 분석을 한 흥미로운 사건에 대해 언급하고 있다. 칠레의 한 규제 위원회가 이미 약품을 스페인어로 표시할 의무가 있다고 결정하였다. 여기에서 다음 세 가지 문제가 부상하였다. (1) 고유 명사와 보통 명사의 엄밀한 구별은 무엇인가. 이것은 전자는 그대로 두어도 좋지만 후자는 번역을 해야 하기 때문이다. (2) 최근 수십 년간에 칠레의 스페인어에는 많은 영어가 차용되었고 게다가 그 대다수가 문어에서는 영어 원어의 철자로 표시되어 있다(예를 들면 top, full, sundae, pie 등). 스페인어는 어디까지고, 어디부터가 영어인가. (3) 표시란 무엇을 가리키는가. 광고 문구는 번역하지 않아도 좋은가 하는 문제이다.

9.4. 작성자(필자) · 화자에 관한 증거

이 절의 기본적인 논점은 A라는 사람이 Z라는 텍스트를 생성하였는가 그렇지 않은가이다. 작성자(필자) · 화자(author)라는 용어는 그림이나 발화나 문장을 발생시킨 사람이라는 본래 의미로 사용되고 있다. 따라서 작성자(필자) · 화자에 의해서 생긴 텍스트는 구어로도, 문어로도 존재할 수 있는 것으로, 묘비명부터 한 권의 책에 이르기까지 그 길이도 다양하며 당사자가 텍스트 전부를 생산하였는가 또는 일부만 생산하였는가도 문제가 되는 경우도 있다. 흔히 있는 사례는 어느 텍스트 작성자가 두 명 중 어느 쪽인가를 판단하는 것이다.

기본적인 분석 방법으로서는 작성자(필자) 또는 화자라 생각되는 사람이 확실하게 작성하였을 텍스트를 입수하여 문제의 텍스트와 비교하게 된다. 유사점이 있는 경우, 확실히 식별이 가능한 것이어야 한다. 즉, 텍스트를 작성하였을 가능성이 있는 사람을 구별하는 언어적 특징이 필요하게 된다. 어떤 사람이 어떤 특정 텍스트를 작성하지 않았다는 것을 증명하는 것은 쉽다. 예를 들어 어떤 사람이 지극히 낮은 목소리를 가지고 있고 테이프의 목소리가 높은 경우, 같은 화자가 아닐 가능성이 높다. 동일 인물이라는 것을 확인하는 것은 더욱 어려우며 분석의 결론은 절대적이지 않고 확률적일 경우가 많다. 그 결과, 부정적 식별은 무조건적인 증거이지만 긍정적 식별은 확률에 관한 언급을 동반하는 경우가 많다(확률의 척도를 나타낸 예에 관해서는 Sjerps and Biesheuvel 1999, Broeders 1999를 참조). 분석 방법의 상세한 점은 아래 각각 항에서 논의하겠다.

9.4.1. 발화 음성

이 분야는 언어학 감정 중에서는 다른 분야보다 진보한 분야로 지극히 정밀하고 전문적인 분석이 이루어진다. 이 책에서는 상세하기 기술하는 것은 불가능하기 때문에 이 분야에 대해서 더 자세하게 알고 싶은, 특히 감정하고 싶은 독자에게는 학술 연구지 「법언어학(Forensic Linguistics)」(현재는 International Journal of Speech, Language and Law) 특별호나 Hollien(1990, 2001), Baldwin & French(1990), Nolan(1983) 등을 추천한다. 여기에서는 주로 Hollien(1990)을 기초로 발화 음성에 대해 서술하고 있다.

발화의 차이는 많은 요소로부터 성립하는 것으로 그중 몇 가지를 아래에 들겠다. 이들 요소를 기준으로 하여 일반적으로 발화의 '작자'에 해당하는 '화자'를 감정해 내는 것이 가능하다(다만, 이들 요소는 커뮤니케이션의 영역에서 영향을 준다). 아래에 언급하는 요소는 식별소성이라고도 불린다.

- 발화 기본 주파수(SFF 또는 F_0): 귀에 들리는 음의 높이, 즉 목소리가 높은가 낮은가 혹은 그 중간인가. 모음에서 가장 명확하게 들린다.
- 조음: 모음, 자음에 어떤 특이성이 있는가.
- 전체적 성질: 갈라지는 목소리, 숨이 많은 목소리, 까랑까랑한 목소리, 걸걸한 목소리 등.

- 운율
- 템포: 빠르다/느리다, 속도가 불규칙적이다/일정하다.
- 억양
- 세기: 음량.
- 지역 방언/사회 방언: 지역 또는 계층의 독특한 발음.
- 발화 장애: 불완전한 'r'음 등.
- 개인의 특이한 발음: 예 schizophrenia(조현병)을 shripsophenia라고 발음함.
- 독특한 언어 패턴: 문법, 단어 등.
- 독특한 강세/강조

화자 식별 방법은 귀로 듣거나 기계를 사용하는 두 가지의 방식이 있다. 귀로 듣는 방식에서 증인을 직문 증인(earwitnessing)이라 부르기도 한다.

직문 증인

Hollien(1990:197)은 직문 증인의 신뢰성에 영향을 미치는 것으로 아래의 변수를 제시하고 있다. 아래의 대부분은 듣기에 통한 식별 작업에서 화자가 누구인가를 판정하기 쉽게 하는 요소들이다.

1. 청자와 면식이 있는 화자는 목소리로 인해서 식별되기 쉬우며 그 확률은 상당히 높다고 할 수 있다.
2. 청자가 지각한 화자의 발화 특징이 때때로 강화되면 그러한 자극이 부여되지 않았을 경우보다도 정확한 식별 능력이 향상된다. 이 경향은 청자가 화자와 면식이 있더라도, 없더라도 변하지 않는다.
3. 발화의 데이터양이 많으면 많을수록, 그 질이 높으면 높을수록 청각에 의한 식별은 보다 정확해진다.
4. 화자 식별의 판단 능력은 일정하지 않지만 태어날 때부터 이 능력이 뛰어난 사람도 있다.

5. 식별 작업에서 청자는 발화, 음성에 '자연스럽게' 볼 수 있는 특징부터 식별이 가능하게 된다.
6. 음성학의 훈련을 받거나 그 분석 방법을 사용하면 올바른 식별에 도움이 된다.

Hollien은 식별이 어려운 경우에 대해서도 언급하고 있다. 즉, 화자를 잘 모르는 청자가 그 화자의 목소리를 최근 들은 적이 없다거나 화자의 수가 많다거나 목소리의 질이 나쁘다거나 목소리가 누군가와 닮았다거나 하는 등의 경우에는 식별의 확률이 낮아진다. Hollien은 이들의 주장을 증명하는 많은 테스트를 실시하여 예를 들면서 그중 하나의 예(Hollien:1990:FIG 9.2)에서는 청자에게 면식이 있는 화자 쪽이 그렇지 않은 사람보다 훨씬 식별하기 쉽다는 것이 명백해졌다. 잘 아는 화자인 경우, 고의로 발화 음성을 바꾸려 하여도 식별 정확성은 100%에서 80%로 저하될 뿐이었다. 이 테스트로 인해서 식별 훈련이 유익하다는 것이 밝혀졌고, 또 천성적으로 식별 능력이 있다고 여겨지는 청자와 그렇지 않은 청자 사이에는 상당히 큰 차이가 있다는 것도 밝혀졌다. 경찰에서 용의자의 것이라 여겨지는 일련의 목소리를 듣고 증인으로서 그중 한 명의 것을 식별할 때에는 화자를 보지 않고 녹음 또는 육성을 되도록 본래 음성을 들었을 때와 같은 상황에서 듣고 용의자의 목소리가 타인의 목소리('비슷한 목소리'도 포함)와 구별되는가를 조사한다. 직문 증인에 의한 식별로 청자가 훈련을 받지 않았으며 화자를 모르는 경우, 목격 증인에 의한 식별보다도 신뢰성이 낮다고 한다(Nolan 1994). 따라서 이 종류의 증거는 종종 결정적인 것이 아니라 증거로서 어느 정도 무게를 싣느냐와 관련된다.

어느 사건에서 필자는 녹음된 두 개의 목소리를 비교 분석해 줄 것을 의뢰받았다. 하나는 한 남성이 긴급 전화를 하고 있는 것이고 또 하나는 용의자가 경찰의 취조를 받고 있는 것이었다. 양쪽 녹음에서 모음과 모음 간에만 들어가는 불완전한 'r'의 음이 있었다('발화 장애'의 요소). 경찰은 화자 식별로 직결되는 이 중요한 발화 특징을 알아채지 못하였지만, 이 이외의 사회 방언 등의 특징과 합쳐서 용의자가 전화로 불을 지를 것은 예고하고 방화한 것이라는 강한 확신을 가질 수 있게 되었다. 그러나 화자 감정은 100% 보장할 수 없다는 것도 알아 두어야만 한다.

Bowe & Storey(1995:199, case 6)은 한 사건에서 다음과 같이 판단하였다. 의뢰인의 목소리의 질과 사회 언어학적 특징, 그리고 발음의 몇 가지 특징은 테이프에 나오는 화자 중 한 명과 지극히 유사하였지만 억양 패턴이 많이 달랐다. 이처럼 억양에서 차이를 보일 경우 Storey는 다른 화자라는 결론을 도출하였다. 이 사건에서는 다른 많은 사건과는 달리, 억양이 결정적 요소가 되었다.

기계에 의한 분석

기계에 의한 화자 식별은 '성문'이라는 형태로 많은 사람들에게 알려져 있지만 엄밀하게는 '스펙트로그램'이라고 불린다. 안타깝게도 이 기계의 신뢰성에 대해서는 특히 미국 FBI에 의해 과대평가되어 신용을 잃었다. 그러나 기계 분석이 점점 정밀화되어 신중하게 이용해 왔기 때문에 법언어학 분야에서는 중요한 수단으로서 재부상하고 있다. 기계 분석에서는 음의 폭, 길이, 주파수라는 발화 음성의 물리적 특성이 측정되어 이들이 화면에 표시되고 그리고 경우에 따라서는 지면에 인쇄된다. 이에 이어서 컴퓨터로 목소리의 처음이나 모음의 포먼트 등 다양한 벡터에 대해서 분석이 이루어지는 경우도 있다. Hollien은 기계로 측정 가능한 이하의 벡터를 조합하는 것으로 화자 식별이 효과적으로 이루어질 수 있다고 제안하였다(어느 것도 단독으로는 충분한 정보를 제공해 주지는 않지만 한편 벡터가 너무 많으면 통계적 관계의 결과, 유효성은 저하되게 된다).

- 장기 음성 스펙토: 어느 기간의 발화에 나타나는 모든 범위의 주파

수양을 평균한 값.

- 발화 기본 주파수(SFF): 인간의 목소리의 기본적인 높이를 재는 기준. 상세는 Hollien(1990) 참조.
- 모음 포먼트 궤적(VFT): /i/, /a/, /u/와 같은 모음(또 음성군 /na/)에서 일어나는 음의 피크가 있어 이들이 식별로 이어질 때가 있다. 포먼트 F1, F2, F3가 가장 중요한 것.
- 시간(TED): 발화에 관한 시간의 측정. 이하의 것들이 포함된다. 전 발화 시간-예를 들면 특정 길이의 발화를 읽는 데 걸리는 시간, 발화와 침묵의 비율-음향 에너지가 나타나는 시간의 길이, 발화 속도-1분당의 음절 수, 그리고 자음 모음의 길이이다. 마지막 3개의 측정치를 전 발화 시간으로 나눔으로써 TED 값을 얻는다.

Hollien(1990)은 이들 네 개의 측정을 조합하면 높은 수준의 신뢰성을 얻을 수 있다는 것을 입증하고 있다. 그러나 Bowe & Storey(1995:191)은 Hollien의 공헌을 인정하면서도 이러한 기계적 방법은 여전히 논란의 여지가 있다고 주의를 덧붙이고 있다. Hollien(1990)은 기계에 의한 식별과 커뮤니케이션(발화의 질 향상이나 듣기를 포함)만이 아니라, 강세를 감지하거나, 녹음이 진짜라는 것을 증명하는 것도 가능하다고 논의하고 있다. 그리고 전화, 테이프 레코더 등의 전자 기기의 종류 등을 명백하게 할 수 있는 전자적 '궤적'의 감정에 대해서도 논의하고 있다.

스펙트로그램에 의한 분석이 시작되었을 때쯤, Tosi와 공동 연구자들은 훈련된 경험이 많은 성문 분석 전문가와 화자 감정을 99%까지 정확하게 하는 것이 가능하다는 결과를 도출하였다. 그들 자신의 테스트로 인해서 목소리 데이터가(보통 범죄 과학적 상황에서) 같을 때에 수집되지 않았을 경우, 오차 수준이 18%까지 올라가는 것을 알 수 있었다. 성문 분석을 지지하는 연구자의 연구에서는 30%-41%의 오차가 보고되었다. 이에 이어서 널리 권위를 인정받은 음성학자들이 실시한 테스트에서는 (목소리가 전화 녹음이거나 배경에 잡음이 있거나 하는 보통 범죄 과학적 상황에서가 아니라) 이상적인 실험실 조건 아래에서 녹음으로의 오차의 비율이 12%-51%로 나타나 직문 증인의 경우(예를 Baldwin & French 1990 참조)가 보다 정확한 결과가 나왔다. 화자가 자신의 목소리를 고의로 숨기려는 경우, 오차는 40%-78%까지 올라갔다. Hollien은 기계 분석이 전성기였던 시기에 감정을 의뢰받은 성문 분석 전문가의 대다수는 스펙트로그램을 올바르게 해석하는 능력을 가지지 못하였다는 것을 지적하면서 이렇게 말하고 있다. '안타깝지만 나의 결론에서는 대다수의 분석자는 화자 감정을 하는 데에 필요한 개념이나 지식에 통달하지 못했던 것이다.' Hollien(1990)은 어느 발화의 스펙트로그램을 복수로 제시하여 두 명의 다른 화자의 스펙트로그램 데이터가 거의 일치한 예나 단순히 단일 화자로부터 현저하게 다른 데이터가 나온 예를 제시하고 있다. 훈련된 음성 학자는 스펙트로그램으로부터 화자 감정에 대한 확률적 데이터를 제공하는 것이 가능할지도 모르지만 예를 들면 분석할 데이터 하나가 음질에서 문제가 있는 형태로 녹음된 경우, 특히 감정이 어려워진다.

갈라진 목소리나 숨이 많은 목소리 등 목소리 질의 특징도 화자 감정으로 이어진다. Klasmeyer & Sendlmeier(1997)은 기계에서 감지되지 않은 이들 음량의 흔적에 대해 논의하고 있다. 이들의 발화 특징에는 무의식적으로 드러나는 것도 있고 성도의 형태에 따라 음량이 다르게 나타나는 것도 있기 때문에 모방 실험이 아주 어렵다. 다른 분야와 마찬가지로 긍정적 감정보다도 부정적 감정이 하기 쉬운 경우가 많다.

전달 내용의 질을 저하시키는 원인

녹음되거나 재생될 때 전달 내용의 질을 저하시키는 원인으로서는 다음과 같은 것이 있다(바꿔 말하면 이들 기기는 인간의 발화나 그 외 범죄에 관련된 음의 파장을 모든 범위에서 완전히, 그리고 똑같이 전달하지 못할지도 모른다). 문제가 되는 음성 시스템의 가장 약한 부분을 검토함으로써 그 질을 판단하는 것이 가능하다고 할 수 있다.

아래에 드는 것은 실험실에서 최적의 상태에서도 기능하지 않는 것이지만 법정에서는 더욱 어려운 상황이 된다.

- 마이크: 인간 발화의 모든 파장을 파악할 수 있는 것은 아주 일부 고성능 마이크로, 대부분의 것은 어느 정도는 파장이 손실되거나 감소되거나 한다.
- 확성기: 마이크의 진동판에 의해서 일어나는 힘이 극히 작아서 녹음 전에 목소리를 증폭시키는 것이 필수적이다. 앰프는 음을 확대하지 않는 경향이 있다.
- 녹음 헤드
- 녹음 매체
- 재생 헤드
- 앰프
- 스피커

문제로 직결될 가능성이 있는 그 외 요소를 들겠다.

- 잡음: 주변의 소음, 또는 녹음기기에서 발생되는 것
- 여러 사람의 목소리
- 전화라는 매체는 어떤 종류의 음이 누락되기도 함
- 녹음이 이루어지는 장소의 음향적 특성

주파수대는 녹음 과정이나 잡음에 의해서 영향을 받지만 이를 상쇄시키기 위해서 필터링 기법이 존재한다. Hollien이 제안하는 방법에서는 필터링 된 버전과 필터링 되지 않은 버전을 녹음하여 이들을 각각 동시에 청자의 귀에 재생한다. 이 방법을 쓰면 일그러지거나 질이 나쁜 음성의 청해 능력이 상승한다.

9.5. 문어

필적, 활자의 자면, 그리고 여백이라는 문서의 표면적 특징도 포함한다. 필적 감정은 활자와 인쇄의 발달에 의해서 이전만큼은 쓰이지 않지만 감정 분야에서는 예로부터 확립되어 있다. Found, Dick & Rogers (1994)가 실시한 조사에서는 필적 분석이 여전히 감정이 가능한 것이지만 사건의 유형에 따라서 확률이 변할 수 있다는 결과가 되었다. 어느 집단이나 커뮤니티에 속하는 작성자(필자)는 사회 계층적 특징, 개인적 특징 그리고 개인의 특이한 특징을 분석함으로써 다른 집단에 속한 작성자(필자)와 구별하는 것이 가능하다.

필적 분석의 방법은 수기 문자의 크기나 기울어짐 정도 등을 전체적으로 보는 것과 동시에 문자를 이루는 하나하나의 획을 세세하게 분석하여 일관된 경향을 찾아낸다는 것이다. 또한 최근에는 프린터나 컴퓨터 프로그램의 감정도 새로운 분야로서 발달하는 추세이다.

그 외에도 문서의 감정에 관한 것으로서는 철자와 마침표가 있다. Eagleson(1994)는 어느 자살자가 남겼다고 판단되는 편지에서 이러한 요소가 작자(필자) 감정에 어떤 역할을 하였는가를 언급하였다. 경찰은 이 편지가 죽은 여성의 남편에 의해서 쓰인 것이라 생각하여 이 남편을 아내를 죽인 용의자로 보았다. Eagleson은 남편과 아내가 쓴 것을 비교하여 문제의 편지와 남편이 쓴 것에 공통적인 특징이 있으며 그들은 아내가 쓴 것에는 보이지 않는 것을 찾아내었다. 그중에 특히 눈에 띈 것은 'assult', 'carring', 'thier', 'treat'(각각의 올바른 철자는 'assault', 'carrying', 'their', 'threat') 등이 있었다.

9.5.1. 단어

어느 특정 단어나 어구가 어떤 식으로 쓰이는가를 분석하여 필자를 감정하는 것도 가능하다. 예를 들면 문제의 문서에 나오는 단어를 어느 인물이 모른다고 생각될 경우, 그 문장을 쓴 인물이 아니라는 증명이 가능해진다. 또 전문적인 어휘나 어느 분야 특유의 어휘를 모르거나, 또 제2언어 화자인 경우, 현재 언어 능력 수준을 뛰어넘는 어휘를 모를 수 있다. Coulthard(1997)이나 그 외의 문헌에서는 경찰이 증거를 날조할 때 때로는 경찰의 독특한 전문 용어를 무의식적으로 사용해 2장, 3장에서 언급한 과잉 상세 표현을 사용한 예가 있다. 이러한 증거의 경우는 용의자가 아니라 경찰이 작성자로서 감정된다. Coulthard(1994a)는 코퍼스나 콩코던스에 기초한 방법을 이러한 분석에 사용할 수 있다는 것도 언급하였다. 여기에서는 범죄를 증명하는 어느 단어가 하나의 진술 조서상에서 보통보다 훨씬 빈번하게, 또 다양한 문맥에서 사용되고 있다는 것을 나타내며, 조서가 자연스럽게 작성된 것이 아니라 날조되었을 가능성이 높다는 것을 증명해야 하는 것이다.

사법 감정에서는 그 외에, '통계적 문체 분석'으로서도 알려져 있는 단어의 수에 기초한 방법이 있다. 이 분야에서는 특히 Rev A. Morton이 잘 알려져 있으며 어느 특정 종류의 단어 가장 일반적으로는 '모음으로 시작하는 명사'와 '두세 글자로 된 단어'가 어떤 빈도로 나타나는가를 센 것이다. 빈도를 산출하는 Q Sum이라 불리는 통계적 방법을 사용하여 다양한 문서를 비교한다. 이들 요소가 나타나는 빈도는 작자마다 달리 나타나기 때문이다. 통계적 문체 분석은 주로 신뢰성과 타당성의 두 가지 점에서 비판을 받고 있다. 여기에서 말하는 신뢰성이란 분석 기법이 올바르게 사용되고 있는가하는 의미이다. 통계적 문체 분석에서는 통계가 부적절하게 사용되는 경우가 많으며(Smith 1994) 이 방법을 지지하는 Bissell (1995:59)조차도, 'Q Sum이나 그 외 기법을 사용한 단어 수에 의한 분석은 필자 감정을 해 내는 일부분에 불과하다'라고 서술하고 있다. 타당성은 어느 분석의 방법이 조사할 목적에 맞는 것인가 하는 문제이다. 모음으로 시작하는 명사의 사용에 개인차가 언제나 존재한다고 하는 논거는 거의 없으며 언어학자의 대부분은 동일 인물이 쓴 것을 비교하여도 차이가 있다고 생각하는 것이 보통이다.(말할 것도 없이 발화의 경우는 어두의 자음(예를 들면 h) 탈락으로 인해서 모음이 어두에 오는 횟수가 많아질 수도 있으며 또 단어는 문자가 세 개 포함된다기보다는 일련의 발화음을 포함하는 것이기 때문이 이 분석 방법은 거의 부적절한 것이다). 이러한 이유로 통계적 문체 분석은 현재 사법 감정의 방법으로서는 충분히 신뢰되고 있지 않으며, 증거로서 사용되면 이의가 제기될 가능성이 높다. 성문 분석도 마찬가지로, 과학적 객관성이 높다는 오해를 불러일으키기 쉽다.

9.5.2. 형태론

필자가 관여한 사건에서는 경찰은 취조 조서는 '말 그대로'를 받아 쓴 것이라고 하였다. 거기에는 낮은 수준의 제2 언어 화자에 의한 과거 진행형(was/were -ing)의 사용이 기록되어 있었다. 그러나 그 남성은 일관되게 전혀 시제를 사용하지 않거나 그렇지 않으면 단순 과거형(-ed)을 한정된 동사에 사용할 뿐이었다. 과거 진행형은 그 남성의 언어 습득 단계를 몇 단계나 뛰어넘는 것이었기 때문에 필자는 이 기록이 남성 자신의 언어가 아닐 가능성이 높으며 이 시제와 그 외 여러 요소에서 조서의 신빙성이 의심스럽다는 결론에 도달하기에 이르렀다. Jensen(1995)는 유사한 사건에서 언어 습득의 관점에서 전사 기록이 취조를 받은 사람의 발화를 충실하게 기록한 것이 아닐 가능성이 높다는 것을 보고하고 있다. 이러한 근거에서 문제가 되는 것은 언어학자에 의한 감정을 위해 화자가 녹음을 할 때에 고의로 언어 수준을 낮추고 있는가 하는 것일 것이다. 이 대응책은 다양하지만, 긴 인터뷰(적어도 30분)를 한다, 자신의 발화를 의식하고 수정하지 않도록 감정적인 주제를 고른다(Labov 1972), 기록 후에 주의 깊게 분석한다 등의 방법이 있다. 필자의 경험에 의하면 대상자는 이러한 상황에서 실제보다 낮은 언어 수준으로 인터뷰를 지속하는 것이 불가능하다. 필자는 대상자가 언어 수준을 의식적으로 저하시키려고 할 때에도 발견한 것이 있다(그 결과로서 필자는 그 사건에 관여하는 것을 거절하기에 이르렀다).

9.5.3. 담화

Coulthard(1994b)는 영국의 '버밍엄의 6인 사건(the Birmingham Six)'의 항소심에서 증언을 하면서 담화의 특징을 파악해 보면 경찰의 취조 기록이 날조된 것이라고 하였다. 그 예로써 기록에는 반복적으로 '하얀 비닐 봉투'라는 언급 대상을 완전히 묘사하는 표현이 쓰여 있었으나, 구두 담화에서는 보통은 그렇게 완전한 표현 형식이 처음에 한 번 쓰이고 그 후에는 '봉투'만으로 사용된다. 이러한 치밀함은 일상어가 아니라 법의 언어에서 전형적으로 나타난다. 또한 이 남성은 친구에 대해서 언급할 때 이름이나 또는 이름에 이어서 성을 계속 사용하였는데 문제가 된 기록에서는 성만이 쓰였다. Coulthard는 그 외에도 일련의 요소를 분석하였다. '버밍엄의 6인'은 그 후 석방되어 배상금이 지불되었다.

9.5.4. 사회 언어학

위의 모든 분석(발화된 음성, 단어, 구문 등)에서의 변이는 아래와 관련이 있다.

1) 지리적인 범위, 즉 지역 방언(예 퀸즈랜드 영어)
2) 사회 경제적 지위, 즉 사회 방언(예 교양 있는 영어)
3) 언어 사용역, 즉 레지스터(예 법정의 언어)

언어학자는 이들의 변이를 분석해 왔다. 지역 방언의 차이를 사법 감정에서 사용한 예에 대해서는 상당히 많은 문헌이 존재한다. 어떠한 지역 방언에서도 복수의 화자가 존재하기 때문에 이러한 증거는 문제가 되는 화자를 소인원의 대상자로부터 식별하는(예를 들면 방에 있는 4명 중 누군가 어느 특정 문장을 말하였는가) 것과 같은 장면 이외에는 동일성을 감정하기 위해서는 보통 쓰이지 않는다. 가장 일반적으로 쓰이는 것은 부정적 증거로서이다. 즉, 어느 발화가 특정 인물의 것이 아니라는 것을 지역 방언이나 사회 방언을 근거로서 증명하는 것이다. Labov & Harris (1994)가 프린지발리 사건(Prinzivalli case)에 대해서 서술하였던 부분에 Labov는 폭파 위협 전화를 건 인물이 틀림없이 뉴잉글랜드(보스턴) 사투리가 있었고, 프린지발리는 뉴욕 사투리가 있었기 때문에 프린지발리는 협박 전화를 건 인물이 절대 아니라고 하였다. Labov의 가장 큰 문제는 법정에서는 이를 납득시키는 것이었다.(자세한 설명은 Labov & Harris 를 참조). 증언은 인정되어 프린지발리는 무죄가 되었다.

Chambers(1990)가 논의하는 소송에서는 어느 캐나다 원주민 집단이 어느 지역의 먼 옛날부터 자신들의 민족이 거기에 거주하였기 때문에 자신들이 그 토지의 소유권을 가지고 있다고 주장하였지만 그때 지역 방언학자가 어형과 어휘에 기초하여 실시한 증언에 의해서 그 주장의 신빙성이 높아지는 것을 알 수 있었다. 또한 필자는 한 사건에서 호주의 난민 상소 법원의 의뢰로, 어느 남성이 캐나다 영어 화자인지 아닌지를 판단하는 감정을 하였다. 몇 가지 눈에 띄는 특징에서 캐나다 서부나 또는 미국 북서부의 사투리라고 증언하는 것이 가능하였지만, 현지의 지식이 부족하였기 때문에 어느 국가에서 왔는지는 확언할 수 없었다. 이것은 정확하게 사투리를 구별하는 것에는 언어학자가 그 지역에서 사투리를 쓸(모어 화자라면 더 좋다) 줄 알아야 한다는 것이 잘 나타난 예이다.

Milroy(1984)는 지역 방언의 감정에 대해서 논의하고 있으며 그중 한 건에서 복수의 통화에 존재하는 두 개의 다른 사투리는 유죄 판결을 받은 남성의 사투리가 아닌 것을 확인하였다. Milroy는 통화가 상당히 긴 시간 동안 이루어졌음에도 불구하고 두 사투리를 일관되게 지속하고 있었기 때문에 일부러 만든 것은 아니라고 확신하였다. 여기에서 큰 문제가 되는 것은 자신의 것이 아닌 사투리를 더 비슷하게 흉내 내거나 사용하는 것이 가능한가 하는 일이다. 최근에는 영화에서 본래의 자신의 사투리와는 다른 것을 능숙하게 사용하고 있는 예가 몇 가지 보인다. 메릴 스트립이 '프랑스 군중사의 여자(French lieutenant's women)'에서 진짜와 같은 영국 사투리로 말하는 등의 예가 그러하다(다만 후에 호주 사투리에는 실패하였으나). Ash(1988)은 필라델피아 영어의 화자에게 말하는 법을 바꾸도록 지시하는 실험을 실시하였지만 누구도 필라델피아 영어 화자라는 것을 감출 수 있을 만큼 특징적으로 모음을 바꾸는 것은 할 수 없었다. Markham(1999:298)은 음성학 훈련을 받은 판사에게 가짜 사투리를 사용하여 말하는 실험에 대해서 논의하고 '사투리의 트릭을 쓰는 것에 의욕적이고 음성학적으로 뛰어난 화자조차도 일관되면서 능숙하게 본래 자신의 것이 아닌 지역 방언(사투리)을 자연스럽게 구사하는 능력에는 상당히 개인차가 존재한다'는 결론을 도출하였다.

9.5.5. 표절

작자의 감정 중에서도 흥미로운, 그리고 최근 많아진 것이 표절에 관한 것이다. 필자가 관계한 사건에서는 어느 설문 조사지의 어느 부분이 원래 작성자의 허가를 받지 않고, 또는 원래 작성자의 이름을 기입하지 않고, 베껴 쓴 것인지를 검토하였다. 이러한 사건에서 어려운 점은 다른 다양한 설문 조사지를 자세하게 조사하여 두 개의 조사표가 무엇인가 공통적인 정보원에게 영향을 받아 작성한 것이 아니라는 확신을 얻어야만 하는 것이다.

Oyanadel & Samaniego(1999)는 스스로가 증언한 어느 사건에서 표절에 의해 작성된 문서가 본래 문서의 작성자만이 알 수 있는 정보를 포함하고 있는 이것은 문서가 모방되었다는 것을 명백하게 나타내고 있는 증거라고 서술한다.

Woolls & Coulthard(1998)은 다양한 컴퓨터 프로그램 적용에 대해서 논의하며 콩코던스 프로그램에 대해서는 문서 간에서의 어휘의 겹침이 어느 정도인가를 조사할 수 있다고 주목하고 있다. 그들이 나타내는 예에서는 공동 작업으로 쓰였다고 의심이 가는 3명의 학생이 쓴 소논문에는 공통된 어휘가 다른 학생의 것과 5배나 존재하였다. 또한 축약 프로그램을 써서 이 3명의 논문에는 미묘한 수정을 가한 공통적인 문장이 꽤 있음도 확인하였다.

9.5.6. 작자 프로파일링

어느 특정 인물이 작자 또는 화자인 것을 언어 분석을 통해서 감정하는 것은 불가능하거나 또는 경우에 따라서는 필요하지 않다고도 한다. 다만, 언어학자가 사법 감정에서 할 수 있는 또 하나의 역할로서 화자나 작자의 인물상을 제공한다는 것이 있다. 특히 발화에 대해서는 필자의 연령, 성별, 사회 계층, 교육 수준, 출신지에 대해서 대부분의 판단이 가능할 것이다. 때로는 전문 용어의 사용 등에서부터 직업이나 취미 활동 등이 알 수 있는 경우도 있다. 이러한 증거는 피의자를 제외하는 등의 목적으로 법정보다 오히려 경찰 수사에 도움이 된다고 할 수 있다.

요크셔의 살인마 사건(Yorkshire Ripper case)에서는 음성학자인 스탠리 앨리스가 범인을 가장한 전화 주인의 사투리를 선더 랜드 근린의 어느 지역이라고 한정하였다(Chambers1990:22). 어느 보험 회사로의 협박 전화와 관련된 사건에서는 세대를 특정하는 표현이 있었기 때문에 전화의 주인이 아마도 30세 이하라는 것을 알 수 있어, 또 목소리 질에서 아마도 남성이라는 것, 그리고 난폭한 언어 사용에도 불구하고 사용 어휘에서 학력이 높은 인물일 것이라는 것도 확실해졌다. 가장 의심 받던 피의자는 이들 특징을 지닌 다른 피의자에게서는 보이지 않았기 때문에 보험 회사는 협박 전화의 주인에 대한 확신을 가질 수 있었다.

추가적인 예로서(호주에서 유명한) 케리 웰란(Kerry Whelan) 유괴 사건에서 몸값을 요구하는 편지를 쓴 인물의 프로파일링을 들 수 있다. 편지에는 유괴범에게서 얻을 수 있는 내밀한 정보가 포함되어 있기 때문에 장난 편지는 아니었다. 편지의 필자는 유괴범에 대해서 일관하여 복수형인 we를 사용하였다. 또한 호주인이라는 말을 '너는 우리가 처음으로 표적으로 한 호주인이 아니다'라는 문장 안에서 사용하였는데, 호주 국내에서 호주인을 표적으로 하는 것은 말할 필요도 없다. 또한 그들은 몸값을 미국 달러로 요구해 왔다. 편지는 부분적으로 전보 형식으로 되어 있어 철자의 오류도 많이 있었다. 이러한 특징들로부터 그들은 '프로 외국인 범죄 집단'이라는 이미지를 구축할 의도가 있었다. 그러나 한편으로는 '새로운 플라스틱 지폐'라고 말한 부분에서 호주 현지 지식이 나타나 모순이 있었다. 철자 오류는 대부분 편지의 첫 부분에 나타나 있고 후반부에서는 나타나지 않아서 고의적인 실수라는 것이 나타났다. 또 편지의 필자는 '심각한 결과', '규칙의 불이행', '절대적으로 따른다', '원격 수신기기', '(몸) 값을 추적하는 수단'과 같은 표현을 사용하였기 때문에 학력이 높고 숙련된 영어 사용자라는 것을 알 수 있었다. 이들은 호주 영어를 모어로 하는 구사자라는 것을 감추려고 몸값 요구 편지를 통해 경찰의 수사 방향을 고의로 잘못된 방향으로 틀려는 시도였을 가능성이 높았다.

후에 유괴죄로 기소된 남성은 라디오 광고업 종사자였다. 유능한 경찰관이 전보 형식의 몸값 요구장과 라디오 광고에서 쓰이는 대본 사이에서 유사점이 있다는 것을 알아내어 필자와 또 한 명의 언어학자 로버트 이글슨(Robert Eagleson)에게 감정을 의뢰하였다. 문제의 편지와 그러한 대본 간에 '간 텍스트성'을 시사하는 것이 있는지 비교해 주길 바란다는 것이었다. 간 텍스트성이란 어느 텍스트 또는 어느 텍스트 유형이 가지는 특징이 어떠한 형태로 다른 텍스트 또는 다른 텍스트 유형에서 재이용되는 현상을 말한다. 이 경우에는 라디오 광고의 대본이 가지는 특징이 몸값 요구 편지에 나타나 있는가 하는 문제였다. 이 둘은 다음과 같은 유사성이 보였다.

(1) 모두 대문자로 타이핑되었다.

(2) 한 단락이 아주 짧으며 거의 단일 정보만으로 이루어져 있다.

(3) 주동사가 없는 '비주요절'이 사용되었다.

예 **NO RADIOACTIVE DUSTS.**
NO DYES
NO PAPER CORRENCY

(방사성 먼지를 쓰지 말 것
염료를 쓰지 말 것
종이 통화를 쓰지 말 것)

THREE DRAWS TONIGHT, COMMENCING AT 7.15

NO WAITING

(오늘 밤 3회 추첨,
7시 15분부터
기다릴 필요 없음)

(4) 개념을 잇는 접속사의 결여

예 **TAKE CARE THIS IS YOUR ONLY MEANS OF EVER SEEING HER ALIVE AGAIN**

(주의해라 이것이 당신들이 살아 있는 그녀를 만날 수 있는 단 하나의 길이다)

THE CELEBRATIONS DON'T STOP NOW. THEY CONTINUE

(축하는 아직 끝나지 않는다, 이어진다)

(5) And, then, but으로 시작하는 문장

(6) 단순 명령문의 빈번한 사용

예 **BE READY TO LEAVE WITH THE MONEY AT ANY TIME**

DO NOT UNDERSTIMATE OUR CAPABILITIES

(언제나 돈을 줄 준비를 해 둬라
우리들을 우습게 보지 마라)

CALL AMAZING CLEAN

DON'T FORGET THE POKER MACHINE PROMOTION
STOP DREAMING!

(어메이징 클린에게 전화를
포커 게임기 판매 중, 잊지 말 것!
꿈꾸는 것은 멈춰라)

이들의 유사점은 우연일지도 모르고, 양자 모두 명료하고 직접적인 구어적인 표현을 사용하려고 한 것뿐일지도 모르지만 그것만으로 이만큼 많은 특징이 공존한다고는 생각하기 어렵다. 몸값 요구 편지의 필자가 라디오 광고 대본을 쓴 경험을 가지고 있을 가능성이 있다고 여겨져 이것은 언어가 작자의 직업을 드러내는 예라고 할 수 있다. 그러나 상기 특징들이 얼마나 자주 나타나는 것인가를 조사할 만한 몸값 요구 데이터베이스는 없기 때문에 이 가능성이 어느 정도인가 하는 판단에 이르는 것은 불가능하였다. 또 이러한 증거가 법정에서 인정될 가능성도 적다.

9.6. 마무리

언어학 감정은 지극히 흥미로운 분야로 응용 언어학의 분야에서도 급속도로 성장하고 있다. 학술 연구지 '법언어학(Forensic Linguistics)'에서는 더 많은 사례 연구가 게재되어 있어서 이 장에서 언급한 기본적인 틀과 그 전개 양상도 알 수 있다. 그러나 이미 서술한 언어학 감정의 증거의 윤리성과 허용성에 대한 경고는 중요한 것이다 -수많은 성공과 함께 주목을 끈 실패도 존재한다. 이 책에서 논의한 다른 주제의 대부분은 언어학적 감정 증거는 문제가 되는 커뮤니케이션의 오차를 명백하게 하거나 죄가 있는 사람을 유죄로, 혹은 죄가 없는 사람을 자유의 몸으로 만드는 과정과 관련된다는 점에서 사회적으로 중요한 의미를 가진다.

참고논저

American Civil Liberties Union (1997) *ACLU Briefing Paper Number 2* (Washington, DC: Department of Public Education).

Anderson, R. C. (1984) The role of the reader's schema in comprehension, learning and memory. In R. C. Anderson, J. Osborn and R. J. Tierney (eds), *Learning to Read in American Schools: Basal Readers and Content Texts* (Hillsdale, NJ: Erlbaum).

Anderson, R. C. and Pearson, P. D. (1988) A schema-theoretic view of basic processes in reading comprehension. In P. Carrell, J. Devine and D. Esky (eds), *Interactive Approaches to Second-Language Reading* (Cambridge: Cambridge University Press) pp. 37-55.

Ash, S. (1988) Speaker identification in sociolinguistics and criminal law. In K. Ferrara, B. Brown, K. Walters and J. Baugh (cds), *Linguistic Change and Contact* (Austin, TX: Department of Linguistics, University of Texas) pp. 25-33.

Atkinson, J. M. and Drew, P. (1979) *Order in Court: The Organisation of Verbal Interaction in Judicial Setting* (London: Macmillan).

Auburn, T., Drake, S. and Willig, C. (1995) 'You punched him, didn't you?': versions of violence in accusatory interviews. *Discourse and Society,* 6 (3), 353-86.

Austin, J. L. (1963) *How to Do Things with Words* (Oxford: Oxford University Press).

Baldwin, J. (1993) Police interview techniques: establishing truth or proof. *British Journal of Criminology,* 33 (3), 325-52.

Baldwin, J. (1994) Police interrogation: What are the rules of the game? In D. Morgan and G. Stephenson (eds), *Suspicion and Silence: The Right to Silence in Criminal Investigations* (London: Blackstone Press) pp. 66-76.

Baldwin, J. and French, P. (1990) *Forensic Phonetics* (London: Pinter).

Barber, C. L. (1962) Some measurable characteristics of modern scientific prose. In F. Behre (ed.), *Contributions to English Syntax and Philology* (Gotesburg: Almqvist and Wiksell) pp. 21-43.

Baynham, M. (1995) *Literacy Practices: Investigating Literacy in Social Contexts* (London: Longman).

Bell, A. (1997) Language style as audience design. InN. Coupland and A. Jaworski (eds), *Sociolinguistics: A Reader and Coursebook* (Basingstoke: Macmillan) pp. 240-50.

Benmaman, V. (1999) Bilingual legal interpreter education. *Forensic Linguistics,* 6 (1), 109-14.

Bennett, W. L. and Feldman, M.S. (1981) *Reconstructing Reality in the Courtroom* (London: Tavistock Publications).

Bentham, J. (1838) *The Works of Jeremy Bentham,* ed. J. Bowring (Edinburgh: William Tait).

Berk-Seligson, S. (1990) *The Bilingual Courtroom Court Interpreters in the Judicial Process* (Chicago, IL: University of Chicago Press).

Berk-Scligson, S. (1999) The impact of court interpreting on the coerciveness of leading questions. *Forensic Linguistics,* 6 (1), 30-51.

Berry, M. (1981) Systemic linguistics and discourse analysis: a multi-layered approach to exchange structure. In M. Coulthard and M. Montgomery (eds), Studies *in Discourse* Analysis (London: Routledge and Kegan Paul) pp. 120-45.

Bhatia, V. K. (1987) Textual mapping in British legislative writing. *World Englishes,* 6 (1), 1-10.

Bhatia, V. K. (1993) *Analysing Genre: Language Use in Professional Settings* (Harlow: Longman).

Bhatia, V. K. (1994) Cognitive structuring in legislative provisions. In J. Gibbons (ed .), *Language and the Law* (London: Longman) pp. 136-55.

Biber, D. (1988) *Variation Across Speech and Writing* (Cambridge: Cambridge University Press).

Bissell, D. (1995) *Statistical Methods for Text Analysis by Word-Counts* (Swansea: European Business Management School, University of Wales).

Black, H. C. (1990) *Black's Law Dictionary.* (6th edn) (St Paul, MN: West).

Blain, M. (1995) Group Defamation and the Holocaust. In M. H. Freedman and E. M. Freedman (eds), *Group Defamation and Freedom of Speech: The Relationship between Language and Violence* (Westport, CT: Greenwood

Press) pp. 45-68.

Bourhis, R. Y. (ed.) (1984) *Conflict and Language Planning in Quebec* (Clevedon: Multilingual Matter).

Bowe, H. and Storey, K. (1995) Linguistic analysis as evidence of speaker identification : Demand and response. In D. Eades (ed.), *Language in Evidence Issues Confronting Aboriginal and Multicultural Australia* (Sydney, NSW: University of New South Wales Press) pp. 187-200.

Bower, G. H., Black, J. D. and Turner, *T.J.* (1979) Scripts in memory for text. *Cognitive* Psychology, 11, 177-220.

Brennan, M. (1994) Cross-examining children in criminal courts: Child welfare under attack. In J. Gibbons (ed.), *Language and the Law* (Harlow: Longman) pp. 199-216.

Brennan, M. and Brown, R. (1997) *Equality before the Law: Deaf People's Access to Justice* (Durham: Deaf Studies Research Unit, University of Durham).

Brière, E. J. (1978) Limited English speakers and the Miranda Rights. *TESOL Quarterly,* 12 (3), 235-45.

Broeders, A. P. A. (1999) Some observations on the use of probability scales in forensic identification. *Forensic Linguistics,* 6 (2), 228-41.

Brown, G. (1990) *Listening to Spoken English* (Harlow: Longman).

Brown, P. and Levinson, S. (1978) Universals in language use: politeness phenomena. In E. Goody (ed.), *Questions and Politeness* (Cambridge: Cambridge University Press) pp. 56-311.

Brown, R. and Gilman, A. (1960) The pronouns of power and solidarity. In T. Sebeok (ed.), *Style in Language* (New York, NY: John Wiley) pp. 253-77.

Bull, R. and Carson, D. (1995) *Handbook of Psychology in Legal Contexts* (Chichester: Wiley).

Bülow-Møller, A. M. (1991) Trial evidence: overt and covert communication in court. *International Journal of Applied Linguistics,* 1 (1) 38-60.

Carlen, P. (1976) *Magistrate's Justice* (Oxford: Martin Robertson).

Carroll, J. (1995) The use of interpreters in court. *Forensic Linguistics,* 2 (1), 65-73.

Cavagnoli, S. and Wolk, J. (1997) *Einfuhrung in die italienische Reschssprache - lntroduzione all'italiano giuridico* (Munich/Vienna/Bern: Beck/Manz/Stampfli).

Celis, C. R. (1999) Linguistic measurement of proximity of harm. Unpublished Ph.D. proposal. Department of Linguistics, University of Chicago.

Chabun, W. (1997) Glossary of 'Copspeak' terms, *Calgary Crime Stoppers* (Calgary: Website <http://crimestoppers.iul-ccs.com/glossary.html>).

Chafe, W. (1985) Linguistic differences produced by differences between speaking and writing. In D. L. Olson, W. Torrance and A. Hildgard (eds), *Literacy, Language and Learning* (Cambridge: Cambridge University Press) pp. 105-23.

Chafe, W. and Tannen, D. (1987) The relation between written and spoken language. *Annual Review of Anthropology,* 16, 383-409.

Chambers, J. K. (1990) Forensic dialectology and the Bear Island land claim. In R. W. Rieber and W. A. Stewart (eds), *The Language Scientist as Expert in the Legal Setting: Issues in Forensic Linguistics* (New York, NY: New York Academy of Sciences) pp. 19-31.

Charrow, R. P. and Charrow, V (1979) Making legal language understandable: A psycholinguistic study of jury instructions. *Columbia Law Review* (79), 1306-74.

Christie, M. and Harris, S. (1985) Communication breakdown in the Aboriginal classroom. In J. Pride (ed.), *Cross-Cultural Encounters: Communication and Mis-Communication* (Melbourne, Vic: River Seine) pp. 81-109.

Cicourel, A. V. (1976) *The Social Organization of Juvenile Justice* (London: Heinemann Education).

Clark, H. H. (1996) *Using Language* (Cambridge: Cambridge University Press).

Coates, A. (1964) *Myself a Mandarin: Memoirs of a Special Magistrate* (Hong Kong: Heinemann Educational Books (Asia) Ltd).

Coldrey, J. (1987) Aboriginals and the criminal courts. In K. M. Hazlehurst (ed.), *Ivory Scales: Black Australia and the Law* (Sydney, NSW: University of New South Wales Press) pp. 81-92.

Colin, J. and Morris, R. (1996) *Interpreters and the Legal Process* (Winchester, England: Waterside Press).

Commissioner of Police (1998) *Code of Practice for Custody, Rights, Investigation, Management and Evidence (CRIME).* (Sydney, NSW: New South Wales Police Service).

Commonwealth Attorney General's Department (1991) *Access to Interpreters In the Australian Legal System* (Canberra: Australian Government Publishing Service).

Conley, J. M., O'Barr, W. M. and Lind, E. A. (1978) The power of language: presentational style in the courtroom. *Duke Law Journal*, 1375-99.

Cooke, M. (1995a) Aboriginal evidence in the cross-cultural courtroom. In D. Eades (ed.), *Language in Evidence: Issues Confronting Aboriginal and Multicultural Australia* (Sydney, NSW: University of New South Wales Press) pp. 55-96.

Cooke, M. (1995b) Interpreting in a cross-cultural cross-examination: An Aboriginal case study. *International Journal of the Sociology of Language*, 113, 99-111.

Cooke, M. (1995c) Understood by all concerned? Anglo/Aboriginal translation. In M. Morris (ed.), *Translation and the Law* (Amsterdam: John Benjamins) pp. 37-63.

Cooper, L. S. (1997) Police jargon: How to talk like a cop (Denver: Website <http://members.aol.com/HeartODnvr/copl.html>).

Coulson, N. J. (1971) *A History of Islamic Law* (Edinburgh: Edinburgh University Press).

Coulthard, M. (1994a) On the use of corpora in the analysis of forensic texts. *Forensic Linguistics*, 1 (1), 26-43.

Coulthard, M. (1994b) Powerful evidence for the defence: an exercise in forensic discourse analysis. In J. Gibbons (ed.), *Language and the Law* (Harlow: Longman) pp. 414-27.

Coulthard, M. (1997) A failed appeal. *Forensic Linguistics*, 4 (2), 287-302.

Coulthard, M. (2001) Power and control in the re-presentation of evidence. Paper at Discourses on Discourse Conference. 9 November 2001. University of Technology, Sydney.

Cowlishaw, W. (1988) *Black, White or Brindle: Race in Rural Australia* (Cambridge: Cambridge University Press).

Cox, M. and Tanford, S. (1989) Effects of evidence and instruction in civil trials: An experimental investigation of rules of admissibility. *Social Behaviour*, 4, 31-55.

Criminal Justice Commission of Queensland (1996) *Aboriginal Witnesses in Queensland's Criminal Courts* (Brisbane: Criminal Justice Commission).

Cross, R. (1979) *Evidence* (5th edn) (London: Butterworth).

Crystal, D. and Davy, D. (1969) *Investigating English Style* (London: Longman).

Cunningham, C., Levi, J., Green, G. and Kaplan, J. (1994) Plain meaning and hard cases. *Yale Law Journal,* 103 (6), 1561-1625.

Danet, B. (1980) 'Baby' or 'fetus': language and the construction of reality in a manslaughter trial. *Semiotica, 32,* 187-219.

Danet, B. (19S4) The magic flute: a prosodic analysis of binomial expression in legal Hebrew. *Text,* 4 (1-3), 143-72.

Danet, B. and Bogoch, B. (1994) Orality, literacy, and performativity in Anglo-Saxon wills. In J. Gibbons (ed.), *Language and the Law* (London: Longman) pp. 100-35.

Danet, B. and Kermish, N . C. (1978) Courtroom questioning: a sociolinguistic perspective. In L. N. Massery (ed.), Psychology *and Persuasion in Advocacy* (Washington, DC: Association of Trial Lawyers of America, National College of Advocacy) pp. 413-41.

David, R. and Brierly, J. E. C. (1985) *Major Legal Systems in the World Today* (London: Stevens).

Davies, E. C. (forthcoming) Register distinctions and measures of complexity in the language of legal contracts. In J. Gibbons, V. Prakasham and K. V. Tirumalesh (eds), *Justice and Language* (Delhi : Longman Orient).

De Seife, R. J. A. (1994) *The Shari'a: An Introduction to the Law of the Islam* (San Francisco: Austin and Winfield).

Derham, D., Maher, F. and Waller, L. (1991) *An Introduction to Law* (Sydney: Law Book Company).

Diamond, S. S. and Levi, J. N. (1996) Improving decisions on death by revising and testing jury instructions. *Judicature,* 79 (5), 224-32.

Dickens, C. (1893) *Bleak House* (London: Chapman and Hall).

Drew, P. (1990) Strategies in the contest between lawyer and witness in cross-examination. In J. N. Levi and A. G. Walker (eds), Language *in the Judicial Process* (New York: Plenum) pp. 39-64.

Duarte i Monserrat, C. (1993) *Llengua i Administracio* (Barcelona: Columna

Edicions).

Duarte i Montserrat, C. and Martinez, A. (1995) *El Lenguaje Juridico* (Buenos Aires: A--Z editora).

Dumas, B. K. (1990) An analysis of the adequacy of federally mandated cigarette package warnings. In J. N. Levi and A. G. Walker (eds), *Language in the Judicial Process* (New York: Plenum) pp. 309-42.

Dumas, B. K. (2000) US pattern jury instructions: problems and proposals. *Forensic' Linguistics* 7 (1), 49-71 .

Eades, D. (1992) *Aboriginal English and the Law: Communication with Aboriginal English-Speaking (Clients: A Handbook for Legal Practitioners* (Brisbane: Queensland Law Society).

Eades, D. (1993) The case for Condren: Aboriginal English, pragmatics and the law. *Journal of Pragmatics, 20* (2), 141-62.

Eades, D. (1994a) A case of communicative dash: Aboriginal English and the legal system. In J. Gibbons (ed.), *Language and the Law* (London: Longman) pp. 234-64.

Eades, D. (1994b) Forensic linguistics in Australia: an overview. *Forensic Linguistics, 1* (2), 113-32.

Eades, D. (1995a) Language and the law: White Australia vs Nancy. In M. Walsh and C. Yallop (eds), *Language and Culture in Aboriginal Australia* (Canberra: Aboriginal Studies Press) pp. 181-90.

Eades, D. (ed.) (1995b) *Language in Evidence: Linguistic and Legal Perspectives in Multiculural Australia* (Sydney: University of New South Wales Press).

Eades, D. (1996) Verbatim courtroom transcripts and discourse analysis. In H. Kniffka, S. Blackwell and M. Coulthard (eds), *Recent Developments in Forensic Linguistics*. Frankfurt am Main: Peter Lang, pp. 241-54.

Eades, D. (1997) Language in court: the acceptance of linguistic evidence about Indigenous Australians in the criminal justice system. *Australian Aboriginal Studies*, 1, 15-27.

Eades, D. (2000) I don't think it's an answer to the question: Silencing Aboriginal witnesses in court. *Language in Society*, 29: 161-95.

Eagleson, R. D. (1991) The Plain English Movement in Australia and the United Kingdom. In E. R. Steinberg (ed.), *Plain Language Principles and Practice*

(Detroit: Wayne State University Press) pp. 30-42.

Eagleson, R. (1994) Forensic analysis of personal written texts: A case study. In]. Gibbons (ed.), *Language and the Law* (Harlow: Longman) pp. 363-73.

Edwards,]. (1994) *Multilingualism* (London: Routledge).

English, P. W. and Sales, B. D. (1997) A ceiling or consistency effect for the comprehension of jury instructions. Psychology, *Public Policy, and Law*, 3, 381-401.

Evans, K. (1983) *Advocacy at the Bar* (London: Blackstone).

Fairclough, N. (1989) *Language and Power* (London: Longman).

Feak, C., Reinhart, S. and Sinsheimer, A. (2000) A preliminary analysis of law review notes. *English for Specific Purposes*, 19, 197-220.

Felker, D. B., Pickering, F., Charrow, V. R., Holland, V. M. and Redish, J. C. (1981), *Guidelines for Document Designers* (Washington, DC: American Institutes for Research).

Fergenson, L. R. (1995) Group defamation: from language to thought to action. In M. H. Freedman and E. M. Freedman (eds), *Group Defamation and Freedom of Speech: The Relationship between Language and Violence* (Westport, CT: Greenwood Press) pp. 71-85.

Ferguson, C. A. (1964) Diglossia. In D. Hymes (ed.), *Language in Culture and Society* (New York: Harper and Row).

Finkel, N. J. (1995) *Commonsense Justice: Jurors' Notions of the Law* (Cambridge, MA: Harvard University Press).

Finkel, N. J., and Groscup, J. L. (1997) Crime prototypes, objective vs. subjective culpability, and a commonsense balance. *Law and Human Behaviour*, 21, 209-30.

Fishman, J. A. (1967) Bilingualism with and without diglossia; diglossia with and without bilingualism. *Journal of Social Issues*, 23 (2), 29-38.

Found, B., Dick, D. and Rogers, D. (1994) The structure of forensic handwriting and signature comparisons. *Forensic Linguistics*, 1 (2), 183-96.

Freedman, M. H. and Freedman, E. M. (eds) (1995) *Group Defamation and Freedom of Speech: The Relationship between Language and Violence* (Westport, CT: Greenwood Press).

Gaete, C., Ilabaca, P., Meza, E. and Zuniga, L. (1999) Breve acercamiento al

COA feminina. *Cuadernos de Lenguaje*, 1, 13-21.

Gal, S. (1979) Language Shift - *Social Determinants of Linguistic Change in Bilingual . Austria* (New York: Academic Press).

Gardner, R. (1994) Conversation analysis transcription. *Australian Review of Applied Linguistics. Series S. Number 11*, 185-91.

Garfinkel, H. (1967) Studies in Ethnomethodology (Englewood Cliffs, NJ: Prentitice Hall).

Gatley, J. C. C. (1998) *Gatley on Libel and Slander* (9th edn) (London: Sweet and Maxwell).

Gibbons, J. (1981) A tentative framework for speech act description of the utterance particle in conversational Cantonese. *Linguistics,* 18 (9/10), 763-75.

Gibbons, J. (1990) Applied linguistics in court. *Applied Linguistics*, 11 (3), 229-37.

Gibbons, J. (1994) (ed.) *Language and the Law* (Harlow: Longman).

Gibbons, J. (1995) What got lost? The place of electronic recording and interpreters in police interviews. In D. Eades (ed.), *Language in Evidence: Linguistics and Legal Perspectives in Multicultural Australia* (Sydney: University of New South Wales Press).

Gibbons, J. (1996) Distortions of the police interview process revealed by videotape. *Forensic Linguistics*, 3 (2) 289-98.

Gibbons, J. (1999) Register aspects of literacy in Spanish. *Written Language and Literacy* 2 (1), 63-88.

Gibbons, J. (2001) Legal transformations in Spanish: an 'audiencia' in Chile. *Forensic Linguistics* 8 (1), 24-43.

Giles, H., and Coupland, N. (1991) *Language: Context and Consequences* (Pacific Grove CA: Brooks/Cole).

Giles, H. and Powesland, P. (1975) *Speech Style and Social Evaluation* (London: Academic Press).

Givón, T. (1985) Function, structure and language acquisition. In D. Slobin (ed.), *The Cross-Linguistic Study of Language Acquisition* (Hillsdale, NJ: Lawrence Erlbaum) pp. 1005-28.

Goldman, L. R. (1986a) The presentational style of women in Huli disputes.

Pacific Linguistics, 24, 213-89.

Goldman, L. (1993) *The Culture cf Coincidence: Accident and Absolute Liability in Huli* (Oxford: Oxford University Press).

Goldman, L. (1994) Accident and absolute liability in anthropology. In J. Gibbons (ed.), *Language and the Law* (Harlow: Longman) pp. 51-99.

Goodrich, P. (1987) *Legal Discourse* (London: Macmillan).

Goodrich, P. (1988) Modalities of annunciation: an introduction to courtroom speech. In R. Levelson (ed.), *Law and Semiotics*, vol 2. (New York: Plenum Press) 143-65.

Gowers, E. (1948) *Plain Words* (London: Her Majesty's Stationery Office).

Gowers, E. (1954) *The Complete Plain Words* (London: Her Majesty's Stationery Office).

Green, G. M. (1990) Linguistic analysis of conversation as evidence regarding the interpretation of speech events. In J. N. Levi and A. G. Walker (eds), *Language in the Judicial Process* (New York: Plenum Press) pp. 247-77.

Greenwood, J. M., Horney, J., Jacobovitch, M.-D., Lowenstein, F. B. and Wheeler, R. R. (1983) *A Comparative Evaluation of Stenographic and Audiotape Methods for US District Court Reporting* (Washington, DC: Federal Judicial Center).

Grice, H. P. (1975) Logic and conversation. In P. Cole and J. Morgan (eds), *Speech Acts* (New York: Academic Press) pp. 41-58.

Gudjonsson, G. H. (1999) *The Psychology of Interrogations, Confessions and Testimony* (Chichester: John Wiley).

Gumperz, J. (1982) Fact and inference in courtroom testimony. In J. Gumperz (ed.), *Language and Social Identity* (Cambridge: Cambridge University Press) pp. 163-95.

Gunnarsson, B.-L. (1984) Functional comprehensibility of legislative texts: Experiments with a Swedish act of parliament. *Text*, 4 (1-3), 71-105.

Gustafsson, M. (1984) The syntactic features of binomial expressions in legal English. *Text*, 4 (1-3), 123-41.

Hale, S. (1997) The treatment of register variation in court interpreting. *The Translator*, 3 (1), 39-54.

Hale, S. (1999) Interpreters' treatment of discourse markers in courtroom questions. *Forensic Linguistics*, 6 (1), 57-82.

Hale, S. and Gibbons, J. (1999) Varying realities patterned changes in the interpreter's representation of courtroom and external realities. *Applied Linguistic*, 20 (2), 203-20.

Hall, P. (1998) 'Do you agree that you then said, "It's like this, she did fall down the stairs ... "': Electronically recorded interviews with suspect persons (ERISP) register or merely situation? Unpublished BA Honours thesis, Macquarie University.

Hall, P. (forthcoming) Prone to distortions? undue reliance on unreliable records in the NSW Police Service's formal interview model. In J. Gibbons, V. Prakasam and K. V. Tirumalesh (eds), *Language and Justice* (Delhi: Longman Orient).

Halliday, M. A. K. (1985) *Spoken and Written Language* (Geelong, Victoria: Deakin University Press).

Halliday, M. A. K. and Hasan, R. (1985) *Language, Context and Text: Aspects of Language in a Social-Semiotic Perspective* (Geelong, Victoria: Deakin University Press).

Haney, C. and Lynch, M. (1994) Comprehending life and death matters. *Law and Human Behavior*, 18, 411-36.

Harris, P. (1984) *An Introduction to Law* (London: Weidenfeld and Nicolson).

Harris, S. (1984) Questions as a mode of control in magistrates' courts. *International Journal of the Sociology of Language*, 49, 5-27.

Hasan, R. (1985) The structure of a text. In M. A. K. Halliday and R. Hasan (eds), *Language, Context and Text: Aspects of Language in a Social-Semiotic Perspective* (Geelong, Victoria: Deakin University Press) pp. 52-69.

Hayes, S. (1993) *People with an Intellectual Disability and the Criminal Justice System: Appearances before Local Courts* (4) (Sydney: New South Wales Law Reform Commission).

Heller, M. and Freeman, S. (1987) First encounters - the role of communication in the medical intake process. *Discourse Processes*, 10, 369-84.

Heritage, J. (1984) *Garfinkel and Ethnomethodology* (Cambridge: Polity).

Hiltunen, R. (1984) The type and structure of clausal embedding in legal English. *Text* (107), 108-9.

Hiltunen, R. (1990) *Chapters on Legal English: Aspects Past and Present of the Language of the Law* (Helsinki: Suomalainen Tiedeakatemia).

Hollien, H. (1990) *The Acoustics of Crime: The New Science of Forensic Phonetics* (New York: Plenum).

Hollien, H. (2001) *Forensic Voice Identification* (New York: Academic Press).

Howe, P. M. (1990) The problem of the problem question in English for Academic Legal Purposes. *English for Specific Purposes*, 9 (3), 215-36.

Huckin, T. N., Curtin, E. H. and Graham, D. (1991) Prescriptive linguistics and plain English: The case of 'whiz-deletions'. In E. R. Steinberg (ed.), *Plain Language Principles and Practice* (Detroit: Wayne State University Press) pp. 67-80.

Hutchby, I. and Wooffitt, R. (1998) *Conversation Analysis* (Cambridge: Polity Press).

Ibrahim, Z. and Bell, R. (forthcoming) By trial and error: A report on a national survey on the situation and perceptions of court interpreters in Malaysia. *Jurnal Bahasa Moden*.

lnbau, F. E., Reid, J. E. and Buckley, J. P. (1986) *Criminal Interrogation and Confessions* (Baltimore: Williams & Wilkins).

Ireland, E. M. (1993) When a chief speaks through his silence. *PoLAR: Political and Legal Anthropology Review*, 16, 19-25.

Jackson, B. (1988) *Law, Fatt and Narrative Coherence* (Roby: Deborah Charles Publications).

Jackson, B. (1990) Semiotics and the problem of interpretation. In P. Nerholt (ed.), *Law Interpretation and Reality: Essays in Epistemology, Hermeneutics and Jurisprudence* (Dordrecht: Kluwer) pp. 84-103.

Jackson, B. S. (1991) Narrative models in legal proof. In D. R. Papke (ed.), *Narrative and Legal Discourse: A Reader in Storytelling and the Law* (Liverpool: Deborah Charles Publications) pp. 158-78.

Jackson, B. S. (1994) Some semiotic features of a judicial summing up in an English criminal court. *International Journal for the Semiotics of Law*, 7 (20), 201-24.

Jackson, B. S. (1997) Who enacts statutes? *Statute Law Review*, 18 (3), 177-207.

Jacquemet, M. (1996) *Credibility in Court: Communicative practices in the*

Camorra trials. (Cambridge: Cambridge University Press).

Jaworski, A. (1993) *The Power of Silence: Social and Pragmatic Perspectives* (Newbury Park, CA: Sage).

Jefferson, G. (1984) Notes on a systematic deployment of the acknowledgment tokens 'yeah' and 'mm hm'. *Papers in Linguistics*, 17 (2), 197-216.

Jensen, M.-T. (1995) Linguistic evidence accepted in the case of a non-native speaker of English. In D. Eades (ed.), *Language in Evidence* (Sydney: University of New South Wales Press) pp. 127-46.

Kaplan, R. B. and Baldauf, R. B. (2001) Not only English: 'English-only' and the world. In R. D. Gonzalez and I. Melis (eds), *Critical Perspectives on the Official English Movement*, vol. 2: *History, Theory and Policy* (Champaign~Urbana, IL: NCTE/Laurence Erlbaum).

Kintsch, W. (1988) The role of knowledge in discourse comprehension: A construction- integration model. *Psychological Review* (95), 163-82.

Klasmeyer, G. and Sendlmeier, W. F. (1997) The classification of different phonation types in emotional and neutral speech. *Forensic Linguistics*, 4 (1), 104-24.

Körner, H. (1992) Legal Interviews: *Solicitors and Clients from Non-English Speaking Background*, report to the Faculty of Education, University of Sydney.

Kramer, G. P., Kerr, N. L. and Carroll, J. S. (1990) Pretrial publicity, judicial remedies, and jury bias. *Law and Human Behaviour*, 14, 409-38.

Künzel, H. (1994) On the problem of speaker identification by victims and witnesses. *Forensic Linguistics*, 1 (1), 45-57.

Kurzon, D. (1986) *It is hereby performed ... : Explorations in Legal Speech Acts* (Amsterdam: John Benjamins).

Kurzon, D. (1996) 'To speak or not to speak': the comprehensibility of the revised police caution (PACE). *International Journal for the Semiotics of Law*, IX (25), 3-16.

Kurzon, D. (1997) 'Legal language': varieties, genres, registers, discourses. International *Journal of Applied Linguistics*, 7 (2), 119-39.

Kurzon, D. (1998) *Discourse of Silence* (Amsterdam/Philadelphia: John Benjamins).

Labov, W. (1969) The logic of nonstandard English. *Georgetown Monographs on*

Language and Linguistics, 22, 1-31.

Labov, W. (1972) *Sociolinguistic Patterns* (Philadelphia, PA: University of Pennsylvania Press).

Labov, W. and Harris, W. A. (1994) Addressing social issues through linguistic evidence. In J. Gibbons (ed.), *Language and the Law* (Harlow: Longman) pp. 265-305.

Labov, W. and Waletzky, J. (1967) Narrative analysis. In J. Helm (ed.), *Essays on the Verbal and Visual Arts* (Seattle, WA: University of Washington Press) pp. 12-44.

Lakoff, R. (1975) *Language and Women's Place* (New York: Harper and Row).

Lambert, W. E., Frankel, H. and Tucker, G. R. (1966) Judging personality through speech: a French-Canadian example. *Journal of Communication*, 16 (4), 305-21.

Lane, C. (1985) Mis-communication in cross-examination. In J. B. Pride (eu.), *Cross-Cultural Encounters: Communication and Mis-Communication* (Melbourne: River Seine) pp. 196-211.

Lane, C. (1993) 'Yes, I don't understand': Yes, no and European-Polynesian miscommunication in New Zealand. *Journal of Pragmatics*, 20, 163-88.

Lane, C., McKenzie-Bridel, K. and Curtis, L. (1999) The right to interpreting and translation services in New Zealand courts. *Forensic Linguistics*, 6 (1), 115-35.

Langton, M. (1988) Medicine square. In I. Keen (ed.), *Being Black: Aboriginal culture in 'settled' Australia* (Canberra: Aboriginal Studies Press) 201-25.

Larsen-Freeman, D. and Long, M. H. (1991) *An Introduction to Secund-Language Acquisition Research* (London: Longman).

Lascar, E. (1997) Accreditation in Australia: An alternative means. In S. E. Carr, R. Roberts, A. Dufour and D. Steyn (eds), *The Critical Link: Interpreters in the Community* (Amsterdam: John Benjamins) pp. 119-30.

Law Reform Commission of Victoria (1987) *Plain English and the Law. Report No. 9* (Melbourne: F. D. Atkinson Government Printer).

Leets, L. and Giles, H. (1997) Words as weapons - when do they wound? Investigations of harmful speech. *Human Communication Research*, 2 (2), 260-301.

Lentine, G. and Shuy, R. (1990) 'Mc': meaning in the marketplace. *American Speech*, 65 (4), 349-66.

Lerm, H. (1997) Language manipulation in court cross-examination: 'how powerful is thy sword'. In K. Møller and S. Newman (eds), *Language in Court* (Port Elizabeth, South Africa: Vista University) pp. 167-81.

Levi, J. (1993) Evaluating jury comprehension of Illinois capital sentencing instructions. *American Speech*, 65 (4), 20-49.

Levi, J. (1994) Language as evidence: The linguist as expert witness in North American courts. *Forensic Linguistics: The International Journal of Speech Language and the Law*, 1 (1), 1-26.

Liberman, K. (1981) Understanding Aborigines in Australian courts of law. *Human Organization, 40*, 247-55.

Lieberman, J. and Sales, U. (1997) What social science teaches us about the jury instruction process. *Psychology, Public Policy, and Law*, 3, 589-664.

Liebes-Piesner, T. (1984) Rhetoric in the service of justice: The sociolinguistic construction of stereotypes in an Israeli rape trial. *Text,* 4 (1-3), 173-92.

Lind, E. A. and O'Barr, W. (1979) The social significance of speech in the courtroom. In H. Giles and R. St Clair (eds) *Language and Social Psychology* (Oxford: Basil Blackwell) pp. 66-87.

Loftus, E. (1979) *Eyewitness Testimony* (Cambridge, MA: Harvard University Press).

Lyons, J. (1977) *Semantics* (London: Cambridge University Press).

Maher, L., Roumeliotis, V., Webster, C. and Moore, H. (1998) *A Report on the Needs and services for NESB Women at Mulawa* (Sydney, NSW: NSW Department of Corrective Services).

Maley, Y. (1985) Judicial discourse: the case of the legal judgment. In J. E. Clark (ed.), *The Cultivated Australian: Festschrift in Honour of Arthur Delbridge* (Hamburg: Helmut Buske Verlag) pp. 159-73.

Maley, Y. (1994) The language of the law. In J. Gibbons (ed.), *Language and the Law* (London: Longman) pp. 3-50.

Maley, Y. and Fahey, R. (1991) Presenting the evidence: Constructions of reality in court. *International Journal for the Semiotics of Law*, IV (10), 3-17.

Markham, D. (1999) Listeners and disguised voices: the imitation and perception of dialectal accent. *Forensic Linguistics*, 6 (2), 289-99.

Martin, J. R. (1990) Literacy in science: learning to handle text as technology. In F. Christie (ed.), *Literacy for a Changing World* (Hawthorn, Victoria: Australian Council for Educational Research) pp. 79-117.

Martin, J. R. (1992) *English Text: System and Structure* (Amsterdam/Philadelphia: John Benjamins).

Mather, L. and Yngvesson, B. (1982) *The Politics of Informal Justice* (New York).

Matoesian, G. (1993) *Reproducing Rape: Domination through Talk in the Courtroom* (Chicago: Chicago University Press).

Matoesian, G. (1997) 'You were interested in him as a person?' Rhythms of domination in the Kennedy Smith rape trial. *Law and Social Inquiry*, 22 (1), 55-91.

Mauet, T . A. (1996) *Trial Techniques* (3rd edn) (Boston, MA: Little, Brown).

Maynard, D. W. (1991) Narratives and narrative structure in plea bargaining. In D. R. Papke (ed.), *Narrative and the Legal Discourse: A Reader in Storytelling and the Law*. (Liverpool: Deborah Charles Publications) pp. 102-31.

McCauley, P. J. (1991) *Eternal Light* (London: Victor Gollancz).

McMenamin, G. R. (1993) *Forensic Stylistics* (Amsterdam: Elsevier).

Mellinkoff, D. (1963) *Language of the Law* (Boston, MA: Little, Brown).

Mendoza-Denton, N. (1995) Pregnant pauses: silence and authority in the Anita Hill-Clarence Thomas hearings. In K. Hall and M. Bucholtz (eds), *Gender Articulated: Language and the Socially Constructed Self* (New York: Routledge) pp. 51-66.

Michaels, S. and Collins, J. (1984) Oral discourse styles: classroom interaction and the acquisition of literacy. In D. Tannen (ed.), *Coherence in Spoken and Written Discourse* (Norwood, NJ: Ablex).

Mildren, D. (1999) Redressing the imbalance: Aboriginal people in the criminal justice system. *Forensic Linguistics*, 6 (1), 137-60.

Milroy, J. (1984) Sociolinguistic methodology and the identification of speakers' voices in legal proceedings. In P. Trudgill (ed.), *Applied Sociolinguistics* (New York: Academic Press) pp. 51-72.

Montero Brunner, F. (1996) El delito de injuria. Thesis. Facultad de Derecho,

Santiago, Pontificia Universidad Catolica de Chile.

Morris, R. (1995) Pragmatism, precept and passions: the attitudes of English-language legal systems to non-English speakers. In M. Morris (ed.), *Translation and the Law* (Amsterdam: John Benjamins) pp. 263-79.

Mumby, D. K. (1988) *Communication and Power in Organizations: Discourse Ideology and Domination* (Norwood, NJ: Ablex).

Niska, H. (1995) Just interpreting: Role conflicts and discourse types in court interpreting. In M. Morris (ed:), *Translation and the Law* (Amsterdam and Philadelphia: John Benjamins) pp. 293-316.

Nofsinger, R. E. (1991) *Everyday Conversation* (Newbury Park, CA: Sage).

Nolan, F. (1983) *The Phonetic Bases of Speaker Recognition* (Cambridge: Cambridge University Press).

Nolan, F. (1994) Auditory and acoustic analysis in speaker recognition. In J. Gibbons (ed.), *Language and the Law* {Harlow: Longman) pp. 326-45.

NSRA (1983) *English* (Vienna, VA: National Shorthand Reporters Association).

O'Barr, W. M. (1982) *Linguistic Evidence: Language Power and Strategy in the Courtroom* (New York: Academic Press).

O'Barr, W. and Conley, J. (1990) *Rules versus Relationships: The Ethnography of Legal Discourse* (Chicago, IL: University of Chicago Press).

O'Connor, P. E. (1994) 'You could feel it through the skin': Agency and positioning in prisoners' stabbing stories. *Text*, 14 (1), 45-75.

Oddie, C. (1988) The psychodynamics of courtroom behaviour. In P. J. van Koppen, D. J. Hessing and G. van den Heuvel (eds), *Lawyers on Psychology and Psychologists on Law* (Lisse: Swets and Zeitlinger) pp. 27-34.

Okawara, M. H. (forthcoming) Legal Japanese viewed through the Unfair Competition Prevention Law. In J. Gibbons, V. Prakasham and K. V. Tirumalesh (eds), *Justice and Language* (Delhi: Longman Orient).

Ong, W. J. (1982) *Orality and Literacy: The Technologizing of the World* (London: Methuen).

ó Riagain, P. and Nic Shuibhne, N. (1997) Minority language rights. *Annual Review of Applied Linguistics*, (17), 11-29.

O'Toole, M. (1994) Lawyers' response to language constructing law. In J. Gibbons (ed.), *Language and the Law* (Harlow: Longman) pp. 188-91.

Oyanadel, M. and Samaniego, J. L. (1999) Aplicaciones de Ia lingüística al campo legal. Paper presented at the XIII Congreso de Ia Sociedad Chilena de Lingüística, SOCHIL, La Serena, Chile.

Pardo, M. L. (1994) La ficcion juridica desde la linguistica: Actos de habla y ficcion. *Revista de Llengua y Dret*, 22, 25-43.

Pardo, M. L. (1996) *Derecho y Linguistica Como u Juzga con Palabras* (Buenos Aires: Ediciones Nueva Vista).

Pauwels, A., D'Argaville, M. and Eades, D. (1992) Problems and issues of cross-cultural communication in legal settings. In A. Pauwels (ed.), *Cross-Cultural Communication in Legal Settings* (Melbourne: Language and Society Centre, National Languages and Literacy Institute of Australia, Monash University) pp. 77-105.

Pearson, B. A. and Berch, R. W. (1994) Video depositions: linguistic endorsement and caveats. In J. Gibbons (ed.), *Language and the Law* (Harlow: Longman) pp. 171-87.

Penman, R. (1992) Plain English: wrong solution to an important problem. *Australian Journal of Communication*, 19 (3) 1-18.

Pennington, N. and Hastie, R. (1992) Explaining evidence: tests of the story model for juror decision making. *Journal of Personality and Social Psychology*, 62, 189-206.

Pennington, N. and Hastie, R. (1993) The story model for juror decision making. In R. Hastie (ed.), *Inside the Juror: The Psychology of Juror Decision-Making* (New York: Cambridge University Press).

Perkins, K. (1987) The relationship between nonverbal schematic concept formation and story comprehension. In J. Devine, P. L. Carrell and D. E. Eskey (eds), *Research on Reading English as a Second Language* (Washington, DC: TESOL) pp. 151-71.

Philips, S. U. (1982) The language and socialization of lawyers: Acquiring the 'cant'. In G. Spindler (ed.), *Doing the Ethnography of Schooling* (New York: Holt, Rinehart and Winston) pp. 176-209.

Philips, S. U. (1985) Strategies of clarification in judges' use of language: from the written to the spoken. *Discourse Processes*, 8, 421-39.

Philips, S. U. (1998) *Ideology in the Language of Judges: How Judges Practice Law.*

Politics, and Courtroom Control (New York: Oxford University Press).

Phillips, T. (1985) Beyond lip-service: discourse development after the age of nine. In G. Wells and J. Nicholls (eds), *Language and Learning: An Interactional Perspective* (London: Falmer Press) pp. 59-82.

Pomerantz, A. (1984) Agreeing and disagreeing with assessments: Some features of preferred/dispreferred turn shapes. In J. M. Atkinson and J. Heritage (eds), *Structures of Social Action: Studies in Conversation Analysis* (Cambridge: Cambridge University Press) pp. 57-101.

Pratchett, T. (1996) *Feet of Clay* (London: Victor Gollancz).

Pratchen, T. (1988) *Witches Abroad* (London: Victor Gollancz).

Prince, E. F. (1990) On the use of social conversation as evidence in a court of law. In J. N. Levi and A. G. Walker (eds), *Language in the Judicial Process* (New York: Plenum Press) pp. 279-89.

Raskin, D. C. and Yuille, J. C. (1989) Problems in evaluating interviews of children in sexual abuse cases. In S. J. Ceci, M. P. Toglia ami D. F. Ross (eds), *Perspectives on Children's Testimony* (New York: Springer Verlag) pp. 184-207.

Rasmussen, R. K. (1995) Why linguistics? *Washington University LAw Quarterly*, 73 (3), 1047-56.

Redish, J. C. (1986) The Plain English Movement. In S. Greenbaum (ed.), *The English Language Today* (Oxford: Pergamon).

Redish, J. C. and Rosen, S. (1991) Can guidelines help writers? In E. R. Steinberg (ed.), *Plain Language: Principles and Practice* (Detroit: Wayne State University Press) pp. 83-92.

Renton, D. (1975) *The Preparation of Legislation: Report of a committee appointed bv the Lord President of the Council* (London: Her Majesty's Stationery Office).

Rigney, A. C. (1999) Questioning in interpreted testimony. *Forensic Linguistics*, 6 (1), 83-108.

Robinson, L. (1994) *Handbook for Legal interpreters* (North Ryde: Law Book Company).

Rosch, E. (1973) On the internal structure of conceptual categories. In T. E. Moore (ed.), *Cognitive Development and the Acquisition of Language* (New

York: Academic Press).

Russell, B. (1975) *My Philosophical Development* (London: Unwin).

Sacks, H., Schegloff, E. A. and Jefferson, G. (1978) A simplest systematic for the organization of turn-taking for conversation. In J. Schcnkein (ed.), *Studies in the Organization of Conversational Interaction* (London: Academic Press) pp. 7-55.

Saywitz, K. J. and Moan-Hudie, S. (1994) Reducing the potential for distortion of childhood memories. *Conciousness and Cognition*, 3, 408-25.

Schacht, J. (1964) *An introduction to Islamic Law* (Oxford: Clarendon Press).

Schank, R. C. and Abelson, R. P. (1977) *Scripts. Plans, Coals and Understanding* (Hillsda1e, NJ: Erlbaum).

Schegloff, E. (1973) Opening up closings. *Semiotica*, 8, 289-327.

Schegloff, E., Jefferson, G. and Sacks, H. (1977) The preference for self-correction in the organisation of repair in conversation. *Language*, 53, 361-82.

Scherer, K. (1979) Voice and speech correlates of perceived social influence in simulated juries. In H. Giles and R. StClair (eds), *Language and Social Psychology* (Oxford: Basil Blackwell) pp. 88-120.

Schiffrin, D. (1987) *Discourse Markers* (Cambridge: Cambridge University Press).

Scotton, C. M. (1976) *Strategies of neutrality: language choice in uncertain situations. Language*, 52, 919-90.

Searle, J. (1969) *Speech Acts* (Cambridge: Cambridge University Press).

Searle, J. R. (1976) The classification of illocutionary acts. *Language in Society*, 5 (1), 1-23.

Severance, L. J., Greene, E. and Loftus, E. F. (1984) Toward criminal jury instructions that jurors can understand. *Journal of Criminal Law and Criminology*, 75, 198-233.

Severance, L. J. and Loftus, E. F. (1982) Improving the ability of jurors to comprehend and apply criminal jury instructions. *Law and Human Behavior*, 17, 153-97.

Shuy, R. (1993) *Language Crimes: The Use and Abuse of Language Evidence in the Courtroom* (Oxford: Blackwell).

Shuy, R. (1998a) Ten unanswered language questions about Miranda. *Forensic Linguistics*, 4 (2), 175-96.

Shuy, R. (1998b) *The Language of Confession, interrogation, and Deception (Empirical Linguistics)* (Thousand Oaks, CA: Sage).

Simpson, J. (1994) Confidentiality of linguistic material: the case of Aboriginal land claims. In J. Gibbons (ed.), *Language and the Law* (Harlow: Longman).

Sinclair, J. M. and Coulthard, R. M. (1975) *Towards an Analysis of Discourse: The English used by Teachers and Pupils* (London: Oxford University Press).

Sjerps, M. and Biesheuvel, D. B. (1999) The interpretation of conventional and 'Bayesian' verbal scales for expressing expert opinion: a small experiment among jurists. *Forensic Linguistics*, 6 (2), 214-27.

Smith, V. L. (1993) When prior knowledge and law collide: Helping jurors use the law. *Law and Human Behavior*, 17, 507-36.

Smith, W. (1994) Computers, statistics and disputed authorship. In J. Gibbons (ed.), *Language and the Law* (Harlow: Longman) pp. 374-413.

Smolla, R. (1993) *Free Speech in an Open Society* (New York: Vintage Books).

Snedaker, K. H. (1991) Storytelling in opening statements. In D. R. Papke (ed.), *Narrative and the Legal Discourse: A Reader in Storytelling and the Law* (Liverpool, UK: Deborah Charles Publications) pp. 132-57.

Solan, L. M. (1993a) When judges use the dictionary. *American Speech*, 50 (1), 50-7.

Solan, L. M. (1993b) *The Language of Judges* (Chicago: University of Chicago Press).

Solan, L. M. (1995) Judicial decisions and linguistic analysis: Is there a linguist in the court? *Washington University Law Journal*, 73 (3), 1069-83.

Solomon, N. (1996) Plain English: from a perspective of language in society. In R. Hasan and G. Williams (eds), *Literacy in Society* (Harlow: Longman) pp. 279-307.

Steele, G. J. (1992) Court interpreters in Canadian criminal law. *Criminal Law Quarterly*, 34 (2), 218-51.

Steinberg, E. R. (ed.) (1991) *Plain Language: Principles and practice* (Detroit: Wayne State University Press).

Stone, M. (1984) *Proof of Facts in Criminal Trials* (Edinburgh: W. Green and Son).

Storey, K. (1995) The language of threats. *Forensic Linguistics*, 2 (1), 74-80.

Stratman, J. F. (1994) Investigating persuasive processes in legal discourse in real time: cognitive biases and rhetorical strategy in appeal court briefs. *Discourse Process*: 17, 1-57.

Stygall, G. (1994) *Trial Language: Differential Discourse Processing and Discursive Formation* (Amsterdam and Philadelphia: John Benjamins).

Swales, J. (1990) *Genre Analysis: English in an Academic Research Setting* (Cambridge: Cambridge University Press).

Swales, J. and Bhatia, V. (1983) An approach to the linguistic study of legal documents. *Fachsprache*, 5 (5), 98-108.

Tajfel, H. and Turner, J. C. (1979) An integrative theory of intergroup conflict. In W. C. Austin and S. Worchel (eds), *The Social Psychology of Intergroup Relations* (Monterey, CA: Brooks/Cole) pp. 33-53.

Tannen, D., and Saville-Troike, M. (eds) (1985) *Perspectives on Silence* (Norwood, NJ: Ablex).

Taylor, B. (1995) Offensive language: a linguistic and sociolinguistic perspective. In D. Eades (ed.), *Language in Evidence: Issues Confronting Aboriginal and Multicultural Australia* (Sydney: University of New South Wales Press) pp. 219-58.

Tiersma, P. M. (1990) The language of perjury: 'literal truth', ambiguity and the false statement requirement. *Southern California Law Review*, 63, 373-431.

Tiersma, P. (1993) Linguistic issues in the law. *Language*, 69, 113-37.

Tiersma, P. M. (1995) Dictionaries and death: do capital jurors understand mitigation? *Utah Law Review*, 1, 1-49.

Tiersma, P. M. (1999) *Legal Language* (Chicago: The University of Chicago Press).

Trosburg, A. (1995) Statutes and contracts: An analysis of legal speech acts in the English language of the law. *Journal of Pragmatics*, 23 (1).

Trosborg, A. (1997) Contracts as social action. In B.-L. Gunnarson, P. Linell and B. Nordberg (eds), *The Construction of Professional Discourse*

(Harlow: Addison Wesley Longman) pp. 54-75.

van Dijk, T. (1987) *Communicating Racism* (Newbury Park, CA: Sage).

van Dijk, T. (1993) Principles of critical discourse analysis. *Discourse and Society*, 4, 249-83.

Vargas, D. M. (1984) Two types of legal discourse: Transitivity in American appellate opinions and casebooks . *Text*, 14 (1), 9-30.

Vlachopoulos, S. (forthcoming) Translating the untranslatable? The impact of cultural constraints on the translation of legal texts. In J. Gibbons, V. Prakasham and K. V. Tirumalesh (eds), *Justice and Language* (Delhi: Longman Orient).

Walker, A. G. (1990) Language at work in the law: The customs, conventions, and appellate consequences of court reporting. In J. Levi and A. G. Walker (eds), *Language in the Judicial Process* (New York: Plenum) pp. 203-44.

Walker, A. G. and Warren, A. R. (1995) The language of the child abuse interview: asking the questions, understanding the answers. In T. Ney (ed.), *True and False Allegations of Child Sexual Abuse* (New York: Brunner/Mazel) pp. 153-62.

Wallace, C. (1990) *Reading* (Oxford: Oxford University Press).

Walsh, B. (1995) Offensive language: A legal perspective. In D. Eades (ed.), *Language in Evidence: Issues Confronting Aboriginal and Multicultural Australia* (Sydney: University of New South Wales Press) pp. 203-18.

Walsh, M. (1994) Interactional styles in the courtroom. In J. Gibbons (ed.), *Language and the Law* (Harlow: Longman) 217-33.

Watson, A. (1991) *Roman Law and Comparative Law* (Athens, GA: University of Georgia Press).

Weaver, C. (1988) *Reading Process and Practice: From Socio-Psycholinguistics to Whole Language* (Portsmouth, NH: Heinemann Educational).

Wells, W. A. N. (1991) *An Introduction to the Law of* Evidence (Adelaide, SA: A. B. Caudell).

Wodak-Engel, R. (1984) Determination of guilt discourse in the courtroom. In C. Kramarae, M. Schulz and W. O'Barr (eds), *Language and Power*. Beverly Hills, CA: Sage. pp. 89-100.

Woolls, D. and Coulthard, M. (1998) Tools for the trade. *Forensic Linguistics*, 5 (1), 33-57.

Yamanaka, N. (1995) On indirect threats. *International Journal for the Semiotics of Law*. 8 (22), 37-52.

Zaragoza, M. S., Graham, J. R., Hall., G. C. N., Hirschman, R. and Ben-Porath, Y. S . (eds) (1995) *Memory and Testimony in the Child Witness* (Thousand Oaks, CA: Sage Publications).

소송 사건 및 법안 목록

소송 사건 목록

법안 목록

찾아보기

(ㅇ)

(ㅈ)

(ㅎ)